L'Immobilier

POUR LES NULS

L'Immobilier POUR LES NULS

Laurence Boccara & Catherine Sabbah

FIRST Editions

L'Immobilier pour les Nuls

ISBN : 2-75400-092-5
Dépôt légal : 3e trimestre 2005

Ouvrage dirigé par Benjamin Arranger
Production : Emmanuelle Clément
Mise en page : Marie Housseau
Illustrations : Marc Chalvin

Imprimé en France

Nous nous efforçons de publier des ouvrages qui correspondent à vos attentes et votre satisfaction est pour nous une priorité. En avant-première, nos prochaines parutions, des résumés de tous les ouvrages du catalogue. Alors, n'hésitez pas à nous faire part de vos commentaires :

Éditions Générales First
27, rue Cassette
75006 Paris – France
Tél. : 01 45 49 60 00
Fax : 01 45 49 60 01
E-mail : firstinfo@efirst.com
Site internet : www.efirst.com

À propos des auteurs

Journaliste spécialisée depuis quinze ans dans l'immobilier et les placements, **Laurence Boccara** collabore aux *Échos*, à *L'Express* et à *La Vie financière*. Elle a débuté sa carrière au service économique de l'Agence centrale de presse (ACP) avant d'intégrer la rédaction des *Échos*, puis celle du magazine *Investir*. Elle est membre du bureau de l'Association des journalistes de l'habitat et de la ville, l'Ajibat. Elle est aussi l'auteur de deux livres sur les *Femmes au travail* et *La Population française*.

Catherine Sabbah suit depuis une quinzaine d'années les secteurs de l'urbanisme, de l'architecture et de l'immobilier. Elle écrit régulièrement dans des journaux généralistes comme *Le Nouvel Observateur* ou *Les Échos* et des revues plus spécialisées. Après quatre ans à la revue *Urbanisme*, un an passé à la rédaction de *Capital*, elle a choisi d'exercer son métier en free-lance. Elle assure depuis 2004 la présidence de l'Association des journalistes de l'habitat et de la ville, l'Ajibat, et a signé *Horizons architecture*, un livre consacré aux ouvrages et monuments mythiques du XXe siècle.

Remerciements

Pour l'aide qu'elles leur ont apportée et leurs précieux conseils, les auteurs adressent leurs plus vifs remerciements aux personnes ayant permis la réalisation de ce projet : Sandrine Quilici, avocate chez Fidal, cabinet d'avocats ; Christelle Villard, au service de presse de l'UCB ; Paul et Michèle Abib, de l'agence Grenelle Immobilier ; Olivier Goussard, notaire à Châteauneuf-sur-Loire ; Laurent Quignon, économiste chez Bnp Paribas ; le service de presse du Crédit foncier ; Jean Bosvieux, à l'Agence nationale pour l'information sur le logement.

Sommaire

Introduction ***1***

À propos de ce livre 2
Comment ce livre est organisé 2
Première partie : Acheter, les « bons plans » pour un sans-faute 3
Deuxième partie : La pierre comme placement 3
Troisième partie : Location, mode d'emploi 3
Quatrième partie : Faire construire dans les règles de l'art 4
Cinquième partie : Les crédits immobiliers, du prêt-à-porter au sur-mesure 4
Sixième partie : La partie des dix 4
Annexes 5
Les icônes utilisées dans ce livre 5
Par où commencer ? 6

Première partie : Acheter, les « bons plans » pour un sans-faute ***7***

Chapitre 1 : Le marché immobilier dans tous ses états **9**

Un scoop, la hausse baisse 9
Cinquante ans après l'appel de l'abbé Pierre, une crise du logement ? 10
Sommes-nous condamnés à payer cher ? 10
Peut-on encore se payer un toit ? 11
Atterrissage en douceur ou explosion en vol ? 13
Haussmann ou Banlieue-sur-Loft ? 13
Pour payer moins cher, sortez des centres-ville 13
Cœurs de ville rénovés, populations exclues 14
Du soleil, un ascenseur et une bonne école 14
L'expertise : un avis objectif 15
Le contrôle technique, un passage obligé 16

Chapitre 2 : Je cherche... oui, mais quoi ? **17**

Neuf ou ancien ? 18
Qu'est-ce que la VEFA ? 18
Vers une construction écologique ? 19

L'ancien, encore un peu moins cher 19
Appartement ou maison? 19
Poser ses valises ou se faire des ampoules? 21
« Avec travaux » ne veut pas toujours dire moins cher 21
La plus-value de la « déco » 22
Habiter une boutique ou un atelier 23
Un permis de construire obligatoire 23
Les voisins peuvent dire non 23
La prudence s'impose 24
Acheter pour soi ou acheter pour louer? 24
Le coût du coup de foudre 25
Toujours visiter avant d'acheter 25
De l'essentiel au superflu, comment choisir? 26
Tout dans l'adresse 26
La qualité des écoles 27
Le bruit, une sale habitude 27
4e sans ascenseur 27
Le bon plan 28
Se mettre en ordre de bataille 28
Anticiper son financement 28
Vendre avant d'acheter 28
Se renseigner 29

Chapitre 3 : Où faire son marché? 31

De particulier à particulier 32
La presse généraliste 32
La presse spécialisée 32
La presse professionnelle 34
Les sites Internet 34
Les agents immobiliers 36
Le mandat 37
La rémunération des agents immobiliers 38
Les réseaux 39
Globaliser l'offre 40
Les promoteurs 40
Des milliers de logements sur plans 40
Un achat par morceaux 41
Les ventes aux enchères 42
Les ventes des notaires 42
Les ventes des domaines 43
Les ventes judiciaires 43
Les notaires 44
Les marchands de biens 45
Les investisseurs institutionnels 46
Le droit de préemption des locataires 46

Le congé pour vente 47
Une réforme à venir 47

Chapitre 4 : S'informer tous azimuts 49

Qui est propriétaire? 50
La description du terrain 50
La description du logement 51
Les secrets de la copropriété 51
La loi Carrez fait bonne mesure 51
Bientôt un audit complet? 53
Les termites hors la loi 54
L'amiante et le plomb 54
À qui s'adresser pour faire réaliser un diagnostic? 55
Vers un document unique? 56
La « décence »: un critère objectif 56
Logement récent et garanties 57
Et l'immeuble, dans tout ça? 57
Le carnet d'entretien 58
Le diagnostic technique 58
Les documents d'urbanisme 58
Le Plan local d'urbanisme 58
Le certificat d'urbanisme 59

Chapitre 5 : Chapitre Acheter au bon prix: une partie de poker menteur 61

Se renseigner sur le marché 62
Un prix moyen, c'est tout sauf un prix 62
Faut-il faire confiance au vendeur? 63
Faire une offre, vite 63
Un prix est toujours négociable 64
Depuis quand le logement est-il sur le marché? 65
Inventaire des équipements 65
Des travaux, à quel prix? 65
Négocier du superflu 66
Payer moins cher et une partie « au noir » 66
Peut-on négocier les prix du neuf? 67

Chapitre 6 : Le stress de la signature 69

La promesse de vente 69
La promesse d'achat 70
La promesse unilatérale de vente 70
Le compromis de vente 70
Sept jours de réflexion 71
Que mettre dans la promesse de vente? 72
La description administrative du bien 72

La surface vendue 72
Le prix 73
Les conditions suspensives 74
Les diagnostics techniques 75
Les vices cachés 76
Un partage des charges plus clair 77
Les impôts locaux 78
Acheter à deux sans être mariés 78
La parades 79
La convention d'indivision 79
La SCI 80
La tontine : le décès comme seule issue 80
Comment signer ? 81
La promesse ou le compromis entre particuliers 81
La signature chez le notaire 81
Faut-il payer ? 82
L'enregistrement 82
L'achat ou la vente en l'état futur d'achèvement 83
L'échéancier de paiement 83
L'acquéreur peut-il refuser d'acheter ? 84
Le vendeur peut-il refuser de vendre ? 84
Le droit de préemption 85
Le droit de préemption urbain 85
Priorité au locataire 86
Signer l'acte authentique 87
Choisir un notaire 87
Quels documents apporter ? 87
La séance de lecture 87
Que faudra-t-il payer ? 88
Les frais de notaire 88
Qui paie quoi ? 89
Les frais classiques pour un logement ancien 89
Des frais moins élevés pour un logement neuf 90
Quand installer ses meubles ? 91

Chapitre 7 : Devenir (co) propriétaire 93

Des factures en plus 93
La taxe foncière sur les propriétés bâties 94
La taxe d'habitation 95
Peut-on contester le montant de ces impôts ? 97
Les charges de copropriété 98
Les charges générales 98
Les charges spéciales 99
Le paiement des charges 99
Comment faire baisser ses charges ? 100
Le conseil syndical 101

L'assemblée générale 102
La majorité simple 102
La majorité absolue 103
La double majorité 103
L'unanimité 104

Chapitre 8 : Acheter à petit prix 105

Acheter un appartement occupé par un locataire 105
Où trouver? 106
Vous êtes désormais propriétaire d'un locataire protégé 107
Acheter une chambre de service 109
Acheter la loge du gardien 110
Acheter en viager 111
Est-ce bien moral? 112
Comment est calculé le prix? 112
Comment sont réparties les charges? 113
Quelle fiscalité? 113
Est-ce vraiment une bonne idée? 113
La réforme annoncée 114
Échanger son logement 115
Des droits réduits 115
Un marché inexistant 116
Acheter à plusieurs 116
L'achat en indivision 116
Les charmes de la SCI 117
L'accession sociale 118
La location accession 119

Chapitre 9 : La résidence secondaire, un plaisir coûteux 121

Mer, campagne ou montagne? 122
Des prix pour tous les budgets 123
Les régions les plus prisées 123
Maison de famille ou investissement plaisir? 124
Deux formules pour limiter les frais 124
Sans intermédiaire, c'est plus rentable 125
Louer à l'année? 126
Le mouton à cinq pattes 127
Des prix « à la tête du client » 127
Le vrai coût d'une résidence secondaire 128
Des dépenses inévitables 128
Des plus-values moins taxées 130
Une semaine de vacances ou des charges à vie? 131
La location saisonnière ou comment ne pas gâcher ses vacances 133
Comment trouver? 133
Des loyers à géométrie variable 136

Deuxième partie : La pierre comme placement *139*

Chapitre 10 : Quatre bonnes raisons de plonger **141**

Se construire un patrimoine grâce au crédit 141
Un crédit pas cher 142
Rembourser l'emprunt grâce aux loyers 142
Des intérêts déductibles 143
Se préparer un complément de revenu pour la retraite 143
Aider ses proches à se loger 143
Payer moins d'impôts 144

Chapitre 11 : Bien choisir **147**

Soigner l'emplacement 147
Neuf ou ancien? 148
Du neuf, mais pas surpayé 148
De l'ancien, oui mais bien placé 151
Libre ou occupé? 154
Maison ou appartement? 156
La maison: la perle rare 157
Appartement: des charges partagées 158
Petite ou grande surface? 159
La petite surface: ça rapporte mais ça tourne 159
La grande surface: des locataires fidèles et bons payeurs 160
Louer nu ou meublé? 161
Bien acheter pour bien louer 162
Une bâtisse de caractère ou un monument historique? 164
Avant d'acheter 164
Pendant les travaux 166
La location 167
Investir dans une résidence de tourisme 168
L'emplacement, toujours l'emplacement! 168
Des formules d'achat à géométrie variable 169
Les prix : du simple au double 169
Les avantages 170
Les inconvénients 170
Investir dans une résidence de services 171
Un marché porteur 171
À deux pas des facs et des écoles 172
Jouez la carte des services 172
Le prix 173
La gestion déléguée 173
Des revenus garantis 174
En fin de location 174
Explorer la piste SCPI pour les bureaux et commerces 175

Comment fonctionne une SCPI? 175
Les avantages 176
Les inconvénients 176

Chapitre 12 : Des régimes fiscaux à la pelle 179

Le B.A.-BA de la fiscalité immobilière 180
Une déduction forfaitaire à géométrie variable....180
Le micmac des charges déductibles 181
Les intérêts d'emprunts....182
Un déficit qui ne coûte rien....182
La déclaration de revenus fonciers 183
Louer en régime classique....183
Le régime du microfoncier 183
Le régime classique....184
Louer en Robien 186
Le principe....186
Des conditions strictes pour profiter du Robien 187
Des conditions sur les modalités de la location....188
Du bon usage du Robien....190
Louer en Besson « ancien »....192
Les conditions de location 192
La déclaration....193
Louer en Malraux 194
Les conditions d'accès....194
Des avantages fiscaux généreux 194
Investir dans un monument historique 195
Louer une résidence de tourisme....196
Les conditions de location 196
Les avantages fiscaux....197
Louer en meublé....198
Le statut du loueur en meublé non professionnel (LMNP)....198
Le statut du loueur en meublé professionnel (LMP) 199
Louer dans les DOM-TOM....200

Chapitre 13 : Propriétaire bailleur: un « métier » à plein temps 201

Il n'y a pas que les loyers à encaisser! 202
Le choix du locataire....202
Le suivi de la gestion au quotidien 202
La répartition des charges....204
Donner congé dans les règles de l'art 205
Déclarer ses revenus fonciers 205
Des assurances en cas de pépins 206
Protection loyers impayés: comment choisir? 206
Ne pas confondre carence et vacance locative 208
Un locataire passé au crible par l'assureur 209

Pas d'impasse sur les travaux 210
Les travaux d'entretien courant 210
Les travaux de rénovation 210
Gestion locative : à prendre ou à laisser 212
Les plus du professionnel 213
Le mandat de gestion 213

Chapitre 14 : La pierre, un investissement rentable ? 217

Taxes et impôts à tous les étages 218
La taxe foncière 218
L'impôt de solidarité sur la fortune (ISF) 218
La contribution sur les revenus locatifs (CRL) 219
Les prélèvements sociaux 220
La fiscalité des revenus fonciers 220
La taxe sur les logements vacants (TLV) 220
Plus-value immobilière, la nouvelle donne 222
Une exonération totale après quinze ans 222
Des exonérations revisitées 222
Un mode de calcul simplifié 222
Un règlement immédiat 223
Calculer la vraie rentabilité locative 223
Le rendement brut : rien que les loyers 224
Le rendement net : le poids des frais 225
Le rendement net-net : une fiscalité à géométrie variable 225
Un exemple pour bien comprendre 226
À quel taux se fier ? 228

Troisième partie : Location, mode d'emploi 229

Chapitre 15 : Est-ce bien le moment de louer ? 231

Propriétaire et locataire : un vieux couple… 232
Locataire : sans dette et le cœur léger 232
De l'argent par les fenêtres 233
L'état du marché locatif 233
Une offre en baisse sur le marché de l'ancien 234
Une offre en hausse sur le marché du neuf 234
Droits et devoirs partagés 236
Propriétaire, pas seulement pour toucher les loyers 236
Le locataire aussi doit des comptes 239

Chapitre 16 : En quête d'un toit 245

Où chercher ? 245
Les professionnels 246
Le logement étudiant 248

Les investisseurs institutionnels 250
De particulier à particulier 250
Et si votre employeur vous aidait? 250
Comment accéder au logement social? 253

Chapitre 17 : Trouvé, mais pas encore signé ! 257

Soigner son profil de locataire 257
Constituer un dossier complet 258
À quoi sert une caution? 259
Qu'est-ce qu'une caution simple? 260
Qu'est-ce qu'une caution solidaire? 260
La caution dure-t-elle aussi longtemps que le bail? 260
La caution bancaire 261
Le dépôt de garantie 261
Les abus des bailleurs 262

Chapitre 18 : Blinder son contrat de location 265

Le bail 265
Les mentions et clauses obligatoires 266
Les clauses interdites 268
Le loyer 270
Comment le loyer est-il fixé et révisé? 270
Qui paye? 277
Et si personne ne paye le loyer… 277

Chapitre 19 : Entretien, charges et réparations, qui paye la note? .285

Le partage des charges 286
Les clés de répartition 286
Les frais d'ascenseurs : récupérables 286
L'assurance de l'immeuble : non récupérable 287
Le chauffage : récupérable s'il est consommé 287
Hygiène des parties communes : produits récupérables 288
Eau froide, eau chaude : 100 % récupérables 288
Les espaces verts : la pelouse pour le proprio 288
Les antennes de télévision et le câble : à négocier 288
de l'immeuble 289
L'entretien de l'immeuble : non récupérable 289
Les taxes : à partager 289
L'épineuse question des vide-ordures 290
Peut-on refuser de payer ses charges? 290

Chapitre 20 : Partir… sans drame 291

Le propriétaire vous demande de partir 291
Un calendrier très précis 292
Pour quelles raisons? 292

Le locataire prend les devants et annonce son départ 295
Le locataire prend les devants et annonce son départ 296
Le maintien dans les lieux....297
L'état des lieux....299
À l'entrée et à la sortie....299
Chaque mot compte....299
Comment récupérer son dépôt de garantie?....300
Pourquoi certains propriétaires préfèrent garder leur logement vide?....300

Quatrième partie : Faire construire dans les règles de l'art....303

Chapitre 21 : Le projet d'une vie....305

Quel budget?....306
Quel style?....308
La maison intelligente....309
La maison prête à finir....310
La maison bio....310
Où construire: les bonnes questions à se poser....311
Une maison de promoteur, de constructeur ou de castor?....311
Le contrat de construction de maison individuelle (CCMI)....311
Le contrat d'entreprise....315

Chapitre 22 : Le terrain....321

L'envolée des prix du foncier....321
Comment est fixé le prix?....322
Les composantes du prix....323
Comment trouver un bon terrain?....324
Le terrain est-il constructible?....324
L'étude géologique....324
Comment apprécier les qualités du terrain?....325
Respecter les règles d'urbanisme....328
Le certificat d'urbanisme....329
Les servitudes privées et publiques....329
L'acte de vente....330
L'achat d'un terrain en secteur diffus....330
L'achat d'un terrain en lotissement....330

Chapitre 23 : Le permis de construire....333

Dans quels cas demander un permis?....334
Un permis de construire....334
Un permis de démolir....335

La déclaration de travaux....336
Comment obtenir ce sésame?....338
Le dossier....338
L'instruction....339
Et si le permis est refusé?....341

Chapitre 24 : Le chantier se termine, les problèmes commencent . .343

Le déroulement des travaux....343
La réalisation des travaux....344
Des désordres pendant les travaux, que faire?....344
Les assurances obligatoires....345
Les assurances des professionnels....346
Souscrire une assurance dommage ouvrage....347
La réception....350
Quand réceptionner l'ouvrage?....350
Aucune réserve, bon pour habiter…....351
Le client n'est pas satisfait....352

Cinquième partie : Les crédits immobiliers : du prêt-à-porter au sur-mesure....353

Chapitre 25 : Évaluer sa capacité d'endettement....355

Faire ses comptes....355
Les entrées....356
Les sorties....356
Chiffrer l'apport personnel....357
Les économies personnelles....357
Les petits prêts....357
Comment le calculer?....358
Combien apporter?....360
S'endetter, oui mais jusqu'où?....360
Le repère des 33 %....360
Un ratio théorique....361
La notion de « reste à vivre »....361
Un niveau d'endettement supportable?....361
Se prêter au jeu des simulations....362

Chapitre 26 : Faire le plein des prêts pas chers....365

Les prêts réglementés....365
Le prêt conventionné (PC)....366
Le prêt d'accession social (PAS)....367
Le prêt fonctionnaire....371
Le prêt locatif social (PLS)....371

Le prêt locatif intermédiaire (PLI) 375
Le prêt social de location accession (PSLA) 377
Les prêts aidés 378
Le nouveau prêt à taux zéro 378
Un prêt pour acheter quoi ? 378
Le prêt épargne logement 386
Le prêt issu d'un CEL 397
Les « petits prêts » 399
Le 1 % logement 400
L'épargne logement 404
Le prêt Paris logement 0 % (PPL 0 %) 404
Le prêt des caisses d'allocations familiales (CAF) 406
Les prêts des caisses de retraite et mutuelles 407
Les prêts des collectivités locales 407
Le prêt en famille 408
Facile et pas cher 408
Des conditions à préciser à l'avance 408
Un abandon de créance possible 409

Chapitre 27 : Des prêts à géométrie variable 411

Le prêt bancaire 411
Le taux 412
La durée : la variable d'ajustement 418
Le crédit relais : pour acheter avant de vendre 421
Le montant 421
La durée 421
Le taux 421
Un exemple pour mieux comprendre 422
Le crédit « in fine » 424
Les atouts du montage 424
Les limites de l'exercice 424
Des risques réels 425
Le crédit lissé 425
Les avantages ? 427
Le crédit hypothécaire 429

Chapitre 28 : Faire jouer la concurrence 431

Profitez des taux à prix cassés 431
Les acteurs du marché 432
Les banques généralistes 432
Les banques spécialisées 433
Les clés d'une négociation réussie 434
Les avoirs bancaires 434
L'évolution professionnelle 434
L'apport personnel 435

Chapitre 29 : N'oubliez pas de négocier les frais annexes 437

Les frais de dossier 437
Les garanties financières 438
L'hypothèque classique (ou conventionnelle) 439
Le privilège de prêteur de deniers (PPD) 440
La caution mutuelle 441
Faire son choix entre les trois formules 442
Les assurances 444
L'assurance décès invalidité 445
L'incapacité temporaire et totale de travail 449
L'assurance chômage 449
L'indemnité en cas de remboursement anticipé (IRA) 450
Comparer à l'aide du taux effectif global (TEG) 451

Chapitre 30 : La mise en place du crédit 455

L'offre de prêt 455
La forme 455
Le respect des délais 456
La durée de validité de l'offre 457
La condition suspensive 457
Le déblocage des fonds 458
Le remboursement du prêt 458

Chapitre 31 : Modifier un crédit en cours 459

Changer les règles du jeu 459
Jouer la carte de la modulation 461
La fréquence d'utilisation 461
Le montant de la modulation 461
La bouée de sauvetage du PAS 462
L'aide personnalisée au logement 462
Le prêt « sécuri-pass »: le filet de sécurité du 1 % logement 463
Le principe 463
Les conditions d'obtention 463
Les modalités de l'aide 464
Les refus possibles 464
Vous êtes en situation d'impayé? 465
Renégocier avec succès un crédit en cours 465
Rester dans sa banque 466
Aller voir ailleurs 467
Attention aux frais annexes 467

Sixième partie : La partie des dix....................................469

Chapitre 32 : Dix fausses idées sur l'immobilier 471

Mieux vaut acheter que louer 471
S'endetter, c'est s'enrichir 472
J'achète parce que les taux sont bas 472
Acheter aux enchères rime avec bonne affaire.........................472
Passer par un agent immobilier coûte
plus cher que de traiter en direct avec un particulier 473
Des plus-values toujours au rendez-vous 474
Le loyer de mon locataire me paie le crédit immobilier 474
L'immobilier défiscalisant, c'est toujours gagnant...................474
L'investissement locatif, ça rapporte 475
Faire des travaux, ça coûte cher...476

Chapitre 33 : Dix règles d'or pour réussir son achat immobilier . . .477

Se fixer un budget et s'y tenir 477
Savoir ce que l'on veut ou l'on ne veut pas 478
Sonner aux bonnes portes...479
Se renseigner partout et sur tout..479
Un bien à votre goût 479
Imaginer la revente 480
Signer une promesse de vente dans les règles 480
Boucler son financement à moindre coût..................................481
Être prêt à assumer des charges en plus....................................481
Une opération à long terme..482

Chapitre 34 : Dix conseils pour une location sans souci 483

Louer un logement décent...483
Soigner le bail 484
Un dépôt de garantie 484
Ne pas sous-estimer l'état des lieux...484
Se répartir les rôles 485
Se partager les charges 485
S'assurer contre les impayés de loyers 486
Faire gérer, c'est plus simple..486
Mieux vaut négocier qu'attaquer..487
Dire bye-bye au bail dans les règles...487

Chapitre 35 : Dix idées pour aider son enfant à se loger 489

Se porter caution..489
Devenir cotitulaire du bail 490
Acheter en Robien et louer à votre enfant 490

Donner congé à votre locataire pour l'installer dans vos murs 491
Mettre à gratuitement à sa disposition un bien..491
Un accès prioritaire à la résidence étudiante 492
Faire une donation 492
Prêter de l'argent...493
Céder les droits à prêt de votre épargne logement...................................493
Lui revendre votre logement 494

Annexe A : Adresses et liens utiles 495

Annexe B : Travaux immobiliers bénéficiant de déductions fiscales et de crédits d'impôts 501

Crédit d'impôt en faveur du développement durable 501
Crédit d'impôt pour les aides à la personne...502

Annexe C : Liste des charges récupérables 503

Annexe D : Tableaux des coefficients des prêts épargne logement (selon les générations de plans) 507

Comment utiliser ce tableau de coefficient ? 507

Annexe E : Tableau d'estimation des frais de garantie 511

Annexe F : Liste des travaux finançables par le prêt 1 % logement .513

Annexe G : Liste des travaux finançables par le prêt pass-travaux 515

Index 517

Introduction

S'il y a un sujet sur lequel tout le monde a quelque chose à dire, c'est bien l'immobilier ! Après la crise du début des années 1990 qui a alimenté les discussions de comptoirs, c'est au tour du boom sur les prix d'animer les conversations entre amis, collègues ou voisins. Aujourd'hui, les valeurs sont tellement élevées que réaliser une « bonne affaire » signifie empocher une plus-value. Il y a dix ans, c'était acheter pas cher pour se loger !

À la baisse ou à la hausse, le logement est le sujet de prédilection des Français. La plupart rêvent de devenir propriétaires et, depuis les réformes des retraites, l'achat d'une maison ou d'un appartement constitue, en plus, une garantie de sécurité pour l'avenir.

Comme la Bourse, mais en moins volatile, le marché de la pierre observe des cycles qui font le bonheur et le malheur des acheteurs et des vendeurs. Plus encore qu'en Bourse, en matière d'immobilier, il y a toujours quelqu'un pour donner des conseils, des astuces ou porter un jugement. Faites le test autour de vous, vous trouverez toujours une personne qui vient de vendre ou qui va acheter et connaît tous les bons plans.

Pourtant, ce sujet à la fois populaire et subjectif est loin d'être simple. Les notions juridiques, fiscales et financières liées à une opération immobilière sont nombreuses et de plus en plus complexes. Lors d'une transaction dont le montant dépasse souvent 100 000 euros, il n'y a pas de place à l'erreur. Des démarches bâclées, un métrage faux ou un financement mal ficelé suffisent à faire capoter une vente, à faire regretter un achat ou, pire, à ruiner un propriétaire. Résultat, le « rêve d'une vie » s'écroule et peut virer au cauchemar pour de longues années.

Malgré la présence de nombreux professionnels aux réputations plus ou moins bonnes, le particulier peut, en immobilier, tout faire lui-même ou presque. Autrement dit, il est en mesure d'acheter, de vendre, de louer, de gérer son bien en solo. S'il est tenté par l'exercice, par souci d'économie ou par plaisir, il aura toujours intérêt à procéder avec méthode et rigueur. Du choix du bien en lui-même à la signature de la promesse de vente ou du bail, la vigilance et la prudence restent de mise. Le moindre détail a son importance, cet ouvrage vous aide à débusquer les non-dits ou les chausse-trapes. N'oubliez pas que la fiscalité immobilière est une matière assez mouvante, elle peut par exemple remettre en cause l'équilibre financier d'un placement dans la pierre.

À propos de ce livre

L'Immobilier pour les Nuls décortique pour vous toutes les facettes de l'immobilier. Cet ouvrage dresse un panorama complet des nombreuses façons de mener une opération immobilière à son terme et surtout avec succès. Il vous sera précieux pour franchir les obstacles (et ils sont nombreux) qui jalonnent le parcours d'un acheteur, d'un vendeur, d'un bailleur ou d'un locataire. Grâce à des informations claires et précises et des exemples concrets, il répond aux nombreuses questions que se posent ceux qui sont en passe de changer de toit.

Ce livre n'a pas pour ambition de vous faire acheter au plus bas prix, ni vendre au plus haut. Il ne prétend pas non plus vous donner la cote exhaustive des prix des biens ville par ville et quartier par quartier. En revanche, il épluche tous les ingrédients de base pour réussir une recette qui ne vous laisse pas un goût amer. Il fourmille de trucs, astuces et avertissements destinés à vous aider, à attirer votre attention sur telle ou telle étape de votre opération. De la recherche du bien au financement en passant par l'accord avec l'autre partie (particulier en direct, agence immobilière, promoteur), voici comment réussir une transaction sans faute de goût.

Ce guide est parfait pour les néophytes qui cherchent un toit pour la première fois, il est aussi utile pour les vieux routiers de l'immobilier qui ont déjà plusieurs transactions au compteur. Si vous faites vos premiers pas dans cet univers où se mêlent professionnels et particuliers, où le vocabulaire doit être décrypté, où il faut poser les bonnes questions au bon moment, alors vous trouverez dans ce livre tout ce dont vous avez besoin pour mener à bien votre projet.

Si vous en êtes déjà à votre troisième ou quatrième opération immobilière, vous aurez, à la lecture de ces pages, une analyse des derniers textes de loi, des formules de financement les plus récentes ou des montages juridiques et fiscaux possibles. Même si vous vous sentez à l'aise, un regard critique et avisé peut non seulement vous rendre plus efficace dans votre démarche, mais vous donner de nouvelles idées pour votre prochaine opération.

Comment ce livre est organisé

L'Immobilier pour les Nuls comporte six parties, décomposées en chapitres consacrés chacun à un sujet précis. Vous pouvez lire chaque chapitre indépendamment des autres, commencer par le début ou la fin ou bien vous promener avec le livre sous le bras pour répondre à toutes les questions de vos amis. Les cinq premières parties traitent des thèmes principaux de l'immobilier, à savoir : acheter pour habiter, investir pour louer, devenir locataire, faire construire et financer. La dernière partie du guide aborde des sujets plus transversaux. Voici un résumé.

Première partie : Acheter, les « bons plans » pour un sans-faute

Vous avez pris la décision d'acheter ? Bravo ! Ce copieux chapitre vous guide pas à pas dans cet itinéraire presque jamais fléché. Il constitue même le fil rouge de votre quête : il fait un point sur l'état du marché immobilier, vous indique les bonnes pistes pour trouver, présente les différents interlocuteurs que vous pouvez rencontrer sur votre chemin. Sachez qu'en tant qu'acheteur, vous avez des droits et que la loi vous protège. À lire absolument avant même de commencer à prospecter !

Deuxième partie : La pierre comme placement

Déçu de la Bourse, vous souhaitez utiliser la pierre comme placement ? Bonne idée, mais cette opération nécessite d'être soigneusement réfléchie. Quel type de bien acheter ? Quelle formule de location choisir ? Quel régime fiscal sélectionner ? Au bout du compte, est-ce un placement rentable ? Toutes nos réponses figurent dans cette partie.

Troisième partie : Location, mode d'emploi

Vous trouverez dans cette partie le b.a.-ba de la location. Où dénicher un bien à son goût et en phase avec son budget ? Comment soigner son dossier de candidature pour séduire le bailleur ? Pour éviter tout malentendu ou toute imprécision, signez un bail en bonne et due forme et faites-vous préciser qui paie quoi en matières de charges et de travaux. Autant de précautions qui faciliteront les relations houleuses entre locataire et propriétaire et rendront plus tranquille la location.

Quatrième partie : Faire construire dans les règles de l'art

Construire sa maison ? Quel luxe ! Mais pour que ce rêve d'une vie ne vire pas au cauchemar, prenez toutes les précautions et « bétonnez » votre projet. Pour ne pas vous prendre une tuile, sachez que vous avancez ici en terrain miné : de l'achat d'une parcelle à la réception des travaux en fin chantier en passant par le permis de construire, rien n'est jamais joué d'avance. Armez-vous de patience, soyez tenace et réactif, et ne laissez personne diriger votre projet à votre place.

Cinquième partie : Les crédits immobiliers, du prêt-à-porter au sur-mesure

Ce n'est pas parce que les taux des crédits immobiliers sont bas qu'il faut signer n'importe quoi. Un bon emprunt immobilier est avant tout celui qui correspond à vos besoins. Ce chapitre vous aidera à vous poser les bonnes questions pour être en mesure de bien choisir entre taux fixe et révisable. Selon que vous achetez pour habiter ou pour louer, les formules de prêts sont nombreuses et variées. Faites jouer la concurrence dans tous les domaines.

Sixième partie : La partie des dix

Nous concluons ce livre avec « La partie des dix » : un ensemble de chapitres courts comportant dix idées ou des conseils pratiques. Vous pouvez vous y reporter lorsque vous avez besoin d'une ou plusieurs réponses à vos interrogations pour « réussir votre achat », « louer sans souci » ou « loger un proche ». Vous pouvez aussi apprendre par cœur les « dix fausses idées sur l'immobilier », histoire d'épater vos amis dans des discussions animées sur le sujet. Que vous soyez locataire, propriétaire ou en passe de le devenir, lisez cette partie dès que vous avez une minute ou deux devant vous.

Annexes

Vous y trouverez la liste des adresses utiles, celle des travaux immobiliers bénéficiant des déductions fiscales ou des crédits d'impôts, le détail des charges locatives récupérables par le propriétaire bailleur, le tableau de coefficient des prêts épargne logements et beaucoup d'autres choses.

Les icônes utilisées dans ce livre

Dans la marge de gauche, six icônes jalonnent le texte pour attirer votre attention sur des informations importantes. En voici la liste :

Histoires vécues de vendeur, d'acheteur, locataire ou de propriétaire.

À prendre absolument en compte sous peine de faire un faux pas ou une erreur.

Pourquoi un long texte, alors qu'une petite illustration ou démonstration chiffrée suffit à rendre les choses limpides.

Pour le débutant, le vocabulaire immobilier n'est parfois pas compréhensible du premier coup. Rien ne vaut une petite définition pour éclairer les lanternes et faciliter l'échange d'information avec son interlocuteur.

Le détail important et qu'il faut surtout garder en mémoire au moment de passer à l'acte.

Conseil ou astuce pour faciliter la compréhension ou pour vite se faire une idée sur tel ou tel sujet.

Pour ceux qui aiment comprendre en allant au fond des choses, rien ne vaut une démonstration un peu complexe.

Par où commencer ?

Si ce sont vos débuts en immobilier, vous disposez de l'ouvrage idéal pour faire vos premiers pas. Chacune des parties a été conçue de façon à « rentrer dans la peau » de celui (ou de celle) qui cherche à vendre, à acheter ou à louer (côté bailleur ou locataire). Il suffit de vous reporter à la partie correspondant à votre recherche ou à votre besoin du moment.

Si vous êtes acheteur, vous disposez de toutes les clés pour bien prospecter et choisir avec méthode un bien immobilier. Si vous êtes vendeur, vous découvrirez tous les secrets et les astuces pour bien appâter le client, mettre en valeur votre bien et bien sûr vendre au meilleur prix. Si vous êtes un locataire en place (ou futur), la troisième partie vous aidera à bien comprendre les méandres de la location et à soigner les relations parfois orageuses avec votre bailleur. Enfin, si vous êtes investisseur, vous trouverez le panorama des différentes formules de location, avec les avantages et les inconvénients de chacune d'elles.

Si vous ne disposez pas de beaucoup de temps devant vous pour lire une partie complète, reportez-vous directement à la page qui répondra à vos besoins ou questions. Le sommaire expose le contenu des chapitres. Vous y trouverez à coup sûr votre bonheur. Grâce à l'index alphabétique, vous pouvez aussi chercher un sujet particulier.

Bonne route et bonne réussite !

Première partie

Acheter, les « bons plans » pour un sans-faute

Dans cette partie...

Le marché immobilier connaît une hausse continue depuis 1997. Est-ce le moment d'acheter, est-ce trop tard ou faut-il attendre encore ? Ces questions appellent des réponses individuelles, correspondent à des choix personnels. Mais une fois la décision prise de devenir propriétaire, le parcours est ponctué d'étapes qu'il vaut mieux connaître. En se montrant attentif et prudent, l'acquéreur se tirera sans encombre de cet exercice imposé dont les obstacles sont détaillés dans cette partie. Éviter les pièges n'est pas très compliqué à condition de les connaître et de ne pas systématiquement accorder de crédit à ce qui est dit ou entendu. Chacun, aujourd'hui, donne son avis sur les meilleures manières de faire une bonne affaire, à l'achat ou à la vente : certaines sont risquées, d'autres illégales. Choisir son logement engage ses finances et son quotidien pour plusieurs années. Derrière cet acte qui ne prend parfois que quelques semaines réside parfois le projet d'une vie. Même si dans ce domaine l'irrationnel et l'affectif jouent beaucoup, explorer toutes les pistes, comparer, négocier est toujours possible, voici comment...

Chapitre 1

Le marché immobilier dans tous ses états

Dans ce chapitre :

- Le boom des prix… jusqu'à quand ?
- Est-ce le moment d'acheter ?
- Bulle spéculative ou marché solide et pérenne ?
- Les « valeurs sûres » ou les quartiers qui montent
- Qu'est-ce qui fait le prix d'un logement ?

Un scoop, la hausse baisse

Une hausse de 85 % en six ans et de plus de 90 % rien qu'à Paris. La flambée des prix de l'immobilier dépasse tout ce que les professionnels et les « Madame Soleil » avaient annoncé au cours des derniers mois. Contrairement à la hausse du début des années 1990 concentrée à Paris, sur la Côte d'Azur et dans quelques grandes villes, toutes les agglomérations de France sont désormais concernées. Les maisons comme les appartements, les centres-villes comme les communes de périphérie ont vu leur valeur augmenter de façon mécanique et les exemples de plus-values miraculeuses en quelques années ne manquent pas. Il faut vraiment s'enfoncer dans la campagne profonde pour échapper au mouvement, et encore… Certains villages du Gers ou de Bretagne tels Callac dans les Côtes-d'Armor, ou Guémené-sur-Scorff dans le Morbihan ont vu émerger un marché immobilier jusqu'alors inexistant créé de toutes pièces par des acheteurs anglais ou hollandais friands de fermettes ou de manoirs à restaurer.

Cinquante ans après l'appel de l'abbé Pierre, une crise du logement ?

Une crise du logement ? Oui, les spécialistes osent ce diagnostic, alors même que nos dirigeants hésitent à mettre en œuvre des politiques adaptées aux difficultés vitales que bien des ménages rencontrent aujourd'hui. La hausse des prix démarrée en 1997 ne fait pas de pause, malgré les pronostics des économistes, des agents immobiliers et des notaires, malgré les espoirs des acheteurs de plus en plus essoufflés par cette interminable ascension. Même avec deux salaires, il devient difficile de se loger en ville. Dès le premier enfant, les couples prennent le chemin de la périphérie pour gagner de l'espace ou dépenser mois. En 2004, les prix de l'immobilier ancien ont encore augmenté de 15 % et personne ne se hasarde plus à prédire un retournement du marché ou même un atterrissage en douceur L'indice de la Fédération nationale de l'immobilier (Fnaim) constate encore une hausse des prix de 1,2 % en janvier 2005 par rapport à décembre 2004. Après avoir titré sur la hausse, puis sur la baisse, les hebdomadaires se répètent et constatent, tous les six mois, une nouvelle poussée de fièvre.

À la fin de l'année 2004, la baisse de quelques points de l'indice des prix sur le marché britannique a donné quelque espoir de retour au calme dans l'Hexagone. Pour l'instant, le mouvement n'a pas passé la Manche et n'est même pas confirmé en Angleterre, quelques mois après cette pause. La France se place en tête du peloton des marchés haussiers en Europe. Derrière nous, l'Espagne, puis l'Irlande et le Royaume-Uni. L'Allemagne et ses voisins, l'Autriche, la Suisse et la Hollande, sont à la traîne avec des variations de moins de 2 %. Aucune statistique n'indique encore un mouvement de repli. Seule donnée fiable peut-être, la difficulté croissante des grands appartements à trouver preneur. Au-delà d'un million d'euros, le marché rétrécit brutalement. Les clients sont souvent des étrangers ou des investisseurs qui choisissent un pied-à-terre à Paris ou sur la Côte d'Azur. Dans la capitale, la hausse baisse et certains arrondissements n'ont gagné « que » 7 % en 2004. En seconde couronne, la flambée est encore nette.

Sommes-nous condamnés à payer cher ?

L'immobilier suit des cycles. Ce constat mis à part, rien n'annonce une prochaine baisse des prix. Comme sur un marché classique, l'offre et la demande font la loi. La première est insuffisante, la seconde est alimentée – entre autres et c'est assez récent – par le jeu des familles décomposées puis recomposées qui occupent de plus en plus de mètres carrés. Certains professionnels de la construction avancent une explication structurelle et donc durable : la hausse serait justifiée par l'augmentation de toutes les variables prises en compte dans la fabrication d'un logement, du prix du pétrole aux honoraires de l'architecte en passant, évidemment, par les 35 heures.

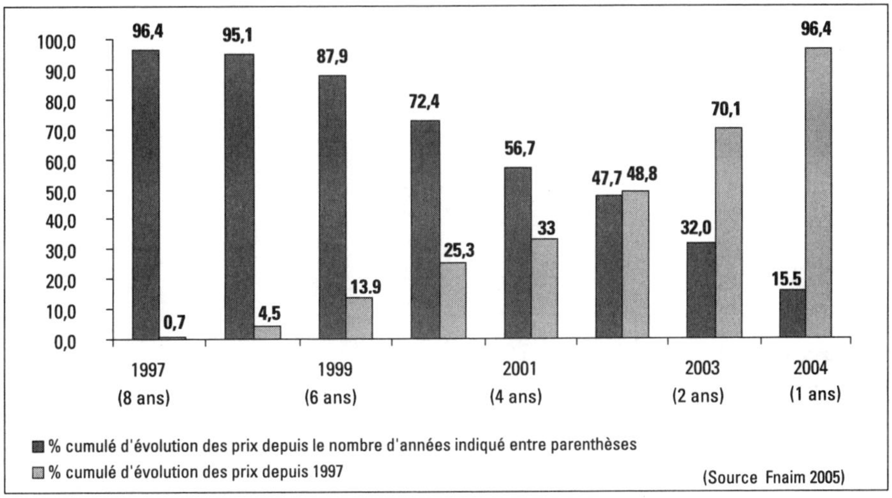

Huit années de hausse ininterrompue.

Peut-on encore se payer un toit ?

Tous les Français rêvent de devenir propriétaires, paraît-il. Et 57 % d'entre eux ont déjà signé. Faut-il acheter son logement aujourd'hui ? En bons Normands, les experts répondent : « Peut-être... » Désespérément plat depuis 2002, le marché boursier a fait fuir les investisseurs occasionnels qui préfèrent aujourd'hui placer leur argent dans la pierre, plus sûre, à moins de catastrophes naturelles heureusement peu fréquentes sous nos latitudes. La crise des années 1990 est pratiquement oubliée, les prix ont retrouvé voire dépassé leur niveau pourtant historiquement haut de 1992 et personne ne peut plus nier aujourd'hui que sur le long terme la plus-value est garantie. Cet investissement (le plus important d'une vie pour presque tout le monde) sert d'abord à se loger et/ou promet les revenus complémentaires d'une retraite de plus en plus hypothétique. L'achat d'un bien immobilier peut aussi contribuer à faire diminuer la note fiscale annuelle. Depuis plus de vingt ans, des systèmes d'allégement d'impôt profitent aux acheteurs prêts à proposer à la location leur appartement pendant au moins neuf ans avant de pouvoir l'utiliser pour eux-mêmes. La dernière loi en date succède à une série de mesures déclinées depuis 1982, baptisées des noms des ministres qui les ont mises en place : Méhaignerie, Quilès, Périssol, Besson, Robien... À chaque fois, ces incitations à l'achat ont permis de relancer le marché au bon moment, quitte parfois à accompagner son emballement. La loi Robien en est le meilleur exemple : en transformant l'achat d'un appartement en une démarche purement financière et rentable, elle contribue toujours à faire monter les prix.

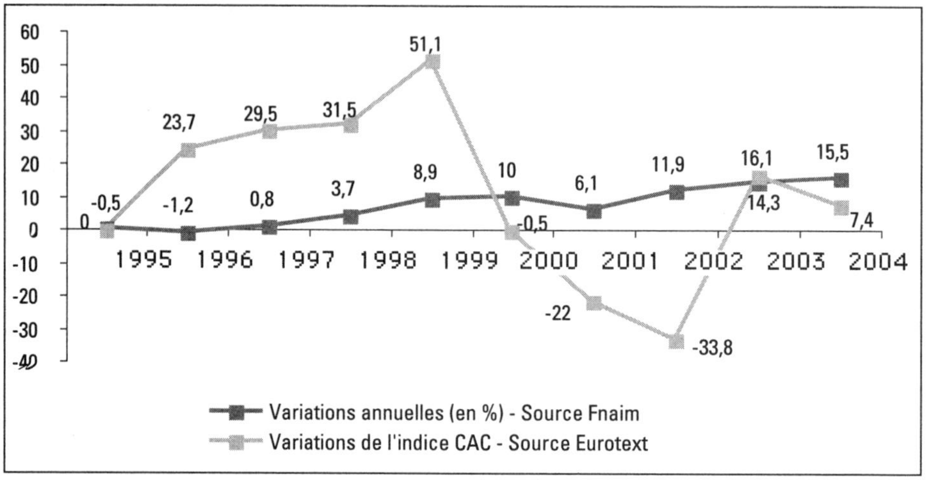

Variations annuelles comparées entre la Bourse et la pierre.

Peut-on encore acheter aujourd'hui, voilà la bonne question. Faut-il choisir de s'endetter sur vingt-cinq ou trente ans ? Au-delà d'un certain âge, les banques décident à la place de leurs clients et refusent d'accorder des prêts aussi longs sans d'exorbitantes garanties. Faut-il encore profiter du niveau très bas des taux d'intérêt pour emprunter beaucoup pour pas cher ? Faut-il tabler sur la poursuite de la hausse et compter sur une plus-value ? Toutes les réponses à ces questions ne sont qu'hypothèses aujourd'hui. Seul argument imparable, louer coûte cher. Les loyers indexés sur l'indice du coût de la construction, qui a fait un bond de 4,5 % en 2004, suivent pour l'instant cette hausse de façon mécanique. À moins d'un retournement de marché ou d'un décrochage de l'indice dont il est beaucoup question mais dont l'efficacité reste à démontrer, les spécialistes prévoient une hausse de 6 % en 2005. On observe en même temps la réapparition des pancartes « À louer » sur les balcons, le signe d'une détente du marché généralement accompagnée d'une baisse des prix... Même les professionnels ont du mal à s'y retrouver. Dans ces conditions, il arrive que les mensualités à rembourser à la banque en cas d'achat ne dépassent pas le niveau d'un loyer. Pourquoi ne pas opter pour un crédit, acheter et commencer à se constituer un capital ?

Atterrissage en douceur ou explosion en vol ?

Bien malin qui pourrait prédire ce que nous réservent les prochains mois. Pour certains experts, les prix peuvent à la limite se stabiliser, ils n'ont aucune raison de s'effondrer : avec une offre insuffisante par rapport à la demande, n'importe quel économiste saurait répondre à cette équation simplissime. Si l'on ajoute que la baisse du coût du crédit et l'allongement des durées d'emprunt ont compensé la hausse des prix, la situation paraîtrait presque saine. D'autant que comparée à ses voisines européennes, la ville de Paris passe encore pour une des moins chères. Voilà la théorie. Mais l'histoire immobilière récente nous a appris, parfois brutalement que « les arbres ne montent pas jusqu'au ciel ». Les prix non plus. Quels peuvent être les scénarios ? Celui des prudents ou des optimistes : atterrissage en douceur avec une stabilisation des prix, baisse des secteurs les plus élevés et ralentissement des transactions déjà entamé. Celui des pessimistes : une explosion en vol et une chute de la demande entraînant une baisse des prix. Aucun indice ne permet d'étayer cette dernière hypothèse, sauf à imaginer que les banques, après avoir poussé à la consommation, ferment subitement les robinets du crédit ou que les taux d'intérêt remontent brutalement. Ce n'est pas prévu. En 1990, le retournement brutal du marché et la dégringolade des prix avait pour décor un marché extrêmement spéculatif dans lequel les biens étaient revendus trois fois dans la même semaine avec une culbute de 20 % à chaque signature. On a beau chercher, la situation actuelle présente bien peu de similitudes avec les années qui ont précédé la crise. Les logements se vendent à des familles qui s'y installent ou à des investisseurs privés en quête de défiscalisation.

Haussmann ou Banlieue-sur-Loft ?

N'OUBLIEZ PAS

Quand on réalise l'investissement de sa vie, autant bien le choisir. Où acheter ? C'est la première question à se poser, en sachant que les champs du possible rétrécissent subitement lorsque l'on fait coïncider le prix d'un quartier et le nombre de pièces souhaité à son budget. Chaque acheteur a connu ce cruel dilemme.

Pour payer moins cher, sortez des centres-ville

Aujourd'hui, le schéma est assez simple : les prix diminuent à mesure que l'on s'éloigne des centres-villes. Et il vaut, à peu de choses près, pour toutes les agglomérations, si l'on fait abstraction des micromarchés correspondant à des sites exceptionnels en banlieue. En effet, même perdus et isolés, certains quartiers au bord d'une rivière ou particulièrement résidentiels bénéficient d'un effet de mode ou d'un héritage architectural qui les rend inaccessibles. À l'inverse, des quartiers encore en très mauvais état ou carrément insalubres n'attirent personne même en cœur de ville. Ces délaissés urbains deviennent rares. Car la hausse des prix a correspondu, depuis une vingtaine d'années, à la reconquête, par les municipalités, de quartiers centraux et souvent historiques qui menaçaient ruine. Le TGV porte une grande responsabilité dans le renouveau des quartiers de gare, ainsi que la désindustrialisation qui a parfois laissé, en plein centre, d'immenses friches. Lille, Marseille, Lyon, Bordeaux ainsi que des villes moyennes comme Perpignan, Mulhouse ou Orléans ont réinvesti leurs centres en réhabilitant le bâti ancien et en confiant à des promoteurs immobiliers de grands terrains où construire des logements neufs.

Cœurs de ville rénovés, populations exclues

Dans les secteurs déjà denses et construits, les rues plantées d'ateliers ou de petites industries ont d'abord été investies par des artistes en quête de loyers bon marché. Ces locaux sont très vite rachetés par des populations plus aisées, les fameux « bourgeois-bohêmes », capables d'accepter la mixité sociale en échange de grands espaces et de prix abordables. Mais le processus de « gentrification » (c'est-à-dire l'investissement de quartiers populaires par des cadres moyens voire supérieurs) a pour effet immédiat de faire monter les prix et de repousser aux franges de ces quartiers leurs anciens habitants incapables de suivre. De nombreuses villes sont ainsi coupées en grands secteurs très distincts : d'un côté et souvent à l'ouest ou sur l'une des rives du fleuve, les traditionnels quartiers bourgeois aux prix élevés depuis toujours ; de l'autre, les anciens quartiers populaires où la valeur de l'immobilier a parfois augmenté de 30 % par an sur la période récente ; enfin, la périphérie des villes qui en recueille les exclus, poussés à s'éloigner pour pouvoir s'offrir un jardin ou quelques mètres carrés de plus.

Du soleil, un ascenseur et une bonne école

Rien de moins objectif qu'un propriétaire. Presque personne n'échappe à la règle qui veut que l'on surestime systématiquement son propre appartement lorsqu'il s'agit de le vendre. Impact affectif, appât du gain, aveuglement par rapport au marché… Les mises à prix des agents immobiliers paraissent toujours trop basses et il est fréquent qu'on oublie que le métro est un peu loin ou que la façade mériterait un bon ravalement. Il existe pourtant des méthodes fiables pour cerner, sinon fixer, la valeur exacte d'un appartement ou d'un immeuble. Les experts sont des professionnels qui les affinent tous les jours, pour le compte de particuliers, d'investisseurs ou de banques. Leur charte ne leur impose pas d'obligation de résultat, mais définit point par point les étapes à suivre et les éléments du prix. Une bonne expertise ne doit pas dépasser 5 % d'erreur.

L'expertise : un avis objectif

Il existe deux méthodes qu'il est conseillé de croiser pour parvenir à des résultats fiables. La méthode par « le revenu » consiste à calculer ce que rapporterait un bien loué ; la seconde dite « de comparaison » établit la valeur d'un bien en référence à des transactions récentes sur le même marché. Il est possible de se renseigner seul, mais pour des biens très atypiques comme des hôtels particuliers ou des lofts, l'expérience de l'expert rassure. Ces démarches rationnelles font en tout cas abstraction du coup de cœur et des conditions de la vente. Les étapes de l'évaluation du prix d'une résidence principale en appellent finalement surtout au bon sens, notamment dans des immeubles parisiens : même si tous sont uniques, ils sont facilement comparables. Les experts partent du général pour aller vers le particulier et prennent en compte une longue liste de critères :

- l'image du quartier : son historique, les travaux qui y ont été faits, sa réputation ;
- l'implantation de l'immeuble : du côté ensoleillé de la rue, plus près du métro, loin des commerces les plus bruyants ;
- l'état du bâtiment : ravalé, décrépi, ayant fait l'objet d'une rénovation ;
- la période de construction : un appartement dans un immeuble haussmannien se vend traditionnellement plus cher que la même surface dans un bâtiment des années soixante ou soixante-dix ;
- l'étage, l'état des parties communes, ascenseur ou escaliers, surface, terrasse ou balcon, cave ou parking, orientation de l'appartement, disposition des pièces, type de chauffage, charges, nombres de transactions dans la même rue dans les trois mois précédents.

ATTENTION !

Remettre un bien en état avant de le vendre ne fait pas forcément monter les prix. Acheteurs, ne vous laissez pas impressionner par un coup de peinture qui cache peut-être des revêtements moins nobles ou de grosses fissures.

Certains marchés échappent tout à fait aux règles établies par les experts : les bords de Marne ou de Seine se vendent à prix d'or… jusqu'à ce que les magnifiques propriétés pieds dans l'eau soient inondées, ce qui arrive de plus en plus fréquemment. Après un sinistre, le marché commence par chuter parce que les biens sont détériorés, ensuite parce que leur valeur intègre désormais un risque, jusqu'à ce que l'épisode soit oublié. Cela peut prendre deux ou trois ans, parfois beaucoup plus, comme à Vaison-la-Romaine où la crue de la rivière avait fait plusieurs victimes en 1992.

Aujourd'hui, ces zones, comme les couloirs d'avalanche en montagne, sont réglementées par les Plans de prévention des risques (les PPR instaurés par la loi Barnier de 1995) et en partie inconstructibles. Quant à prévoir si la rareté organisée valorisera les propriétés existantes ou ruinera à jamais le secteur touché par un accident, les habitants de la Somme ou de certaines communes du Vaucluse ont des réponses divergentes, tout dépend de l'attractivité du site…

Le contrôle technique, un passage obligé

Les experts – tout comme les acheteurs – s'appuient aussi sur des informations désormais obligatoires. Afin de sécuriser les transactions, la loi s'est enrichie de nouveaux textes depuis le milieu des années 1990 et impose aux vendeurs de fournir un certain nombre de certificats : le métré, la preuve d'une recherche d'amiante et de plomb dans les revêtements, ainsi qu'une détection de la présence de termites dans les départements grignotés par ces insectes. Aucune réglementation n'oblige le propriétaire à supprimer toutes ces nuisances, mais elles entraînent à coup sûr une décote. Les travaux réalisés dans l'immeuble doivent également être consignés dans un carnet d'entretien tenu par les syndics. Cette mesure précisée par la loi Solidarité et Renouvellement Urbains (SRU) de décembre 2000 (décret n° 2001-477 du 30 mai 2001 fixant le contenu du carnet d'entretien de l'immeuble prévu par l'article 18 de la loi du 10 juillet 1965) est loin d'être encore généralisée. Près de trois ans après la sortie de ses décrets d'application, les carnets sont souvent vides, lorsqu'ils existent, ou difficiles d'accès pour les candidats à l'achat.

Chapitre 2

Je cherche… oui, mais quoi ?

Dans ce chapitre :

- Neuf ou ancien ?
- Un appartement ou une maison ?
- Poser ses valises ou se faire des ampoules ?
- Habiter une usine ou une boutique ?
- Acheter pour soi ou acheter pour louer ?
- De l'essentiel au superflu, comment choisir ?
- Se mettre en ordre de bataille

Comment se décider à investir trois ou quatre ans de salaires et à s'endetter sur vingt ans voire plus ? Comment imaginer que l'on va faire le bon choix et ne pas rater l'occasion de sa vie à quelques rues de là ? L'achat d'un logement suppose une assez longue réflexion sur ses envies, ses besoins et ses moyens. Personne ne trouve jamais l'appartement de ses rêves, mais quelque chose d'approchant. Et puis un logement se revend en cas de changement d'avis ou en cas de coup dur.

ATTENTION !

Pour commencer, balayons quelques idées bien ancrées mais souvent fausses.

- Il est plus intéressant de louer que d'acheter ? Ce constat est généralement faux à moins de devoir déménager tous les deux ans. Pour ceux qui s'installent, rembourser un emprunt permet de se créer un patrimoine, alors que payer son loyer ne rapporte rien. Au bout de dix ans, un propriétaire se sera constitué un apport personnel et pourra revendre pour acheter plus grand ; un locataire, non.
- Tout le monde n'a pas les moyens de s'acheter un logement ? Souvent faux. Rembourser un emprunt ne coûte pas forcément plus cher que payer un loyer. Aujourd'hui, les prix d'achat ont terriblement augmenté, mais les loyers aussi. Le rapport demeure à peu près équivalent.

- Et si le marché se retourne ? Et pourquoi ne pas penser qu'il ne se retournera pas. Même dans le cas d'une crise comme celle que la France a traversée de 1991 à 1996, les prix ont chuté pour remonter, plus haut quelques années après. Certes, les acheteurs de 1991 obligés de vendre en 1994 ont « pris le bouillon », mais ceux qui ont attendu ont regagné leur mise, voire plus.
- Locataire depuis des années dans un immeuble plaisant, pourquoi s'endetter pour devenir propriétaire ? Parce que ces logements pourraient bien un jour être mis sur le marché par leurs propriétaires. Les victimes de la vente à la découpe en savent quelque chose : sommés d'acheter l'appartement qu'ils occupent ou de partir à la fin de leur bail, ils choisissent souvent la seconde solution car, à Paris, nombre d'entre eux n'ont plus les moyens de s'offrir la surface dont ils sont locataires.

Neuf ou ancien ?

Des poutres ou des murs en carton-pâte ? Du charme ou des cages à lapin toutes identiques ? Le centre-ville ou la banlieue ? Le débat entre neuf et ancien ne se résume heureusement plus aujourd'hui à cette caricature. Le charme de l'ancien est parfois très relatif et l'on peut sans faute de goût refuser les petites fenêtres, les immeubles sans ascenseur et les planchers qui craquent. À l'inverse, les bâtiments neufs n'offrent pas toujours le dernier cri de la technique ni même les balcons ou les terrasses censés établir la prééminence définitive des bâtiments contemporains sur tous les immeubles construits avant 1950. Mais la promotion immobilière a fait beaucoup de progrès en une vingtaine d'années, notamment grâce aux normes d'isolation acoustique et thermique désormais obligatoires. Grâce aussi aux labels comme Qualitel qui garantissent la qualité de la construction et des équipements.

Qu'est-ce que la VEFA ?

JARGON

La vente en l'état futur d'achèvement (VEFA) est une procédure qui ne concerne que l'achat de logements neufs. Elle consiste pour l'acquéreur à choisir un logement sur plans (d'après une maquette ou des images de synthèse) et de commencer à le payer avant qu'il ne soit construit. Ces fonds (5 % à la réservation) permettent au promoteur d'acheter le terrain et de commencer à bâtir l'immeuble. À chaque étape de la construction (gros œuvre, clos et couvert, second œuvre…), les futurs propriétaires versent un pourcentage du prix total. Le solde est payé à la livraison et ce n'est qu'à ce moment que les acheteurs deviennent vraiment propriétaires. L'achat en VEFA est très courant en France et assez réglementé pour ne pas réserver trop de mauvaises surprises. Les plus fréquentes sont les retards de livraison, quelques différences entre l'appartement promis et celui qui a été construit, des finitions moins jolies que prévu et un prix qui a monté au cours du chantier. Un avantage : la possibilité de moduler son appartement, d'y ajouter une chambre ou de faire tomber une cloison en modifiant les plans au moment de la réservation.

Vers une construction écologique ?

Depuis peu, les concepteurs d'immeubles réfléchissent aux moyens de les rendre économiques, moins polluants, moins consommateurs d'énergie, bref « écologiques ». Ils travaillent sur l'orientation des bâtiments afin qu'ils profitent le plus longtemps possible chaque jour de la lumière naturelle. Panneaux solaires sur les toits, utilisation de chaudières à bois, double vitrage, utilisation de matériaux recyclables… Toutes ces mesures prônées par la charte de la Haute Qualité Environnementale (HQE) boostent encore les prix de vente en promettant (sans garantie) aux acquéreurs un confort durable, moins cher à l'usage et « environnementalement correct ». Derrière un marketing très offensif, quelques idées feront sans doute leur chemin et se banaliseront. Pas sûr pour autant que tous les Français rêvent des lotissements labelisés HQE comme en Suède où les chaudières fonctionnent aux copeaux de bois, où les ordures finissent en compost dans le jardin et où les murs sont peints à l'aide d'une mixture d'huile d'olive et d'œufs 100 % naturelle…

L'ancien, encore un peu moins cher

Les logements anciens sont moins chers certes. Mais la récente flambée des prix tend à réduire la différence traditionnelle de 30 % avec le neuf. Si des programmes encore en cours de constructions dépassent les 8 000 euros au m^2 dans la capitale, de nombreux appartements anciens rénovés et très bien placés atteignent ces prix-là aussi. Même rattrapage dans les centres des grandes villes où les beaux immeubles anciens dépassent les 3 000 ou 3 500 euros le m^2, soit le prix des programmes neufs les plus luxueux.

Appartement ou maison ?

Devenir propriétaire, c'est choisir son logement, sa taille, son type, son prix, son jardin ou le nombre de chambres… C'est aussi opter pour un statut, celui de copropriétaire ou de propriétaire individuel. Ceux qui achètent une maison pour la tranquillité, l'isolement et l'absence de voisins doivent savoir que si le toit fuit, ils devront assumer seuls tous les frais de la réparation, comme toutes les autres dépenses liées à leur propriété : impossible de partager la facture. Au moins les propriétaires individuels sont-ils maîtres de leur consommation d'eau et de la date à laquelle ils décident d'allumer leur chauffage. Certaines maisons en lotissement ou accolées à d'autres constructions peuvent être intégrées dans des copropriétés.

Avantages comparés de l'ancien et du neuf

Avantage des constructions récentes : des frais de notaire moins élevés, une exonération de taxe foncière pendant deux ans et des garanties attachées aux travaux qui permettent de se retourner contre le promoteur ou les entreprises en cas de malfaçon.

Inconvénient : L'acquéreur d'un logement neuf devra acheter « sur plans », c'est-à-dire avant la construction de l'immeuble, et attendre pendant au moins deux ans, le temps du chantier, parfois plus lorsque les programmes immobiliers prennent du retard, ce qui est fréquent. Il faut parfois emménager en bottes et faire attention aux enfants lorsque les garde-corps des balcons ne sont pas encore fixés.

Avantage de l'ancien : l'appartement ou la maison exite, est visitable avant l'achat et disponible au bout de trois mois une fois la vente signée.

Un appartement en fait toujours partie. Le principe de fonctionnement d'un syndicat de copropriétaires (un groupement) consiste à partager les frais qu'entraîne le fonctionnement de l'immeuble, notamment ceux liés à l'entretien et aux réparationx des parties communes.

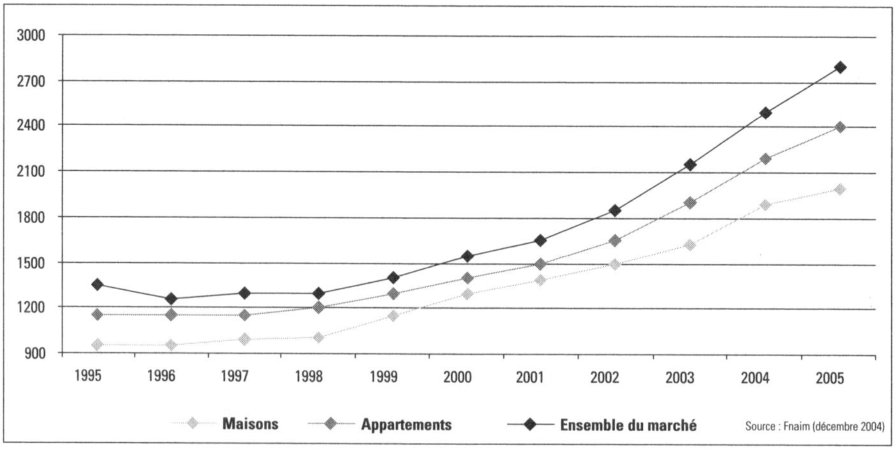

Hausse des marchés immobiliers selon le type de bien vendus

Les charges de copropriété

L'article 10 de la loi du 10 juillet 1965 permet de distinguer deux types de charges:

- Les charges communes: elles sont communes à tous les copropriétaires ou à certains d'entre eux (occupants d'un même bâtiment par exemple). Elles concernent les équipements comme les ascenseurs, la chaufferie… Ces charges comprennent la conservation (travaux et frais liés à ces travaux), l'entretien (frais de ménage et éclairage) et l'administration (frais de gestion du syndic, gardiennage et assurances).
- Certaines charges sont individuelles lorsqu'elles concernent un équipement dont l'usage est réservé à un seul locataire. Par exemple un jardin privatif.

(Pour plus de précisions, voir chapitre 7, p.98.)

Poser ses valises ou se faire des ampoules?

Commençons par chasser une idée reçue: les bonnes affaires à refaire sont derrière nous. D'abord, des professionnels, marchands de biens ou promoteurs-rénovateurs, ont érigé la recherche et le retapage d'appartements au rang de métier et ont ratissé large dans toutes les grandes villes de France. Ensuite, les vendeurs ont compris qu'ils ne vendaient pas seulement un appartement au plancher défoncé et aux murs crasseux mais bien l'idée de ce que cette surface pourrait devenir une fois remise à neuf.

« Avec travaux » ne veut pas toujours dire moins cher

La décote appliquée aux logements exigeant des travaux est bien moindre qu'il y a quelques années. Pour calculer le prix de vente, il ne suffit pas de défalquer le coût estimé des travaux du prix d'un appartement équivalent car le vendeur connaît généralement le potentiel du logement qu'il met sur le marché. Quant à l'appréciation de l'état du logement, elle dépend autant du vocabulaire que de la bonne foi du propriétaire vendeur. L'expression « à rafraîchir » lue dans une petite annonce doit immédiatement susciter la méfiance : il faut parfois six mois de travaux et 100 000 euros pour parvenir à un résultat habitable. Le parc de logements ayant déjà subi un lifting est déjà très important. À Levallois-Perret dans les Hauts-de-Seine par exemple, les logements ouvriers de deux ou trois pièces construits au début du siècle ont connu une grande vague de replâtrage au cours des années 1985-1995. Aujourd'hui, ce marché est moins abondant, comme celui des chambres de service dans les immeubles haussmanniens, rénovées ou regroupées en appartements.

La plus-value de la « déco »

Les magasins de bricolage fleurissent aujourd'hui dans toutes les villes, les femmes manient le marteau et la pince aussi bien que leurs compagnons, et la « déco » est devenue un art de vivre. Certains agents immobiliers estiment que l'aménagement intérieur peut apporter une importante plus-value pour des clients en quête de cachet et d'idées. Les étrangers notamment n'hésitent pas à surpayer un bien dans lequel ils pourront immédiatement poser leurs valises. S'inscrire dans l'atmosphère des autres ne les gêne pas, au point que certains Italiens achètent avec l'appartement la console et les rideaux assortis. Sur le marché des lofts et des appartements atypiques, le rachat du mobilier – souvent très contemporain et fait sur mesure – est fréquent et augmente évidemment le prix du bien. L'expertise devient alors extrêmement subjective.

Mieux vaut en tout cas estimer précisément les travaux avant de faire une offre, envisager que l'accord de la copropriété est parfois nécessaire pour des transformations lourdes, que les prix des matériaux et des artisans ne cessent d'augmenter. Ceux qui en ont le courage et qui mènent eux-mêmes le chantier sont généralement contents du résultat, surtout parce qu'ils sont sortis de la poussière et des gravats. Beaucoup jurent aussi qu'on ne les y prendra plus. Surveiller un chantier (surtout lorsqu'il s'agit de sa propre maison) est un travail quotidien semé d'embûches, découvertes au fur et à mesure, et peu accessible aux profanes. Bien sûr, un architecte n'est pas le seul à pouvoir refaire une cuisine mais ses conseils et son expérience de la négociation des prix et de la gestion des conflits sur les chantiers est précieuse et évite parfois des dépenses inutiles.

Habiter une boutique ou un atelier

Pourquoi faire simple lorsque l'on peut se compliquer la vie en ajoutant à la procédure d'achat d'un logement quelques démarches administratives supplémentaires ? Parce que racheter un bureau, un atelier ou une boutique permet généralement d'habiter de grands espaces, originaux et moins chers que les logements proposés sur le marché. Cette aventure prend du temps. Elle devient difficile dans plusieurs villes qui ont gelé les autorisations de changement d'affectation afin de préserver leurs rues commerçantes. Elle suppose en tout cas de respecter scrupuleusement la procédure et de se montrer très prudent.

Un permis de construire obligatoire

Tout changement d'affectation passe d'abord par une demande de permis de construire auprès de la mairie. Ceux qui passent outre s'exposent à des sanctions pénales pour infraction au code de l'urbanisme. S'ils ne sont pas contrôlés – ou dénoncés par leurs voisins – ils se retrouveront coincés au moment de la revente : au mieux, ils devront vendre leur bien au-dessous de sa valeur, au pire, ils ne trouveront pas d'acheteur pour un bien inhabitable selon la loi. Le permis de construire permet aussi de se mettre en conformité avec les règles du plan local d'urbanisme et de ne pas faire n'importe quoi : il n'est pas question de percer des fenêtres n'importe où et les vues principales doivent par exemple bénéficier d'un dégagement de plusieurs mètres, ce qui limite parfois certains projets.

Les voisins peuvent dire non

Les voisins seront peut-être ravis de voir une famille remplacer un garage ou une imprimerie bruyante, mais dès lors que le bien appartient à une copropriété, ses membres ont leur mot à dire sur la transformation et peuvent s'y opposer par un vote en assemblée générale. Ceux qui se passent de leur accord prennent le risque d'être dénoncés au cours de leurs travaux, d'être condamnés à payer une forte amende ou à remettre les lieux dans leur état d'origine. Si des sanctions financières sont souvent appliquées, il est extrêmement rare que l'administration exige la démolition.

La prudence s'impose

Dans ce type de transaction, il est donc prudent de signer une promesse de vente sous la condition suspensive d'obtenir un permis de construire et l'accord de la copropriété. Il est conseillé aussi de faire appel à un architecte qui, avant de mener à bien le chantier, pourra donner son avis sur l'habitabilité du lieu. L'engouement pour ces anciens bureaux ou locaux industriels est tel que les acheteurs se battraient presque pour acquérir des caves insalubres ou des locaux aveugles en fond de cour…

Revendre la commercialité, un moyen de payer ses travaux

À chaque local commercial est attaché une « commercialité ». Ce statut est valorisé par sa rareté : hors Zone d'aménagement concerté (ZAC), les villes ne permettent pas la création *ex nihilo* de surfaces commerciales. Un acheteur qui transforme un ancien bureau, une boutique ou un atelier en logement peut donc revendre ce titre à un acheteur désireux de faire l'opération inverse, en créant une surface commerciale de la même taille dans le même secteur ou arrondissement. Tous deux doivent obtenir l'accord de la préfecture qui ne le donne qu'à des locaux dont le bail commercial n'a pas été interrompu depuis 1945, à charge du propriétaire de le prouver. Le marché n'est régi que par l'offre et la demande. Il fonctionne par petites annonces dans la presse généraliste ou spécialisée. Vendre une commercialité dans un secteur très demandé peut permettre de payer une partie de ses travaux. À Paris, les logements issus de transformation peuvent conserver leur commercialité pendant treize ans – si leur propriétaire ne la vend pas – et donc retourner sans formalité à leur usage premier.

Acheter pour soi ou acheter pour louer ?

La question se résume à craquer au coup de cœur ou se montrer rationnel. Ceux qui achètent pour eux-mêmes se projettent dans les lieux dès la première visite et commencent à placer leurs meubles. Le danger est bien là. Devant un double salon lumineux et une poutre, on oublie les cinq étages sans ascenseur ou le bruit de la rue. La cuisine est petite mais on mangera dans le salon…

Le coût du coup de foudre

L'expérience montre que les habitudes demandent un peu plus qu'une bonne résolution pour changer durablement. Les petits défauts du début deviennent parfois, à la longue, de vrais handicaps dont on n'avait pas toujours calculé l'ampleur ni le coût. Habiter loin d'un transport en commun, par exemple, oblige à utiliser quotidiennement sa voiture et à payer un parking pour la garer. Au moment de la revente, il faudra compter sur le même coup de foudre chez un acheteur ou accepter quelques concessions sur le prix.

Au contraire, le placement immobilier prend en considération des critères qui n'ont rien à voir avec l'appréciation personnelle. Sauf dans un marché de pénurie, le locataire a le choix. Il ne se gênera pas pour juger des qualités fonctionnelles de l'appartement. À priori installé pour peu de temps et peu investi dans les lieux, il préfèrera un appartement simple et bien placé même s'il manque de cachet à un logement bien décoré mais bruyant ou un peu plus éloigné des transports.

Toujours visiter avant d'acheter

Visiter avant d'acheter paraît totalement évident. Tout comme il est prudent d'aller se balader dans le quartier et de se renseigner sur le prix des loyers, les transports, les commerces et les écoles situés à proximité. S'il s'agit d'un programme neuf, une analyse des plans s'impose. Pourtant, les promoteurs eux-mêmes s'étonnent du peu de curiosité de leurs clients investisseurs qui achètent leur appartement comme une assurance-vie, qui s'intéressent à sa rentabilité mais pas à l'allure de l'immeuble. Les incitations fiscales introduites par les lois Méhaignerie, Périssol, Besson ou, le dernier en date, Robien (voir chapitre 12) ont fait naître il y a déjà vingt ans des réseaux de vente « debout » via des intermédiaires financiers qui présentent à leurs clients l'avantage fiscal avant de parler de son support. Plus de 50 % des logements neufs sont aujourd'hui vendus sous ce régime défiscalisant, à des investisseurs obligés de le louer pendant neuf ans au moins. Bardés d'assurances contre des locataires absents ou indélicats, ils signent pour ce bail en sachant à peine dans quelle ville ils investissent. Ils prennent des risques : celui de payer trop cher un bien entraperçu et d'en diminuer d'emblée la rentabilité ; celui de ne pas trouver de locataire ; celui de faire confiance à des intermédiaires susceptibles de faire faillite ou de disparaître dans la nature au cours des neuf ans de location obligatoire ; celui, enfin, de ne jamais encaisser de plus-value à la revente. Soit parce que l'immeuble aura été construit dans un quartier sans intérêt et sans marché, soit parce que la construction réalisée à la va-vite montrera déjà des signes d'agonie au bout d'une décennie.

De l'essentiel au superflu, comment choisir ?

C'est bête et rasoir, mais efficace. Pour choisir, dressez une petite liste des obstacles rédhibitoires et des critères auxquels vous tenez le plus.

- L'adresse : quartier chic et cher ou plus populaire et moins onéreux ?
- L'étage : le rez-de-chaussée est le moins cher sauf lorsqu'il ouvre sur un jardin ; le premier est réputé sombre ; les prix montent avec les étages pour la luminosité et la vue, sauf lorsque l'immeuble ne dispose pas d'un ascenseur.
- Le parking : indispensable dans certains quartiers « ingarables », pour éviter de tourner trois quarts d'heure tous les soirs.
- La lumière : vitale pour le moral.
- Le plan : difficile de disposer de place dans toutes les pièces… Il faut parfois sacrifier cuisine et salle de bains, mais pouvoir manger dans la cuisine simplifie quand même bien la vie.
- L'exposition : soleil levant ou soleil couchant ? Pensez qu'un appartement exposé au nord est plus froid et souvent sombre.
- Une terrasse : la pièce de plus et le luxe dans les grandes villes. Mais cette annexe présente parfois des problèmes d'étanchéité. Pour profiter de cet espace, il faut l'aménager un peu, voire y jardiner.
- La proximité des transports et des commerces : on se dit qu'on se fera à la marche à pied ou au bus, mais la proximité d'un métro présente beaucoup d'avantages. Elle fait aussi monter les prix.
- La proximité des écoles : surtout si elles sont réputées pour leurs résultats aux examens. Certains parents placent la carte scolaire parmi leurs premiers critères de choix d'un quartier et n'y dérogent pas. Pour eux, il y va de l'avenir de leurs enfants. La proximité des très bons lycées compte aussi dans le prix.

Tout dans l'adresse

Certains préfèreront « en jeter » avec une belle façade à une belle adresse et quelques mètres carrés de moins. D'autres optent pour la surface et font fi de la réputation du quartier qui peut d'ailleurs changer. Tous les acheteurs l'ont remarqué à leurs dépens, l'appartement rêvé n'existe pas et même les plus gros budgets doivent faire avec. L'adresse semble encore une donnée sociale importante : passer du centre-ville à la banlieue par exemple représente parfois un pas difficile à franchir.

La qualité des écoles

Aujourd'hui, la proximité d'écoles cotées ou d'écoles privées est un critère qui peut faire accepter un prix un peu plus élevé. Au contraire, la mauvaise qualité des établissements scolaires peut faire capoter une vente. La limite de la mixité sociale réside certainement dans cette volonté qu'ont les parents de donner toutes les chances à leurs enfants. Beaucoup de ceux qui s'installent dans les anciennes usines ou les ateliers transformés des quartiers populaires s'arrangent pour esquiver les contraintes de la carte scolaire et inscrivent leurs enfants ailleurs. Ces attitudes ne font finalement que renforcer la ghettoïsation des écoles: les moins bonnes sont désertées par les enfants de milieux sociaux favorisés qui tentent d'entrer dans de meilleurs établissements. Conséquence sur le marché de l'immobilier: une spirale à la hausse. Cause ou conséquence? Les meilleurs lycées sont presque tous situés dans les quartiers les plus coûteux.

Le bruit, une sale habitude

Le nombre de décibels se supporte plus ou moins bien. Beaucoup pendant peu de temps? Peu mais en permanence? Est-il plus facile d'entendre le chuintement permanent d'une autoroute que les crissements des freins au feu rouge, juste sous la fenêtre, toutes les cinq minutes? Ou des cloches toutes les heures? Ou une cour de récréation, véritable agression sonore cinq à six fois par jour? Les degrés de résistance varient mais sont difficilement prévisibles et le son perçu à un moment précis n'indique pas grand-chose sur la capacité à le supporter quotidiennement. Avant de signer une promesse de vente, il peut être judicieux de venir écouter, à plusieurs heures du jour et de la nuit, pour tenter de se faire une idée. Il est possible de s'habituer au bruit mais le risque existe de se réveiller un beau matin excédé et de déménager dans la semaine.

4e sans ascenseur

À 20 ans, ça passe, à 40, ça lasse. Un peu de pitié pour les livreurs de vos courses qui devront monter des litres d'eau minérale. Les étages élevés sans ascenseur se payent moins cher et leurs acheteurs ont toujours l'espoir que la copropriété décidera un jour d'en installer un, apportant ainsi à l'appartement une plus-value certaine. En attendant, les étages s'enchaînent douloureusement lorsqu'il faut redescendre et remonter pour une baguette oubliée. L'aller et retour quatre fois dans la journée vaut bien une séance de gym quotidienne.

Le bon plan

Le meilleur plan est souvent le plus simple. Sans place perdue ni recoins charmants mais souvent inutiles. Quelques précautions à prendre avant de s'engager : s'assurer que les murs ne sont pas tous porteurs et permettront, le cas échéant, d'aménager des pièces plus grandes. Les détails techniques sont rébarbatifs mais souvent capitaux : pour déplacer une salle de bains ou une cuisine, mieux vaut que les tuyaux d'évacuation soient bien placés. Sur ces points, les vendeurs se montrent toujours catégoriques et certains que « cela pourra se faire ». Mieux vaut toujours vérifier par soi-même.

Se mettre en ordre de bataille

Anticiper son financement

Première démarche avant de se mettre en quête d'un nouveau toit : s'adresser à son banquier. Plus de 90 % des achats immobiliers se font en effet à l'aide d'un crédit et, pour l'obtenir, il faut commencer par aller présenter sa situation à un établissement financier. Rien de terrifiant dans cette démarche, les banques ont besoin de leurs clients pour vivre. À moins que vous ne soyez inscrits au fichier national des incidents de paiement, vous pouvez devenir emprunteur dès lors que vous justifiez de revenus réguliers et que votre capacité de remboursement est jugée satisfaisante.

Vendre avant d'acheter

Les propriétaires ont intérêt à vendre avant d'acheter car il est plus confortable de savoir sur quel budget compter (celui de la vente plus un nouvel emprunt par exemple). Toutes les banques proposent aujourd'hui des crédits relais qui évitent le paiement de doubles mensualités (remboursement d'un crédit non soldé sur l'ancien logement et d'un nouvel emprunt sur le nouveau), mais ces montages coûtent un peu plus cher. Vendre est aussi une bonne façon de se mettre en condition pour chercher activement et trouver. Le délai habituel entre la promesse de vente et la remise des clés s'étale sur trois ou quatre mois, le temps pour le vendeur de se chercher un toit ailleurs. Il est possible de l'allonger pour convenances personnelles, à condition que les deux parties se mettent d'accord à l'avance.

Se renseigner

S'armer ensuite de toutes les informations, d'un bon guide, de la presse spécialisée, des sites Web et surtout de temps. La phase la plus amusante va commencer: les visites des maisons des autres et s'offrir à peu de frais le plaisir de se les approprier un instant et peut-être pour longtemps.

Chapitre 3

Où faire son marché ?

Dans ce chapitre :

- Les particuliers
- Les agents immobiliers
- Les promoteurs
- Les marchands de biens
- Les notaires
- Les ventes aux enchères
- Les investisseurs institutionnels

L'offre immobilière est présente à tous les coins de rue : agences poussées comme des champignons avec l'euphorie du marché, petites annonces dans les journaux, presse spécialisée, gratuits distribués sur les trottoirs, sites Internet, publicité, jusqu'aux banderoles placées directement sur les façades des immeubles pour signaler des ventes massives d'appartements libres ou occupés. Depuis 1997 et la reprise du marché, tous les journaux destinés au grand public déclinent, une à deux fois par an, le prix du mètre carré dans toutes les villes de France. Ces numéros réalisés avec plus ou moins d'exactitude atteignent des records de vente. Mais les chiffres qu'ils charrient n'ont rien de scientifique. Tout au mieux s'agit-il d'exemples et de moyennes tirées de statistiques notariales trop générales pour donner des indications précises sur le prix dans une rue ou dans un immeuble. Ces suppléments sont pourtant devenus la Bible des acheteurs et la terreur des agents immobiliers : devant une estimation écrite noire sur blanc dans la presse nationale, ils n'ont plus qu'à ranger leur expertise et leur expérience du terrain, alors même que le prix d'un appartement dans un même immeuble peut doubler entre le premier et le cinquième étage… L'information immobilière est aujourd'hui aussi abondante qu'inégale. Demeurent toujours quelques grands circuits : la transaction signée entre particuliers sans intermédiaire, le recours à un agent immobilier ou des voies moins classiques comme l'achat d'un logement occupé à des investisseurs institutionnels ou encore, en quelques minutes, à la barre du tribunal, aux enchères.

Malgré tous ces canaux, la recherche d'un logement n'est pas facile. Choisir, c'est peut-être toucher au but mais c'est aussi se fermer la porte de tous les possibles. La démarche est émotionnellement épuisante car il faut sans arrêt espérer puis déchanter et se remettre en quête. S'il peut être très amusant de rentrer chez les gens et de voir la personnalité des intérieurs lorsqu'on dispose d'un budget conséquent, c'est franchement déprimant quand on n'a pas le sou. Enfin, la recherche prend du temps. Chacun a entendu parler du couple chanceux qui a emménagé dans le premier appartement qu'il a visité. C'est rare et ça n'arrive qu'aux autres… Une quinzaine de visites est un minimum. Si vous en êtes à plus de cinquante, c'est que vos critères sont peut-être inadaptés.

De particulier à particulier

En France, près de la moitié des transactions sont signées entre particuliers, au grand dam des agents immobiliers dont le nombre pourtant ne cesse d'augmenter. La proportion est stable depuis des années, alors que les professionnels occupent plus de 85 % du marché aux États-Unis ou en Angleterre. Outre l'indépendance légendaire des Français, ce partage des tâches tient à la réputation peu flatteuse de la profession, à des outils de recherche individuelle de plus en plus performants et faciles d'accès.

La presse généraliste

Elle offre des pages entières de petites annonces rédigées selon le style du journal, plutôt sérieux dans *Le Figaro* (très fourni le mardi et le jeudi), souvent avec un brin d'humour dans *Libération*. Il faut savoir que les annonces sont publiées telles que dictées par les vendeurs et ne font l'objet d'aucun contrôle. Compte tenu du prix de la parution, elles sont généralement courtes et peu étoffées. Elles permettent une première sélection sur un simple coup de fil.

La presse spécialisée

Assez indigestes à lire avant de s'endormir, les journaux de petites annonces représentent une formidable vitrine de l'offre, dans toute la France. Les annonces sont souvent agrémentées d'une photo ou d'une référence sur Internet où trouver l'image de l'appartement ou de la maison à vendre. Le texte est souvent fourni, assez précis. Mais comme dans la presse généraliste, seule la cohérence des annonces est vérifiée, et non la véracité de leur contenu. Le principal support, *De particulier à particulier*, le fameux *PAP*, paraît chaque jeudi et propose jusqu'à 20 000 annonces de biens à vendre ou à louer, classées par département, par style (maison ou appartement) et par taille (nombre de pièces). Ces journaux permettent parfois de se faire une idée des prix du marché dans un quartier ou une commune. Longtemps réputés pour proposer des prix moins élevés que ceux des agences, ils ont perdu cet avantage. Emportés par la flambée des valeurs, les propriétaires auraient même tendance à surestimer leur bien et à l'afficher au-dessus d'un prix estimé par un professionnel. Souvent, ils arrivent à vendre, tant la suspicion est grande, en France, vis à vis des agents immobiliers. Persuadés d'économiser des frais d'agences, les acheteurs ne se rendent pas compte qu'ils payent finalement plus cher.

Certaines revues se cantonnent à un créneau, de luxe ou de charme. Les deux principaux concurrents du marché s'achètent en kiosque : *Belles demeures* et *Propriétés de France* proposent de belles villas, des châteaux, des manoirs ou des biens anciens de caractère, un peu partout en France.

Les principaux journaux de la presse spécialisée entre particuliers sont :

- *De particulier à particulier* : parution hebdomadaire, annonces classées par taille d'appartement et région, 2,95 euros ;
- *SeLoger* : parution tous les quinze jours, 2,30 euros ;
- *Terrains et maisons en Île-de-France :* mensuel, 3 euros ;
- *À vendre, à louer :* annonces de maisons et appartements en Île-de-France, 1,50 euros ;
- *Propriétés* (groupe Figaro) : 750 annonces en anglais et en français, tous les deux mois, 10 euros ;
- *Demeures de charme* (groupe PAP) : tous les deux mois, annonces de propriétés à vendre sans intermédiaire en France et à l'étranger, 4 euros ;
- *Belles demeures :* des milliers de propriétés de charmes dans toute la France, mensuel, 7 euros ;
- *Demeures et châteaux :* tous les deux mois, 750 annonces de biens d'exception et des dossiers (exemple : « Acheter une maison sur une île »), 10 euros.

La presse professionnelle

Quelques revues comme l'*Indicateur Bertrand* ou *SeLoger neuf* ou encore *ImmoNeuf* proposent essentiellement les programmes neufs mis en vente par des promoteurs. Ces annonces concernent des appartements à vendre sur plans, dont l'immeuble est en cours de construction. Une vague perspective crayonnée ou une image de synthèse donne une idée du projet. Ces journaux n'indiquent pas tous les prix et ceux qui le font indiquent des fourchettes par type d'appartement (deux pièces, trois pièces…) sans toujours préciser la surface ni le prix au mètre carré qui diffère assez largement entre un cinq pièces avec terrasse et un studio orienté au nord en rez-de-chaussée. Utiles surtout pour savoir où se construisent des logements. Ensuite, mieux vaut se rendre directement dans les bureaux de vente pour se faire une idée du quartier et de l'immeuble.

Les sites Internet

Nés avec la grande vague de la nouvelle économie, les sites Web dédiés à l'immobilier ont fleuri en 1999 et 2000. Ils proposaient des annonces, des analyses de marché et toute l'information pratique sur le logement et sa réglementation. Un certain nombre a fait faillite depuis et l'on peut espérer que les plus sérieux ont survécu. Certains sont désormais rattachés à des publications comme *PAP* ou le groupe Figaro, d'autres vivent de façon indépendante. Ils permettent d'effectuer une sélection, de visiter virtuellement certains biens sans perdre du temps en déplacement. Beaucoup sont rattachés à des agences immobilières et servent surtout à remplacer ou relayer un contact téléphonique avec un professionnel. Lorsqu'un bien correspond à votre demande, vous pouvez être averti par e-mail. On trouve sur la toile des sites portails qui relaient les offres de plusieurs agences, les sites des syndicats professionnels, ceux des promoteurs qui détaillent leurs programmes en vente et quelques sites thématiques qui détaillent des procédures ou des offres : la vente aux enchères, les chasseurs d'appartements, le financement d'un projet, la veille juridique…

Voici une liste des portails généralistes :

- `avendrealouer.fr` : 50 000 annonces et un critère de recherche axé sur les transports (accès métro, bus, RER) ;
- `explorimmo.com` : c'est le site immobilier du *Figaro*, il propose aussi les annonces parues dans *Libération*. Plus de 100 000 annonces de biens anciens et neufs dans la rubrique « explorimmoneuf », un « guidimmo » où télécharger des textes de loi ou lire des dossiers thématiques ;

- `immostreet.com` : plus de 100 000 annonces en France et près de 480 000 dans des pays européens. Offres claires, photos nombreuses, conseils pratiques ;
- `lesiteimmobilier.com` : rattaché au groupe Belles demeures de France, plus de 72 000 annonces provenant de plus de 2 000 professionnels ;
- `pap.fr` : plus de 25 000 offres de particuliers, transactions, locations, offres de colocation ou d'achat en multipropriété. Beaucoup d'informations pratiques et juridiques, et de location de vacances ;
- `pro-a-part.com` : site couplé avec le journal gratuit qui porte le même nom, 10 000 annonces en Île-de-France fournies par un millier d'agences. Utile : l'option de recherche transmise au réseau d'agences ;
- `seloger.com` : plus de 140 000 annonces par quelque 3 500 professionnels. Des conseils pour le financement, un déménagement ou des travaux. Un moteur de recherche comprenant une trentaine de critères pour affiner ses investigations.

Voici aussi quelques sites thématiques :

- `adele.org` : offres de logements étudiants en résidence privée avec, entre autres critères, celui de l'accès aux facs ou aux écoles voisines. Conseils sur les aides au logement, visites virtuelles, réservation en ligne ;
- `advalorem.com` : site de vente « à la découpe » pour l'achat de logements libres ou occupés à des investisseurs institutionnels, simulation de rentabilité, fiches précises ;
- `ateliers-lofts.com` : pour ceux qui recherchent des surfaces atypiques ou un conseil sur la meilleure façon de transformer ce genre de biens en logement ;
- `encheres-paris.com` : les offres des notaires vendues à la barre du tribunal par les notaires parisiens et le marché depuis 1999 ;
- `notaires.fr` : portail du notariat français. Annuaire, actualité, formation, conseil, informations sur l'acte authentique, catalogue des biens immobiliers mis en vente ;
- `liins.com` : très présent sur le secteur de l'investissement locatif, sélection et classement des programmes neufs, conseil en défiscalisation.

TRUC

Comment lire une petite annonce ?

Pour gagner de la place et de l'argent, les « passeurs » de petites annonces utilisent un vocabulaire apparemment crypté. Certains sigles sont facilement décodables. En revanche, il faut se méfier de certaines expressions. À l'usage, il est assez simple de lire entre les lignes : HSP signifie hauteur sous plafond ; PdT, pierre de taille pour l'immeuble ; un immeuble ISMH est inscrit à l'Inventaire supplémentaire des monuments historiques, ce qui signifie qu'il faudra des autorisations spéciales pour y réaliser des travaux ; CC, utilisé surtout pour des locations, signifie charges comprises ; HAI, honoraires d'agence inclus ; SH prend moins de place que surface habitable ; sdb signifie salle de bains et n'est pas équivalent à SE pour salle d'eau, plus petite et dépourvue de baignoire.

Ces abréviations ne déforment pas la réalité. Ce qui n'est pas le cas de certaines appellations : sous le prétexte de rendre l'annonce plus lisible, les mots embellissent généralement l'appartement proposé. Pourquoi écrire studette et non studio ? Parce que la studette est encore plus petite. Charmant signifie généralement un peu bricolé, de guingois ou plein de recoins. Décoration à revoir signifie généralement que les murs et les sols sont à refaire. Rafraîchissement à prévoir indique le plus souvent que le budget de travaux s'approche de celui d'une rénovation lourde (plomberie, électricité, sanitaires...).

Les agents immobiliers

Les agents immobiliers sont les intermédiaires qui mettent en relation offreurs et demandeurs sur le marché du logement. Ce sont des commerçants qui proposent un service et touchent une rémunération proportionnelle au prix du bien qu'ils parviennent à vendre. Certains se contentent de l'afficher en vitrine, son prix augmenté de la commission d'agence, et d'attendre qu'un client se manifeste. D'autres, plus efficaces et plus compétents, possèdent des fichiers de clients dont ils connaissent les souhaits et savent en quelques jours organiser le contact entre un vendeur et son acheteur. L'agent immobilier peut proposer une estimation au propriétaire. Il fait visiter les appartements aux acheteurs. Son travail est aujourd'hui facilité par les outils de communication dont il dispose. Même si rien ne remplace une visite lorsque le bien paraît intéressant, un rapide coup d'œil à des photos, des plans ou un petit film sur écran permet d'éliminer d'office un certain nombre d'appartements. Et de gagner beaucoup de temps.

N'OUBLIEZ PAS

Certains agents connaissent comme leur poche leur quartier et leur marché. Ils y sont installés depuis vingt ans, ont vendu et revendu les mêmes appartements trois fois et peuvent être de bon conseil. Mais attention aux amateurs. Ces dernières années, le prix des logements et le nombre des ventes ont tellement augmenté que beaucoup de commerciaux se sont brutalement découvert une vocation d'agent immobilier. L'exercice de cette profession ne requiert que peu de formation et, même si le métier est encadré, on y rencontre beaucoup de pseudo-professionnels qui changeront de secteur dès les prémices d'un retournement de marché. En 2003, on dénombrait en France plus de 22600 cartes professionnelles contre 18500 en 1999. Les agents syndiqués sont regroupés au sein de la Fédération nationale de l'immobilier (Fnaim). Cette fédération regroupe 8700 agences réparties dans toute la France dont l'activité est liée à la vente, l'achat, la location et la gestion de biens immobiliers. Créé en 1946, cet organisme est aussi un puissant lobby qui tente d'orienter les politiques publiques. Enfin, la Fnaim propose à ses adhérents de nombreux services, dont un site Internet sur lequel sont déposées 260000 annonces, et s'implique dans la formation initiale. Son école propose des journées de formation continue et prépare au CAP et au BTS. Deux autres syndicats existent: le Syndicat national des professionnels de l'immobilier (SNPI) ou l'Union nationale indépendante des transactionnaires immobiliers (UNIT) rebaptisée l'Union nationale de l'immobilier.

Les obligations réglementaires de l'agent immobilier

La profession est réglementée par la loi Hoguet du 2 janvier 1970 et ses décrets d'applications du 20 juillet 1972. Pour exercer, un agent immobilier doit posséder une carte professionnelle délivrée par la préfecture de son lieu de travail. Il doit souscrire une police d'assurance en responsabilité civile et professionnelle auprès d'une compagnie agréée. Il doit aussi justifier d'une garantie financière. Toutes les informations concernant ces dispositions doivent être affichées visiblement dans son agence: numéro de la carte professionnelle, montant de la garantie financière, nom et adresse de l'organisme de garantie, ainsi que le nom de la banque et les numéros de compte sur lesquels l'agent immobilier dépose les fonds qu'il gère pour le compte de ses clients.

Le mandat

Chaque bien proposé à la vente correspond à un mandat confié à l'agent immobilier par le propriétaire. C'est un document écrit qui indique à quel prix et à quelles conditions il souhaite se séparer de son logement. Il peut par exemple y préciser la date à laquelle il prévoit de partir, s'il veut terminer l'année scolaire ou connaît la date de sa mutation. Le mandat peut être exclusif: dans ce cas, l'appartement ne sera à vendre que dans une seule agence. Attention, dans ce cas, si le propriétaire trouve lui-même un acheteur et signe la transaction, il devra s'acquitter, auprès de l'agent immobilier avec lequel il avait signé un mandat exclusif, de dommages et intérêts équivalents au montant de la commission.

Le mandat peut être simple et plusieurs professionnels se retrouveront alors en concurrence pour vendre le bien, la rémunération allant effectivement à celui qui aura dégoté ou aura eu la chance d'accueillir le bon acheteur.

Le mandat est limité dans le temps : il est généralement fixé à trois mois renouvelables. À l'issue de cette période, les deux parties sont libres de le renouveler ou de le dénoncer.

Le mandat exclusif paraît le plus efficace : seul sur l'affaire, l'agent immobilier peut se sentir investi d'une mission et y passer beaucoup de temps. Mais s'il est mauvais… Le mandat simple permet au propriétaire de jouer sur plusieurs terrains à la fois, y compris le sien et de vendre directement s'il trouve un acquéreur.

Un agent immobilier peut également être investi d'un mandat de recherche par un candidat à l'acquisition ou à la location.

La rémunération des agents immobiliers

TRUC

Les prix des commisions sont libres depuis le 1er janvier 1987. Ils sont toutefois régis par le marché et la concurrence. La commission ou les frais d'agence coûtent en général entre 4 et 7 % de la valeur du bien selon la tranche de prix dans laquelle il se situe. Rien n'empêche toutefois un agent immobilier de réclamer beaucoup plus. S'il vend par exemple un logement très sous-évalué, il fera faire une excellente affaire à son acheteur qui ne rechignera pas à augmenter sa commission si, au total, il paye toujours moins cher que le prix du marché. Dans tous les cas, l'agent immobilier doit afficher sa commission en vitrine, ce qui limite peut-être les abus. Les frais d'agence sont généralement payés par le vendeur qui les inclut dans le prix annoncé à l'acheteur et enregistré par le notaire. C'est donc sur ce total que seront calculés les frais de notaires et droits d'enregistrement, en pourcentage du montant global à la charge de l'acquéreur. Au contraire, si le mandat précise que la commission d'agence est à la charge de l'acheteur, il pourra la déduire du total et y gagnera sur les taxes. Comme dans les deux cas, c'est finalement lui qui paye les frais, mieux vaut opter pour la seconde solution. Elle est pourtant peu pratiquée.

Dans certains cas, l'agent immobilier peut ne pas toucher sa rémunération, soit parce qu'il a commis une faute, soit parce que la vente définitive n'est pas signée. Voici quelques cas de figures :

- absence de carte professionnelle, l'agent immobilier exerce illégalement ;
- vente ou location signée après l'expiration du mandat ;
- vente définitive annulée (par exemple si l'acquéreur n'obtient pas le prêt de sa banque).

Les réseaux

Il reste aujourd'hui quelques agents immobiliers indépendants, mais beaucoup se rangent sous la bannière d'une enseigne connue qui leur assure un peu plus de notoriété. La Fédération française de la franchise dénombre une quinzaine de réseaux dont le nombre des franchisés aurait augmenté de 60 % entre 2000 et 2003, passant de 1 360 à 2 135.

Voici quels sont les principaux réseaux :

- Century 21 France est une société de franchise dont le capital est détenu à 100 % par Financière de Baste (750 agences, 40 600 ventes en 2003) ;
- Era Immobilier est un réseau de franchise dont l'actionnaire principal est le groupe américain Cendant (250 agences, 6 000 ventes) ;
- Guy Hocquet L'immobilier est un réseau de franchise présent sur tout le territoire français dont le fondateur, Guy Hocquet, a ouvert son capital à hauteur de 25 % au groupe April (317 agences, 10 000 ventes) ;
- L'Adresse est un réseau corporatif créé à l'initiative de la Fédération nationale de l'immobilier et de coopératives indépendantes dont les adhérents détiennent les parts (300 agences, 14 000 ventes) ;
- Laforêt Immobilier est une société de franchise, filiale du groupe Vendôme Rome (450 agences, 20 000 ventes) ;
- La Bourse de l'immobilier est un réseau succursaliste d'une centaine d'agences basé à Bordeaux, créé et présidé par Eddy Salah ;
- Orpi est une coopérative dont les parts sont détenues par les 700 salariés, elle travaille sur tout le territoire et propose aussi un service d'administration de biens (986 agences, 50 000 ventes en 2003).

Globaliser l'offre

Longtemps les agents immobiliers se sont mené une rude concurrence. L'idée de mutualiser l'offre n'est pas neuve mais sa mise en place est toute récente. Un acheteur peut désormais profiter du fichier de plusieurs agences en poussant la porte d'une seule. En 2003, la Fnaim a lancé le Service interagences. En 2004, plusieurs réseaux ont créé le Fichier français de l'immobilier des professionnels (FFIP). L'objectif est de parvenir, comme aux États-Unis, à établir un fichier national regroupant toute l'offre immobilière, un outil extrêmement efficace : outre-atlantique au moins 85 % des transactions passent par des professionnels, contre seulement 45 % en France.

Les promoteurs

Les promoteurs ne vendent que des logements neufs. Ce sont des professionnels de l'habitat qui achètent un terrain, y font travailler un architecte, des entreprises et des bureaux d'études pour y construire un immeuble dont ils revendent les appartements. Ils ont vendu en 2004 plus de 110 000 logements par an soit 18 % du total des ventes de logements en France (en forte hausse).

Des milliers de logements sur plans

Ils sont facilement repérables : leurs programmes d'appartements ou de maisons sont présentés dans la presse spécialisée, tous disposent de sites Internet régulièrement remis à jour qui permettent parfois des préréservations en ligne. Des centrales de vente ayant pignon sur rue proposent aussi tout un échantillon de logements construits dans différentes villes par différents promoteurs. Enfin, des réseaux de vendeurs de produits financiers démarchent leurs clients pour vendre ces appartements au même titre que des assurances vie ou des produits d'épargne. Une offre groupée qu'il faut trier avant d'aller voir sur place. Le problème, c'est que sur place, il n'y a souvent rien à voir : pour pouvoir les financer, les promoteurs vendent leurs immeubles avant de les construire. Le montage juridique de la vente en l'état futur d'achèvement est très réglementé (voir chapitre 6). Il consiste à vendre des logements « sur plans » à des acquéreurs qui étalent leur paiement sur toute la durée de la construction et ne deviennent propriétaires qu'au moment de la livraison.

Un achat par morceaux

Lorsque les immeubles sont en cours de construction, les promoteurs sont présents à proximité des chantiers, dans des locaux appelés bulles ou bureaux de vente, où sont présentés les plans des appartements, des dessins ou des images de synthèses donnant une idée de l'allure future des résidences. On y trouve aussi, par exemple, les poignées de porte, des échantillons réels des matériaux utilisés pour les sols, les murs, les huisseries… Certains vont plus loin et proposent un véritable showroom avec appartement témoin déjà meublé et décoré pour séduire les curieux. Afin d'accélérer les ventes, Nexity, un promoteur qui se vante de construire tous les ans l'équivalent d'une ville comme Biarritz, a inventé en France le «*one shot*». Cette méthode issue du marketing d'autres secteurs de la consommation consiste à construire un logement témoin et à proposer pendant un week-end une réduction de 5% sur les appartements réservés immédiatement. À 2500 euros le mètre carré ou plus, cette petite ristourne peut vite devenir intéressante. La technique, souvent répétée et copiée depuis, a connu un tel succès que des acquéreurs arrivaient en pleine nuit pour camper sur place et être les premiers servis à l'ouverture des bureaux de vente. Au petit matin, les attendaient les vendeurs, un banquier pour monter le plan de financement et un notaire pour régulariser le tout. Heureusement, la loi donne aux acheteurs un délai de rétractation ou de réflexion de sept jours. De quoi se retourner pour ceux qui auraient signé pour un 100 m² avec terrasse, pris d'une envie déraisonnable au retour d'une soirée arrosée.

Les dix principaux promoteurs en 2003 par nombre de réservations

Promoteurs	Réservations 2003	Volume d'affaires logt. 2003 [1]
Nexity	7200	1333
Bouygues Immobilier	5405	806
Kaufman & Broad	4312	873,7
Monné Decroix	3923	552,52
Eiffage Immobilier	2977	459
Capri	2564	408
Meunier	2532	449
Promogim	2450	437
Marignan	2310	424,63
Pierre & Vacances	2038	241,8

[1] En millions d'euros hors taxes, sauf pour Kaufmann & Broad (TTC).

Source: L'Année du logement, Éditions inovapresse et communications, 2004

Les ventes aux enchères

L'affaire du siècle est réalisable… à condition d'être tout seul le jour de la vente ! Alors pourquoi tenter d'acheter aux enchères ? Dans les grandes villes, l'intérêt des ces ventes réside dans l'opportunité d'acquérir un type de bien difficile à trouver (grande surface, belle adresse…) ou encore de dénicher un bien original comme une gendarmerie désaffectée, une ferme, une cave ou un parking. Dans tous les cas, l'administration fiscale ne peut contester le prix d'un logement acheté aux enchères.

Trois acteurs, les notaires, les Domaines et les tribunaux, sont habilités à organiser ces ventes qui s'effectuent à la bougie.

Les ventes des notaires

Ceux qui rêvent des appartements du patrimoine privé des grandes villes se ruent aux ventes des notaires. Les municipalités les utilisent régulièrement pour se séparer de leurs biens immobiliers. C'est aussi au cours de ces ventes que les associations et les organisations laissent au plus offrant des biens qu'elles ont reçus sous forme de legs. Les ventes notariales se déroulent dans les chambres départementales des notaires : tous les mardis à Paris, généralement une fois par mois dans les autres agglomérations. Pour participer aux enchères, il faut, en début de séance, s'adresser au notaire chargé de la vente et lui remettre un chèque de consignation (un chèque de banque) équivalent à 20 % de la mise à prix du bien convoité. Depuis peu, la chambre des notaires de Paris accepte, pour des biens d'une valeur inférieure à 120 000 euros, la remise d'un chèque classique. Si vous n'achetez rien au cours de la séance, le chèque vous est immédiatement restitué. Si vous devenez adjudicataire, il faudra payer en sus du prix, une contribution aux frais d'organisation des enchères équivalent à 1 % du prix de vente hors taxes, à laquelle s'ajoutent les émoluments et les débours du notaire. La vente n'est définitive qu'après un délai de dix jours afin de permettre une éventuelle surenchère d'au moins 10 %. Un délai de quarante-cinq jours est prévu pour solder l'achat. Au-delà, des pénalités sont prévues.

C'est la filière la plus connue, donc difficile d'y réaliser de bonnes affaires. Mais l'offre abondante et régulière mérite attention surtout si vous recherchez un bien précis ou une localisation particulière. Le bon complément d'une prospection plus traditionnelle via les annonces et les agences immobilières.

Les ventes des Domaines

L'État vend des biens immobiliers de nature hétéroclite (casernes, phares, terrain…). Les rares habitations proviennent généralement de successions vacantes, c'est-à-dire sans héritiers. Ces logements offrent une surface souvent inférieure à 100 m² dans un état très moyen. Les ventes se déroulent dans les préfectures de département ou dans les hôtels des impôts. Leur périodicité est variable. Tout le monde peut y participer : il suffit de se présenter le jour de la vente avec une pièce d'identité et justificatif de domicile. Toute mise à prix supérieure à 7 500 euros nécessite le dépôt d'un chèque (certifié ou de banque) représentant 5 % de la mise à prix. Les dépenses annexes avoisinent 5 % du prix de vente. Mais aucun frais de notaires n'est facturé et l'acte de vente est rédigé gratuitement. Un bien acheté moins de 15 000 euros doit être payé dans un délai d'un mois. Pour un bien adjugé entre 15 000 euros et 76 000 euros, le premier versement (un tiers de la somme) est exigible dans un délai d'un mois, le second dans un délai de deux mois…, avec intérêt au taux légal.

Les ventes judiciaires

Ces ventes forcées découlent de saisies judiciaires, de mises en liquidation judiciaires ou de divorces. Les ventes « à la barre » se déroulent (deux fois par semaine à Paris, une à deux fois par mois en région) dans les tribunaux de grande instance. Pour y participer, l'aide d'un avocat est obligatoire. Lui seul est autorisé à porter les enchères. Contactez un homme de loi inscrit au barreau de la ville où se déroule la vente et remettez-lui un mandat écrit et signé où figure votre enchère limite et un chèque de consignation d'environ 20 % de ce montant maximum. Les frais oscillent entre 3 000 et 4 500 euros comprenant, entre autres, les frais de justice et les honoraire de l'avocat. Le paiement s'effectue un mois après la vente pour une saisie immobilière, trois mois pour une mise en liquidation judiciaire.

Beaucoup de professionnels assistent à ces ventes dont ils ont une grande habitude. Il faut aller vite, tout en se méfiant de la nature des lots. Attention aux appartements ou aux immeubles squattés ou même occupés par leurs propriétaires, car une procédure d'expulsion coûte de l'argent et dure au moins deux ans.

Avis aux amateurs

- Soyez disponible. Les visites des biens et les ventes s'effectuent à des jours et des horaires imposés signalés dans les quotidiens nationaux (*Le Figaro*, *Le Monde*, etc.) et dans les journaux d'annonces légales.
- Relevez les prix pratiqués sur le marché immobilier local.
- Visitez impérativement les lieux avec un professionnel du bâtiment capable de chiffrer le coût des éventuels travaux.
- Liez attentivement le cahier des charges qui détaille les conditions générales de la vente (frais à la charge de l'acquéreur, délai de paiement du prix…) et les caractéristiques du bien (descriptif, surface, servitudes, charges de copropriété, nature du bail de location…).
- Renseignez-vous sur les frais qui viennent s'ajouter au prix d'adjudication. Ils varient du simple au triple selon le type de vente.
- Assurez-vous au préalable que votre banquier vous accordera un prêt, si un crédit est nécessaire.
- Disposez de suffisamment de liquidités sur votre compte courant pour laisser, le jour de la vente, un chèque de consignation.
- Assistez à plusieurs séances « à blanc » pour vous familiariser avec la procédure de vente à la bougie.
- Soyez présent dès le début de la séance, l'ordre de présentation des lots peut changer au dernier moment.
- Fixez-vous un budget limite et surtout ne le dépassez pas !
- Réglez le montant de la vente dans le délai imposé (entre un et trois mois selon les cas). Au-delà, vous devriez acquitter des pénalités de retard.

Les notaires

Les notaires sont des officiers ministériels au nombre de 8 000 en France. Leur fonction première consiste à établir des actes authentiques liés au droit de la famille, des sociétés et de l'immobilier. Tout le monde sait qu'il faut passer chez eux au moment de la signature d'une vente. On peut aussi s'y rendre avant. Ces professionnels sont en effet des intermédiaires, au même titre que les agents immobiliers, au détail près qu'ils ne sont pas autorisés à aménager leurs études comme des boutiques et à afficher les annonces dans une vitrine visible de l'extérieur. En respectant cette règle, ils peuvent exercer une activité de négociation et accepter des mandats confiés par des vendeurs ou des acquéreurs. En réalité, plus de 50 % de leur chiffre d'affaires annuel est lié à une activité immobilière : ventes, constructions, baux… La pratique est plus courante en province qu'à Paris. En contact étroit avec les familles, les notaires sont les premiers informés, en cas de succession notamment, des biens qui pourraient être mis en vente. Ils disposent souvent de portefeuilles importants de terrains et de maisons à vendre.

Ils disposent de plusieurs sites Internet, de journaux de petites annonces et de réseaux régionaux qui leur permettent de mutualiser leur offre.

Tableau des tarifs de négociations des notaires

Émoluments de négociations	Valeur du bien H.T.
5 %	de 0 à 45735 €
2,5 %	au-delà

Source : Conseil supérieur du notariat

Lorsqu'ils facilitent une vente, les notaires sont rémunérés pour leur service de négociation par « tranche de valeur » du bien acheté : jusqu'à 45 735 euros, ils touchent 5 % du prix du bien ; au-dessus, 2,5 % du prix du bien.

ATTENTION !

Même si vous êtes en confiance avec un notaire, n'oubliez pas de signer un mandat, comme avec un agent immobilier.

Les marchands de biens

Les marchands de biens sont des professionnels qui achètent des biens en leur nom propre pour les revendre à des particuliers moyennant une plus-value. Les vrais professionnels apportent de la valeur ajoutée en rénovant les biens, d'autres se contentent d'un coup de peinture, à peine. Cette profession refleurit régulièrement lorsque la conjoncture immobilière se met au beau fixe. Aucune formation particulière n'est requise pour exercer ce métier, une inscription au registre du commerce suffit. Les membres de cette confrérie ont pourtant connu quelques déboires lors de la dernière crise. Beaucoup se sont retrouvés, en 1992, au début de la fin, encombrés d'immeubles payés au prix fort impossibles à revendre sans perte. Ils ont passé le relais aux banques qui les avaient financés, entretenant la crise la plus longue et la plus grave jamais connue depuis la guerre. Beaucoup ne s'en sont pas remis. Ces difficultés et la faillite de nombreux de ces professionnels ont permis d'assainir le secteur qui compte aussi des gens convaincus, amoureux de la pierre, réunis au sein du Syndicat national des rénovateurs de l'habitat (SYNARH).

Acheter un logement à ces vendeurs exige sans doute un peu plus d'attention à la manière dont la réhabilitation a été effectuée, aux détails de finition, aux travaux réalisés dans les parties communes, souvent un peu bâclés… Leur activité n'est pas régie par la loi Hoguet, mais ils sont soumis à un régime fiscal spécifique.

Les investisseurs institutionnels

Les investisseurs institutionnels, dont le petit nom « zinzins » sera bientôt dans le dictionnaire, sont des banques, des mutuelles ou des compagnies d'assurances propriétaires de grands patrimoines immobiliers, souvent depuis des décennies, loués à des particuliers. Depuis la fin des années 1990, ces bailleurs ont entrepris de renouveler ce parc en le vendant pour acheter, à la place, des immeubles de bureaux plus rentables et plus simples à gérer. Dans la capitale, quelque 30 000 appartements auraient ainsi changé de main depuis 2000. Le principal reproche adressé aux propriétaires bailleurs est d'avoir vendu leurs immeubles « au prix de gros » à des intermédiaires qui les remettent sur le marché, par lot, à un prix supérieur de 30 à 40 %. Cette pratique, assez maladroitement baptisée vente « à la découpe », est encadrée par des textes précis : la loi n° 89-462 du 6 juillet 1989 tendant à améliorer les rapports locatifs et portant modification de la loi n° 86-1290 du 23 décembre 1986 et la loi n° 86-1290 du 23 décembre 1986 tendant à favoriser l'investissement locatif, l'accession à la propriété de logements sociaux et le développement de l'offre foncière. Un accord datant de 1998 a instauré de nouvelles mesures de protection du locataire. Un nouveau texte en cours de lecture en juin 2005 pourrait à nouveau changer la donne.

Le droit de préemption des locataires

En cas de vente, les locataires ont la possibilité d'acheter l'appartement dans lequel ils habitent. Ils sont prioritaires devant un autre acheteur mais aux conditions du vendeur. Aujourd'hui, son prix est généralement inférieur, mais de très peu, au prix du marché. Alors que les locataires pouvaient bénéficier de décote de 15 % jusqu'en 2002, ils « gagnent » aujourd'hui 3 ou 4 % au mieux. Compte tenu de la hausse des prix au cours de la période, la vente à la découpe a totalement changé d'image. Alors qu'elle permettait à des locataires de devenir propriétaires, elle est désormais considérée comme un mécanisme spéculatif d'exclusion des classes moyennes des centres-ville.

Le congé pour vente

En effet, si le locataire ne souhaite pas ou n'a pas les moyens d'acheter son logement, il reçoit un congé pour vente qui le protège jusqu'à la fin de son bail que celui-ci échoie trois mois ou six ans plus tard. La méthode est brutale surtout lorsqu'elle est massive et concerne des immeubles entiers. Pour ceux qui ont les moyens de rester en devenant propriétaire, acheter aux « zinzins » n'est plus vraiment une affaire. D'un point de vue strictement financier, les prix de vente de leur patrimoine correspondent à peu près au prix du marché environnant.

Une réforme à venir

Compte tenu de l'écho donné aux quelque 120 opérations parisiennes de vente à la découpe par les médias au cours de l'hiver 2004-2005, des amendements ou une loi devraient réformer cette pratique. Associations de locataires, pouvoirs publics et propriétaires se sont longuement penchés sur le sujet. Les uns ayant pour objectif de protéger le locataire par un bail de neuf à douze ans fermes (ce qui aurait pour résultat immédiat de décourager l'investissement locatif), les autres souhaitant conserver la liberté de vendre leur patrimoine comme ils le souhaitent. La Ville de Paris souhaite, elle, protéger son parc locatif et exiger des compagnies d'assurances propriétaires de grands parcs immobiliers d'en conserver une partie plutôt que de tout vendre. Une proposition de loi en cours d'examen à l'Assemblée nationale prévoit la possibilité pour les locataires d'acheter, au prix de gros, lors de la première mise en vente. Ce qui éviterait l'inflation due aux intermédiaires.

Chapitre 4

S'informer tous azimuts

Dans ce chapitre :

- Qui est le propriétaire ?
- Le crible des contrôles techniques
- Qu'est-ce qu'un logement décent ?
- Les informations sur l'immeuble
- Les documents d'urbanisme

Heureusement, lorsque l'on achète un logement, que l'on investit trois ou quatre ans de salaires et que l'on s'endette pour vingt ans, on peut compter sur quelques garanties. Elles ne sont pas très nombreuses mais encadrées par la loi. Si l'acheteur doit faire preuve de curiosité et de vigilance, le vendeur, lui, est tenu de fournir la preuve que son logement a fait l'objet d'un « contrôle technique ». C'est une première étape qu'il faut compléter par une vérification des comptes et de l'état de la copropriété puis de l'environnement du bien. Tout le monde se souvient de l'air ahuri et pétrifié de Claude Brasseur et Victor Lanoux dans une scène restée dans les mémoires du film *Nous irons tous au paradis :* le ridicule désespoir des gogos bernés. Ils ont signé l'achat de leur pavillon un jour de grève des contrôleurs aériens et s'aperçoivent en emménageant, que leur maison se trouve juste dans l'axe d'une piste d'Orly… La caricature est grossière, mais les diagnostics techniques imposés par la loi n'ont pas dix ans. Avant 1997, le vendeur n'était par exemple pas obligé de fournir une preuve de la surface exacte de son bien. Le mieux étant l'ennemi du bien, les textes n'ont cessé, depuis, de s'accumuler. Mettre un appartement ou une maison en vente déclenche désormais toute une série de frais, à la charge du vendeur, immédiatement répercutés sur le prix du bien. La transparence et l'information du consommateur y ont énormément gagné. L'absence des diagnostics n'empêche pas la vente, mais le vendeur sera tenu pour responsable dans le cas de découverte ultérieure de termites, de plomb ou d'amiante, considérés comme des vices cachés.

Avant la signature de l'avant-contrat, l'agent immobilier ou l'acquéreur doivent procéder à quelques vérifications. Certaines semblent évidentes, d'autres reposent sur des informations plus compliquées à obtenir.

Qui est propriétaire ?

Avoir en main les titres de propriété du vendeur du bien permet de s'assurer qu'il en est le seul détenteur et qu'il est autorisé à signer la transaction. Dans le cas de biens communs entre époux ou d'indivision, l'accord de plusieurs personnes peut être nécessaire. Certains agents immobiliers s'acquittent de cette « check list » pour ne pas risquer d'être tenus pour responsables d'erreurs, d'autres la laissent au notaire. Ces professionnels peuvent aussi vous aider à savoir si le bien est vendu sans hypothèque. Dans le cas contraire, il faut en tout cas que le montant de l'hypothèque soit inférieur au prix.

L'hypothèque ne constitue pas un obstacle à l'achat : soit l'acquéreur reprend en charge la dette garantie par l'hypothèque et intègre ce service rendu dans la négociation du prix, soit il demande au vendeur de rembourser son créancier et l'hypothèque est alors levée. Une hypothèque est un contrat par lequel un propriétaire donne droit à la banque qui lui à fait crédit de vendre son bien aux enchères s'il ne rembourse pas son prêt.

La description du terrain

Lorsque le bien vendu est un terrain, le compromis de vente et l'acte authentique doivent préciser si la description du terrain est issue d'un bornage effectué par un géomètre qui fixe la limite de propriété entre deux parcelles contiguës. Ce bornage est obligatoire :

- si le terrain est situé dans un lotissement ;
- si le terrain est situé à l'intérieur d'une Zone d'Aménagement Concerté (ZAC) ;
- si le terrain est issu de la réunion de plusieurs parcelles.

ATTENTION !

Si cette information ne figure pas dans l'avant-contrat ou dans l'acte, la vente peut être annulée dans le mois qui suit sa signature définitive.

La description du logement

N'OUBLIEZ PAS

Le crible des contrôles techniques permet aujourd'hui d'obtenir un état des lieux assez précis, au moins sur certains points. Il faut parfois insister auprès du vendeur et ne pas hésiter, par courtoisie excessive, à lui demander des documents qu'il doit faire établir et transmettre.

Les secrets de la copropriété

Si le logement est en copropriété, le vendeur ou l'agent immobilier doit pouvoir fournir :

- le règlement de copropriété ;
- le montant des charges de l'année précédente ;
- la nature et le montant des travaux votés et non encore exécutés ;
- l'échéancier des appels de fonds ;
- les procès-verbaux des deux dernières assemblées ;
- le dernier budget prévisionnel voté.

La loi Carrez fait bonne mesure

Jusqu'en 1997, la loi n'obligeait pas le vendeur à indiquer dans son annonce la superficie de son logement. Il pouvait parler de deux pièces ou de grand appartement mais laissait le soin au visiteur d'apprécier, en un coup d'œil ou armé de son mètre, s'il pourrait ou non caser ses meubles. Il n'était pas rare qu'un bien gagne en taille et en prix à chaque revente puisque personne ne vérifiait la surface réelle. La loi Carrez du 18 décembre 1996 dont les décrets d'application datent de mai 1997 oblige désormais le vendeur à communiquer la superficie exacte de son bien. Le nombre de mètres carrés, pris comme seul indicateur, ne donne à vrai dire guère plus d'indications. Mais la généralisation des métrages permet de comparer les surfaces de plusieurs appartements et leur prix. La notion de prix au mètre carré est ainsi devenue l'unité de mesure économique et la référence unique et généralisée des transactions immobilières.

Le métré

Le vendeur doit donc désormais fournir à l'acquéreur un métré, c'est-à-dire un document certifiant la surface habitable du bien mis en vente. Il peut procéder lui-même à son estimation, à ses risques et périls. Si la superficie réelle s'avère inférieure de plus de 5 % à celle mentionnée dans l'acte de vente, l'acquéreur peut, dans un délai d'un an, lui réclamer le remboursement d'une somme proportionnelle à la différence et porter l'affaire devant le tribunal de grande instance. L'intervention d'un architecte ou d'un géomètre est plus rassurante : le risque d'erreur est réduit et la responsabilité en incomberait au professionnel couvert par son assurance (il faut d'ailleurs vérifier qu'il en a souscrit une). Si vous êtes acheteur, exigez le métré dès la première visite. Il peut être un élément de négociation. Découvrir chez le notaire qu'il figure bien au dossier ne servirait plus à grand-chose pour tenter de faire baisser le prix.

L'obligation d'information est limitée aux seuls lots de copropriété. Les propriétaires de maisons individuelles isolées en sont dispensés. Sans doute le législateur a-t-il considéré que le calcul des surfaces était plus compliqué dans une maison flanquée d'un jardin, d'un garage, d'une cave ou d'un grenier… Mais, dans ce cas, pourquoi ne pas avoir exclu de la loi les maisons mitoyennes ou les maisons organisées en copropriétés horizontales ?

Seconde restriction : la mesure ne concerne pas les locaux de moins de 8 m², ni les lots annexes comme les caves, les garages et les places de stationnement.

La surface habitable

La superficie à prendre en compte est la surface « habitable », c'est-à-dire celle des planchers des locaux clos et couverts après déduction des surfaces occupées par les murs, les cloisons, les marches et les cages d'escalier, les gaines, les embrasures de portes et fenêtres. Voilà pourquoi il est conseillé de s'adresser à un professionnel. Ne sont finalement retenues que les surfaces dont la hauteur dépasse 1,80 m. Balcons et loggias ne sont pas pris en compte. Attention : si deux appartements ont été regroupés en annexant quelques mètres carrés de parties communes (avec l'accord de la copropriété), cette surface, qui n'est pas considérée comme pleine propriété, ne doit pas être comptabilisée dans le métré. À 6 000 euros le mètre carré, une différence de 4 ou 5 m² compte beaucoup pour un acheteur.

Combien coûte un métré ?

Le tarif d'un mesurage dépend du professionnel qui l'effectue. La concurrence a tendance à lisser les prix mais mieux vaut faire quelques comparaisons. Le prix se calcule généralement au mètre carré ou au nombre de pièces et peut aller tout simplement du simple au double. Comptez raisonnablement 90 euros pour un studio, 160 euros pour un cinq pièces et 25 euros par pièce supplémentaire.

Attention aussi aux agents immobiliers indélicats qui procèdent eux-mêmes aux métrés en « gonflant » la surface tout en restant dans la marge d'erreur afin de favoriser leur vendeur et d'augmenter leur commission. 4 % de 100 m^2 représentent 4 m^2, une surface non négligeable au prix actuel. À croire que les immeubles sont mouvants… Un certificat de mesurage n'est valable que quelques mois. À chaque vente, il devra être refait afin de prendre en compte les modifications de l'aménagement.

Si dans une petite annonce vous lisez 112 m^2/67 m^2 Carrez, vous devez vous attendre à un grenier mansardé. Cette indication est légale, elle signifie simplement que seuls 67 m^2 offrent une hauteur sous plafond d'au moins 1,80 m.

Bientôt un audit complet ?

Les obligations d'information se multiplient. Après l'amiante, les termites, le plomb, les risques d'inondation et la conformité des installations au gaz vont bientôt devoir figurer au contrôle technique. La liste de pièces certifiées à annexer au précontrat est de plus en plus longue. Ces pièces paraissent légitimes aux acheteurs, elles coûtent de plus en plus cher aux vendeurs. La loi n'oblige qu'à la détection, pas à effectuer les travaux qu'entraînerait la présence de termite, de plomb ou d'amiante. Mais la seule information permet à l'acheteur de faire son choix en connaissance de cause et d'engager la négociation sur des bases réelles.

Tarif du diagnostic termites

Il faut compter environ 110 euros pour un studio et 150 euros pour un cinq pièces, 10 euros par pièce supplémentaires.

Les diagnostics ne sont pas simples. Adressez-vous à des professionnels et sans forcément grouper ce dépistage avec les autres contrôles, comme le proposent de nombreux professionnels.

Les termites hors la loi

TRUC

Une carte de France des départements infestés par les termites est dressée et régulièrement mise à jour par les services préfectoraux. Plus de la moitié du territoire est concerné, ce qui peut faire réfléchir les candidats à l'achat d'une maison, même si sa structure n'est pas de bois. Dans les départements désignés par arrêté préfectoral, les vendeurs doivent désormais faire dresser, par un professionnel indépendant, un « état parasitaire » afin de déterminer de façon certaine l'absence ou la présence de termites. Le rapport issu de cette expertise n'est valable que trois mois, ce qui ne facilite pas les choses lorsque le délai entre la promesse de vente et la vente est plus long… Un conseil : faites procéder au dépistage le plus tard possible. Attention, la détection des petites bêtes n'interdit pas la vente et n'oblige pas les propriétaires à se mettre en chasse, mais la présence des insectes jouera évidemment sur le prix. Peut-être vaut-il mieux traiter le logement et tenter de la vendre un peu plus cher après un nouveau diagnostic.

L'amiante et le plomb

L'amiante massivement utilisé dans la construction des immeubles à partir des années 1950 était très apprécié pour ses qualités d'isolant au feu. Ce matériau est interdit depuis 1995 en France : l'inhalation de ses minuscules fibres en suspension dans l'air est extrêmement cancérigène. En 1996, les pouvoirs publics ont décidé de mettre sous surveillance tous les bâtiments susceptibles de contenir de l'amiante, c'est-à-dire tous les immeubles construits avant 1997. Leurs propriétaires disposaient de trois ans, jusqu'en 1999, pour faire expertiser les revêtements de tuyaux ou de poutres, ou les faux plafonds et pour en faire retirer l'amiante s'ils en découvrait en cours de délitement. Dans les cas où le matériau ne risque pas de s'éparpiller dans l'air, par exemple lorsqu'il est figé ou contenu dans un flocage, la consigne est de surveiller et de procéder à un nouveau diagnostic tous les trois ans (décret du 7 février 1996 mis à jour par le décret du 3 mai 2002). Cette obligation vaut dans les parties communes comme dans les parties privatives. Un chantier de dépose d'amiante est extrêmement lourd : le traitement suppose de confiner la pièce ou le local concerné et les ouvriers qui y travaillent doivent être protégés par des combinaisons étanches. Tous les documents (certificat d'absence ou de bon état de l'amiante, rapports de dépose ou de traitement) doivent être fournis au notaire pour être annexés à l'acte de vente.

Le plomb est présent dans certaines vieilles peintures murales et dans les canalisations de très nombreux bâtiments anciens. Il est dangereux en cas d'ingestion, une hypothèse qui n'est pas rare. Les services sociaux des grandes villes connaissent bien le saturnisme qui touche souvent les enfants et dont la cause principale est le contact avec le plomb contenu dans les revêtements muraux. La loi impose d'annexer à tout contrat ou toute promesse de vente concernant un immeuble construit avant 1948 un document d'information appelé « état de risque d'accessibilité au plomb ».

Tarif d'un diagnostic amiante ou plomb

Comptez 35 à 70 euros par prélèvements et il en faut plusieurs pour un même appartement. Au total : environ 100 euros pour un studio, 200 euros pour un cinq pièces et 25 euros par pièce supplémentaire.

Pour le plomb, comptez 110 euros pour un studio, 210 euros pour un cinq pièces et 22 euros par pièce supplémentaire.

À qui s'adresser pour faire réaliser un diagnostic ?

Les officines diverses, bureaux de contrôle ou sociétés de diagnostic, ont poussé en nombre après chaque texte de loi. Comment ne pas se perdre dans cette forêt d'experts et de pseudo-experts et ne pas payer trop cher des prestations peu fiables ?

Des diagnostiqueurs « certifiés » ou « labellisés », qu'est-ce que cela signifie ?

Pour être labellisé, il suffit de respecter un « référentiel » élaboré en accord entre des professionnels et des consommateurs, en fait un cahier des charges qui regroupe la liste des engagements que les professionnels devront satisfaire et respecter. Ce référentiel est publié au journal officiel après avoir été approuvé par les ministères concernés. Les sociétés qui s'en réclament doivent être auditées chaque année et faire la preuve du respect de ce document.

Comment les contacter ?

TRUC

Les agents immobiliers et les notaires en connaissent et les journaux de petites annonces et les sites Internet proposent des centaines d'adresses. Si vous faites vraiment confiance à votre intermédiaire, suivez ses conseils, lui a peut-être déjà testé la fiabilité de ces professionnels. Sinon, faites vous-même votre étude de marché et ne choisissez pas systématiquement le moins cher, c'est peut-être aussi le plus mauvais.

Vers un document unique ?

Pour mieux faire digérer l'inflation de diagnostics, plusieurs ministres ont prévu d'intégrer dans une loi générale sur l'habitat la création d'un document unique regroupant tous les certificats obligatoires. Cette procédure ne simplifierait les choses que si les sociétés d'expertises pouvaient réaliser à la fois tous les diagnostics. Or chacun d'entre eux requiert des compétences spécifiques. Le document unique devrait donc être établi à partir de plusieurs diagnostics distincts… On en revient au point de départ. Une ordonance datée du 8 juin 2005 permet de regrouper tous les dignostics techniques au sein d'un document unique qui reste à établir. À partir de juillet 2007, un diagnostic de performance énergétique devra être annexé au contrat de location. Le 12 août 2008, il faudra rajouter les risques d'exposition au plomb

La « décence » : un critère objectif

Une rente, les chambres de bonne louées à des étudiants ou à des jeunes sans grands moyens ? Pas sûr. La loi solidarité et renouvellement urbains (SRU) du 13 décembre 2000 s'est penchée sur la notion de décence du logement. Depuis le décret d'application du 30 janvier 2002, plus question pour les propriétaires bailleurs de louer n'importe quoi à n'importe quel prix. Les critères de « décence » du logement sont désormais détaillés dans des textes applicables à tous les types d'immeubles et même aux maisons individuelles. Au moins 9 m^2 de surface, 2,20 m de hauteur sous plafond et 20 m^3 de volume, voilà pour les dimensions. La pièce principale doit disposer d'une fenêtre ouvrante, le logement d'un coin cuisine, d'une baignoire ou d'une douche et de toilettes séparées. Si l'appartement tient dans une seule pièce, les sanitaires peuvent se trouver à l'extérieur, à condition d'être situés dans le même immeuble ! Si le logement ne respecte pas toutes ces conditions, le propriétaire n'est plus autorisé à louer son bien. S'il veut le vendre, l'acquéreur devra être au courant de cette restriction légale. Cette nouvelle réglementation sur le logement décent a fait trembler nombre de propriétaires lors de la parution du texte car le parc parisien de chambres de service ne répond pas toujours à ces critères. Trois ans plus tard, on ne peut pas dire que le marché ait vraiment changé. Il y a peu de contrôle et la rentabilité du bien étant toujours très attractive, nombre de propriétaires prennent le risque ; ils n'ont d'ailleurs aucun mal à trouver des locataires, même pour des surfaces très exiguës et sans confort. En juin 2005, Jean Louis Borloo, le ministre du Logement a tenté de remettre sur le marché les chambres de moins de 9 m^2. Cette réponse à la crise du logement n'a pas été du goût des associations de locataires. Le ministre a retiré son projet.

Les acheteurs de logements occupés profitent souvent d'un prix décoté. Ils ont désormais intérêt à vérifier que les logements qu'ils acquièrent sont décents, au sens de la loi, notamment ceux encore loués sous le régime de la loi 1948, souvent en mauvais état. Dans le cas contraire, ce sont eux, les nouveaux propriétaires, qui risquent de se retrouver devant le juge si le locataire décide un jour que son loyer est trop élevé ou que son logement mériterait quelques investissements.

Logement récent et garanties

ATTENTION !

Si vous achetez une maison de moins de dix ans qu'un propriétaire individuel a fait construire, vérifiez que votre vendeur avait bien souscrit une assurance dommages ouvrage. Cette garantie couvre le paiement des réparations de désordres qui apparaîtraient dans les dix ans suivant la date de réception des travaux rendant le logement inutilisable ou menaçant sa solidité. Même si le propriétaire change, c'est la responsabilité du maître d'ouvrage qui sera engagée.

Et l'immeuble, dans tout ça ?

La loi solidarité et renouvellement urbains de décembre 2000 n'a pas oublié les syndics de copropriété. Les professionnels chargés de gérer et d'entretenir les immeubles doivent désormais tenir à jour un carnet d'entretien où sont listés les travaux effectués chaque année dans l'immeuble.

Le carnet d'entretien

Ce carnet doit être mis à la disposition de l'acquéreur. Ce n'est pas toujours le cas, certains syndics rechignent à le fournir, soit parce qu'il est vide soit en prétextant une charge de travail supplémentaire et non rémunérée. Certains en fournissent une copie au vendeur qui se charge de le montrer aux acquéreurs désireux de le lire. Il donne une idée de l'état de l'immeuble ou au moins du soin apporté à son entretien. Ces documents ne sont malheureusement pas tenus à jour par tous les administrateurs de biens. Certains se contentent d'y consigner les procès-verbaux des assemblées générales. Trop peu de gens l'utilisent comme un véritable outil de travail à long terme : historique de l'immeuble et prévisions à cinq ans.

Le diagnostic technique

Pour compenser l'absence de ces carnets dans les immeubles anciens à propos desquels il est souvent très difficile de trouver des informations fiables, la loi impose de procéder à un diagnostic technique lors de la mise en copropriété d'au moins quinze lots ou lors de la première vente durant les trois ans suivant cette découpe de l'immeuble. Il porte sur l'état et la solidité des murs et de la couverture, sur l'état des canalisations et des équipements communs.

Les documents d'urbanisme

Le Plan local d'urbanisme

Le Plan local d'urbanisme (PLU) a été instauré par la loi solidarité et renouvellement urbains de décembre 2000 et remplace le Plan d'occupation des sols, le fameux POS. Il est approuvé par le conseil municipal et fixe les règles de construction dans la commune. Il est capital lorsque l'on veut faire construire sa maison (voir chapitre 22, p. 328). Un acheteur ne perdra pas son temps en y jetant un coup d'œil ou en vérifiant quelques informations auprès de la mairie et des services de l'urbanisme. Est-il possible de prévoir une extension à un logement ? Le PLU autorise-t-il la division d'un immeuble et la vente des appartements obtenus par cette nouvelle mise en copropriété ? Au-dessus de quelles surfaces ? Le terrain voisin est-il constructible ? Y a-t-il un risque d'y voir un jour monter un immeuble de dix étages devant sa fenêtre ? La zone est-elle inondable ? La commune est-elle dotée d'un plan de prévention des risques ?

Le PLU permet aussi de savoir quels sont les travaux prévus dans la commune et leur incidence possible sur la vie quotidienne s'il s'agit d'une salle de sports, d'une école ou d'une déchetterie, sur les impôts locaux s'il s'agit d'installations au fonctionnement onéreux.

Le certificat d'urbanisme

Il est délivré par la mairie. Il doit préciser :

- les règles d'urbanisme applicables au terrain ;
- les servitudes administratives qui pèsent éventuellement sur le logement ou sur le terrain (projet d'expropriation, classement dans un secteur protégé, alignement, interdiction de construire, périmètre de rénovation, gabarit et hauteur maximales des constructions) ;
- le équipements publics voisins existants ou prévus ;
- le régime des taxes et participations financières applicables au terrain.

Il existe plusieurs types de certificat d'urbanisme. Le certificat d'urbanisme détaillé est nécessaire en cas de construction d'une maison neuve ou de restauration d'un logement ancien. Il est valable un an et indique si votre projet est réalisable. Attention, ce n'est pas un permis de construire. Le certificat d'urbanisme simplifié est valable également un an et il indique les règles de constructibilité dans la commune, mais ne se prononce pas sur la constructibilité de votre terrain. La note de renseignement d'urbanisme, elle, indique les règles essentielles qui régissent l'occupation du sol. C'est un document d'information qui n'a aucune valeur juridique.

Une fois toutes ces vérifications faites, ce qui prend un peu de temps si vous ne vous en remettez pas à un notaire, vous pouvez signer un avant-contrat. Vous n'êtes pas encore propriétaire, mais cela approche.

Chapitre 5

Acheter au bon prix : une partie de poker menteur

Dans ce chapitre :

- Se renseigner sur les prix
- Faire une offre, vite
- L'art et la manière de négocier le prix

Une fois fixé sur le bien convoité, reste à négocier son prix. S'engage alors, à chaque fois, une partie de bluff qui peut durer deux minutes ou plusieurs semaines. Persuadé que son logement vaut de l'or (ne l'a-t-il pas lui-même payé cher ?), le vendeur joue à lâcher le moins possible au risque de perdre son client. L'acheteur est tenu par son budget, mais d'autant plus susceptible de l'augmenter légèrement qu'il est ferré, si le bien lui plaît vraiment. La récente hausse des prix aboutit à une situation spéculative autoentretenue : les vendeurs acceptent d'autant moins de négocier qu'ils savent le prix qu'ils devront payer pour racheter un logement. De leur côté, effrayés par la hausse et celle qui pourrait suivre, les acheteurs se montrent bizarrement frénétiques et déraisonnables afin de devenir propriétaires avant d'être totalement exclus du marché.

Aucun expert ne renierait cette évidence : dans les économies libérales, le prix est fixé par la rencontre de l'offre et de la demande. Celui des logements est libre. S'il correspond à des critères, ceux-ci sont assez subjectifs et ne figurent sur aucune liste scientifique ou standardisée. Certains professionnels ont mis au point des méthodes d'évaluation, mais deux logements ne sont jamais exactement identiques (pour des questions d'orientation ou d'étage, par exemple) et l'expertise n'a rien d'obligatoire (voir chapitre 1, p. 15). Bref, un vendeur peut décider le prix qu'il veut. C'est le marché qui se chargera de le lui affiner. Si le propriétaire n'a pas trouvé preneur au bout de trois mois, il peut songer à baisser ses exigences. Si son appartement part dans les deux jours, il ne saura jamais s'il a eu de la chance ou s'il aurait pu faire une meilleure affaire en le vendant plus cher.

Se renseigner sur le marché

Rien de plus facile à priori. Le consommateur d'immobilier est surinformé et n'a qu'à se baisser (voir chapitre 3, p. 33). Mais la littérature ne suffit pas. Le lèche-vitrine des agences immobilières non plus : des biens apparemment semblables y sont présentés à des prix variant parfois du simple au double. Il faut donc se déplacer. Visiter et revisiter afin de se faire une idée du prix que l'on est prêt à payer et pour quoi.

Peu de particuliers font appel à des experts payants, ou alors en cas de succession ou de biens exceptionnels à des prix très élevés. La plupart font confiance à l'agent immobilier qu'ils ont choisi pour une première estimation. Ce qui ne les empêche pas, dès le lendemain, de publier leur annonce dans la presse afin d'éviter les commissions d'agence. En période d'euphorie immobilière, les vendeurs parient sur un prix un peu plus élevé que l'évaluation donnée par les professionnels et gagnent généralement ce pari. Persuadés d'échapper aux frais des intermédiaires en s'adressant directement à des particuliers, les acheteurs ne se rendent pas compte qu'ils payent finalement parfois plus cher. Alimentée par la pénurie, la hausse des prix met évidemment les propriétaires dans une situation confortable face à des acheteurs plus nombreux. Il y a dix ans, la situation était inversée, les acheteurs avaient la main et ne se privaient pas pour négocier.

Un prix moyen, c'est tout sauf un prix

Les dossiers spéciaux consacrés à l'immobilier dans une ville ou une région font la fortune des journaux. Ces numéros s'arrachent. Entre les acheteurs qui veulent savoir combien débourser, les vendeurs qui veulent savoir à quel prix mettre en vente et les propriétaires avides de connaître la valeur de leur patrimoine, le succès est assuré et les kiosques sont vides à la mi-journée le premier jour de parution. Mais les tarifs communiqués sont des moyennes, établies sur des quartiers entiers. Difficile de se baser sur ces informations pour établir le prix d'un logement : celui-ci dépend d'énormément de détails (lire chapitre 1), dont le principal, et sans doute le moins objectif, est le désir du vendeur. Plusieurs méthodes tentent de passer outre l'irrationnel et l'affectif qui souvent orientent les décisions d'achat pour s'attacher, dans la mesure du possible, à des critères objectifs mesurables.

L'évaluation par capitalisation

C'est une méthode à tester si la décision d'achat concerne un investissement locatif. Dans ce cas, l'acheteur compte sur les revenus des loyers pour rembourser son emprunt ou équilibrer ses charges. En se renseignant dans les agences immobilières du quartier, il est facile de connaître le niveau de loyer pratiqué, de calculer sans trop d'erreur la rentabilité du bien et d'en déduire son prix. Même si l'immobilier n'est pas un placement qui rapporte beaucoup (lorsque l'on ne prend pas en compte la plus-value potentielle), le prix d'achat doit laisser espérer un rendement net (avant impôts) d'au moins 5 %. Sinon, il est trop cher. Dans certaines villes ou pour certains biens comme les petites surfaces, il n'est pas abusif de tabler sur des rendements plus importants, jusqu'à 10 % pour des chambres de service louées au prix fort.

L'échelle des loyers est beaucoup plus restreinte que celle des prix d'achat. La différence n'est pas énorme entre un appartement de deux pièces dans le 16e arrondissement et la même surface dans le 11e arrondissement à Paris par exemple. Il est donc assez facile de calculer la rentabilité d'un bien sans grande marge d'erreur.

La méthode par comparaison

Elle consiste à établir un prix en comparant des logements apparemment similaires et leurs équipements déjà vendus. Logique mais très aléatoire, cette évaluation ne tient pas compte de la personnalité du vendeur qui estime toujours que son logement vaut plus cher que celui du voisin.

Faut-il faire confiance au vendeur ?

Et que faire d'autre ? Le choix est restreint. Si vous n'êtes pas d'accord sur le prix, négociez ou allez voir ailleurs, il n'y a pas beaucoup d'autres solutions. Votre évaluation peut être très différente du montant réclamé par le vendeur. Si vous avez raison, il est probable que le marché lui donnera tort et que trois mois plus tard, l'annonce sera toujours en vitrine. Dans le cas contraire, un acquéreur trouvera le logement à son goût et à son prix. Quelle que soit la valeur d'une expertise, la valeur d'un logement est finalement fixée par le montant qu'un acquéreur accepte de payer. Et sur le marché actuel, seule la vente représente un indice fiable de la vérité des prix.

Faire une offre, vite

TRUC

Combien d'affaires se sont-elles signées après une visite et un coup de foudre ? Étonnement, l'investissement énorme que constitue un logement se décide souvent sur un coup de tête. Bien sûr, le budget est à peu près cerné, chacun connaît ses possibilités et ses limites, mais l'acheteur s'emballe vite de peur de voir lui échapper le logement qu'il trouve enfin à son goût et dans ses moyens. Aujourd'hui, le marché impose des décisions rapides et les vendeurs jouent sur la pénurie, au bluff, parfois en prétendant avoir le choix entre plusieurs propositions. Faire une offre consiste à s'engager, sans rien signer, sur un prix. Rien n'empêche le vendeur de la refuser ou d'en accepter une autre sans même vous prévenir. Une offre écrite est assimilable à une promesse unilatérale de vente qui engage l'acheteur (voir chapitre 6, p. 70). Mieux vaut ne pas en rédiger plusieurs à la fois car vous pourriez être obligé d'acheter plusieurs logements si elles étaient acceptées. La validité d'une proposition écrite doit évidemment être limitée dans le temps, à quelques jours par exemple, c'est ce qui paraît le plus raisonnable ? Voilà une bonne manière de faire pression sur le vendeur en lui laissant entendre que trois jours plus tard, il aura raté l'affaire de sa vie. La garantie aussi pour l'acheteur de ne pas se retrouver les mains liées.

Un prix est toujours négociable

Pour certains, acheter sans marchander manque de charme et cette phase est pour eux jubilatoire même si elle aboutit à un échec. D'autres se sentent mal à l'aise dans une négociation de marchands de tapis, ont peur d'être traités de radins ou n'osent tout simplement pas. Qu'y a-t-il à perdre ? Rien. Dans le pire des cas, le vendeur refuse votre offre et vous payez son prix. Qu'y a-t-il à gagner ? De l'argent, parfois jusqu'à 20 % du prix et l'impression d'avoir fait une bonne affaire. C'est un sentiment satisfaisant qui ne correspond qu'à une part de la réalité, celle de l'acheteur. Il est rare que le vendeur brade son bien, à moins qu'il ne recèle des vices cachés. Il aura lui aussi le sentiment d'avoir fait une affaire. En fait, les deux protagonistes auront traité au prix du marché. Avec un léger avantage pour le vendeur s'il a su ferrer son client, pour l'acheteur si c'est un bon négociateur.

Si le marchandage n'est pas encore admis dans les boutiques ayant pignon sur rue – quoique… –, il fait partie des transactions immobilières et ne choque personne. Selon la conjoncture, il se révèle plus ou moins efficace. Lorsque les vendeurs font la loi, ils sont évidemment moins prompts à baisser leur prix, à moins d'être très pressés de vendre. Voilà au moins une bonne raison d'essayer.

ATTENTION !

Le prix est l'un des éléments déclencheurs de la visite. Pas la peine de tourner autour du pot, le vendeur sait que vous savez combien il vend. Les approches du style : « Et combien vous en demandez ? » ne trompent personne. Il ne faut pas non plus se jeter dans la négociation en lançant un prix sur le thème « ça ou rien ». Mais avant de proposer un chiffre, il peut être utile d'approfondir quelques données.

Depuis quand le logement est-il sur le marché ?

Cette information n'est pas toujours facile à obtenir, mais elle est utile. Elle en dit long sur l'état psychologique du vendeur qui souhaite peut-être déménager vite ou a souscrit un crédit relais. Si le bien est depuis plus de trois mois dans une agence ou reparaît régulièrement dans les journaux de petites annonces, c'est sans doute que son prix est trop élevé. Le propriétaire sera peut-être prêt à une concession. L'agent immobilier mandaté pour la transaction peut vous renseigner sur ce sujet. Certains vont jusqu'à donner leur propre estimation du bien, même lorsqu'elle est inférieure au prix souhaité et affiché par leur client.

Inventaire des équipements

Le mobilier n'est pas compris dans le prix d'un appartement. Cela vaut pour des éléments de cuisine, comme pour une salle de bains très moderne ou équipée par exemple d'une balnéothérapie. Le vendeur a toutefois tendance à intégrer dans son estimation les dépenses qu'il a réalisées. Plus les équipements sont luxueux et inattendus, plus il les mettra en avant pour justifier son prix. Certains n'hésitent pas, pour convaincre, à présenter les factures de ces installations mais aussi des rouleaux de moquettes, des outils achetés pour bricoler ici ou là… Si vous aimez le risque, vous pouvez proposer au vendeur de tout enlever et de diminuer son prix d'autant. Il ne va évidemment pas démonter sa baignoire mais acceptera peut-être de couper la poire en deux et de vous accorder un petit rabais. Vous pouvez aussi lui demander de séparer le prix de l'appartement de celui du mobilier, ce qui vous évitera de payer des frais de notaire indus sur la cuisine ou les appareils électroménagers.

Des travaux, à quel prix ?

Un logement entièrement à refaire coûte évidemment moins cher qu'un appartement tout neuf ou bien décoré. Toute la difficulté consiste à évaluer la différence entre les deux. Et le temps où les « ruines » étaient très décotées est derrière nous. Aujourd'hui, pour fixer leur prix, les vendeurs comparent leur logement à refaire à ce qu'il pourrait valoir une fois remis à neuf. Le potentiel fait monter la cote. De leur côté, les acheteurs jouent le jeu en imaginant que leurs travaux valoriseront énormément le bien et en comptant sur une plus-value conséquente. Cette pratique pousse à se montrer encore plus vigilant sur le coût estimé des travaux qui varie facilement de 500 à

1 500 euros par mètre carré pour une rénovation conséquente. En général, les prévisions sont en dessous de la réalité car des difficultés apparaissent toujours en cours de route. L'argument du mauvais état demeure l'un des meilleurs pour négocier le prix car le vendeur en face n'a pas grand-chose à y opposer. S'il a laissé son bien se détériorer et qu'il habite toujours dedans, mieux vaut éviter l'attaque frontale qui le met personnellement en cause et risque de le braquer. S'il vend un bien laissé à l'abandon ou vide depuis plusieurs années, il se montrera peut-être plus souple et plus sensible à la présentation d'un devis de travaux obligatoires.

Négocier du superflu

Plutôt que d'essayer de faire baisser le prix, les acheteurs essaient parfois de gagner un petit quelque chose en plus. Les rideaux particulièrement bien assortis, les appareils électroménagers, un meuble fait sur mesure que le vendeur aurait du mal à recaser ailleurs… Sur le marché des lofts, cette pratique est très courante, les vendeurs ayant souvent des équipements spécialement adaptés au lieu par leur taille ou leur style. Évidemment, s'ils sont signés, il faudra les payer en plus. Ces petites victoires semblent risibles au regard de la somme totale versée pour la maison ou l'appartement. Elles comptent comme des gages de « bonne affaire », un sentiment très important au moment de la conclusion de la vente.

Payer moins cher et une partie « au noir »

Cette pratique permet à l'acheteur de payer des frais de notaire réduits et de baisser le prix si le vendeur est par exemple éligible à l'impôt sur la fortune ou la taxe sur les plus-values. Elle est très risquée. Combien d'agents immobiliers impliqués dans ce genre de magouilles ont vu débarquer la police juste après avoir récupéré des fonds ? Le dessous de table est dangereux pour le vendeur ou pour l'acheteur, (lire l'encadré chapitre 6, p. 73). Car, même dans le cas où tout se passerait sans anicroche sur le moment, l'administration fiscale peut encore se réveiller un à deux ans après, au motif que le bien n'a pas été payé assez cher : l'article 666 du code général des impôts l'autorise à asseoir ses taxes sur la valeur vénale et non la valeur inscrite dans l'acte de vente.

Peut-on négocier les prix du neuf ?

TRUC

On peut toujours essayer. Le moment le plus propice n'est pas celui du début de la mise en vente sur plans, mais une fois l'immeuble construit. À la fin de l'opération, le promoteur n'a plus qu'une idée : se débarrasser de ses « queues de programme » qu'il doit lui-même gérer et continuer de porter financièrement si personne ne les achète. Il est souvent prêt à faire un geste, mais ces appartements délaissés ne sont généralement pas les mieux placés : il reste souvent plus de rez-de-chaussée orientés au nord que de cinq pièces avec terrasse. Acheter l'appartement témoin visité et revisité peut être avantageux. Dans les années de crise, pour attirer le chaland, les promoteurs n'hésitaient pas à offrir une cuisine équipée et même – au plus bas de la conjoncture – une voiture dans le garage ! Ces années noires pour les professionnels et fastes pour les acheteurs sont derrière nous. Aujourd'hui, les programmes se vendent tellement vite qu'ils n'ont plus de « queues ». Mais l'immobilier avance par cycles…

Chapitre 6

Le stress de la signature

Dans ce chapitre :

- À quoi sert une promesse de vente ?
- L'audit technique, un inventaire à la Prévert
- Un contrat spécifique pour les logements neufs
- Le droit de préemption urbain
- Acheter à deux sans être mariés
- La « vraie » signature
- Quand installer ses meubles ?
- Les frais à payer chez le notaire

Le vocabulaire du droit de l'immobilier mériterait peut-être d'être simplifié. Pour l'instant, il est truffé de termes techniques et très précis que tout le monde emploie pourtant à tort et à travers. Au bout de cinquante visites, lorsque l'on a enfin trouvé et qu'on est pressé de conclure, mieux vaut pourtant savoir de quoi on parle et surtout ce que l'on s'apprête à signer. La procédure est à peu près connue : la première signature est généralement celle d'une promesse de vente qui ne conclut pas définitivement le marché. L'acte authentique sera signé chez le notaire en général trois mois plus tard. Faut-il verser de l'argent ? À qui et combien ? Quelles garanties apporte la promesse de vente ? Quelles données ce document doit-il contenir ?

La promesse de vente

C'est l'expression la plus courante, employée, même par les professionnels, pour simplifier le discours. Il existe en fait trois types d'avant-contrats qui répondent à des situations bien précises.

La promesse d'achat

Peu courante, la promesse d'achat peut être utilisée pour accélérer une négociation. Elle est rédigée par l'acquéreur qui s'engage sur un bien, à un prix généralement inférieur à celui proposé par le vendeur. Ce document, parfois accompagné d'un chèque, peut faire pencher la balance car il engage réellement le futur acheteur. Il est très important de limiter cette promesse à quelques jours. Dans le cas contraire, un vendeur pourrait la ressortir au bout d'un an et exiger qu'on lui achète son logement comme indiqué de la main même de l'acheteur.

La promesse unilatérale de vente

Le propriétaire fait une offre de vente par laquelle il donne une option sur son logement, moyennant un montant précis, pendant un délai limité qui doit être clairement indiqué dans la promesse de vente. En échange, il peut demander à son futur acquéreur de verser une indemnité d'immobilisation, généralement égale à 10 % de la somme.

L'acheteur a la possibilité, avant la fin du délai précisé dans la promesse, d'acheter le logement ou de renoncer à l'achat en disant adieu à son indemnité.

Si, de son côté, le propriétaire renonce à vendre avant que l'acheteur lui ait signifié sa décision, il peut être amené à verser des dommages et intérêts à celui à qui il avait réservé son bien (qui récupère par ailleurs son indemnité). S'il renonce à vendre après la décision d'achat et la fin du délai prévu dans la promesse, l'acquéreur peut le contraindre en l'assignant en justice ou régler la question à l'amiable, c'est-à-dire en lui demandant de rembourser les 10 % versés augmentés d'un dédommagement.

Cette promesse unilatérale doit être, sous peine de nullité, enregistrée dans un délai de dix jours à la trésorerie la plus proche du logement de l'acquereur ou du vendeur (adresse en mairie ou en préfecture).

Le compromis de vente

Ce troisième cas est le plus fréquent. Il correspond à un engagement bilatéral sur le prix et sur le bien (appartement, maison ou terrain). Si les deux partenaires signent, ils ne pourront se dédire sauf si une condition suspensive indiquée dans cet avant-contrat (l'obtention d'un prêt par exemple) ne peut se réaliser. Dans le cas contraire, le dédit d'un acheteur ou d'un vendeur peut mener à un procès. Bref, un compromis de vente n'est pas un document à signer à la légère en trois minutes. C'est à ce moment que se conclut la vente, qui ne sera que « réitérée » chez le notaire, d'après le vocabulaire juridique *ad hoc*. Le compromis est souvent établi par un agent immobilier et signé devant lui. Parfois, la signature a lieu chez le notaire.

Sept jours de réflexion

La loi sur la solidarité et le renouvellement urbains du 13 décembre 2000 a voulu protéger les acquéreurs en leur accordant un délai de réflexion ou de rétractation selon le type de document signé. En clair, l'acheteur dispose de sept jours pour changer d'avis sans avoir à expliquer pourquoi ou à produire de quelconques pièces qui justifieraient un empêchement. Ce texte a fait craindre un temps que les clients des agents immobiliers s'habituent à des allers et retours hésitants. En fait, les désistements ne sont pas très fréquents, mais servent surtout à rassurer les candidats à l'achat inquiets de ce grand saut. Tous les professionnels ont jugé cette initiative bienvenue : il fallait s'engager définitivement pour un investissement très important, alors que le délai de réflexion existait pour une machine à laver ou un aspirateur cent fois moins cher.

Dans le cas d'une négociation entre particuliers et sous seing privé

Une fois l'avant-contrat signé, le vendeur envoie une lettre recommandée à l'acheteur. À compter du lendemain de la première présentation de ce document, le délai de sept jours court, sans versement d'aucune somme.

À l'expiration de ce délai, deux solutions : soit l'acquéreur accepte l'avant-contrat et verse la somme convenue entre les deux parties (généralement 10 % du prix de vente), soit il se rétracte, par lettre recommandée avec avis de réception.

Dans le cas d'une négociation par le biais d'un professionnel (agent immobilier ou notaire)

Le délai de rétractation de sept jours joue également et l'avant-contrat doit être notifié à l'acheteur de la même manière que précédemment (lettre recommandée avec accusé de réception).

Dans ce type de négociation, il peut être demandé à l'acheteur de verser des fonds (à condition que le professionnel qui le demande dispose d'une garantie financière). Si l'acquéreur se rétracte avant la fin du délai de sept jours – par lettre recommandée avec accusé de réception – les sommes versées lui seront restituées dans les vingt et un jours à compter du lendemain de la rétractation.

Dans le cas d'une vente signée sans avant-contrat ou directement par acte authentique

L'acquéreur bénéficie alors d'un délai de réflexion et non plus de rétractation : il ne signe pas l'acte et ne verse aucune somme avant l'expiration du délai de sept jours. Le projet d'acte lui est notifié par lettre recommandée avec accusé de réception et le délai de réflexion court à compter du lendemain de la première présentation de la lettre recommandée.

Cette procédure a pour but de protéger l'acheteur mais elle enlève de la solennité à l'acte authentique. Certains notaires estiment qu'elle déresponsabilise les acquéreurs et ne s'étonnent pas que certains ne reviennent pas au moment de signer sept jours après le premier rendez-vous, sans même prévenir qu'ils abandonnent l'affaire. D'autres signent une procuration et ne se déplacent même pas. Dans les faits, le rendez-vous qui scelle la vente ne dure pas plus de quelques minutes, la lecture de l'acte ayant été faite sept jours auparavant.

Que mettre dans la promesse de vente ?

Des modèles de promesse à remplir sont disponibles dans le commerce ou auprès de journaux spécialisés comme *De particulier à particulier* ou sur des sites Internet consacrés à l'immobilier. Peu importe la forme mais un certain nombre d'informations doivent obligatoirement figurer dans le document et en premier lieu, ce qui paraît logique, le nom complet et l'adresse des signataires.

La description administrative du bien

L'adresse, l'étage, le numéro de porte, le numéro de lot (en copropriété), les locaux annexes, informations qui figurent sur le titre de propriété, doivent être notés dans l'avant-contrat. Certains agents immobiliers s'en tiennent à une seule description administrative, d'autres détaillent l'état des lieux.

La surface vendue

Depuis 1996, la loi Carrez oblige tout vendeur à indiquer dans l'avant-contrat la surface de son bien (voir chapitre 4, p. 51). Il peut avoir calculé lui-même cette surface ou fait appel à un professionnel qui lui fournira un métré à joindre à l'acte de vente. Ce mesurage n'est pas à prendre à la légère. L'absence de référence à la surface peut entraîner la nullité de la vente. Une erreur de 5 % peut théoriquement mener à la réclamation, par l'acheteur, d'un montant proportionnel à la surface manquante, si l'action est menée moins d'un an après la vente.

Le prix

Le prix sur lequel acquéreur et vendeur se sont mis d'accord doit être inscrit en chiffres et en lettres. Il ne sera plus modifiable une fois la promesse signée. En fait, ce chiffre ne correspond pas toujours au prix réel du bien car une partie de la transaction passe parfois en dessous de table pour arriver soit dans les mains de l'intermédiaire soit directement dans celles du vendeur. Il s'agit d'une pratique illégale puisque l'argent ainsi échangé échappe aux taxes prévues sur les transactions.

Les risques du dessous de table

Les dessous de table servent à un acheteur à blanchir de l'argent, à faire enregistrer son bien à une valeur moindre et donc à payer moins d'impôts. Le vendeur, lui, peut éviter l'impôt sur une plus-value ou l'impôt sur la fortune s'il y est éligible. Dans tous les cas, le dessous de table « intéressant » concerne de très grosses sommes difficilement dissimulables dans une petite enveloppe. Il est très risqué car, à partir du moment où un faux prix est inscrit dans la promesse de vente, l'acquéreur comme l'acheteur peuvent de se faire berner. Exemple : un appartement est vendu pour 3 millions d'euros. Le vendeur souhaite toucher un dessous de table de 500 000 euros Si son acheteur le lui verse avant de signer la promesse, il peut toujours inscrire 3 millions sur le document et empocher l'enveloppe. Si l'argent doit être échangé après, l'acheteur peut faire inscrire 2,5 millions sur la promesse et ne jamais payer le reste.

La solution consiste à confier l'argent à un tiers, un agent immobilier, qui réclamera une part du marché puisque sa commission baisse proportionnellement au prix de l'appartement, ou à le mettre dans un coffre. La pratique est connue, courante et souvent abordée par les clients des agents immobiliers. Les plus honnêtes d'entre ces derniers les en dissuadent en leur détaillant les risques. Une fois la transaction enregistrée, l'acheteur n'est pas à l'abri. Si le fisc estime que son bien est notoirement sous-évalué par rapport aux autres logements vendus dans l'immeuble ou dans le quartier, il peut, un an voire deux ans après la transaction, lui imposer un redressement sur les frais de notaire qu'il aurait dû payer dans le cas d'une vente au prix du marché.

Les conditions suspensives

Les conditions suspensives indiquées dans le compromis de vente représentent la seule porte de secours d'un acquéreur qui change d'avis ou se retrouve dans l'impossibilité d'acheter après avoir signé. Elles correspondent à des hypothèses : j'achèterai si j'obtiens mon prêt, si j'obtiens mon permis de construire, etc. Mais toutes ne sont pas recevables. Encore faut-il prouver, pour rendre une volte-face acceptable, qu'elle ne résulte pas d'un caprice comme l'impossibilité pour l'acheteur de vendre son propre logement. Car il pourrait très bien le proposer à un prix prohibitif et au prétexte que son appartement ne se vend pas, se dédire. Un moyen assez tentant et souvent « essayé ».

Et si le banquier se montre impitoyable ?

Au moment de signer la promesse de vente, le montage financier n'est généralement pas bouclé. Certains acquéreurs savent à peu près ce qu'ils peuvent emprunter mais ni à qui ni à quel taux. Ils devront néanmoins décrire par écrit le montant prévu du ou des prêts, le taux maximum, leur durée et la mensualité dont ils devront s'acquitter. Ce qui prouve bien qu'un petit tour des banques avant de se mettre à chercher son logement peut se révéler très utile. Devant un refus de prêt notifié par une banque, le compromis tombe de lui-même à condition qu'il ait été signé sous condition suspensive d'obtention d'un crédit. Ceux qui connaissent bien leur banquier peuvent toujours lui demander de juger leur dossier un peu limite s'ils ont entre-temps trouvé un autre appartement ou changé d'avis, mais le jeu est dangereux et les notaires très au fait de ces pratiques.

Les agents immobiliers peuvent vérifier la solvabilité des acquéreurs

Certains agents immobiliers n'hésitent pas à demander à leurs clients les coordonnées de leur banque afin de vérifier qu'ils sont solvables et de ne pas perdre leur temps. Les banques sont évidemment en droit de refuser de donner ces informations mais certaines acceptent. D'autant qu'une décision de la cour d'appel de Rouen de juin 2001 a tenu pour responsable un agent immobilier « de n'avoir effectué aucune recherche relative à la capacité financière de l'acquéreur qui lui aurait permis de constater que ce dernier ne pouvait obtenir de prêt ».

Et si le terrain n'est pas constructible ?

C'est effectivement un point capital à vérifier. La question peut se poser dans le cas où le plan local d'urbanisme de la commune concernée est en cours de modification ou pas encore approuvé. La destination du terrain peut être modifiée et sa constructibilité annulée, tout comme peut être changer le coefficient d'occupation des sols autorisé dans la zone où il se trouve. Dans ce cas, et à nouveau si l'avant-contrat stipule la condition suspensive d'obtention d'un permis de construire, il est considéré comme annulé.

Et si la copropriété n'est pas d'accord ?

Les copropriétaires ignorent généralement tout de la vente d'un appartement dans leur immeuble. Sauf si des travaux y sont prévus, notamment des passages de canalisations dans les parties communes ou le regroupement de plusieurs lots... Dans ces cas, le syndicat des copropriétaires a le loisir d'exercer son pouvoir de nuisance en refusant les travaux. En tout état de cause, ces travaux doivent être signalés et leur accord voté au cours de l'assemblée générale prévue ou d'une assemblée extraordinaire dont le futur nouveau propriétaire peut demander l'organisation à ses frais. La vente devant notaire est donc repoussée après la date de cette réunion et la promesse signée sous condition suspensive d'accord de la copropriété sur ces travaux décrits avec précision. Dans certains immeubles bourgeois, il est de bon ton de ne pas augmenter le nombre de copropriétaires en vendant par exemple des chambres de service sans l'appartement qui va avec. Et cette règle est parfois inscrite dans le règlement de copropriété. Même si ces pratiques sont considérées comme abusives par des juristes, mieux vaut se prémunir en rajoutant une phrase à la promesse de vente d'une chambre de service. De même, dans le cas d'une transformation lourde (d'un ancien local d'activité ou d'une boutique en logement par exemple), l'accord de la copropriété est indispensable.

Les diagnostics techniques

Une série de textes et de lois votés depuis la loi Carrez en 1996 exigent désormais que les logements passent au contrôle technique avant d'être vendus (lire chapitre 4, p. 53). Une batterie de diagnostics est prévue : la surface exacte certifiée par un métré, la présence éventuelle de termites dans certains départements, la présence de plomb dans les revêtements de sols ou muraux, la présence d'amiante, la qualité des installations au gaz. Tout cela doit être contrôlé par le vendeur, à ses frais. La loi exige seulement un diagnostic et n'impose pas au propriétaire de se lancer dans la remise en état. Mais la connaissance de l'état du logement joue évidemment sur le prix. Des sociétés proposent aujourd'hui de réaliser des diagnostics globaux qu'elles garantissent. Leurs résultats sont agrafés à la promesse de vente.

Les vices cachés

L'article L-1641 du code civil oblige le vendeur à prévenir son acheteur des vices et défauts cachés dont il a connaissance. En l'espèce, il est plutôt difficile de prouver la bonne ou la mauvaise foi du vendeur à propos d'un vice découvert quelques mois après la vente comme une grosse fissure camouflée par de la peinture, un défaut de structure qui met un immeuble en péril, un parquet peu solide sous la moquette. Lorsque le problème est visible, comme une poutre porteuse coupée en deux (exemple vécu !), l'acheteur ou un agent immobilier un tant soit peu professionnel s'en rendra compte immédiatement.

La situation peut être moins simple comme dans le cas suivant : un couple a récemment acheté une vieille maison à un particulier. Un premier achat, un coup de foudre et rapidement quelques mauvaises surprises. La première : le propriétaire a « oublié » de faire entretenir sa chaudière à gaz depuis son arrivée dans la maison, c'est-à-dire depuis quatre ans. Les acheteurs n'ont pas pensé à lui demander un contrat d'entretien ou des factures. Deuxième surprise : l'électricité qu'il avait présentée comme entièrement rénovée s'est révélée en réalité bricolée et peu fiable.

Ce couple peut-il se retourner contre l'ancien propriétaire pour vice caché ? Oui, à condition qu'une clause d'exonération des vices cachés ne figure pas au contrat de vente. Cette clause protègerait le vendeur si l'on pouvait prouver qu'il n'était pas au courant des vices cachés en question. Si l'ancien propriétaire ne dispose pas de facture d'électricien à fournir pour la réfection de l'installation électrique, l'acquéreur peut agir à son encontre, soit en réduction du prix, soit en annulation de la vente, pour réticence dolosive (le fait de cacher à un acheteur des éléments qui l'auraient dissuadé d'acheter ou de payer ce prix). Pour évaluer la réduction de prix à demander, il est conseillé de faire établir un devis par une entreprise qualifiée pour une mise aux normes de l'installation.

Si vous achetez un appartement à un marchand de bien, sachez qu'il est responsable pour une durée de trente ans des vices cachés des immeubles passés entre ses mains, même s'il n'a fait que les revendre sans y effectuer de travaux.

La situation est plus simple lors de l'achat d'un logement neuf ou récent puisque le promoteur et les entreprises de construction doivent souscrire des assurances :

- La garantie du parfait achèvement d'une durée d'un an correspond à la garantie de n'importe quel appareil acheté dans le commerce : son constructeur doit en réparer les désordres signalés lors de la réception des travaux ou des douze mois qui suivent et cette garantie existe aussi pour le logement ;

- La garantie de bon fonctionnement assure pendant deux ans la réparation des problèmes survenus dans les équipements dissociables de la construction (canalisations) ;
- La garantie décennale assure pendant dix ans la réparation de la structure lorsqu'il est prouvé que les dommages survenus dépendent de la conception de l'immeuble (évidemment si c'est une tempête qui le dévaste, la responsabilité du constructeur ne pourra être engagée).

Attention aux dates des assemblées générales

Ces nouvelles dispositions législatives ont leur intérêt pour le vendeur dans le cas, par exemple, où l'assemblée générale a lieu entre la promesse et l'acte authentique. En théorie, le vendeur est toujours propriétaire, c'est à lui de s'y rendre et de voter ou non des travaux qui peuvent être coûteux. Si les appels de fonds sont faits avant la vente, c'est lui qui devra payer. S'ils sont faits après, les frais reviendront à l'acquéreur.

Étant donné que les travaux bénéficieront à l'acheteur, le vendeur peut envoyer par lettre recommandée avec accusé de réception l'ordre du jour de l'assemblée et son pouvoir, afin que son acquéreur puisse s'y rendre et voter à sa place. Dans ce cas, le coût des travaux sera à la charge de l'acquéreur ou partagé entre les deux parties. Il est d'usage de le préciser dans la promesse de vente, Attention, si le vendeur oublie de transmettre son pouvoir, c'est lui qui devra payer.

Si en revanche l'assemblée générale a lieu dans les sept jours du délai de réflexion, le même scénario peut avoir d'autres conséquences. Si l'acquéreur doté de l'ordre du jour et du pouvoir du vendeur se rend à l'assemblée générale et que, devant le montant des travaux, il renonce à acheter, le vendeur se retrouve contraint de payer des travaux sans avoir participé à leur vote.

Un partage des charges plus clair

N'OUBLIEZ PAS

Le décret du 27 mai 2004 relatif à la simplification des règles de copropriété modifie une longue habitude entre propriétaire et acquéreur. La pratique du prorata temporis consistait à partager les charges entre les deux signataire de l'avant-contrat en fonction du temps d'occupation des lieux. Pour un achat signé en juin, il était habituel de partager en deux le total des charges de copropriété de l'année. Si le logement était vendu en décembre, l'acheteur n'acquittait que l'équivalent d'un mois de charges. Comme celles-ci sont payées en prévision d'un budget voté en début d'année, les syndics doivent parfois procéder à des ajustements, rembourser un trop perçu ou réclamer un dû, une tâche difficile auprès d'un nouveau propriétaire certain qu'il ne doit rien ou d'un ancien, disparu sans laisser d'adresse, surtout s'il était encore débiteur. Depuis mai 2004 et les décrets d'application de la loi solidarité et renouvellement urbains, les charges sont dues par le possesseur du titre de propriété au moment de l'appel de fond. La règle étant la même pour tout le monde, le partage n'a plus lieu de figurer dans la promesse de vente.

Les impôts locaux

La règle du *prorata temporis* s'applique encore en revanche pour le paiement des impôts locaux. Pour le fisc, le contribuable est le propriétaire au 1er janvier, pour la taxe foncière et l'occupant du logement à la même date pour la taxe d'habitation. La pratique veut que le vendeur et l'acquéreur partagent mais rien n'oblige l'acquéreur à accepter. Concernant la taxe d'habitation qui varie avec la taille de la famille ou le nombre de personnes à charge, il lui est possible de négocier le partage. Dans les faits, ces impôts locaux représentent des sommes finalement minimes lorsque l'on vient d'investir plusieurs dizaines de milliers d'euros. À moins d'avoir un budget très, très serré et d'avoir déjà raclé tous les fonds de tiroir, les acheteurs acceptent de prendre à leur compte une part de ces impôts. Dans tous les cas, la répartition doit être clairement inscrite dans l'avant-contrat.

Acheter à deux sans être mariés

Acheter un logement à deux sans être mariés est loin d'être anodin et concerne de plus en plus de couples, concubins notoires ou pacsés. En plus des traditionnels problèmes liés au financement du bien, les conséquences juridiques, financières et fiscales de cette opération patrimoniale sont essentielles. Bon nombre de notaires et de conseillers en gestion de patrimoine vous le diront : acheter à deux sans être mariés, c'est aller au-devant de graves périls.

Le bien acheté en commun hors des liens conjugaux est censé appartenir aux deux. La contribution financière de chacun peut être égale (50-50 %), ou pas (60-40 %, 70-30 %, etc.). Il est donc important que la quote-part de chacun soit précisée au notaire le jour de la signature de l'acte de vente car elle détermine la répartition des droits de propriété. Pour le couple lié par un pacs, si l'apport financier de chacun n'est pas précisé dans l'acte d'achat, l'article 515-5 du code civil stipule que l'indivision est automatique. De fait, sauf mention contraire dans l'acte, le logement appartiendra aux deux, à parts égales, même si l'un a payé plus que l'autre.

L'inconvenient de l'indivision réside dans son instabilité : le (la) concubin(e) a le droit de sortir de l'indivision à tout moment (article 815 du code civil). L'un des deux peut – pour récupérer sa mise – exiger de l'autre la vente du logement ou, à défaut, que lui soit rachetée sa part.

L'indivision peut aussi être source de difficultés en cas de décès. Le survivant se retrouvera en indivision avec des personnes qu'il n'aura pas choisies, à savoir les héritiers (enfants, parents de son compagnon défunt). Ces derniers peuvent réclamer leurs parts et provoquer la vente du logement. Le concubin survivant risque alors de se retrouver à la rue, contraint de payer 60 % de droits de succession.

Les parades

Plusieurs formules juridiques permettent de faciliter la gestion de l'indivision. Le jour de l'acquisition, il faut inscrire dans l'acte notarié une clause de « rachat prioritaire » permettant au survivant d'acquérir la part du concubin ou du partenaire décédé. Cette disposition évite ainsi à celui qui reste de se retrouver en indivision avec la famille du conjoint décédé et donc d'être évincé. Il devra néanmoins les dédommager en rachetant la quote-part du logement commun.

La convention d'indivision

Une autre parade consiste à léguer, via un testament, à son compagnon ou à sa compagne soit la pleine propriété soit l'usufruit de la quote-part du logement acquis. Confié à un notaire, le testament sera publié au fichier central des dispositions des dernières volontés. Ce mode de transmission du ou des biens immobiliers ne peut être effectué qu'à certaines conditions : vous avez certes le droit de léguer votre patrimoine à votre « moitié » mais à condition de ne pas entamer la réserve héréditaire, c'est-à-dire la part qui revient, de droit, aux héritiers.

La signature d'une convention d'indivision permet d'éviter pendant une durée déterminée la remise en cause de l'indivision. Grâce à cet acte rédigé sous seing privé (sans passer chez le notaire), les concubins ou pacsés s'engagent mutuellement à ne pas mettre fin à l'indivision pendant une durée convenue ensemble. La durée maximale d'une convention est de cinq ans renouvelables.

La SCI

Plus élaborée, la création d'une Société civile immobilière (SCI) constitue un dispositif capable à la fois de stabiliser l'indivision et de protéger davantage le survivant. Concrètement, c'est la société, personne morale, qui achète le logement grâce à l'argent apporté par les deux associés (les deux membres du couple) et l'emprunt éventuel. La SCI devient alors propriétaire du logement et les associés se partagent ses parts sociales à hauteur de leurs apports respectifs. En cas de séparation, l'un a la possibilité de racheter les parts de l'autre. En cas de décès, les parts de la personne disparue peuvent être rachetées par l'autre à ses héritiers sous réserve d'une clause d'agrément.

Les inconvénients de la SCI ? D'abord, elle oblige au respect d'un certain formalisme, comme la convocation d'une assemblée générale annuelle, tenue de la comptabilité, de rapports financiers... Ensuite, en cas de rupture du couple, si celui qui reste n'a pas les moyens de racheter les parts de celui qui veut partir, il faut demander à un tribunal de dissoudre la SCI, ce qui peut prendre du temps. Pour avoir une portée efficace, une SCI doit être créée avant l'acquisition du bien. Sa création coûte entre 1 000 et 3 500 euros.

La tontine : le décès comme seule issue

Deux concubins ou partenaires pacsés peuvent acheter ensemble un logement en insérant dans l'acte d'achat une clause appelée tontine (ou pacte tontinier). Si l'un des deux décède, le bien appartiendra au survivant, avec un effet rétroactif à compter du jour de l'achat. Les héritiers n'ont dans ce cas aucun droit sur ce bien qui ne tombe pas dans la succession. Mais prudence ! L'absence de droits de succession ne s'applique que si le logement constitue la résidence principale du couple et si sa valeur n'excède pas 76 000 euros le jour du décès. Dans le cas contraire, il faudra s'acquitter de droits au taux de 60 % sur toute la part du défunt et pas seulement sur le montant excédant 76 000 euros. Si le couple se sépare, le bien n'est pas partageable. Le partenaire souhaitant récupérer sa mise n'a aucun moyen de l'exiger, surtout si l'autre n'est pas d'accord. Le couple risque alors de se retrouver prisonnier de son acquisition.

Comment signer ?

En apposant son paraphe certes, mais où, devant qui ? Ceux qui ne sont jamais passés par ces affres et ce stress n'ont pas de raisons particulières de connaître les détails de la procédure. Elle n'est pas compliquée mais doit être faite dans les règles puisqu'elle engage l'acquéreur et ses finances.

La promesse ou le compromis entre particuliers

Rien n'empêche de signer entre particuliers ou avec un agent immobilier. C'est alors une signature sous seing privé. Elle est légale et possède le même caractère juridique qu'une signature devant notaire. Elle est plus rapide (car elle ne dépend pas d'un rendez-vous) et plus économe (pas de rémunération de l'officier ministériel). Mieux vaut se procurer un modèle de promesse déjà écrit, remplir les cases et signer.

La signature chez le notaire

Ce type de signature engage quelques frais supplémentaires pour une garantie sans prix. Le notaire a un devoir de conseil et prépare le dossier que vous n'aurez plus qu'à signer, en vérifiant toutefois son contenu. Il est rare que l'on prenne le temps de lire tous les détails de la promesse de vente dans le bureau du notaire, il faut pourtant le faire, afin de vérifier l'exactitude des informations.

Qui signe ?

Les signataires sont évidemment l'acquéreur et le vendeur. Vouloir vérifier l'identité du vendeur et son statut réel de propriétaire n'a rien d'offensant. Le notaire se chargera d'exiger les pièces d'identité de chacun et le titre de propriété du vendeur. Il vérifiera aussi que ce dernier est seul propriétaire et donc habilité à prendre seul la décision de vendre Dans le cas d'une signature sous seing privé, l'acquéreur ne doit pas hésiter à exiger ces documents aussi. Si les propriétaires sont plusieurs (frères et sœurs, concubins…), tous doivent être là au moment de la signature ou disposer d'une procuration. Dans le cas d'un couple marié sous le régime de la séparation de biens, seul(e) l'époux (épouse) propriétaire doit signer sauf lorsqu'il s'agit de la vente ou de l'achat du domicile conjugal. Si le régime matrimonial est celui de la communauté réduite aux acquêts, mari et femme doivent apposer leur nom au bas des trois exemplaires de la promesse de vente.

La procuration

Si l'un des signataires ne peut se déplacer, il peut envoyer une procuration signée devant notaire ou certifiée par les services de la mairie. Il devra y préciser à qui il donne le pouvoir de signer à sa place et dans quelles conditions, en précisant la nature du bien vendu, son prix, la teneur des conditions suspensives, le montant des acomptes, la date d'entrée dans les lieux… La procuration ne reprend pas tous les termes de la promesse de vente mais doit être précise.

Faut-il payer ?

La promesse donne-t-elle lieu à un versement ? Bien sûr, et pour de bon. Contrairement aux idées reçues, le notaire n'enferme pas les chèques dans un coffre jusqu'à la signature de l'acte authentique. Il les encaisse, tout comme l'agent immobilier si c'est devant lui que vous avez signé la promesse. Il faut donc s'assurer que cet intermédiaire dispose bien de garanties financières et que le compte de l'acquéreur est suffisamment approvisionné. En l'absence d'un agent immobilier « garanti » ou d'un notaire, ne rédigez jamais le chèque à l'ordre du vendeur mais du notaire choisi pour la vente. Ne payez jamais en espèces non plus. La somme exigée au moment de la signature de la promesse de vente correspond généralement à 10 % du total. C'est une « immobilisation », c'est-à-dire qu'elle n'est pas acquise au vendeur tant que l'acte authentique n'est pas signé et que, durant ce délai, il ne peut en dépenser le premier euro. Elle doit en effet pouvoir être restituée. Si la vente ne peut se faire parce qu'une des conditions suspensives n'est pas remplie, l'acquéreur récupère ses 10 % dans les vingt et un jours suivant la rupture des négociations.

L'enregistrement

Procédure simple mais indispensable : la promesse de vente doit être enregistrée dans les dix jours qui suivent la signature à la recette des impôts du domicile du vendeur ou de l'acheteur. Le document doit être rédigé et signé en trois exemplaires, un pour l'acheteur, un pour le vendeur et un conservé à la recette des impôts qui vous facture le service pour la modique somme de 6 euros par page recto verso.

L'achat ou la vente en l'état futur d'achèvement

La plupart des logements neufs sont achetés alors que l'immeuble dans lequel ils s'intègrent n'est même pas encore commencé. Au fur et à mesure de leur exécution, l'acquéreur devient propriétaire des nouvelles constructions et doit en payer le prix en tenant compte d'un échéancier. Le contrat de réservation fait office d'avant-contrat (tout autre document ne serait pas valable). Il constitue, pour le promoteur (le vendeur) l'engagement de réserver un logement à l'acquéreur. Celui-ci verse alors en contrepartie un dépôt de garantie de 5 % si le contrat de vente doit être signé dans un délai d'un an, de 2 % si la vente doit être signée dans un délai compris entre un et deux ans et rien si le délai de réalisation de la vente prévue est supérieur à deux ans. Depuis le 1er juin 2001, le contrat de réservation doit être notifié à l'éventuel acquéreur par courrier recommandé avec demande d'avis de réception. L'acquéreur dispose de sept jours pour se rétracter à compter du lendemain de la première présentation de la lettre.

L'échéancier de paiement

Dans ce type de vente, le paiement est échelonné en fonction de l'avancement des travaux sans pouvoir dépasser un pourcentage du prix total de vente, dépôt de garantie compris. Cet échelonnement légal est le suivant :

- 35 % du prix lorsque les fondations sont achevées ;
- 70 % à la mise hors d'eau (pose de la toiture et réalisation de l'étanchéité des terrasses) ;
- 95 % lorsque les travaux sont achevés, le solde de 5 % étant payable à la livraison, sauf consignation en cas de contestation sur la conformité de l'appartement à la description du contrat.

S'il se rétracte dans le délai imparti de sept jours, l'éventuel acquéreur sera remboursé de la totalité de son dépôt de garantie dans un délai de trois mois à compter de la demande de remboursement.

Le contrat de réservation doit mentionner les données suivantes ainsi que les clauses suspensives demandées par l'acquéreur :

- la description détaillée du futur logement (nombre de pièces, étage, orientation...) ;

- une note technique sommaire sur la situation du logement dans l'immeuble ou de la maison sur le terrain, les matériaux de construction utilisés, les équipements collectifs ;
- le prix prévisionnel de vente et les conditions de révision du prix (indexé sur l'inflation…) ;
- la date de signature de l'acte de vente définitif ;
- le délai prévisionnel d'exécution des travaux ;
- le montant du dépôt de garantie.

Le contrat de vente doit obligatoirement contenir les mentions suivantes :

- la description de l'immeuble ou partie de l'immeuble vendu(e) (appartement, lot n°…) ;
- le prix et les modalités de paiement du prix ;
- le délai de livraison (par exemple le 1er janvier 2007) ;
- les caractéristiques techniques de l'immeuble vendu comme ses performances energétiques (ce document peut être annexé à l'acte de vente ou faire référence à un document déposé chez un notaire).

L'acquéreur peut-il refuser d'acheter ?

Il peut récupérer son dépôt si le refus est motivé par une différence anormale entre le contrat définitif et le contrat préliminaire. Par exemple : si le vendeur ne respecte pas la date prévue pour la signature de l'acte de vente définitif ou si le prix de vente est supérieur de 5 % au prix prévu, ou encore si la différence entre le logement décrit dans le contrat de vente et celui décrit dans le contrat de réservation justifie une différence de plus de 10 % de sa valeur…

Le vendeur peut-il refuser de vendre ?

Oui, mais il devra rembourser le dépôt de garantie et pourrait être condamné à payer des dommages et intérêts.

Une fois l'immeuble terminé, et si possible à la date prévue, le vendeur (le promoteur) livre l'appartement ou la maison à son client. Il lui remet les clés. Cette date constitue le point de départ de la garantie des vices de construction apparents. Un procès-verbal de livraison est établi : il faut y mentionner les défauts de conformité ou les désordres.

Le droit de préemption

Le droit de préemption peut venir perturber le bon déroulement d'une vente de logements achevés depuis au moins dix ans. Il donne en effet à une collectivité ou à un locataire occupant la priorité d'acheter sur tout autre acquéreur, même si celui-ci surenchérit sur le prix. Le prix de la préemption peut être fixé par les Domaines et être inférieur à ce que le vendeur en demande. La ville n'est pas obligée de suivre les avis de cette administration et peut proposer une négociation. En général, la préemption est une mauvaise surprise et les prix offerts par les collectivités moins intéressants que ceux du marché.

Le droit de préemption urbain

Les communes ou les établissements publics utilisent le droit de préemption « urbain » pour remembrer des terrains avec l'objectif de developper de grands projets d'urbanisme, de requalifier un quartier entier en rachetant tous les logements pour les rénover ou les démolir, ou encore pour tenter de réguler leur marché immobilier. Les biens situés en zone naturelle sensible sont également susceptibles d'être preemptés.

Le droit de préemption s'exerce de plein droit :

- à l'intérieur des périmètres urbains (zones U) ;
- dans les zones d'urbanisation future (zone NA) ;
- dans les espaces naturels et sensibles couverts par un plan de sauvegarde et de mise en valeur ;
- dans les zones d'aménagement concerté (ZAC) :
- dans d'autres zones mais uniquement sur délibération du conseil municipal.

ATTENTION !

Dans tous ces cas, le notaire doit adresser à la collectivité concernée une Déclaration d'intention d'aliéner (DIA) et attendre la réponse des autorités qui peuvent préempter mais ne le feront pas à tous les coups. Attention, l'oubli de DIA peut donner lieu à une action en annulation de la vente pendant cinq ans à compter de la signature de l'acte authentique. La réponse de l'administration pouvant se faire attendre plus de deux mois, il est conseillé dans ce cas d'allonger un peu le délai entre la signature de la promesse et la vente.

Un outil politique de moins en moins efficace

Le droit de préemption urbain est conçu comme un outil de développement urbain, il peut être utilisé d'une manière beaucoup plus politique : dès qu'une vente dépasse un certain prix au mètre carré, la ville achète, afin de maîtriser son marché immobilier et surtout ses habitants, donc ses électeurs. Plusieurs communes de la première couronne parisienne sont connues pour avoir usé et abusé de cette pratique pendant des années. Le marché les a fait renoncer : au prix du mètre carré et compte tenu du nombre de ventes enregistrées, elles ne peuvent plus suivre.

Priorité au locataire

Le locataire d'un immeuble mis en copropriété pour la première fois dispose aussi de ce droit de préemption. La question est aujourd'hui mieux connue depuis l'émoi suscité par les ventes à la découpe, c'est-à-dire la vente par des propriétaires bailleurs (les investisseurs institutionnels comme de grandes banques et de compagnies d'assurance) de leurs immeubles. Ces « zinzins » préfèrent aujourd'hui investir dans des immeubles de bureaux plus rentables et plus faciles à gérer et vendent par appartement les centaines d'immeubles de logements qui constituaient leur patrimoine. Le mouvement entamé à la fin des années 1990 touche aujourd'hui des immeubles à Paris, Lyon et Marseille. Des milliers de locataires ont donc reçu, comme le prévoit la loi, une offre prioritaire pour acquérir le logement qu'ils occupent mais à un prix fixé par le propriétaire et sur lequel ils ont peu de marge de négociation. Les locataires disposent d'un mois pour répondre à l'offre. Une fois ce délai dépassé, ils reçoivent un congé pour vente qui les informe qu'ils devront quitter leur logement à l'échéance de leur bail, six mois, trois ou six ans plus tard. La loi en cours de lecture à l'Assemblée nationale en juin 2005 pourrait obliger les propriétaires à savoir le droit de préemption lors de la première vente « au prix de gros » et non plus seulement lors de la mise en copropriété.

Dans le cas d'une location classique, un propriétaire peut vendre son bien et demander à son locataire d'aller se chercher un toit ailleurs. La loi l'oblige à proposer à l'occupant de son logement de l'acheter. Si celui-ci veut faire usage de son droit de préemption, il doit se manifester quatre mois avant la fin du bail. Cette proposition vaut congé pour vente si le locataire n'y répond pas dans un délai d'un mois. Dans ce cas, il peut rester dans les lieux jusqu'à la fin du bail.

Signer l'acte authentique

Encore du stress, mais le plus gros est fait.

Choisir un notaire

Tout le monde ne consulte pas régulièrement son notaire comme son médecin traitant. Les agences immobilières travaillent souvent avec les mêmes. Le choix peut aussi se faire en fonction de la proximité de l'étude ou d'une réputation. Même si certains sont plus spécialisés dans certains actes, tous peuvent dresser un acte de vente sans avoir à retourner à l'école. C'est une des bases du métier. Les vendeurs (qui ont donc déjà acheté une fois) peuvent proposer de passer par leur notaire. L'acheteur, dans ce cas, souhaitera peut-être se faire assister du sien s'il en a un, surtout s'il craint que celui de son vendeur ne se montre pas totalement objectif et défende les intérêts de la partie adverse. Quel que soit le nombre de notaires présents, les émoluments ne sont payés qu'une fois et partagés ensuite. Les notaires peuvent travailler dans toute la France à l'exception des DOM-TOM, donc peu importe l'endroit où est acheté le bien, l'officier ministériel basé à Marseille peut très bien établir un acte pour un bien situé à Dunkerque.

TRUC

Si vous traitez avec un marchand de biens qui vous propose de faire signer l'acte par son notaire, faites-vous accompagner. Même si un notaire doit rester neutre dans une transaction, un particulier ne fait pas toujours le poids en face de deux professionnels avertis.

Quels documents apporter ?

Une pièce d'identité, d'abord, afin de prouver qui est qui et qui est en mesure de signer l'acte. Pour le reste, tous les documents sont normalement contenus dans la copie de l'avant-contrat qu'apporte l'agent immobilier ou que vous avez avec vous, ainsi que le vendeur

La séance de lecture

C'est fastidieux mais il faut en passer par là. La lecture de l'acte de vente reprend généralement les conditions inscrites dans l'avant-contrat, mais mieux vaut être attentif, discuter une clause sur le champ plutôt que de devoir la corriger ensuite. Même si la situation est un peu intimidante et que vous avez peur de passer pour un maniaque, ne vous privez pas de faire préciser tous les détails avant de signer.

Que faudra-t-il payer ?

Il reste à payer la somme correspondant au prix de l'appartement ou de la maison moins les 10 % déjà versés. Si le financement s'appuie sur un crédit, comme c'est le cas la plupart du temps, la banque transmet directement les fonds au notaire qui les versera au vendeur. Les acheteurs qui payent cash arrivent rarement avec une mallette pleine de billets, ils demandent à leur banque un chèque certifié qu'ils remettent au notaire. Celui-ci leur aura fait parvenir par courrier, quelques jours avant, le décompte exact de ce qu'ils auront à payer :

- le solde de la vente ;
- la provision pour régler les émoluments du notaire ;
- une provision pour le fond de roulement si vous achetez votre bien en copropriété ;
- la commission d'agence si vous avez fait appel à un intermédiaire ;
- le prorata de la taxe d'habitation et de la taxe foncière (à négocier dès l'avant-contrat) ;
- les frais de notaire : ils sont calculés par tranche du prix du bien.

Les frais de notaire

Aucune vente n'échappe à ces fameux frais de notaire. Ils comptent et sont plus qu'anecdotiques dans le plan de financement de l'achat d'un logement. Dans presque tous les cas, les prix de vente des immeubles (maisons, appartements, terrains à bâtir) sont fixés hors frais d'acquisition. Ce qui signifie que l'acheteur devra payer en plus les frais administratifs liés à la vente. Ces frais, couramment, mais à tort, appelés « frais de notaire », ne reviennent ni au vendeur, ni au notaire mais à l'État ou aux collectivités. Il s'agit essentiellement d'impôts. Le notaire est chargé de les recouvrer pour le compte du Trésor public. Ils servent à réunir et établir des documents qui éviteront toute contestation future concernant la vente.

Pour l'achat d'un bien de 75 000 euros, les frais d'acquisition à verser en plus du prix s'élèvent à environ 5 700 euros. Les impôts et les débours (coût des documents d'urbanisme, du bureau des hypothèques, du cadastre…) en représentent la plus grande partie. Les impôts sont nombreux et divers. Certains sont progressifs, d'autres fixes. Le plus important est la taxe de publicité foncière, encore appelée droit de mutation à titre onéreux. Dans cet exemple, elle représente environ 3 700 euros. Il faut ajouter le droit de timbre fiscal qui frappe chacune des pages de l'acte notarié original et de sa copie authentique (titre de propriété de l'acheteur), soit 6 euros par page de format standard écrite recto verso. Aujourd'hui, les actes sont souvent volumineux et ce droit de timbre peut atteindre plusieurs centaines d'euros. Il faut encore ajouter la Taxe sur la valeur ajoutée (TVA), soit 19,60 % de la rémunération du notaire, et le salaire du conservateur des hypothèques (0,1 % du prix).

Avant de s'engager dans un projet immobilier, il ne faut pas hésiter à demander à son notaire un calcul prévisionnel des frais occasionnés par la vente. Ils varient avec l'ancienneté du logement. De très nombreux sites Internet permettent aussi de faire réaliser des simulations en entrant le prix du logement et son adresse.

Qui paie quoi ?

Pour une fois, c'est simple : tous les frais sont à la charge de l'acheteur, que les actes soient signés par son notaire ou celui du vendeur. Une seule exception : si le mandat de l'agent immobilier précisait que les frais d'agence étaient à la charge du vendeur.

Les frais classiques pour un logement ancien

Les émoluments proportionnels et fixes

Les émoluments de vente corespondent au salaire du notaire et sont proportionnels au prix de vente du bien, c'est-à-dire qu'ils sont calculés par tranche du prix, en appliquant un pourcentage dégressif à la valeur du bien énoncée dans l'acte. Ils sont établis selon un tarif officiel, national et obligatoire. Les émoluments fixes rémunèrent les formalités que le notaire effectue (exemple : demande d'un certificat d'urbanisme, voir chapitre 4, p. 59).

Les émoluments de négociation

Ils sont dus au notaire lorsque, en vertu d'un mandat écrit, le notaire a recherché un acquéreur et l'a mis en relation avec son client vendeur. Ils correspondent à 5 % du prix de vente jusqu'à 45 735 euros, auxquels s'ajoutent 2,5 % de la tranche supérieure. Par exemple, pour un bien vendu 500 000 euros, le notaire sera rémunéré 45 735 x 5 % = 2 286,75 euros plus 454 265 x 2,5 % = 11 356 euros, soit au total 13 642 euros.

Les droits et taxes versés au Trésor

Ce sont les sommes que le notaire verse au Trésor public pour le compte de son client. Il s'agit des droits d'enregistrement, des droits de timbre, de la taxe de publicité foncière, des droits de mutation à titre onéreux et de la TVA.

Les débours

Ces sommes sont destinées à rémunérer les différents intervenants et à obtenir auprès des administrations les pièces et les documents nécessaires à la réalisation et à la sécurisation de l'acte de vente (exemples : état hypothécaire, documents d'urbanisme...).

Pour toutes ces raisons, les frais d'un acte de vente ne peuvent pas s'évaluer d'après un simple pourcentage du montant de l'opération.

Pour un prix de 176 000 euros, le calcul des émoluments proportionnels de vente serait le suivant :

- de 0 à 3 050 euros : 5 % soit 152,50 euros ;
- de 3 050 à 6 100 euros : 3,3 % soit 100,65 euros ;
- de 6 100 à 16 770 euros : 1,65 % soit 176,05 euros ;
- de 16 770 euros à 300 000 euros : 0,825 % soit 2 336,64 euros.

Soit un total de 2 765,84 euros hors taxes, auquel s'ajoutera la TVA à 19,60 %.

Des frais moins élevés pour un logement neuf

Pour un logement neuf, ces frais sont réduits à la taxe de publicité foncière égale à 0,615 % du montant de l'investissement puisque la TVA est incluse dans le prix d'un appartement ou d'une maison neuve ou achevée il y a moins de cinq ans et que le notaire n'a pas de recherches à faire sur la propriété précédente ou l'historique du bien.

Quand installer ses meubles?

Pas tout de suite après avoir trouvé votre logement. Il s'écoule en général un délai de trois mois entre la promesse et la signature de l'acte authentique et l'échange ô combien symbolique des clés. Ce délai, qui doit être précisé par écrit, peut être allongé à la demande d'un des deux signataires: le vendeur peut souhaiter finir l'année scolaire ou se réserver un peu de temps pour trouver un autre logement. Il ne peut guère être réduit, mais si le logement est vide et si l'acheteur a prévu d'y réaliser des travaux, ce dernier peut demander à y avoir accès plus tôt afin de faire établir des devis, voire de commencer des rénovations. Entreprendre de lourds travaux ne serait pas prudent d'autant que, si pour une raison ou pour une autre la vente ne se signe pas, l'acheteur perd au mieux son investissement, au pire le double si le vendeur lui demande – et il est en droit de le faire s'il a fait préciser une clause dite d'accession dans la promesse – de tout remettre en état.

Si le vendeur refuse de faire ses valises au moment prévu, le recours à la justice en vue d'une expulsion n'est pas le plus efficace. Cette procédure prend facilement deux ans en France, même si le nouveau propriétaire est dans son droit. Le plus sûr est de demander au notaire de consigner une partie ou le total de la vente jusqu'à la libération des lieux. Certains agents immobiliers prévoient une astreinte par jour, assez forte pour être dissuasive, par exemple 150 euros. Il faut en tout cas que la somme dépasse de loin celle du loyer que le vendeur aurait à payer en s'installant ailleurs. Cette « amende » peut également être réclamée si le vendeur n'a pas totalement vidé son appartement. Ces précautions doivent être écrites dans l'avant-contrat. Il ne faut pas hésiter à les exiger même si le vendeur et le notaire tablent sur la bonne courtoisie de tous. Une fois l'acte signé, l'acheteur se retrouvera tout seul à faire face à ces difficultés.

Si vous achetez un appartement occupé par un locataire, vous n'entrez pas dans lieux mais prenez la place du propriétaire bailleur du même occupant dans un premier temps. Assurez-vous que vous récupérez bien auprès du vendeur le chèque de caution que vous devrez rendre au locataire à l'échéance de son bail, ainsi que le bail, le document signé par le locataire.

Une fois l'acte signé chez le notaire, vous repartirez avec les clés mais pas encore avec le titre de propriété. Il faut plusieurs semaines pour l'établir et publier la vente au bureau des hypothèques qui prend facilement six mois à un an pour renvoyer l'acte définitif! Vous aurez droit à une attestation provisoire que vous pourrez remettre à votre banque, à EDF ou à votre opérateur de téléphone, avant de commencer à vous installer.

Chapitre 7

Devenir (co) propriétaire

Dans ce chapitre :

- Les taxes et les impôts
- Le conseil syndical
- L'assemblée générale
- Les charges de copropriété
- Comment diminuer ses charges ?

Devenir propriétaire ? Vous en avez rêvé, ça y est. Ce nouveau statut ne va pas changer votre vie mais vous confronter à quelques responsabilités inconnues des locataires. À certaines dépenses aussi, comme les impôts locaux et les charges de copropriété. Seuls les propriétaires de maisons individuelles (hors lotissement) en sont exonérés. Le métier de propriétaire n'est pas épuisant, surtout si vous habitez votre logement et gérez un seul locataire, vous-même. La participation en tant que copropriétaire dépend de l'engagement de chacun et du souci de la gestion et de l'entretien d'un bien commun, l'immeuble ou la résidence. Elle n'a d'obligatoire que la participation, une fois par an, à une assemblée générale à laquelle il est d'ailleurs possible de se faire représenter en confiant son pouvoir à un voisin.

Des factures en plus

Plus de loyer à payer certes mais, en plus des mensualités à rembourser chaque mois à la banque, des charges trimestrielles et des impôts annuels vont vous « tomber dessus ». Ces impôts sont perçus par les collectivités locales. Il faut savoir que les finances locales sont alimentées d'un côté par les entreprises et leur taxe professionnelle, de l'autre par les particuliers. En général, les villes dotées de zones d'activité ou de nombreux sièges sociaux épargnent leurs habitants. Les taxes sont chères en revanche dans les communes très résidentielles et les petites villes.

La taxe foncière sur les propriétés bâties

Cet impôt est dû par le propriétaire des lieux au 1er janvier et payable en général au mois de novembre, même si le logement a été vendu entre-temps. Il alimente en partie le budget de la commune où se trouve l'immeuble ou la maison et varie de ce fait d'une ville à l'autre. Il touche les résidences principales et secondaires.

Comment est calculée la taxe ?

Son assiette est le revenu cadastral, c'est-à-dire la valeur locative du logement diminuée de 50 % qui tiennent compte des charges, des frais des gestion, d'assurances, d'amortissement, d'entretien et de réparation. Cette valeur locative censée représenter le loyer annuel du logement s'il était mis en location, correspond en fait à des données de 1970 pour les immeubles, de 1961 pour les terrains, auxquelles ont été appliqués des coefficients de revalorisation. Autant dire qu'elle n'a plus grand rapport avec la réalité, mais tout le monde est logé à la même enseigne et, au moins, la méthode de calcul est la même sur tout le territoire. Les taux, appliqués à la base d'imposition, sont votés par les collectivités territoriales : les communes, les départements et les régions. Ils permettent de calculer le montant de la taxe qui revient à chacune d'entre elles, ainsi qu'à l'établissement public de coopération intercommunale lorsqu'il en existe un.

L'avis d'imposition de la taxe foncière comprend aussi le montant de la taxe sur les ordures ménagères, correspondant aux frais de collectes des poubelles.

Qui paye l'impôt ?

Les propriétaires ou usufruitiers d'un immeuble bâti sont soumis à la taxe foncière sur les propriétés bâties. Pour les particuliers, il s'agit essentiellement des locaux d'habitation et des parkings dont ils sont propriétaires, qu'ils soient ou non occupants des lieux. Les immeubles concernés doivent être « fixés » au sol, jolie expression pour expliquer qu'ils ne peuvent être déplacés sans être démolis, ce qui exclut les mobile homes, même lorsqu'ils sont installés à demeure. En revanche, les terrains dépendant des constructions et des immeubles d'habitation, les bateaux utilisés en un point fixe et aménagés pour l'habitation, le commerce ou l'industrie ne sont pas exonérés.

N'OUBLIEZ PAS

Les logements neufs échappent à la taxe foncière pendant deux ans sauf si la commune dans laquelle ils sont construits décide de réclamer sa part. De même, les propriétés situées dans les zones franches urbaines en sont exonérées pendant cinq ans. Si la taxe est surtout assise sur le logement, sa nature, sa taille, sa localisation, etc. le fisc prend également en compte la qualité de l'occupant. En fonction de leur âge, de leurs ressources ou de leur santé physique, certains propriétaires peuvent payer une taxe réduite ou en être totalement déchargés.

En cas de construction nouvelle ou de modification de construction existante, la taxe peut varier car elle est fonction de la taille du logement. Dans ce cas, le propriétaire doit déposer une déclaration au centre des impôts fonciers et attendre d'être avisé de son dû par courrier.

Les différentes déclarations

S'il s'agit d'une construction nouvelle ou d'une reconstruction, vous devez, en fonction de l'affectation réservée à cette construction, utiliser l'un des modèles d'imprimés suivants disponibles en mairie ou au centre des impôts fonciers ou à télécharger sur `www.impot.gouv.fr` :

- H1 pour les maisons individuelles (locaux à usage d'habitation ou professionnel) ;
- H2 pour les appartements (locaux à usage d'habitation ou professionnel) ;
- ME pour les locaux d'habitation, professionnels ou commerciaux de caractère exceptionnel ;
- U pour les établissements industriels imposés selon un régime réel ;
- P pour les locaux commerciaux et biens divers ordinaires, établissements industriels (régime du forfait).

Pour les changements intervenus dans des immeubles existants (les démolitions partielles ou totales, les surélévations...) et les changements d'affectation (logement transformé en local commercial par exemple ou l'inverse), utilisez un imprimé modèle IL.

La taxe d'habitation

Selon le même principe, la taxe d'habitation est calculée sur la valeur locative (fausse) du logement afin d'abonder le budget des collectivités locales et de financer les équipements communaux. Elle est due par l'occupant du logement au 1er janvier et payable à l'automne. Si le logement est loué, il revient au locataire de s'en acquitter ; s'il est prêté à titre gratuit, c'est également celui qui l'habite qui fait office de contribuable. Si le logement est vide et que le propriétaire peut le prouver (pas de note d'électricité, pas d'abonnement téléphonique – attention, le fisc vérifie), la taxe n'est pas due. Mais elle est remplacée par une taxe sur les logements vacants mise en place en 2002 pour inciter les bailleurs à remettre leurs logements sur le marché afin de débloquer le marché locatif. À vous de voir ce qui est le moins cher… La taxe d'habitation concerne les résidences principales et secondaires.

Comment est calculée la taxe ?

Elle est calculée sur la valeur locative nette, c'est-à-dire l'équivalent du loyer annuel si le logement était loué diminué d'abattements obligatoires pour charge de famille et (facultatifs, laissés à la décision des communes) en fonction du revenu. A ce chiffre s'appliquent les taux votés par les collectivités (la commune, le département et éventuellement une structure intercommunale). À nouveau, l'évaluation de la valeur locative laisse à désirer mais les projets de réforme successifs pour moderniser ces estimations ou changer la méthode de calcul sont restés lettre morte après chaque tentative.

Il n'y a pas de déclaration à remplir pour payer la taxe d'habitation. Mais le fisc peut vous envoyer une fiche de renseignement à compléter concernant des travaux : la taxe augmente en effet avec le confort du logement, le nombre de salles de bains notamment.

À partir de 2005, la taxe d'habitation intègre la redevance audiovisuelle pour tous les possesseurs d'au moins un poste de télévision. Elle s'élève à 116 euros en métropole, à 74 euros dans les départements et territoires d'outre-mer.

Qui paye la taxe d'habitation ?

L'occupant est considéré comme le contribuable, selon les spécificités suivantes :

- les personnes titulaires d'un logement de fonction sont personnellement imposables ;
- les personnes âgées vivant en maison de retraite ne sont pas imposables lorsqu'elles ont obligation de prendre les repas en commun ou sont soumises à des heures de visite ;
- les agents diplomatiques de nationalité étrangère ne sont pas imposables pour leur résidence officielle.

Dans certain cas, les habitants peuvent être exonérés. Cela concerne notamment :

- les titulaires de l'allocation supplémentaire du fonds de solidarité vieillesse ou du fonds spécial d'invalidité ;

- les titulaires du Revenu minimum d'insertion (RMI) ;
- les titulaires de l'Allocation aux adultes handicapés (AAH) qui satisfont également à certaines conditions de ressources et d'habitation ;
- les personnes âgées de plus de 60 ans (ainsi que les veuves et veufs quel que soit leur âge) dont les revenus de l'année précédente ne dépassent pas un plafond revalorisé chaque année et qui satisfont à certaines conditions d'habitation ;
- les invalides et les infirmes qui ne peuvent subvenir par leur travail aux nécessités de l'existence.

Peut-on contester le montant de ces impôts ?

Oui, à condition de commencer par payer. Sauf en ce qui concerne la taxe sur les logements vacants. Dans ce domaine, les erreurs sont si nombreuses que si le logement est occupé, il est facile de passer un coup de fil à la trésorerie pour rectifier l'information. Vous recevrez alors à la place la taxe d'habitation. Mauvaise surprise, elle est parfois plus chère.

Pour la taxe foncière ou la taxe d'habitation, mieux vaut se rendre à la trésorerie. Après l'exposé des faits, si une erreur est reconnue, il est possible de bénéficier du dégrèvement (une procédure plus rapide que la réclamation officielle). Un avis de dégrèvement est envoyé dans les quinze jours. En cas d'échec de cette procédure, une demande doit être adressée au centre des impôts pour une réclamation sur le calcul de l'impôt ou à la trésorerie pour une contestation sur le paiement de l'impôt par lettre recommandée avec accusé de réception en indiquant clairement l'impôt contesté, accompagnée d'une note explicative et de la photocopie de l'avis d'imposition. Le contribuable a jusqu'au 31 décembre de l'année qui suit la date de mise en recouvrement de l'impôt pour établir sa réclamation. Cette date figure sur l'avis d'imposition ainsi que l'adresse de la trésorerie ou du centre des impôts fonciers.

N'OUBLIEZ PAS

Passé six mois sans réponse du fisc, la réclamation est supposée rejetée. Le contribuable devra alors saisir le tribunal administratif. Si l'administration rejette la demande, son refus doit être motivé. Si elle l'accepte, le contribuable a droit au remboursement de la somme qu'il a payée – ou du trop perçu – auquel s'ajoutent des intérêts calculés au taux légal décomptés depuis le paiement de l'impôt.

Les charges de copropriété

Ces charges correspondent aux dépenses d'entretien et de gestion de l'immeuble. Un bâtiment est en effet composé de parties privatives (les appartements, les caves, les parkings, les chambres de service, locaux divers appelés des lots et dotés de numéros pour être repérables dans les plans et les documents de copropriété) et de parties communes (les murs, les paliers, les canalisations, les escaliers, l'ascenseur, la toiture, la cour éventuellement). La différence ne tient pas seulement à la position à l'intérieur ou à l'extérieur du logement mais à la nature des équipements. Déplacer un radiateur chez soi nécessite l'avis de la copropriété si l'immeuble est chauffé collectivement. De même, il n'est pas toujours possible d'abattre un mur porteur car cette transformation pourrait fragiliser la structure de l'immeuble. Ces parties communes appartiennent à la collectivité, en fait à la copropriété. Elles sont gérées par un syndic qui refacture ses frais à tous les copropriétaires. Ces dépenses appelées « charges » sont régulières (le nettoyage, l'entretien, le changement des ampoules, les consommations d'eau et d'électricité) ou exceptionnelles (lorsque l'état de l'immeuble réclame des travaux comme un ravalement ou l'installation d'un ascenseur). Elles sont réparties par « tantièmes », c'est-à-dire en fonction des surfaces détenues par chacun. Les tantièmes sont définis dans le règlement de copropriété que votre vendeur doit vous remettre au moment de la signature et cette clé de répartition doit aussi apparaître sur les relevés trimestriels que vous recevrez. Vous pourrez ainsi vérifier les calculs. En pratique, il n'est pas si simple d'identifier clairement, ni surtout de recalculer à quoi correspondent les dépenses indiquées.

N'OUBLIEZ PAS

À consulter pour tout ce qui concerne la copropriété, une référence unique et absolument nécessaire : la n° 65-557 du 10 juillet 1965 et son décret d'application n° 67-223 du 17 mars 1967 (`www.legifrance.fr`).

Les charges générales

Elles comprennent :

- les dépenses engagées pour l'entretien : achat des produits de nettoyage, salaire éventuel d'une personne pour le ménage ou l'entretien des espaces verts ;
- les honoraires du syndic, les primes d'assurances, le salaire du gardien ;
- les dépenses engagées pour réparer l'immeuble, intervenir sur le gros œuvre, l'électricité et la plomberie communes.

Les charges spéciales

Elles correspondent à des services ou des équipements dont ne bénéficient pas forcément tous les copropriétaires, typiquement un ascenseur dont les habitants du rez-de-chaussée n'ont que faire ou des charges afférentes à différents bâtiments si la copropriété est scindée en plusieurs immeubles. La nature et la répartition de ces charges spéciales sont précisées dans le règlement de copropriété.

Le paiement des charges

Le paiement des charges est obligatoire. L'assemblée générale vote chaque année, avant le début de l'exercice comptable, les dépenses courantes de maintenance, de fonctionnement et d'administration des parties communes. Le syndic peut exiger des copropriétaires au 1er jour de chaque trimestre le quart du budget voté après leur avoir adressé par courrier un avis indiquant le montant de la provision exigible. Ces provisions seront régularisées à l'occasion de l'approbation des comptes annuels. Pour les dépenses exceptionnelles, l'assemblée des copropriétaires réunie une fois par an vote les modalités de recouvrement. Le syndic procède ensuite à des appels de fonds exceptionnels qui ne peuvent dépasser 1/6e du budget annuel.

Les copropriétaires qui ne peuvent ou ne veulent pas payer mettent en péril la copropriété ou comptent sur les autres pour équilibrer les comptes. Au bout de plusieurs relances et de plusieurs trimestres d'impayés, le syndic peut saisir le tribunal administratif et menacer de saisir les meubles de ces voisins non solidaires. Après avoir adressé une sommation de payer par huissier de justice, le syndic peut faire inscrire sur le lot du copropriétaire défaillant une hypothèque légale qui peut aboutir à la saisie et à la vente judiciaire du lot.

Si le propriétaire vend son logement sans avoir régularisé sa situation avec le syndic, ce dernier bénéficie, depuis la loi n° 94-624 du 21 juillet 1994 relative à habitat, d'un privilège immobilier qui lui permet de recouvrer sa créance (les charges et les travaux de l'année en cours et des deux années précédentes) sur le produit de la vente.

Les syndics ne sont pas des ogres. Si vous rencontrez quelque difficulté de trésorerie, il est souvent possible de négocier un étalement des paiements. Si vous ne répondez pas aux lettres de relance, elles vous seront facturées au prix fort et viendront s'ajouter à vos dettes.

Comment faire baisser ses charges ?

Investir aujourd'hui dans la copropriété, c'est maîtriser les charges de demain.

Les charges de copropriété augmentent régulièrement. La faute au prix du pétrole ou aux 35 heures, au coût des assurances… Comment faire pour endiguer cette inflation annoncée ? Pour qui accepte de se plonger dans les comptes de son immeuble et d'éplucher les contrats en tout genre, il existe bel et bien des gisements d'économies. Établir une simple comparaison annuelle des dépenses et des consommations (eau, gaz, fioul, électricité…) sur les cinq ou dix dernières années suffit parfois à détecter des anomalies ou à observer des « décrochages ». Suffisamment programmés à l'avance, des travaux de prévention évitent des dégâts irréversibles ou très coûteux à réparer. Pour vous y retrouver dans le maquis des charges, voici une analyse poste par poste avec des conseils et des remèdes destinés à supprimer les surcoûts.

L'eau

Chaque copropriété est libre de décider de poser ou non des compteurs individuels. Depuis l'entrée en vigueur de la loi solidarité et renouvellement urbains du 13 décembre 2000, les modalités du vote en assemblée générale ont été assouplies. Désormais, la majorité absolue (art. 25 de la loi du 10 juillet 1965 régissant les copropriétés d'immeubles bâtis) est nécessaire au lieu de la double majorité (art. 26).

Le chauffage

TRUC

L'âge de la chaudière et son état ont un impact direct sur la consommation. Pour des installations complexes ou vieillissantes sur lesquelles vous manquez d'informations techniques fiables, demandez un diagnostic à un bureau d'études. Ce rapport permettra de prendre des dispositions efficaces et vous informera sur la qualité du travail mené par le chauffagiste attitré. Ce sera l'occasion de renouveler, renégocier son contrat ou d'y mettre un terme. Un bon moyen pour améliorer le rendement de l'appareil et motiver le chauffagiste : prévoyez dans le contrat une clause d'intéressement en cas d'économies réalisées sur le combustible.

L'ascenseur

C'est le poste le plus susceptible de flamber dans les années à venir. La loi du 2 juillet 2003 sur la sécurisation et l'entretien des ascenseurs dont les décrets d'application sont parus le 9 septembre 2004 oblige les copropriétés à réaliser dans un délai imparti (à l'horizon 2008, 2013 et 2018) de nombreux et de coûteux travaux de modernisation. S'il est impossible de faire l'impasse sur ces dépenses, on peut éviter le pire. Selon la taille des immeubles et l'état du (ou des) ascenseur(s), la dépense par copropriété peut se chiffrer de 7000 à 50000 euros, voire davantage. Avant de prendre une décision, mieux vaut recourir au diagnostic d'un bureau d'études indépendant. Ce professionnel est également en mesure de définir le cahier des charges, de lancer les appels d'offres et de surveiller la bonne exécution des travaux.

L'assurance

En apparence indolore, cette dépense annuelle mérite votre attention. En principe, la réévaluation des primes s'effectue sur la base de l'indice de la Fédération française du bâtiment (FFB) mais beaucoup d'assureurs se permettent de le dépasser.

TRUC

Comment savoir si vous payez trop cher votre contrat ? Regardez l'évolution de la prime ces cinq dernières années. Si vous constatez une hausse annuelle de plus de 5 % alors que vous n'avez pas eu de sinistres, c'est anormal. Selon l'Association des responsables de copropriété (ARC), le prix moyen d'un contrat oscille entre 0,65 euros et 0,75 euros par mètre carré assuré. Si vous êtes au-dessus de cette fourchette et que la « sinistralité » de l'immeuble est faible, renégociez le contrat au plus vite. Une simple discussion avec l'assureur suffit parfois à diminuer la prime ou à faire baisser la franchise.

Le syndic

N'OUBLIEZ PAS

Faut-il s'en passer ? À moins d'avoir un copropriétaire motivé qui accepte d'assumer le rôle de syndic bénévole, le recours aux services de ce professionnel est presque toujours nécessaire. Au regard d'autres dépenses, sa prestation représente 8 % en moyenne du total des charges. À la copropriété de juger de la qualité de son travail à l'occasion du renouvellement de son mandat. La rationalisation des dépenses passe par exemple par une gestion prévisionnelle des charges car les dépannages dans l'urgence ou au coup par coup se paient au prix fort. Une copropriété bien gérée doit en principe anticiper les problèmes de fond quitte à programmer longtemps à l'avance les gros travaux. Par sa position et ses mandats dans plusieurs immeubles, le syndic est parfois bien placé pour négocier des prix avantageux auprès des fournisseurs. Pour être efficace, sa mission doit se faire avec l'accord et le soutien du conseil syndical.

Le conseil syndical

Le conseil syndical est obligatoire depuis le 31 décembre 1985 et la loi Bonnemaison (qui porte bien son nom) sauf si l'assemblée générale vote le contraire à la majorité des copropriétaires représentant au moins les 2/3 des tantièmes de l'immeuble. Il s'agit d'un groupe de copropriétaires, interlocuteur privilégié du syndic chargé également de l'assister dans sa mission et de contrôler sa gestion. Présents sur les lieux, les membres du conseil syndical peuvent prendre des décisions urgentes en cas de grosse fuite d'eau par exemple ou se charger de petits travaux, changer une ampoule, faire intervenir un serrurier… Le conseil syndical est libre d'engager des dépenses inférieures à un montant voté en assemblée générale sans avoir à en informer le syndic. À posteriori, ces frais seront évidemment ensuite refacturées aux autres locataires dans les charges.

Deux difficultés peuvent se présenter pour élire le conseil syndical : soit aucun propriétaire n'est volontaire, soit la majorité requise pour l'élection du conseil n'est pas obtenue. Sont nécessaires en effet plus de la moitié des voix de tous les copropriétaires lors d'une première assemblée, plus de la moitié des voix des présents et des représentés lors d'une deuxième réunion.

Si aucun accord n'est scellé, le juge peut constater l'impossibilité de constituer le conseil ou désigner des candidats volontaires qui n'auraient pas obtenu la majorité.

L'assemblée générale

L'assemblée générale de copropriété réunit une fois par an (sauf assemblée extraordinaire) tous les copropriétaires. C'est à cette occasion qu'est voté le budget prévisionnel et que sont prises les décisions de travaux ou de réparation concernant l'immeuble. Les copropriétaires peuvent s'y faire représenter en confiant leur pouvoir à l'un de leurs voisins. Ils peuvent tout au long de l'année communiquer au syndic des questions qu'ils souhaitent voir figurer à l'ordre du jour. Quinze jours avant la date de l'assemblée, les copropriétaires sont convoqués par lettre recommandée par le syndic qui leur indique le lieu, l'heure de la réunion et la liste des points qui seront abordés.

Selon leur importance, les décisions sont prises à des majorités qualifiées par la loi.

La majorité simple

UN PEU DE TECHNIQUE

La majorité simple est définie par l'article 24 de la loi du 10 juillet 1965. Elle correspond à « la moitié plus un » des tantièmes détenus par les copropriétaires présents ou représentés lors de l'assemblée. Les abstentionnistes ne sont pas pris en compte. Elle s'applique aux décisions relatives à la gestion courante et à l'entretien (contrats de fourniture, approbation des comptes…)

La majorité absolue

La majorité absolue est définie par l'article 25 de la loi du 10 juillet 1965. Il s'agit de la majorité des tantièmes (501 millièmes) détenus par tous les copropriétaires (présents, représentés ou absents). Cette majorité est requise notamment pour désigner ou révoquer le syndic, déléguer le pouvoir de l'assemblée générale pour l'étude d'un devis, le choix d'une entreprise, autoriser le syndic à engager des dépenses (limitées à un montant voté) sans convoquer une nouvelle assemblée, autoriser un copropriétaire à effectuer des travaux touchant aux parties communes, autoriser la pose de compteurs individuels d'eau froide, mais aussi pour supprimer les vide-ordures ou tout autre modification imposée par une disposition législative ou réglementaire.

Si une première assemblée ne peut réunir la majorité de l'article 25 faute de participants, une deuxième assemblée sera convoquée et pourra se prononcer sur les mêmes sujets à la majorité de l'article 24.

La double majorité

La double majorité est définie par l'article 26 de la loi du 10 juillet 1965. La loi du 21 juillet 1994 relative à l'habitat introduit une nuance à cette règle de majorité très contraignante et très difficile à réunir.

La double majorité stricte

Elle doit réunir d'une part plus de 50 % de l'ensemble des personnes physiques ou morales qui constituent la copropriété, d'autre part les deux tiers des voix, c'est-à-dire 667 millièmes. Elle est requise pour des décisions très importantes comme le vote de la modification du règlement de copropriété, l'acquisition ou la vente de parties communes ou la réalisation de certains travaux (installation d'un ascenseur par exemple).

La double majorité allégée

Il faut toujours 50 % de l'ensemble des personnes physiques ou morales qui constituent la copropriété, mais les décisions prises à cette majorité ne requièrent plus que les 2/3 des millièmes détenus par les copropriétaires présents ou représentés. Dans ce cas, une deuxième assemblée doit ratifier dans les mêmes conditions les décisions prises lors de la première réunion. Elles concernent de gros travaux ou l'accès ou la fermeture de la résidence ou de l'immeuble.

L'unanimité

Certaines décisions importantes ne peuvent être prises qu'avec l'accord de tous les copropriétaires. Autant dire qu'elles sont rarement votées, les assemblées générales n'attirant pas les foules. Elles concernent un changement de destination de l'immeuble ou la modification de l'utilisation de parties privatives, comme par exemple la suppression des fenêtres d'un logement.

Les règles de copropriété sont précises et souvent complexes, c'est pourquoi il est conseillé de participer aux assemblées, même si ces réunions, qui s'attardent souvent, sont fastidieuses. Les voisins s'y chamaillent pour des détails de la vie quotidienne, la peinture de la porte du couloir ou l'endroit où déposer ses ordures… L'essentiel n'occupe parfois qu'un quart d'heure sur trois heures d'assemblée. N'empêche, vous êtes concerné : vos finances et votre logement sont en jeu. Autant donner votre avis.

Chapitre 8

Acheter à petit prix

Dans ce chapitre :

- L'achat occupé, mais pas pour tout de suite
- Chambres de service, loge de concierge, petits budgets pour logements étriqués
- Échanger un bien, l'occasion introuvable
- Acheter à plusieurs, est-ce vraiment une bonne idée ?
- L'accession sociale, sous conditions de ressources
- La location-accession, acheter sans apport

Même sur un marché où les prix sont très élevés, il est encore possible d'acheter des biens sans se ruiner. En cherchant bien, on trouve encore de petits appartements pas toujours destinés à devenir des résidences principales, comme les chambres de service ou les loges de concierge, qu'il est possible d'aménager pour les habiter ou les louer. Ces filons commencent à être bien connus et s'épuisent, faute d'une offre renouvelée. Une fois transformés, ces « occases » n'en sont plus. Il n'existe pas vraiment de recettes pour les trouver : avoir de la chance, interroger le voisinage, ses amis ou les agents immobiliers. Les concierges sont généralement bien informés (sauf si vous voulez racheter leur loge !) mais ne lâchent pas leurs informations à n'importe qui. Éplucher systématiquement les petites annonces peut se révéler fructueux.

Acheter un appartement occupé par un locataire

Acheter un logement habité permet de le payer moins cher. L'équation est à peu près sûre. Deux raisons à cette décote : si vous souhaitez l'habiter, il faudra attendre la fin du bail qui peut durer encore de six mois à six ans. Si vous souhaitez le garder en location, vous ne pourrez modifier les conditions fixées par l'ancien propriétaire – notamment le montant du loyer – avant d'accueillir un nouveau locataire, c'est-à-dire à nouveau pas avant la fin du bail. Ce manque de flexibilité relatif justifie une remise de la part du vendeur. Mais les prix des logements sont libres, ceux des logements occupés aussi. Il y a quelques années, ces biens étaient vendus 10 à 15 % moins cher que les mêmes surfaces vides. Aujourd'hui, il ne faut pas compter sur un rabais de plus de 5 à 7 %, calculée en fonction de la durée du bail qui reste à courir. Les ventes massives organisées par les investisseurs institutionnels ont récemment été dénoncées par nombre de leurs locataires réunis en association, qui redoutent d'être (bientôt) mis à la porte faute de ressources suffisantes pour acheter l'appartement qu'ils occupent. Dans tous les cas, il pourront rester jusqu'a la fin de leur bail. Un décret issu d'une réunion de la commission nationale de concertation entre associations de locataires et bailleurs, en mars 2005, a mis en place des garde-fous qui protègent davantage certains occupants qui pourraient être dans les lieux. Si vous cherchez un logement pour l'habiter assez rapidement, l'achat occupé n'est plus forcément un bon calcul : le nouveau propriétaire peut se retrouver dans l'obligation de renouveler le bail de ses locataires.

Où trouver ?

Les principaux fournisseurs de logements occupés sont les banques et les compagnies d'assurances. Ces investisseurs institutionnels, surnommés les « zinzins », ont constitué au fil des décennies un important patrimoine immobilier. Ils ont commencé à le vendre au milieu des années 1990, plus intéressés par la rentabilité des immeubles de bureaux que par celle des logements. Une loi fiscale sur le statut des sociétés foncières votée en 2003 a sans doute accéléré ces cessions qui représenteraient aujourd'hui 15 % des transactions de l'agglomération parisienne si l'on en croit les derniers chiffres de la chambre des notaires de Paris. Ces fameuses ventes « à la découpe » sont désagréables pour les locataires obligés d'acheter ou de partir, à la fin de leur bail. Elles peuvent présenter un intérêt pour des acquéreurs. Ils sont d'ailleurs très nombreux et n'ont sans doute pas tort pour les raisons suivantes :

- Les immeubles des « zinzins » sont souvent bien placés et de qualité (beaucoup d'haussmanniens ou de belles résidences des années 1960 ou postérieures).
- Les immeubles sont plutôt en bon état. Ils ont généralement été mieux entretenus que des copropriétés gérées par des particuliers.
- Les sociétés de bailleurs possèdent des données historiques sur l'immeuble, peuvent fournir les traces des travaux effectués au fil des années.
- Les propriétaires connaissent l'historique du locataire (bon ou mauvais payeur).

- Les bailleurs peuvent enfin fournir un état précis du rendement locatif puisqu'ils connaissent le montant des loyers et celui des charges (montant à recalculer en fonction des tantièmes, c'est-à-dire de la surface d'un lot par rapport à toute la surface de la copropriété, au moment de division des bâtiments avant leur vente par appartement).

Plusieurs sociétés se sont fait une spécialité de la « vente à la découpe » : Ad Valorem, Locare, les services immobiliers de BNP Paribas, des groupes immobiliers comme Féau… Il est très facile de les trouver sur Internet ou en recopiant les numéros de téléphone affichés directement sur les façades des immeubles mis en vente. Ad Valorem organise même une fois par trimestre des « Noctinvest », des soirées avec petits-fours et champagne, auxquelles elle invite ses meilleurs clients et leurs prospects. (Il suffit en fait de passer un coup de fil pour obtenir un carton.) Certains de ces particuliers achètent plusieurs lots dans la soirée qui se solde généralement par une centaine de ventes. Avantage : sur place sont présents des banquiers capables de monter un plan de financement ainsi que des notaires qui peuvent établir un avant-contrat. Tous les appartements sont identifiés par des fiches précises retraçant l'historique, le rendement locatif, la durée du bail… La remise accordée aux acheteurs qui s'engagent au cours de ces soirées est augmentée de 5 %. Ils ont sept jours pour visiter l'appartement qu'ils ont réservé, réfléchir et, le cas échéant, revenir sur leur décision.

Quels documents exiger lors d'une telle acquisition ?

- le bail, qu'il faut transformer pour le mettre au nom du nouveau propriétaire ;
- le chèque de caution si le locataire en a versé une ;
- un état prévisionnel sur les charges qui reviendront au propriétaire une fois l'immeuble transformé en copropriété.

Vous êtes désormais propriétaire d'un locataire protégé

Une fois propriétaire d'un logement loué, vous ne pouvez pas en disposer comme bon vous semble. Plusieurs hypothèses peuvent se présenter.

Le locataire en place reste jusqu'à la fin de son bail

Impossible de le faire partir avant, à moins qu'il ne le décide lui-même. Depuis un accord du 16 mars 2005 entre plusieurs bailleurs et plusieurs associations de locataires, la prorogation du bail pour tous les locataires occupant leur logement depuis plus de six ans est même acquise de droit.

Elle est automatiquement d'un mois par année d'ancienneté et peut être prolongée avec l'accord du bailleur mais ne peut dans tous les cas dépasser trente mois. Cet accord a été dénoncé par certaines associations de locataires.

Certains acheteurs de logements occupés prévoient d'indemniser leur locataire s'il se décidait à déménager avant la fin de son bail. L'intérêt ? Revendre le logement vide en encaissant une plus-value. Ou relouer l'appartement en ayant augmenté le loyer entre les deux locataires. Rien de vraiment illégal si les choses sont faites dans les formes. Elles tiennent alors de la négociation privée. Intimider le locataire pour qu'il fasse ses valises plus vite est en revanche une très mauvaise idée qui peut se solder par un procès.

Le locataire bénéficie d'un droit de préemption

Si vous souhaitez revendre le bien que vous venez d'acheter, vous devrez obligatoirement et en priorité proposer à votre locataire d'acheter le logement qu'il occupe. S'il se porte acquéreur, il bénéficie de six mois après votre proposition pour signer. Sinon, le bail est reconduit aux conditions antérieures et le locataire change simplement de propriétaire après la vente du logement qu'il occupe.

Le congé doit être motivé

Le nouvel acquéreur ne pourra donner congé au locataire en place sans une bonne raison. Il devra prouver qu'il souhaite vendre le logement ou le reprendre à son profit ou celui de sa famille (conjoint, concubin notoire, partenaire lié par un pacs enregistré à la date du congé, ascendants, descendants…) et le faire réellement.

Le locataire âgé est protégé

L'accord est récent et fait suite aux protestations des locataires « vendus à la découpe ». Un bailleur devra prendre certaines précautions face à des personnes âgées et démunies. Il ne peut plus en effet refuser le renouvellement du bail à un locataire âgé de plus de 70 ans (à moins que celui-ci ne paye l'impôt de solidarité sur la fortune, le législateur a en effet jugé que dans ces conditions il serait peut-être alors susceptible de se loger ailleurs…) ou handicapé. Par ailleurs, les ménages qui ne souhaitent pas se porter acquéreurs du logement qu'ils occupent et qui bénéficient de revenus inférieurs aux plafonds PLI (soit à peu près 80 % de la population) doivent être relogés dans le voisinage, dans des appartements comparables appartenant au bailleur, à un niveau de loyer comparable, ou voir leur bail reconduit.

Tableau des ressources maximum donnant droit aux logements PLI (en euro)

Nombre de personnes	zone A	zone B	zone C
1 personne	30580	23634	20679
2 personnes ou 1 et 1 à charge	45702	31558	27614
3 personnes ou 1 et 2 à charge	54938	37954	33209
4 personnes ou 1 et 3 à charge	65806	45816	40089
5 personnes ou 4 et 1 à charge	77902	53898	47160
6 personnes ou 1 et 5 à charge	87662	60739	53147
par personne supplémentaire	+ 9767	+ 6774	+ 5928

Zone A : agglomération parisienne, Côte d'Azur, le Genevois français ; zone B : agglomération de plus de 50000 habitants et agglomérations chères situées aux franges de l'agglomération parisienne, zones littorales ou frontalières ; zone C : le reste du territoire.

Les revenus pris en compte pour ces plafonds sont ceux perçus par les personnes vivant dans le ménage deux ans avant la signature du bail. Par exemple, si la signature du bail est prévue en 2006, le revenu fiscal de référence est celui indiqué sur l'avis d'imposition 2004.

Acheter une chambre de service

Les chambres de service, les greniers et les combles sont soumis à la même procédure de vente que n'importe quel autre bien immobilier : avant-contrat, contrôles techniques, signature chez le notaire… Mais leur position dans l'immeuble souvent au sixième étage sans ascenseur leur donne un statut moins noble que les autres appartements. Au mètre carré, ils se vendent moins cher.

Les chambres de service sont intéressantes s'il est possible de les regrouper pour en faire un appartement. Seules, elles peuvent servir de chambre d'étudiant ou de pied-à-terre, mais sont rarement très confortables. Les sanitaires sont encore souvent sur le palier et le toit si mansardé qu'il est parfois impossible de se tenir debout sur plus de 5 m^2 dans une pièce qui en fait le triple. À Paris (où l'offre et le choix sont les plus abondants), ces biens se vendent entre 25 000 et 40 000 euros (selon le quartier, l'immeuble, l'état de vétusté) et partent comme des petits pains, car leurs acquéreurs savent qu'ils pourront les louer cher. Sur ce marché, des rendements de 10 % n'ont rien d'exceptionnel. Le prix de vente de ces biens peut encore augmenter lorsque le vendeur est conscient de leur potentiel. Si l'annexion d'une chambre située à côté ou juste au-dessus d'un appartement l'agrandit sensiblement ou le transforme en duplex, le tarif ne dépend plus que de ce qu'est prêt à payer l'acheteur. Souvent, il ne rechigne pas à la dépense et aurait plutôt tendance à surenchérir plutôt que de voir l'affaire lui échapper et être obligé de déménager pour trouver plus grand.

Il reste de nombreuses chambres de bonnes inexploitées, mais il ne faut pas trop rêver, les inconvénients sont nombreux :

- Toutes ne peuvent être regroupées.
- Certaines sont si mansardées qu'il est difficile d'y vivre.
- Beaucoup sont accessibles par une entrée de service qui « plombe » la valeur de l'appartement finalement constitué par un remembrement.
- Beaucoup appartiennent à des propriétaires d'appartements situés dans le même immeuble qui les conservent précieusement pour loger leurs enfants, faire un bureau ou les louer.
- Dans certains immeubles de grand standing, le règlement de copropriété ne permet pas de séparer les chambres de service des appartements qu'elles accompagnent.

Acheter la loge du gardien

Malgré leur situation au rez-de-chaussée, sur rue, malgré leur vétusté, malgré les fenêtres souvent petites, les loges de concierges et de gardiens d'immeuble intéressent parfois des acquéreurs. La diminution progressive de leurs occupants, disparus, en retraite ou licenciés, laisse vides des logements souvent petits mais en pleine ville, parfois ouverts sur un jardin, ou dans des immeubles bourgeois de très bonne facture.

UN PEU DE TECHNIQUE

La loge est une partie commune. Il faut donc l'accord de la copropriété pour la céder. Et ce vote doit être obtenu en assemblée générale à la double majorité de l'article 26 de la loi Hoguet du 10 juillet 1965. Le vote doit donc réunir – et c'est difficile – d'une part plus de 50 % de l'ensemble des personnes physiques ou morales qui constituent la copropriété, d'autre part les deux tiers des voix c'est-à-dire 667 millièmes.

La plupart des loges sont vendus à l'intérieur même de la copropriété, à des propriétaires qui font un duplex en joignant le rez-de-chaussée et le premier étage ou installent un bureau ou leur cabinet de profession libérale au niveau de la rue.

Difficile de donner une indication de prix pour ces biens que la chambre des notaires n'identifie pas comme tels dans ses statistiques. Les rez-de-chaussée sont peu prisés et il y a généralement beaucoup à faire dans ces logements mal agencés.

Acheter en viager

Depuis l'histoire cocasse de Jeanne Calmant, le viager inspire quelque méfiance. La doyenne des Françaises, disparue en 1997, avait en effet vendu son logement en viager, à son notaire, décédé avant elle. La situation est rare mais elle illustre bien l'incertitude de l'issue de ce type de vente. Le code civil définit le viager immobilier comme le transfert d'une propriété d'une personne à un tiers, en échange du versement d'une rente annuelle ou mensuelle jusqu'au décès du vendeur. La vente en viager est un contrat aléatoire puisqu'il fait intervenir le hasard. La rente mensuelle ou annuelle fixée devra être versée jusqu'à la mort du vendeur (appelé le crédirentier) même si l'acquéreur (appelé le débirentier) trouve que l'histoire dure un peu trop longtemps.

Pour les personnes âgées, dont plus de 65 % sont propriétaires après 65 ans, le viager permet de rester à la maison tout en percevant un capital (le bouquet) et un loyer (la rente) qui viennent utilement compléter une retraite. C'est un marché minuscule, de moins de 5 000 transactions par an, surtout développé en région parisienne et sur la Côte d'Azur. Il est même encore plus réduit car de nombreux viagers sont en fait des « occasions », des logements remis en vente par des acheteurs lassés d'attendre ou prêts pour un autre investissement. Ils peuvent le faire sans avoir à demander l'autorisation du crédirentier.

Pour les acquéreurs, le viager est intéressant parce qu'il permet d'acheter un bien moyennant une réduction allant (statistiquement et si tant est qu'on puisse vraiment le calculer) jusqu'à 30 % du prix. En revanche, impossible pour l'acheteur de savoir quand il sera en mesure d'installer ses meubles.

Les professionnels conseillent aux acquéreurs d'acheter en viager à des personnes beaucoup plus âgées qu'elles (compter au moins une génération d'écart) afin de ne pas continuer à payer une rente alors qu'eux-mêmes ne percevront plus que leur retraite. Attention : 82 % des crédirentiers franchissent le cap de leur espérance de vie indiquées dans les tables de mortalité calculées par l'INSEE.

Il existe plusieurs types de viager :

- le viager libre : le vendeur n'habite pas son logement, l'acquéreur peut l'occuper immédiatement, le prix est généralement élevé ;
- le viager occupé (95 % des cas) : le vendeur occupera son logement jusqu'à son décès, l'acquéreur ne peut prévoir cette date ;
- le viager loué : les revenus locatifs reviennent à l'acquéreur qui peut ainsi compenser tout ou partie de la rente qu'il verse chaque mois.

Est-ce bien moral ?

Tout le monde ne se pose pas la question, mais dès lors que la propriété et l'usage d'un bien dépendent du décès de son occupant et ancien propriétaire, un acheteur peut hésiter. En fait, personne ne peut dire au départ qui fera la meilleure affaire. Il arrive que le crédirentier disparaisse quelques mois après la signature et l'acquéreur aura tout gagné. Le vendeur vit parfois très longtemps obligeant son débirentier à lui payer pendant plusieurs décennies une rente indexée sur l'indice du coût de la construction ou sur l'inflation. Le choix de l'indice de référence est libre. En ce moment, celui du coût de la vie, moins élevé que celui du coût de la construction, est le plus conseillé aux acquéreurs.

Comment est calculé le prix ?

Le prix se compose d'un capital, le bouquet, et d'un loyer, la rente. Il est négocié entre vendeur et acheteur. Généralement, les personnes très âgées préfèrent un bouquet plus important afin de pouvoir en profiter immédiatement et une rente plus faible. De son côté, l'acquéreur a plutôt intérêt à inverser les deux sommes. Le bouquet ne dépasse généralement pas 40 % de la valeur totale estimée. La rente est calculée sur la rentabilité théorique du bien, soit 3 à 10 % de sa valeur (le minimum et le maximum sur l'échelle de rentabilité des biens immobiliers loués), total duquel on retire le montant du bouquet versé au moment de la vente.

La rente est un peu plus élevée si le bien vendu est libre et que son acheteur peut l'occuper immédiatement. C'est rare, l'intérêt du viager pour le débirentier étant justement de pouvoir rester chez lui. La rente est plus faible si le bien est vendu en viager occupé. Lorsque le crédirentier disparaît, le débirentier se retrouve propriétaire d'un logement loué dont il percevait déjà les loyers.

Acheter sur une ou deux têtes ?

On ne parle pas de bétail, pourtant ce sont bien les termes utilisés par les juristes, les banques et les assurances.

Si le viager est conclu sur une tête, la rente prend fin avec le décès du crédirentier concerné. Si le contrat prévoit que la rente est réversible, elle devra être payée par le débirentier jusqu'à la mort du dernier des vivants du couple. Le contrat peut prévoir une réversibilité à 100 % ou à 70 %. Si le contrat ne prévoit rien mais que le conjoint survivant est covendeur, il touchera 50 % de la rente.

La réversibilité concerne en général un époux ou une épouse, elle peut être inscrite au profit d'un enfant ou d'une personne extérieure à la famille, choisie évidemment au moment de la rédaction du contrat de vente.

Comment sont réparties les charges ?

Le bénéficiaire de la rente viagère est tenu de préserver son bien et de le maintenir en bon état. La répartition des charges est dictée par l'article 606 du code civil qui confie les réparations d'entretien au crédirentier, les gros travaux et les réparations importantes comme un ravalement, une toiture ou l'installation d'un ascenseur au débirentier (selon les mêmes principes de répartition qu'entre locataires et propriétaires).

Quelle fiscalité ?

Comme un bien classique, le logement vendu en viager fait l'objet de droits de mutation et de frais de notaire, calculés sur la valeur totale du bien et non sur le seul bouquet. Ce type d'achat ne donne droit à aucun avantage fiscal. La rente perçue par le vendeur est imposable ; s'il disparaît, sa réversion ne l'est plus.

Est-ce vraiment une bonne idée ?

Mieux vaut ne pas tomber sur un crédirentier qui vit plus longtemps que son acheteur, mais cette donnée est impossible à prévoir. Dans ce cas, les héritiers du débirentier récupèrent la rente à payer, à moins de renoncer à leur succession.

Si le crédirentier vit plus longtemps que prévu, le coût du viager peut dépasser celui du logement. Encore une fois, il impossible de le prévoir.

Aucune incitation fiscale ne vient soutenir ce mécanisme. Le ministère des Finances a même tendance à penser que le débirentier fait déjà une bonne affaire en payant un bouquet peu élevé.

À moins de revendre, le débirentier doit faire face à ses engagements jusqu'au décès du crédirentier ou jusqu'à une date fixée par contrat au moment de l'achat du logement. Les mensualités peuvent augmenter et leur paiement ne pourra être interrompu en cas de problèmes financiers.

Dans quels cas la vente peut-elle être annulée ?

- Si le décès du vendeur intervient dans les vingt jours après la signature de l'acte et qu'il est dû à la maladie, le vendeur en étant déjà atteint lors de la signature du contrat.
- Lorsque le prix est jugé insuffisant par l'administration fiscale.
- En cas de décès imminent du vendeur : si l'acquéreur sait que le vendeur est atteint d'une maladie le condamnant à court terme, il aura la certitude de ne devoir verser la rente que très peu de temps, l'aléa du contrat disparaît alors, entraînant la nullité de la vente.

La réforme annoncée

UN PEU DE TECHNIQUE

Sur le modèle anglo-saxon du *reverse mortgage*, le ministère des Finances réfléchit à une transformation du viager. L'idée consisterait à se servir du logement comme gage à un crédit hypothécaire accordé par une banque. Au décès du propriétaire, le bien revient à la banque qui peut le revendre et rembourse ainsi le crédit accordé sur dix ou vingt ans. Les banques n'y trouveront un intérêt que si le bien immobilier se valorise plus vite que le taux du crédit, c'est un pari sur le marché immobilier qui suscite bien des questions :

- Si le propriétaire a besoin de davantage de liquidités alors qu'il n'a pas complètement payé son logement, la banque peut-elle prendre un nouveau gage sur un bien déjà hypothéqué ?
- La rente doit-elle être versée pendant une durée déterminée ou jusqu'au décès du crédirentier ? Dans l'hypothèse où celle-ci est à durée déterminée, quelle est ensuite la valeur du bien à vendre ?

- Si le propriétaire décède avant la fin du versement de sa rente, celle-ci est-elle transmissible et peut-elle servir à souscrire un nouveau prêt pour conserver le logement ?
- Au cas où l'établissement financier fait faillite, qui prend le relais ?

Ce système qui ne concerne que 150 000 personnes aux États-Unis a été proposé en 2004 par Nicolas Sarkozy alors qu'il était ministre des Finances, parmi des mesures propres à relancer la consommation. Rien ne dit pour l'instant qu'il sera adopté ni quand. Il concernerait sans doute un très faible pourcentage de la population.

Échanger son logement

Échanger sa maison pour les vacances commence à être une pratique connue. Il est également possible d'échanger, pour de bon, son logement avec celui de quelqu'un qui souhaite également un nouveau toit. Cette procédure revient moins cher aux deux parties qui sont à la fois des vendeurs et des acheteurs. L'échange est économiquement intéressant pour plusieurs raisons : l'achat et la vente se signant en même temps, les frais sont divisés ; autre avantage, les déménagements peuvent se croiser sans pour l'un ni l'autre le risque d'avoir à louer un appartement avant de trouver ou de payer un crédit relais avant de vendre.

Des droits réduits

Les émoluments du notaire sont calculés sur la valeur du bien le plus élevé et partagés entre les deux acheteurs. Les droits de mutation ne sont dus qu'une fois, calculés sur le bien dont le prix est le plus faible et partagés. S'y ajoutent des droits de 4,89 % sur la différence de prix entre les deux logements, payés par celui qui la doit.

L'acte d'échange qui correspond en fait à deux ventes et au versement de la différence de valeur entre les deux biens s'apparente à une transaction classique. Les deux propriétaires sont soumis aux obligations légales de faire métrer leur logement et d'y faire rechercher la présence de termites, de plomb et d'amiante… Le ou les notaires sont tenus aux mêmes recherches concernant le titre de propriété, l'état hypothécaire, les documents d'urbanisme…

Un marché inexistant

Concrètement, il faut rechercher un logement vraiment banalisé ou avoir un énorme coup de chance pour que la personne dont vous souhaitez acquérir le logement apprécie justement assez le vôtre pour vouloir y habiter. Ces *swaps* sont plus fréquents entre propriétaires bailleurs ou sur le marché des surfaces commerciales que sur celui de la résidence principale. Il n'existe pas en France de bourse d'échange qui organise cette possibilité. Les agents immobiliers et les notaires dont certains sont désormais organisés en réseaux auraient pourtant tous les moyens techniques de mettre sur pied un tel système.

Acheter à plusieurs

Est-ce la bonne solution pour investir moins d'argent ? À priori oui, mais attention, l'effet boomerang de ce genre de démarche ou du geste généreux des parents ou des amis est parfois violent. Mieux vaut cadrer très strictement les partages ou les achats en commun en respectant scrupuleusement les procédures légales.

L'achat en indivision

Ça ressemble à une bonne idée. Plutôt que de se donner ou de se prêter de l'argent, achetons ensemble. Pourquoi pas ? À condition de prendre quelques précautions. Ce statut suppose, une fois le logement acheté, que toutes les décisions le concernant, la gestion quotidienne comme les travaux, soient prises à l'unanimité. Beaux conseils de famille en perspective… Si l'un des propriétaires veut vendre, tous les autres doivent être d'accord. Et comme « nul ne peut être contraint à rester dans l'indivision », ces affaires de famille se réglent parfois devant les tribunaux.

Ensuite, il faut savoir que l'indivision peut être étendue en cas de décès. Imaginons des parents qui souhaitent acquérir un bien en indivision avec leur fille et son concubin, plus âgé qu'elle, père de son enfant et d'un autre fils d'un précédent mariage. Si le gendre disparaît, l'indivision est automatiquement étendue à ses deux enfants dont l'un est quasiment inconnu et n'a aucun lien avec les beaux-parents financeurs de l'opération.

Tout dépend des familles, mais l'achat en indivision peut aussi devenir pesant si les parents prennent une place trop grande en débarquant systématiquement à l'improviste, parce que c'est aussi un peu « leur » maison.

Le plus raisonnable consiste donc à limiter l'indivision ou à monter une société civile immobilière

Les charmes de la SCI

La société civile immobilière (SCI) connaît un succès grandissant. Il s'agit d'un groupe de personnes constitué dans le but de l'acquisition d'un bien immobilier, un appartement ou un immeuble, à plusieurs. Une manière de partager les frais. Les associés de la SCI ne sont pas les propriétaires d'un bien immobilier mais possèdent les parts de la société, elle-même propriétaire. S'ils y habitent, ils seront locataires de la SCI. Ils peuvent également le louer. La société doit comporter au moins deux associés, des époux, des personnes morales ou même un enfant mineur représenté par son tuteur légal. Une poignée de mains entre amis ne suffit évidemment pas à officialiser la naissance de la SCI : les statuts doivent être établis par écrit et préciser les apports de chaque associé, la forme de la société, son objet, son appellation, son siège social, sa durée, ses règles de fonctionnement. Le contrat est ensuite signé par tous les associés. Lorsque parmi eux, certains apportent des biens immobiliers au capital, le passage chez le notaire est obligatoire.

Quels intérêts ?

Il y a des avantages à se constituer en SCI :

- La SCI permet de bénéficier de prêts intéressants que les banques accordent plus facilement à des entreprises qu'à des personnes physiques à condition que la SCI génère un revenu locatif. La règle des 33 % d'endettement ne joue plus puisque le prêt est accordé à la société, donc à une personne morale. Plus il y a d'associés, plus les capitaux disponibles seront importants.
- La SCI permet de transmettre son patrimoine à moindre coût. Le bien transmis n'est pas le logement mais les parts sociales de la société, plus faciles à partager. Leur valeur est inférieure à celle de l'immeuble car le passif de la société en est déduit. Enfin, l'administration fiscale tolère une décote sur la valeur des parts sociales, justifiée par l'absence de marché et la difficulté de les revendre.

Quelles contraintes ?

Les contraintes sont de nature administrative. Le statut de société oblige à quelques formalités incontournables :

- La société doit posséder un compte bancaire propre et doit faire certifier ses comptes.

- Ses statuts doivent être rédigés avec précision. Elle doit réunir une fois par an une assemblée générale.
- Une SCI ne peut pas bénéficier des prêts au titre de l'épargne logement.
- La SCI n'est pas une SARL (société anonyme à responsabilité limitée), les associés sont solidaires et, en cas de défaillance de l'un d'eux, la banque peut exiger des autres qu'ils payent à hauteur de leur capital, sans plafond.
- La SCI ne permet pas d'échapper à l'impôt sur le revenu ni à l'impôt sur la fortune. Aucune des incitations fiscales sur travaux ou au motif que le logement est loué n'est accordée à une SCI. Même si elle ne produit pas de revenus locatifs, elle doit aquitter une taxe de 3 % sur la valeur du bien.
- En cas de revente, si l'un des actionnaires est un enfant mineur, la décision devra être soumise au juge de tutelle qui décidera en fonction des intérêts de l'enfant.

L'accession sociale

L'accession sociale permet, grâce à des prêts spécifiques (prêts PAS, voir chapitre 27, p. 367), d'acheter des résidences construites et mises en vente par des bailleurs sociaux à des prix attractifs.

Tableau des plafonds de ressources autorisant l'accession sociale (en euro par an[1])

Nombre de personnes ≈ du ménage	PAS Ile de France	PAS Province
1	15204	12146
2	22316	17764
3	26800	21364
4	31294	24959
5	35801	28570
6	40299	32168
Pers. suppl.	4498	3598

(1) Revenus fiscaux de référence perçus l'avant dernière année précédant celle de l'offre de prêt

Ces logements sont vendus à des ménages dont les ressources sont limitées et parfois selon des montages qui leur permettent d'acheter les murs et de ne payer le terrain que dix ans plus tard.

L'accession sociale concerne également des logements neufs achetés à des promoteurs, ou l'achat d'un terrain sur lequel un propriétaire voudra faire construire sa maison

La location accession

Ce système, aussi appelé location-vente, ne revient pas forcément moins cher mais il permet d'étaler les paiements et surtout de venir propriétaire sans apport personnel. Après un certain nombre de mois ou d'années d'occupation, un locataire peut opter pour l'achat de son logement. En pratique, la décision doit être prise dès l'entrée dans les lieux et la durée de la location est fixée entre le bailleur et le locataire. Elle peut durer trois, cinq ou quinze ans. Le montant versé mensuellement comprend à la fois les frais d'occupation du lieu et une part d'épargne en prévision de l'achat. Au terme de la période de location, l'acheteur peut choisir de devenir propriétaire ou renoncer. Dès la conclusion du contrat, le locataire accédant est considéré comme un copropriétaire de plein droit. Il assiste aux assemblées générales et doit payer toutes les charges correspondant à son logement sauf les travaux de renfort de la solidité de l'immeuble, de la toiture et de l'étanchéité qui restent à la charge du vendeur.

En cas de rupture du contrat, si l'acquéreur renonce, il récupère les sommes versées au titre de l'épargne dans les trois mois et doit quitter les lieux. Il doit en revanche payer au vendeur une pénalité fixée dans une fourchette de 1 à 3 % du prix de vente initial. Si c'est le vendeur qui décide de conserver son logement, l'indemnité est plus élevée et s'établit à 3 % du prix de vente initial.

En revanche, aucune pénalité n'est due si le locataire n'obtient pas le prêt nécessaire au paiement du capital restant dû ou s'il refuse la réévaluation du prix de vente provoqué par des travaux d'amélioration réalisés par le vendeur.

La loi de cohésion sociale de janvier 2005 a introduit une protection supplémentaire du locataire obligé de renoncer à sa décision d'achat. Si le logement bénéficie d'un agrément de l'État (lorsque le bailleur est un organisme d'HLM), le vendeur est tenu, dans un délai de six mois à partir de la date limite fixée pour la levée d'option, de proposer trois offres de logement correspondant aux ressources du locataire. Celui-ci dispose d'un mois pour répondre à chacune. En cas de refus ou de silence, au bout de trois mois, il est déchu de ses droits d'occupant.

Chapitre 9

La résidence secondaire, un plaisir coûteux

Dans ce chapitre :

- Mer, campagne ou montagne ?
- Maison de famille ou investissement plaisir ?
- Acheter ou louer ?
- Le vrai coût d'une maison de vacances
- Une semaine de vacances ou des charges à vie ?
- La location saisonnière ou comment ne pas gâcher ses vacances

Dimanche soir, retour de week-end. Les abords des grandes agglomérations s'engorgent rapidement. Embouteillages, longues minutes d'attente au péage. Les citadins abandonnent leurs résidences secondaires pour retourner passer la semaine en ville. Le schéma n'est plus si net. La semaine de 35 heures a creusé quelques brèches dans cette coupure deux jours/cinq jours et depuis quelques années, les week-ends commencent le vendredi midi et durent parfois jusqu'au mardi matin. Environ 10 % des Français possèdent une résidence secondaire dont le parc de trois millions représente 10 % des logements éparpillés sur tout le territoire, soit 800 000 de plus qu'il y a dix ans. À titre de comparaison, en Irlande le taux est inférieur à 2, en Italie à 4. Mais le terme de « résidence secondaire » recouvre aujourd'hui des types d'habitat de plus en plus divers : de la maison de famille héritée de génération en génération au studio pour quatre de 23 m² dans une station de ski en passant par un mobile home laissé à demeure. Certaines propriétés n'ouvrent leurs volets qu'en été, d'autres vivent toute l'année et accueillent la famille tous les week-ends. Sans parler des maisons habitées par les « néoruraux » ou les « rurbains », ces citadins qui tentent un retour à la terre tout en gardant un pied professionnel en ville et partagent leur temps entre les deux lieux.

La résidence secondaire répond à plusieurs objectifs : transmettre à ses enfants un capital, tabler sur une plus-value, rentabiliser un logement en le louant lorsqu'on ne l'occupe pas, se préparer une retraite au soleil, et même devenir propriétaire puisque le cas du locataire de sa résidence principale propriétaires de sa résidence secondaire se répand parmi les ménages effrayés par les prix des grandes agglomérations ou exclus du marché. Bref, difficile de dresser la typologie d'un genre qui tend à échapper aux classifications. Essayons quand même…

Mer, campagne ou montagne ?

Le dilemme n'est pas cornélien pour tout le monde. Le choix est finalement assez vite fait : montagne pour les plaisirs du ski, mer pour ceux de la plage alors que la campagne est souvent choisie par attachement familial ou tout simplement pour son accès plus facile. Les piscines de plus en plus fréquemment installées dans les maisons éloignées de l'océan ont renouvelé l'attrait d'arrière-pays même très chauds l'été, puisque l'on peut désormais s'y baigner, tranquillement et chez soi. Mais les choix des vacanciers ne sont pas tous dictés par leurs seuls désirs. L'offre immobilière et l'aménagement du territoire ont mis l'accent sur certaines régions en en délaissant d'autres. Les années 1960 et 1970 ont ainsi été des périodes de grandes transformations, causes ou conséquences du tourisme de masse. De nombreuses stations de ski datent de cette époque et n'ont cessé de se développer depuis ; comme l'aménagement – ou le bétonnage, disent les critiques – de certaines zones du littoral atlantique et méditerranéen. Les autoroutes ont suivi autant qu'orienté les grandes transhumances des juilletistes et des aoûtiens. Et dès les années 1980, le TGV a doublé ce réseau en créant de véritables micromarchés dans les villes où il s'arrête et aux environs. Pendant longtemps, mer et soleil ont attiré de nombreux acheteurs et ce n'est pas un hasard si le Var, les Alpes-Maritimes et la Corse arrivent en tête des régions les plus « colonisées » par les résidences secondaires. Viennent ensuite la Savoie et la Haute-Savoie où la concentration de petites surfaces est très forte dans les stations de ski. Le littoral breton fait figure de concurrent sérieux depuis plusieurs années. Quant aux campagnes, dont la France n'est pas avare, elles attirent de plus en plus de vacanciers, séduits par les gîtes d'étapes, les hôtels de charme et plus prosaïquement les incitations fiscales qui concernent les zones de revitalisation rurales (voir chapitre 12, p. 197). Nouveau concept, les maisons de campagne ou de week-end « à une heure de » (Paris, Bordeaux, Lyon ou Rennes) ont vu leurs prix flamber, dopés par des acheteurs aisés et stressés, désireux de se tenir à l'écart des grandes villes quelques jours par semaine.

Des prix pour tous les budgets

Les prix ne cessent d'augmenter : en huit ans, ils auraient été multipliés par 2,3 selon une étude de la Fédération nationale des sociétés d'aménagement foncier et d'établissement rural (FNSAFER), passant de 71 000 euros, en moyenne, à environ 164 000 euros. En 2004, ils ont encore augmenté de plus de 14 %. Avec, évidemment, de fortes variations, en fonction du charme, de la qualité des prestations et, surtout, de la localisation. Même si l'on peut sans doute encore trouver une ruine à retaper pour 50 000 euros, la résidence secondaire ressemble à un plaisir coûteux.

De prix plafond, il n'y en a pas. Les prix des villas pieds dans l'eau sur la Côte d'Azur, de domaines isolés sur des îles ou de maisons situées sur des terrains totalement inconstructibles dépassent plusieurs millions d'euros. Difficile de se faire une idée du marché tant il dépend de l'offre et de la demande et peut s'emballer avec l'ouverture d'une ligne aérienne ou la construction d'une gare TGV comme dans le Gers ou la Drôme provençale récemment. Comment choisir ? En commençant par se fixer un lieu et en faisant le tour des notaires du coin, en fréquentant les ventes aux enchères, en allant faire du porte-à-porte, discuter avec les propriétaires qui connaissent toujours le voisin qui… Ne pas être pressé est un bon atout. S'attendre à tout aussi. S'il est déjà difficile de trouver le logement de ses rêves dans une ville à peu près normée, imaginez en pleine campagne où l'architecture normande, bretonne ou champenoise côtoie souvent des bâtisses sans aucun intérêt et des maisons d'architectes.

Les régions les plus prisées

Les régions côtières ou ensoleillées restent les plus courues : les maisons de pêcheurs, les villas de la Côte d'Azur, les cottages du littoral aquitain, les chaumières traditionnelles normandes ou encore les longères de la côte bretonne restent des musts surtout avec une vue sur la mer ou un accès facile à la plage. Mais pénurie oblige, la moindre bicoque avec un bout de jardin y coûte désormais plus de 150 000 euros et, pour peu que les prestations soient au rendez-vous, dépasse les 300 000 euros. Même chose en montagne où les chalets ou les studios de grandes stations de ski atteignent les prix parisiens à plus de 5 000 euros le mètre carré pour de belles résidences, évidemment au pied des pistes et des remontées mécaniques. Les granges à retaper dans les villages ont été transformées pour la plupart et même les locaux en quête de résidence principale peinent à se loger.

Conséquence de cette flambée, une partie de la demande se reporte désormais vers l'intérieur des terres. Des départements comme la Creuse, le Cher, l'Yonne ou encore la Nièvre, autrefois jugés peu attrayants, font désormais l'objet d'une demande importante. Les prix des résidences secondaires ont augmenté en 2003 de plus de 8 % dans le Limousin (85 473 euros en moyenne), de 13 % en Auvergne (70 823 euros) et de 14,5 % en Champagne-Ardenne (75 000 euros). Selon l'Insee, près de 250 000 personnes ont, au cours de ces dernières années, acquis une maison dans des zones éloignées de toute ville. Ainsi certains de ces secteurs retrouvent-ils, aujourd'hui, leur niveau de population du début des années 1960. Et plus de 60 % des maisons de campagne se situent à présent à l'intérieur des terres.

Maison de famille ou investissement plaisir ?

Voilà deux concepts que tout oppose. Les résidences secondaires étaient souvent des maisons anciennes, assez grandes pour accueillir en même temps plusieurs générations. Volets clos l'hiver, cris d'enfants l'été et puis à l'automne, grand rangement et à l'année prochaine ! De vrais gouffres financiers. Elles sont aujourd'hui souvent remplacées voire complétées par une formule plus rentables qui concilie vacances et investissement locatif. Lancées par le groupe d'immobilier de loisirs Pierre et Vacances dans les années 1970, les résidences de tourisme continuent de connaître un grand succès. L'acheteur d'un appartement meublé à la montagne ou au bord de la mer s'y réserve quelques semaines par an pour ses propres vacances, le reste du temps, son logement est loué et géré par une société *ad hoc*. Plus rien à voir avec une maison de vacances dans laquelle les souvenirs s'entassent de la cave au grenier. Ici, les logements sont meublés par le promoteur. Ce dernier préfère imposer sa marque plutôt que de voir peu à peu le mobilier s'adapter au goût du propriétaire qui serait d'ailleurs fort mal venu d'y laisser ses affaires d'un séjour à l'autre. Même s'il est chez lui, il n'est pas traité différemment des locataires qui le précèdent ou lui succèdent.

Deux formules pour limiter les frais

Premier cas, l'acquéreur paye son logement neuf au prix du marché moins la TVA, touche des loyers dont le montant est fixé à l'avance et ne dépend pas du taux d'occupation du logement, et paye des charges en profitant de son logement quelques semaines par an. Seconde possibilité, il bénéficie, dès l'achat, d'une décote d'environ 30 %, ne paye aucune charge, profitant de l'appartement pendant trois à huit semaines par an, mais ne perçoit aucun loyer jusqu'à la fin du bail commercial de neuf ou onze ans (voir chapitre 12, p. 168). Dans les deux cas, et compte tenu des prix de vente actuels (jusqu'à plus de 8 000 euros le mètre carré dans de grandes stations de ski comme les Menuires ou Méribel), le rendement locatif n'amortira pas l'investissement avant de longues années. Entre-temps, le propriétaire devra sans doute reverser son écot, pour des travaux de rénovations de façades, surtout dans les conditions climatiques d'un littoral venteux et salé en bord de mer ou de grands froids et de gel plusieurs mois d'affilée à la montagne. Au bout de trente ans, le revenu est intéressant ; la plus-value peut l'être également.

La formule a tellement fait école que les promoteurs sont passés des immeubles aux maisons puis aux villas commercialisées sous cette forme. Les familles avec enfants les apprécient beaucoup : elles leur reviennent moins cher que l'hôtel. Il est plutôt conseillé d'acheter son bien à un groupe immobilier historique, pour ses références, sa fiabilité et son futur à peu près assuré. Pour de grands logements et des investissements de plus de 500 000 euros, fréquents dans les stations touristiques cotées, il ne faut pas espérer de retour rapide mais une plus-value ou la sécurité d'un placement long terme.

Sans intermédiaire, c'est plus rentable

Il est possible de monter son opération seul : pas de statut de résidence de tourisme, pas de gestionnaire, mais des loyers perçus intégralement. Et la liberté de stopper la location pour, par exemple, prêter son appartement à des amis, à tout moment. De très nombreux propriétaires pratiquent cette location un peu artisanale, en inscrivant leurs biens sur les listes des syndicats d'initiatives des villes où ils sont situés ou parfois au noir et contribuent ainsi à remplir les stations de sports d'hiver et des villes du littoral comme Saint-Jean-de-Mont, Cannes ou La Grande-Motte. Les logements anciens sont moins chers à l'achat, surtout s'ils ont été construits dans des immeubles des années 1960, mais sachez que les surfaces de taille correcte situées près de la mer, avec une vue ou ski aux pieds se louent presque aussi cher au mètre carré que les constructions neuves, malgré leur vétusté. Un coup de peinture et quelques travaux en augmenteraient encore la rentabilité qui atteint facilement 10 %.

Adieu les cages à lapin

Si les studios de 17 m^2 construits dans les années 1960 et supposés accueillir trois personnes se louent encore à de jeunes inconscients, les promoteurs ont totalement revu leurs normes et proposent aujourd'hui des appartements jusqu'à plus de 100 m^2 dont les prix augmentent évidemment avec la surface. À la montagne en particulier, les grands immeubles modernes ont fait place à une construction plus traditionnelle. Le retour au bois et aux chalets à taille humaine est partout visible au point que l'overdose de petits cœurs et de frises découpées dans les corniches n'est pas loin. Afin de moderniser un parc ancien, parfois en très mauvais état compte tenu de l'occupation fréquente et du faible réinvestissement des propriétaires bailleurs, des sociétés d'économies mixtes, associées aux stations de Val-Thorens, des Ménuires et de Tignes notamment, proposent une aide à la rénovation. En échange d'une subvention qui peut atteindre la moitié du montant des travaux, le propriétaire doit s'engager à donner son bien en gestion pour neuf ans (tout en continuant à en profiter quelques semaines par an s'il le souhaite). La formule autorisée par la loi en 2002 dans le cadre de ORIL (Opération de rénovation de l'immobilier de loisir) commence à porter ses fruits mais ne concerne encore qu'une cinquantaine d'appartements dans des stations qui comptent plus de 25 000 lits

Louer à l'année ?

Bien plus encore que la résidence principale, la maison de campagne échappe apparemment à tout calcul de rationalité économique. On « craque », on se « l'offre », on se fait plaisir sur un coup de cœur et on verra bien. Justement, c'est vite vu. La résidence secondaire coûte cher. Alors pourquoi ne pas la louer ? À peine 6 % des Français ont sont passés à l'acte. L'idée est assez parisienne, de se réserver, à une heure ou à peine plus de la capitale, un coin de verdure où passer ses week-ends ou les petites vacances et se reposer. En province, la campagne n'est jamais très loin, on choisit plutôt la mer ou la montagne pour se dépayser.

Intermédiaire entre la vieille maison de famille, pleine de souvenirs mais souvent fermée l'hiver, surpeuplée à chaque pont et lointaine, et la location saisonnière anonyme, la maison louée à l'année permet de s'installer. Pas de s'enraciner, mais de se sentir chez soi, de faire connaissance avec les voisins et avec la région. Le tout pour 400 ou 600 euros de loyer par mois, plus les charges. La solution paraît idéale pour les familles atteintes de la bougeotte qui passent un an ici, un an là, sans engagement. *Idem* pour les ménages avec jeunes enfants qui savent bien que viendra un temps où leurs adolescents préféreront leurs amis et leurs soirées au grand air et aux feux de cheminée avec les parents. Louer une maison et y venir régulièrement permet aussi de tester une région, pour, pourquoi pas, y investir plus tard, mais cette fois en connaisseur du climat, des voisins et des prix. À l'inverse, la location permet de changer de coin si l'environnement se dégrade, si l'afflux touristique dérange, s'il pleut deux années de suite… Plus besoin alors de se préoccuper de trouver un acheteur ou de payer un impôt sur une éventuelle plus-value. Avantage supplémentaire, les travaux de gros entretien restent à la charge du propriétaire. Financièrement, le calcul se tient.

Le mouton à cinq pattes

Presque tous les avantages donc, pour une solution qui reste malgré tout assez rare. Et pour cause… Le marché est inexistant. La maison à louer à l'année est quasiment introuvable et presque toujours décevante. Les belles demeures anciennes sont à vendre, ce qui reste, éventuellement à louer. Le marché des maisons à la campagne, peu fourni, est pris d'assaut par des familles en quête de leur résidence principale. Pour trouver, les maires, les notaires ou les commerçants, oreilles attentives aux bruits de villages, sont de biens meilleurs interlocuteurs que les agents immobiliers. Les petites annonces dans les journaux gratuits locaux (et même très locaux) mordent parfois. Enfin, rien ne remplace le porte-à-porte, un peu fastidieux mais payant. Autre piste à suivre, les gîtes ruraux. Ils proposent normalement des locations à la semaine (à partir de 250 euros pour quatre personnes) mais certains ne voient pas l'ombre d'un touriste de tout l'hiver. Il y a parfois moyen de s'arranger avec un propriétaire qui acceptera de changer de statut pour s'assurer une rentabilité moindre mais régulière sur douze mois, une garantie contre les cambriolages et les dégâts du temps sur une maison vide. Avantage pour le locataire : la maison – qui répond aux critères des gîtes de France – est bien aménagée, bien équipée, souvent jolie et les propriétaires installés à proximité sont habitués à recevoir du monde.

TRUC

Les cadres mutés à l'étranger constituent enfin un vivier : ces futurs expatriés n'ont pas toujours envie de vendre, ni de s'encombrer d'un déménagement et sont prêts à « confier » leur maison et leurs biens pour quelques années. Eux non plus ne se trouvent pas dans les agences immobilières, mais par les amis des amis des amis…

Des prix « à la tête du client »

Combien coûte une location à l'année ? Mieux vaut savoir combien peut supporter un budget avant de choisir une maison. Il y a peu de références dans ce domaine et tout dépend des régions, du propriétaire et de son ouverture à la négociation. Les loyers sont un peu plus élevés aux abords des grandes villes (c'est là que le marché semble le plus porteur), dans les villages situés près des gares ou facilement accessibles par autoroute. La plupart de ces transactions se « signent » en fait au noir, sans bail ni écrit d'aucune sorte, le propriétaire se contentant de répercuter auprès de son locataire factures et taxe d'habitation qu'il reçoit à son nom. Ce qui lui permet d'ailleurs tous les arrangements, comme parfois la possibilité de se réserver quelques semaines dans l'année.

Mieux vaut pourtant, pour le locataire comme pour le propriétaire, établir un contrat de location en bonne et due forme. Il suffit pour cela de se rendre chez le notaire qui en consignera la durée, ainsi que le niveau du loyer et les modalités de congé. Il est également possible de signer un bail « sous seing privé » sans passer par un office notarial. L'assurance est également recommandée. Si la maison est vide, même démarche, puisque la loi du 6 juillet 1989 qui régit les rapports entre propriétaires et locataires a laissé de côté les résidences secondaires.

N'OUBLIEZ PAS

Une fois le loyer payé, le budget n'est pas bouclé. Il faut compter en plus l'eau, l'électricité, le téléphone et, moins prévisible, le chauffage : à une heure de Paris, ou même de Lyon, il ne suffit pas d'un ou deux radiateurs d'appoint pour conserver une température vivable d'une semaine sur l'autre. Les impôts locaux réservent aussi des surprises...

Le vrai coût d'une résidence secondaire

Mieux vaudrait ne jamais le calculer. Car entretenir une résidence secondaire sans compter sur aucun revenu locatif frise l'aberration financière. Oui, mais c'est pour le plaisir, alors tout est permis tant qu'on a les moyens.

Des dépenses inévitables

La liste des postes budgétaires ressemble fort à celle d'une résidence principale, surtout lorsque l'on s'installe confortablement avec le téléphone, cela va de soi, mais aussi le câble, Internet haut débit... Tout cela pour un usage qui peut être hebdomadaire mais se limiter aussi à deux mois par an (les Français passent en moyenne 44 nuitées par an dans leur résidence secondaire). Et c'est encore sans compter le financement de cette maison. S'il s'agit d'un héritage, il se limite aux frais de succession. Sinon, il faut rajouter au budget mensuel ou annuel, les remboursements d'un crédit.

Les principaux postes de dépense sont :

- les impôts : taxe foncière, taxe d'habitation, taxe d'enlèvement des ordures ménagères ;
- l'entretien : de la maison, du jardin, de la piscine le cas échéant ;
- les frais : chauffage, électricité, eau, téléphone et Internet, abonnement au câble, redevance audiovisuelle transports ;
- l'assurance de la maison, le système de sécurité s'il en existe un ;
- le remboursement du crédit.

TRUC

Au total, les professionnels estiment le coût annuel d'une résidence secondaire entre 1 et 3 % de sa valeur (1 % pour une maison simple, 3 % pour une propriété avec parc et piscine).

Acheter ou louer ?

Un simple calcul suffit à faire pencher la balance du côté de la location, à condition qu'elle ne dure pas toute une vie. Le statut est plus souple et permet de qu itter les lieux du jour au lendemain ou presque. Le locataire économise évidemment l'investissement de départ, la taxe foncière et les travaux de réparation. Surtout, il évite de s'encombrer d'un bien pas forcément facile à revendre, dont les plus-values sont imposables et qui coûtera de l'argent à ses héritiers. Qu'offre de mieux le statut de propriétaire ? Une fois le bien payé (souvent en une dizaine d'années s'il ne s'agit pas d'une villa pieds dans l'eau sur la Côte d'Azur), la maison, disponible douze mois sur douze, sans réservation, ne coûte « plus » que le montant des factures d'eau, de gaz, d'électricité et les impôts locaux. C'est déjà beaucoup, mais il y a plus : si un propriétaire espère maintenir (à défaut de l'augmenter) la valeur de son patrimoine, il doit régulièrement investir. L'entretien de la toiture, la réfection des menuiseries des portes et fenêtres, les travaux d'isolation sont des postes qui chiffrent vite. C'est souvent pour échapper à ces charges trop lourdes et sous-estimées au départ que les volets se ferment et que les maisons se vident. Achetées pour les enfants, les résidences secondaires sont souvent revendues parce que les enfants n'y viennent plus… Pourtant, les maisons de campagne, de vacances ou de week-end représentent près de 10 % du parc immobilier total. Malgré la mobilité et les voyages faciles, les Français tiennent encore à leur propriété de famille ou à s'en offrir une. Les « oiseaux migrateurs » qui préfèrent louer ne sont pas si nombreux et beaucoup finissent par investir faute de trouver un nid de passage à leur goût.

Tout cela ne constitue pas encore un budget. Il faut compter en plus les allers et retours en voiture ou en train, et surtout les moments passés ailleurs : la maison de campagne ne comble pas les envies de ski ou de soleil en hiver, ni le besoin de se dépayser de temps en temps en partant faire du tourisme à l'étranger.

Des plus-values moins taxées

La revente des résidences secondaires est soumise à l'impôt sur les plus-values. Il est nul si vous détenez la maison depuis plus de quinze ans (depuis la loi de finance applicable au 1er janvier 2004 dont l'article 10 a diminué le délai auparavant fixé à vingt-deux ans). Dans le cas contraire, il se monte à 27 % (un taux fixe de 16 % et 11 % de prélèvements sociaux) et diminue de 10 % par année de propriété au-delà de cinq ans. Si le bien est revendu au bout de six ans, l'impôt baisse de 2,7 % et ainsi de suite. Au bout de quinze ans, il est réduit à zéro. De plus, toute cession bénéficie d'un abattement de plus-value de 1 000 euros. La plus-value est la différence entre le prix d'achat et le prix de revente.

Afin de dimiuer cette plus-value, la propriétaire a le droit de réduire son prix d'achat en prenant en compte :

- la commission d'agence immobilière ou les frais versés au notaire pour sa négociation (estimés forfaitairement à 7,5 %) ;
- les frais liés à l'établissement des certificats de surface, d'absence de termites, d'amiante et de plomb ;
- les frais de mainlevée d'hypothèque ;
- la TVA en cas de revente d'un terrain à bâtir ;
- les honoraires d'architecte acquittés le cas échéant pour l'obtention d'un permis de construire, du géomètre pour un bornage ;
- le coût des travaux estimés forfaitairement à 15 % du prix d'acquisition si le bien est détenu depuis plus de cinq ans.

N'OUBLIEZ PAS

L'impôt est désormais prélevé à la source, le vendeur recevra de son notaire un chèque du montant net d'impôt.

Une semaine de vacances ou des charges à vie ?

« Vous avez gagné un séjour dans un grand hôtel ou sous les tropiques », c'est l'entrée en matière séduisante utilisée par les marchands de vacances en temps partagé, *timeshare*, le nouveau nom anglicisé de la multipropriété. Une fois arrivé sur le lieu de rendez-vous (en règle générale les salons d'un grand hôtel), détendu et dans de bonnes dispositions, le prospect risque fort d'être assailli par des experts en marketing dont le but sera de lui vendre une semaine de vacances annuelle, pour vingt ans ou plus, dans un complexe de rêve, sur le papier en tout cas. Une petite signature peut coûter 10 000 à 15 000 euros. Et le droit de payer des charges pour une décennie ou plus. En échange, le « client » bénéficie d'une semaine de vacances dans une résidence en France ou à l'étranger qu'il peut échanger contre une autre période, ailleurs. Il lui en coûtera une cotisation annuelle et des frais (200 à 500 euros) payés à une bourse d'échanges.

Ce concept si attirant, inventé dans les stations de sports d'hiver françaises à la fin des années 1960, est désormais répandu sur toute la planète. Ce secteur traîne pourtant derrière lui une odeur de soufre. Les plaintes pour escroquerie sont légion : la vente est souvent un peu forcée ou les prestations annoncées pas à la hauteur, parfois la résidence n'est pas finie. Il arrive qu'elle ne soit jamais construite et le client jamais remboursé. Quant aux particuliers qui tentent de revendre leur semaine, rares sont ceux qui trouvent preneur. Dans le meilleur des cas, ils en obtiennent moins que prévu.

JARGON

Depuis plusieurs années, l'Organisation pour le *timeshare* en Europe (OTE), qui regroupe plus de 300 professionnels (promoteurs, vendeurs et gestionnaires), tente de redorer le blason de la profession. Depuis juillet 1998, un texte européen réglemente très précisément les conditions de vente de ces « contrats ». Les acquéreurs disposent désormais d'un délai de rétractation de dix jours à compter de la date de signature et aucun versement ne peut leur être réclamé durant cette période. En cas d'accord, c'est à l'acheteur de faire part de sa décision, par lettre recommandée avec accusé de réception. La loi française s'attache également à mieux définir le produit vendu : ni un bien immobilier, ni un titre de propriété, ni un produit d'investissement. Le *timeshare* correspond au droit de jouissance d'un bien, pendant une période définie renouvelable au moins pendant trois ans. Cette mise au point était nécessaire tant les acheteurs avaient l'impression de devenir propriétaires d'un morceau d'appartement et comptaient sur une plus-value au moment de la revente.

Certains vendeurs se sont immédiatement engouffrés dans les failles de la loi. En sortant de l'Europe des vingt-cinq par exemple : c'est désormais à Marrakech, dans la partie néerlandaise de Saint-Martin, aux Antilles, à l'île Maurice ou à Cuba que les touristes sont harcelés. Certaines sociétés se sont spécialisées dans la vente de contrats de trente-cinq mois (moins de trois ans) auxquels la loi ne s'applique pas. D'autres vendent des semaines sans préciser les dates ni le lieu de la résidence… Malgré sa mauvaise image, la multipropriété attire quand même aujourd'hui des groupes hôteliers d'excellente réputation. Aux États-Unis, des noms comme Hilton, Hyatt, Mariott et Disney sont associés à la formule et commencent à la développer en Europe. Le nivellement du marché par le haut sera peut-être être une des solutions pour faire profiter les clients de l'avantage principal de la formule : l'échange. Mais comment savoir si une semaine achetée il y a vingt ans à

Quelques conseils pour bien acheter

La directive européenne désormais appliquée en France et dans les pays de l'Europe des vingt-cinq a considérablement sécurisé les transactions grâce au délai de rétractation de dix jours et à l'obligation faite au vendeur de présenter un contrat en bonne et due forme rédigé notamment dans la langue de l'acheteur. Doivent obligatoirement y figurer, sous peine de nullité de la vente, l'identité et l'adresse du professionnel, la désignation et le descriptif précis des locaux, la localisation de la résidence, les dates d'occupation, le prix initial, les modalités de paiement, les frais et le montant détaillé de toutes les charges annuelles.

La bonne démarche consiste ensuite à choisir parmi les meilleures résidences et les meilleures périodes, afin de pouvoir profiter des échanges. Malheureusement, ce sont aussi les plus chères. Une semaine au mois de juin ou juillet sur la Côte d'azur « vaut » autant voire plus qu'une période en Californie ou à New York. Mieux, elle a peu de chance de se déprécier et se revendra correctement le cas échéant. Lors du choix de la semaine, ne pas oublier de penser aux transports qui alourdiront les frais à chaque fois.

Il est plus sûr d'acheter auprès de professionnels connus et dans son pays que de signer lors de vacances à l'étranger, même si le prix paraît vraiment intéressant : les chaînes hôtelières ne sont pas encore nombreuses, mais l'OTE dispose d'une liste de ses membres considérés comme fiables. La France et la Belgique sont reconnues comme les marchés les plus sûrs.

Comme lors de l'achat d'un bien immobilier, il semble logique d'exiger le détail des prestations, d'aller voir sur place si possible et de toujours vérifier que la résidence dans laquelle on achète est bien affiliée à une bourse d'échanges.

En cas de revente, il faut éviter absolument les sociétés intermédiaires sauf éventuellement-celles qui se contentent de publier des annonces et de mettre en relation les particuliers.

Vérifier ausi les assurances proposées en cas d'annulation d'un voyage. La semaine est-elle « perdue » ou reportée ?

Tignes vaut autant qu'une semaine à Orlando dans un complexe Hilton Grand Vacation ? Les bourses d'échanges ont mis au point un système de points capitalisables d'une année sur l'autre afin d'évaluer chaque période.

La location saisonnière ou comment ne pas gâcher ses vacances

Près d'un Français sur cinq choisit aujourd'hui de louer un appartement ou une maison pour ses vacances d'été, moins chère que l'hôtel et plus confortable que le camping. Les avantages ? D'abord, vous êtes « chez vous » pendant la durée de votre séjour, libre de vivre à votre rythme sans contrainte d'heures. Enfin, vous pouvez, chaque année, changer de lieu et de villégiature comme bon vous semble. Il suffit de sélectionner la région et le bien de votre choix. Quant à la gamme des habitations de vacances, elle est suffisamment variée pour satisfaire tous les goûts et tous les budgets : du chalet de montagne à la maison de campagne en passant par le traditionnel appartement de bord de mer, le studio de ski et le mobil-home jusqu'à la villa de standing avec piscine.

Comment trouver ?

Rubriques immobilières dans la presse locale ou nationale, sites Internet ou numéros spéciaux « Vacances » des journaux spécialisés dans les petites annonces (*Bertrand Vacances, De particulier à particulier*), les offres de location d'été fleurissent dès le mois de janvier et se multiplient jusqu'au printemps. Gratuites ou payantes, ces annonces émanent à la fois de professionnels et de particuliers soucieux de rentabiliser leur bien au moment de la saison touristique.

Particuliers ou professionnels, que choisir ?

Chaque formule a ses avantages et ses inconvénients. Si vous avez à faire à un particulier, son logement aura de grandes chances de disposer d'une âme. Un bien issu d'un patrimoine privé est en principe plus personnel qu'un appartement meublé comme des dizaines d'autres dans une résidence de tourisme. Si le propriétaire vit sur place ou non loin de la location, il prendra la peine de vous accueillir à votre arrivée et vous fera visiter votre futur lieu de villégiature. Rien de plus désagréable que de découvrir seul où se trouve le robinet d'eau, le compteur électrique ou le chauffe-eau. Les plus hospitaliers auront mis à votre disposition dans l'habitation des prospectus sur les visites, excursions, loisirs et autres spécialités des environs. Mais traiter entre particuliers ne veut pas forcément dire payer moins cher. Le prix est librement déterminé par le bailleur qui surestime souvent la valeur de son logement. Avant d'arrêter votre choix, il faudra donc vérifier que le loyer proposé n'est pas déconnecté des prix du secteur en comparant vous-même les annonces du même type ou en appelant une agence immobilière locale ou l'office de tourisme le plus proche.

Qu'est-ce qu'une location saisonnière ?

Il n'existe pas de définition propre à la location saisonnière. Un arrêté du 16 mai 1967 définit seulement les locations saisonnières comme étant « des locations consenties à l'occasion des vacances, quels que soient la durée et le mode de location intervenue ». On peut donc considérer qu'il s'agit d'une location de plaisance ou de vacances consentie à titre provisoire. Elle se caractérise en principe par sa courte durée, allant de quelques jours à plusieurs mois sans généralement dépasser une saison. Une réponse ministérielle a d'ailleurs considéré que cette durée ne devait pas excéder « celle d'une saison d'été ou d'hiver, c'est-à-dire trois mois ». Cette notion de saison s'est toutefois élargie, notamment dans certaines régions. Ainsi, la cour de cassation a reconnu l'existence de deux saisons touristiques distinctes sur la Côte d'Azur, l'une en été, l'autre en hiver (22 juillet 1987). En tout état de cause, les baux situés pour les locations saisonnières ne doivent pas dépasser 90 jours.

Le voyagiste qui vend des séjours « clé en main », le loueur de résidences de tourisme ou l'agence immobilière proposeront une offre de biens plus homogène. Le voyagiste et le loueur de résidences commercialisent des « produits » standards adaptés aux normes de confort internationales du tourisme occidental. Quant à l'agent immobilier, il fait office de filtre et opère un premier tri lorsqu'il rentre ses « affaires » en portefeuille. Avant d'accepter de commercialiser un logement, ces professionnels l'auront au préalable visité et auront demandé que soient effectués les travaux ou les réparations nécessaires pour un séjour sans souci des locataires. C'est parfois faux : certains agents immobiliers acceptent de prendre en gestion, dans les stations de ski notamment, des biens qu'ils loueront à coup sûr malgré leur état déplorable, voire dangereux, par exemple lorsque l'électricité n'est pas aux normes.

Si vous prospectez à distance, l'agent immobilier local vous enverra par courrier le descriptif complet de l'annonce avec des photos. Ces documents sont de plus en plus souvent disponibles sur le site Internet des agences ou sur celui de leur réseau. Si vous êtes mécontent de votre location, vous pourrez toujours vous retourner contre ce professionnel qui engage sa responsabilité civile.

La plupart des professionnels acceptent le règlement en Chèques vacances et bon nombre d'enseignes touristiques proposent des tarifications préférentielles aux salariés d'entreprises.

Les locations de particuliers labellisées par des réseaux tels que Gîtes de France ou Clévacances ont l'avantage d'avoir déjà été au préalable visités et sélectionnées. Elles réservent, en principe, peu de mauvaises surprises. Pour décrocher cette distinction commerciale, le particulier a dû au préalable ouvrir les portes de son logement aux inspecteurs du réseau sollicité. États intérieur et extérieur du bien, agencements, équipements, aménagement intérieur, tout est passé au crible. Pour être proposé en location, le logement doit offrir les normes de confort et d'équipement définies par l'enseigne. Pour mieux vous guider dans vos recherches, ces labels ont classé leurs offres en plusieurs catégories. Cette classification conjugue plusieurs paramètres : le niveau de confort, le type de prestations proposées, le caractère de la maison et le prix. Enfin, sachez qu'une fois labellisées, les locations en catalogue sont contrôlées tous les ans chez Interhome, tous les trois ans chez Clévacances et tous les cinq ans chez Gîtes de France.

Attention aux annonces séduisantes

Peut-on se fier aux petites annonces ? D'après la Direction générale de la concurrence et de la répression des fraudes (DGCCRF), la plupart des litiges issus des locations saisonnières proviennent des transactions entre particuliers. Principal motif de mécontentement : le logement déçoit presque toujours les vacanciers parce qu'il n'est pas conforme au descriptif ou parce que la décoration est vieillissante ou déplait. Les petites annonces de locations passées dans la presse ou sur les sites Internet sont toujours rédigées de façon séduisante. Il faut apprendre à décrypter ces quelques lignes.

Si l'annonce mentionne seulement le nom de la ville, faites-vous préciser l'adresse exacte. Si vous ne la connaissez pas, renseignez-vous sur le quartier ou le secteur où se situe le logement avec éventuellement un point de repère connu.

L'utilisation des termes « superbe », « très belle vue » n'apportent aucune information objective. Demandez si logement bénéficie d'une terrasse, jouit d'une vue directe sur mer, s'il donne sur une rue (passante ou non), sur une cours, s'il est à proximité d'un restaurant, d'une discothèque, d'une voie ferrée, d'un chantier. Est-il en étage ? Avec ou sans ascenseur ? L'exposition donnera des indications sur l'ensoleillement. Mieux vaut aussi se renseigner sur la date de construction de l'immeuble et son standing. Pour vous faire une idée du style de la maison et de sa décoration, demandez des photos de l'intérieur et de l'extérieur.

La simple mention du nombre de pièces est insuffisante. Il faut se faire préciser la surface habitable et surtout le nombre de couchages pièce par pièce.

Le terme « tout confort » est totalement subjectif et n'a rien d'explicite. Le contrat de location doit toujours être accompagné d'un état descriptif des lieux (arrêté n° 25305 du 16 mai 1967) et d'un inventaire du matériel disponible sur place (nombre de verres, assiettes, fer à repasser, nombres de chaises de jardin...). Ce document vous donnera ainsi une idée précise du niveau d'équipement du logement. Enfin ne vous fiez pas, à priori, aux assertions trop imprécises du style « proximité plage et commerces ». Attention à l'argument « à cinq minutes de... ». Pour faire ses courses ou aller à la plage, peut-on y aller à pied ou faut-il utiliser la voiture ?

Si le loyer mentionné dans l'annonce ne précise pas la période de location ni même les disponibilités, mieux vaut se renseigner au premier coup de fil. Faut-il compter des frais annexes tels que des charges locatives, des frais de ménage ou de location de draps ? Ne versez aucune somme d'argent plus de six mois avant la date de location. D'ailleurs, un agent immobilier ne peut demander de verser plus de 25 % du prix de la location à la réservation. Entre particuliers, il n'y a pas de règle, mieux vaut malgré tout s'en tenir à ce pourcentage.

Des loyers à géométrie variable

Les montants des loyers des logements de vacances n'ont aucun rapport avec ceux des biens vides loués à l'année. D'abord, l'habitation proposée en location de vacances est toujours meublée alors que les autres sont souvent louées nues. Ensuite, le locataire doit acquitter un prix forfaitaire facturé à la semaine, à la quinzaine ou au mois. En règle générale, plus la durée de location est longue, plus le prix de la semaine est dégressif. Les critères déterminant le loyer d'une location de vacances sont nombreux : le standing du bien, la proximité de la plage, des pistes de ski ou des commerces, les facilités d'accès, de stationnement, l'exposition, la vue, la taille de la terrasse ou de la piscine sont autant de paramètres qui doperont ou non des loyers qui vont du simple au quadruple pour des surfaces et des nombres de couchages identiques. Pour un même bien, l'écart de loyer entre la haute et la basse saison touristique avoisine 20 à 30 % en moyenne selon les sites. En été, les stations balnéaires affichent leurs tarifs les plus élevés. Si vous tenez à séjourner en bord de mer, une solution possible pour faire baisser la facture consistera à partir, si possible, en dehors de la haute saison, autrement dit avant le 15 juillet ou dès la dernière semaine du mois d'août. Même raisonnement pour les vacances de sports d'hiver. Les prix les plus accessibles à la neige correspondent aux séjours qui se déroulent en dehors des périodes de vacances scolaires et surtout en fin de saison d'hiver, c'est-à-dire à partir de début mars.

Quels recours en cas de litige ?

Publicité mensongère, renseignements inexacts, de nombreux motifs peuvent susciter votre mécontentement dès votre arrivée dans une location. Tentez de régler rapidement ce différend à l'amiable avec votre loueur. Si vous échouez, vous pouvez tenter une conciliation auprès de divers organismes. S'il s'agit d'un logement classé « meublé de tourisme », contactez dans les huit jours la commission départementale de l'action touristique qui siège à la préfecture en lui adressant une lettre recommandée avec accusé de réception. Alertez aussi le syndicat d'initiative ou l'office de tourisme local qui vous a mis en relation avec le loueur. N'oubliez pas d'informer enfin la direction départementale de la concurrence, de la consommation et de la répression des fraudes (DDCCRF) du lieu où a été constatée l'infraction.

Si la location présente des vices qui n'ont pas été signalés (proximité d'un aéroport, chantier en cours...), prenez des photos, faites établir un constat des lieux par huissier, refusez de payer le solde de la location si ce n'est pas déjà fait et exigez au minimum le remboursement des sommes versées à l'avance. Si vous décidez malgré tout de rester, négociez à la baisse le prix du loyer. Si un arrangement à l'amiable est impossible, vous pouvez engager une action en justice. Les litiges d'ordre civil (la résiliation, les vices, la caution non remboursée) relèvent de la compétence du tribunal d'instance du lieu de la résidence ou du domicile du bailleur. La décision de cette juridiction peut, le cas échéant, aboutir à l'annulation du contrat de location, à la restitution des sommes versées et même au versement de dommages et intérêts.

Deuxième partie

La pierre comme placement

Dans cette partie…

Au-delà de l'achat de la résidence principale, l'immobilier se conçoit aussi comme un placement. C'est même l'une des pierres fondatrices de la constitution ou de la consolidation d'un patrimoine au même titre que d'autres placements financiers. En outre, l'immobilier fait toujours figure de valeur refuge dans des périodes boursières chahutées. Comment expliquer un tel engouement des Français pour ce placement ? Il s'achète à crédit, génère des revenus réguliers et permet parfois de s'enrichir à la revente. Longtemps considéré comme un placement de « père de famille », l'immobilier a pourtant ses côtés sombres. D'abord, pour être rentable, il doit s'effectuer sur une longue période, au moins dix ans, voire quinze. Ensuite, la rentabilité est à la merci d'une défaillance de paiement du locataire et d'une fiscalité très mouvante. Concernant les éventuelles plus-values, elles sont hypothétiques et dépendent de l'état du marché le jour de la revente. Bref, autant de contraintes et d'inconnues qui rendent incertain le rendement. Le placement dans la pierre est loin d'être une sinécure !

Chapitre 10

Quatre bonnes raisons de plonger

Dans ce chapitre :

- S'enrichir à crédit pour pas cher
- Se préparer un complément de revenu pour la retraite
- Aider ses proches à se loger
- Payer moins d'impôts

Dès lors que le problème de la résidence principale est résolu et que l'on commence à avoir un peu d'argent devant soi, l'investissement locatif apparaît comme une solution attrayante et d'apparence facile. C'est effectivement un placement possible pour continuer à bâtir votre patrimoine. Compte tenu de l'importance des sommes mises en jeu, l'acquisition immobilière ne doit cependant pas se faire à la légère. La plupart du temps, cette décision est motivée par la possibilité d'acheter sans douleur à crédit, par la volonté de se préparer des compléments de revenus en vue de la retraite, d'aider ses proches à se loger ou de payer moins d'impôts. Autant de bonnes raisons qui, individuellement, suffisent à franchir le pas et qui, mieux encore, peuvent se cumuler.

Se construire un patrimoine grâce au crédit

L'immobilier tout comme la bourse ou l'assurance vie sont les principales solutions offertes à l'épargnant en matière de placements. Toutefois, contrairement aux produits financiers qui nécessitent toujours d'avoir de l'argent devant soi pour investir, la pierre a l'incroyable avantage de se financer à crédit. Les banques acceptent sans sourciller d'avancer une partie, voire la totalité des fonds pour que se concrétise un investissement locatif. S'il le faut, bon nombre d'entre elles sont même prêtes à avancer les frais de notaires alors qu'elles sont bien plus exigeantes en matière d'apport personnel dans le cas d'une acquisition de résidence principale. Loin d'être philanthropes, les prêteurs exigent une garantie imparable : une hypothèque ou une caution sur le logement lui-même (voir chapitre 29, p. 239). Pas besoin de payer comptant alors qu'un habile dosage entre votre apport personnel (aussi faible soit-il), les loyers escomptés et votre effort d'épargne peuvent payer des mensualités de crédit supportables et vous enrichir en douceur.

Un crédit pas cher

ATTENTION !

Pourquoi se passer du crédit alors que son coût n'a jamais été aussi faible que ces dernières années (voir chapitre 28, p. 432). Pour mémoire, en 2003, le taux moyen des emprunts a été de 4,4 % contre 5,3 % en 2002 et 5,8 % en 2001. Compte tenu du caractère exceptionnel de cette situation, il serait dommage de se priver de cette opportunité de financement à bas prix. D'autant plus que les banques rivalisent d'imagination et d'innovations pour aider le bailleur à boucler son opération. Outre les prêts traditionnels accessibles à tous, les banques proposent des emprunts spécialement conçus pour financer l'investissement locatif, avec ou sans travaux. Outre les prêts « *in fine* » (voir chapitre 27, p. 424) qui permettent dans un premier temps de payer les seuls intérêts pendant la durée du crédit, puis dans un second temps (à la fin du crédit) de régler en une seule grosse mensualité le capital restant dû, il existe aussi des prêts locatifs intermédiaires (PLI) (voir chapitre 27, p. 375). Cet emprunt est accessible au bailleur qui s'engage à louer à des personnes dotées de revenus moyens sans dépasser un certain seuil de loyer.

Rembourser l'emprunt grâce aux loyers

Ensuite, avec une mise minimale, voire nulle, vous pouvez devenir propriétaire d'un logement d'une valeur certaine. Contrairement à un portefeuille boursier ou un contrat d'assurance vie qui sont immatériels, le logement acquis existe bel et bien. Une fois occupé par un locataire, il vous procure des revenus immédiats que vous percevez sous forme de loyers. Empochées chaque mois, ces recettes locatives servent à régler vos mensualités de crédit. Dans le meilleur des cas, l'équilibre financier est parfait, autrement dit le loyer couvre la mensualité. En résumant, c'est le locataire qui vous paie l'emprunt. Dans un cas moins favorable, les loyers ne suffisent pas à régler le remboursement. Il faut alors mettre la main à la poche pour compléter, mais cet effort reste assez modeste. Au fil des mois et des années, l'emprunt se rembourse sans douleur et la dette diminue. Avec un peu de chance, si le marché immobilier augmente, votre bien s'apprécie, ce qui dopera un peu plus la valeur de votre patrimoine immobilier.

Des intérêts déductibles

Pour optimiser votre investissement, vous avez intérêt à le financer à crédit. En tant que bailleur, vous êtes autorisé à déduire de votre revenu foncier imposable la totalité des intérêts du crédit immobilier qui a servi à financer votre achat. En cas de déficit, ce dernier s'impute sur votre revenu global jusqu'à 10 700 euros par an. Cette déduction des intérêts s'applique quel que soit le régime d'acquisition (Robien, Malraux, etc.). Ce cadeau fiscal indirect de l'État permet ainsi d'alléger vos impôts.

Se préparer un complément de revenu pour la retraite

En 2040, le pays comptera sept retraités pour dix actifs, au lieu de quatre pour dix aujourd'hui. Plus de retraités et moins d'actifs pour financer les pensions, la situation est explosive. Certes, le système français des retraites vient de connaître une importante réforme. Pour préserver cet équilibre instable, ce sont les retraités d'aujourd'hui et de demain qui paieront les pots cassés. Au programme, une pension révisée à la baisse. Cette dernière devrait représenter entre 50 et 70 % de vos revenus actuels, parfois moins. Si vous ne faites rien pour vous préparer des compléments de revenu, c'est votre qualité de vie et votre pouvoir d'achat futurs qui riquent d'en prendre un coup.

Pour tous les actifs, la démarche est donc la même : il faut épargner tôt et longtemps au cours de sa vie professionnelle, afin de récolter les fruits de son effort la retraite venue. À côté de l'assurance vie ou de l'épargne salariale, l'immobilier locatif se situe en bonne place pour vous aider à alimenter votre retraite. Pour profiter pleinement de ces rentrées d'argent régulières que constituent vos loyers, il faudra avoir pris soin de faire coïncider la fin des remboursements du crédit immobilier avec l'arrêt de votre vie active. Une fois à la retraite, vos revenus locatifs ne serviront plus à payer l'emprunt mais iront directement dans votre poche.

Aider ses proches à se loger

Les prix de l'immobilier ont atteint de tels sommets que bien se loger aujourd'hui est devenu un luxe. Que vous soyez locataire ou propriétaire, le manque d'offres de logements à vendre ou à louer rend la recherche d'un bien toujours compliquée et, au bout du compte, douloureuse pour votre porte-monnaie. Assurer l'avenir de vos proches, c'est tout simplement penser à leur donner un toit pour pas cher.

Si vous ne voulez pas payer de loyer en pure perte pour loger vos enfants étudiants ou vos parents âgés, vous pouvez très bien envisager d'acheter une petite surface. Le temps que votre enfant grandisse et décide un jour de quitter le cocon familial pour s'y installer, vous aurez eu le temps de louer le bien et donc de l'amortir. C'est aussi une façon concrète d'aider votre progéniture à démarrer dans la vie et de lui mettre le pied à l'étrier. Avec un logement mis à sa disposition gratuitement ou à un prix symbolique, ce sera ça en moins à prévoir dans son budget, dans le vôtre aussi d'ailleurs. Cela lui permettra d'épargner afin d'être en mesure un jour d'acheter à son tour.

Le dispositif Robien (voir chapitre 12, p. 186) autorise la location à vos ascendants ou descendants à condition qu'ils paient vraiment un loyer. Rien ne vous empêche de verser une pension alimentaire pour les aider à le payer. Ainsi, vous cumulez l'avantage fiscal de l'amortissement Robien et la déduction de la pension alimentaire de votre revenu global.

Vous pouvez acheter à votre nom ou au nom de votre enfant. Cette dernière solution est envisageable si vous lui faites une donation. Autre possibilité intéressante, l'achat à deux, en particulier lorsque votre enfant n'a pas les capacités d'emprunt suffisantes et que vous, parent(s), n'avez pas la somme pour payer cash le logement convoité. Vous effectuez alors une donation du montant de l'apport à votre enfant et souscrivez un emprunt pour financer le reste de l'investissement. Cette indivision vous permet de contrôler la situation avant d'effectuer, plus tard, une autre donation à votre enfant.

Il est toujours possible de récupérer à l'issue du bail un bien loué pour vous-même ou vos proches, à condition que ce soit pour l'occuper comme résidence principale.

Payer moins d'impôts

Contrairement à la résidence principale, la détention d'un bien locatif offre une multitude de déductions possibles qui, au bout du compte, permettent d'alléger vos impôts.

D'abord, pas moins de dix taux de déduction forfaitaires possibles s'appliquent à vos loyers. Ces derniers varient de 6 % à 60 % selon le régime fiscal que vous avez choisi. En outre, certains régimes, comme par exemple la loi Robien, vous permettent d'amortir votre bien jusqu'à 65 % de sa valeur sur quinze ans, ce qui permet de réduire vos revenus fonciers imposables.

Si votre location dégage un déficit foncier, c'est-à-dire si les charges sont supérieures aux loyers (voir chapitre 12, p. 182), vous pouvez, dans certaines conditions, imputer ces charges sur votre revenu global imposable.

Autre piste à exploiter : le recours à l'emprunt amplifie les économies d'impôt. En effet, les intérêts du prêt sont déductibles des revenus fonciers. À ce titre, plus le déficit foncier créé est important, plus il procure un gain fiscal. Plafonné à 10 700 euros, ce dernier est reportable pendant dix ans.

Bref, si vous cumulez toutes les déductions possibles, l'économie d'impôt peut être intéressante. Bien sûr, plus vous êtes taxé, plus l'opération sera fiscalement gagnante.

Chapitre 11

Bien choisir

Dans ce chapitre :

- Un logement comme vous souhaiteriez l'habiter
- Faut-il investir dans du neuf ou de l'ancien ?
- Libre, c'est évident, mais occupé y avez-vous pensé ?
- Maison ou appartement : les avantages et les inconvénients
- Faut-il acheter trois studios ou un quatre pièces ?
- Investir dans de vieilles pierres ?
- Les SCPI : la porte d'entrée pour acheter des bureaux et des commerces

Même si vous n'y habitez pas, un bien locatif mérite toute votre attention. Ici encore, la règle d'or de l'immobilier ne se dément pas : soignez l'emplacement. Pas question d'acheter un bien à distance sous le prétexte que vous réalisez sur le papier une bonne opération financière. Pour réussir votre achat, déplacez-vous, visitez le quartier, renseignez-vous sur les prix, bref, mettez-vous à la place des futurs occupants. Qu'aimeriez-vous trouver à coté de chez vous ? En jouant la carte de la proximité des commerces, des transports en commun ou des écoles, vous aurez de bons atouts en main pour séduire le plus grand nombre. Cette façon de procéder avant d'acheter convient à la fois pour de l'ancien ou du neuf, pour une maison ou appartement, même pour une résidence de tourisme ou étudiante.

Soigner l'emplacement

À l'échelle d'une ville, veillez à bien cibler le quartier. Évitez les secteurs en perte de vitesse ou de réputation moyenne, car vous ferez peut-être une bonne affaire à l'achat, mais n'espérez pas obtenir un loyer élevé, ce dernier risquant même de se déprécier avec l'image du quartier. Même si vous ne payez pas cher à l'achat, un quartier mal famé n'attirera pas grand monde. Et les locataires ont vite fait de quitter un quartier qui dégringole.

À l'opposé, les secteurs résidentiels ne sont pas non plus la panacée. Ce n'est pas parce que vous aller payer à prix d'or le mètre carré que vous parviendrez à louer beaucoup plus cher qu'ailleurs. L'écart de prix entre les loyers existe mais à trop vouloir tirer sur la corde, vous pourriez vous retrouver sans locataire. Résultat : pas de recettes, donc pas rendement ! Autre piste pour ne pas faire fausse route : sélectionnez la situation du bien en fonction de la demande locale. La présence de facultés, d'hôpitaux, de sites administratifs, de zones d'activités ou de bureaux doit, en principe, assurer un flot continu de candidats à la location. Cela sera toujours moins d'énergie à consacrer à la recherche de locataires.

Neuf ou ancien ?

C'est peut-être au départ une affaire de goût, mais c'est souvent aussi une question de moyens. L'ancien coûte entre 20 et 30 % moins cher que le neuf, même si cet écart tend à se réduire. Cependant, les choses ne sont pas si simples.

Du neuf, mais pas surpayé

Si vous investissez dans du neuf, par exemple dans le cadre d'un dispositif fiscal Robien (voir chapitre 12, p. 186), vous bénéficiez d'un coup de pouce qui vous fera faire des économies d'impôts substantielles. Ce dispositif permet à l'investisseur d'amortir 65 % de la valeur du bien acheté. Autre atout du neuf : aucun souci côté gros travaux. Vous êtes, en principe, tranquille pendant une dizaine d'années, aussi bien pour le logement que pour l'immeuble. Acheter une habitation qui vient d'être construite, c'est disposer d'un confort moderne (isolations phonique et thermique aux normes), d'ascenseur(s), d'accès sécurisés et de place(s) de stationnement, ce qui manque cruellement dans l'ancien. Quant aux frais de notaire, ils bénéficient d'un tarif allégé par rapport à l'ancien.

À condition de fixer un loyer qui correspond à ceux pratiqués dans les environs, vous n'aurez pas de problèmes pour trouver des occupants. Qui refuserait d'habiter dans un logement flambant neuf ? Aujourd'hui, les locataires adorent les appartements et les maisons impeccables où ils n'ont qu'à poser leurs valises et éventuellement planter un ou deux clous, mais pas plus.

Pour faciliter la tâche des investisseurs, les promoteurs proposent des services clés en main. Moyennant le paiement d'un supplément, ils équipent l'appartement de matériel robuste (carrelage, parquet, etc.) destiné à accueillir plusieurs occupants successifs. Grâce à des accords passés avec des banques et des réseaux immobiliers, ces mêmes promoteurs proposent des services à la carte, comme par exemple l'aide au financement et la mise en gestion du bien.

Mais le neuf n'a pas toutes les vertus. Compte tenu du niveau élevé des prix, le risque est aujourd'hui de surpayer le bien. Ne signez rien à la va-vite sous prétexte de faire une économie d'impôt grâce à tel ou tel dispositif fiscal. Ne prenez pas tous les arguments du promoteur pour argent comptant. Renseignez-vous auprès d'un agent immobilier local pour connaître les prix du marché de la transaction et s'il n'y a pas déjà dix programmes en cours. Un professionnel vous dira aussi si le loyer théorique annoncé n'est pas irréel. Demandez également quels sont les logements les plus courants en location dans le quartiers ou au contraire ceux qui font défaut.

Être sélectif

Votre banquier vous l'a sûrement proposé. Un conseiller fiscal vous en déjà certainement vanté les mérites. Le dispositif Robien est depuis plus de deux ans *le* placement défiscalisant en vogue. En 2003 et 2004, 116 000 logements neufs ont été vendus sous ce régime. Pourquoi un tel engouement ? Ce placement immobilier s'avère être à la fois un excellent moyen de payer moins d'impôts et une bonne solution pour bâtir ou consolider un patrimoine. Mais l'attrait fiscal ne doit pas occulter le reste. Quoi que l'on puisse en dire, l'investissement immobilier n'est pas un placement financier lambda représenté par un bout de papier ou un contrat. Il s'agit d'un bien réel, un logement dans lequel des personnes vont vivre. Pour qu'il se loue vite, et surtout à un bon prix, mieux vaut prendre le temps de le choisir.

Soyez extrêmement sélectif, près de 60 000 appartements neufs sont vendus sous ce régime et ils arriveront tous en même temps sur le marché de la location en 2006 et 2007. Aussi faut-il investir dans un marché locatif qui ne soit pas saturé. Si l'offre de biens à louer est supérieure à la demande, vous louerez mais à un loyer inférieur à celui que le promoteur vous a indiqué et donc avec une rentabilité moindre que celle annoncée. Pire, vous risquez de ne trouver aucun locataire.

Le tandem rentabilité et plus-value est toujours mis en avant pour vous séduire. La plupart des appartements Robien sont en effet vendus par des réseaux de gestionnaires de patrimoine ou des conseillers en défiscalisation, parmi une palette de produits financiers comme l'assurance vie, le plan épargne retraite populaire… Le mot immobilier est rarement prononcé lors des entretiens : il y est surtout question de rentabilité et du peu de trésorerie nécessaire à l'opération. Seuls 25 % des acheteurs prennent le temps de se déplacer pour visiter le site (le bien acheté sur plans n'est pas encore construit au moment de la signature). Ne faites pas comme eux !

Les vendeurs de dispositifs Robien intègrent une revalorisation des loyers et du bien immobilier de 2 à 3 % par an sur toute la période de location et parviennent, sur le papier, à des rentabilités fabuleuses. Or ces hypothèses sont trop optimistes, 1 % paraît plus raisonnable, voire pas de revalorisation du tout.

SCPI « Robien », à souscrire avec des pincettes

L'investissement dans la pierre vous tente, mais les niveaux de prix actuels vous empêchent de passer à l'acte, ou la gestion immobilière n'est pas votre tasse de thé ? L'acquisition de parts de société civile de placement immobilier (SCPI) est une alternative possible

Pour mémoire, une SCPI offre les atouts traditionnels de la « pierre papier » : le portefeuille comporte plusieurs biens, ce qui diversifie les risques (non-paiement du loyer, vacance du logement, etc.), la gestion du patrimoine est, en principe, sans souci car assurée par une société de gestion. Près d'une dizaine d'établissements financiers et bancaires commercialisent des parts de SCPI « Robien ».

Cet investissement bénéficie du même mécanisme fiscal que celui de l'immobilier Robien en direct, à trois différences près. D'abord, le ticket d'entrée est plus accessible. Selon les banques, le minimum de souscription oscille entre 7 500 et 10 800 euros. Ensuite, l'amortissement porte sur 95 % du prix de la souscription (une fois enlevés les frais d'entrée, facturés 7 % en moyenne) contre 100 % du prix du bien pour un achat en direct. Enfin, l'amortissement fiscal est immédiat, il prend effet le premier jour du mois suivant la souscription et non pas à l'entrée dans les lieux du locataire pour l'immobilier en direct.

Reste que les frais facturés par la SCPI sont salés. Outre les frais d'entrée de 7 %, les frais de gestion annuels tournent entre 10 et 12 %, ce qui plombe quelque peu le rendement. Une fois la livraison des premiers immeubles prévus fin 2005 ou courant 2006, le rendement net hors fiscalité devrait atteindre 3,5 à 4 % par an, ce qui n'est pas mirobolant. Attention aux inconvénients de la SCPI : si vous achetez, c'est pour au moins quinze ans. En outre, l'avantage fiscal n'étant pas transmissible, la part n'est pas liquide (autrement dit revendable) pendant la durée de l'amortissement, sauf à s'en séparer avec une décote à la casse. À noter qu'à la revente, l'acquéreur devra 4,80 % de droits d'enregistrement.

Le Robien, oui mais sous quelle forme ?

Si vous décidez d'investir en Robien, faut-il préférer du neuf ou de l'ancien ? C'est une fausse idée de croire que l'ancien est plus rentable que le neuf. Certes on peut jouer sur le montant des travaux, mais si l'on veut vraiment répondre aux critères définis par la loi (voir chapitre 12, p. 187), il faut se lancer dans une réhabilitation de fond en comble, sans en sous-estimer les coûts. L'avantage de l'ancien par rapport au neuf reste souvent son emplacement en centre-ville. Faute de foncier, les immeubles récemment construits s'érigent presque tous en périphérie des villes. Attention, l'acquisition en Robien ancien est complexe. Investir en solo dans un logement vétuste à réhabiliter est une piste certes prometteuse mais semée d'embûches techniques et juridiques. Comme en loi Malraux (voir chapitre 12, p. 194), le fisc va être attentif. La moindre erreur de procédure et il ne vous ratera pas : ce sera le redressement fiscal.

Dans l'ancien : des contraintes en plus

En plus des conditions sur le plafond de loyer et la durée de location (voir chapitre 12, p. 187), d'autres obligations viennent s'ajouter à la location d'un bien ancien en Robien.

D'abord, le logement doit répondre à au moins quatre critères de décence sur les quinze prévus par la loi solidarité et renouvellement urbains du 21 décembre 2003. Il doit par exemple présenter des caractères de vétusté en ce qui concerne l'état général du gros œuvre, l'installation électrique, la plomberie, les installations sanitaires, l'état de la cuisine, la ventilation, etc. La liste de ces critères de non-décence doit être établie par un expert (contrôleur technique, architecte, etc.) avant les travaux. Ensuite, une fois la rénovation effectuée, un état des lieux sera réalisé par un expert pour indiquer si le logement répond à au moins six performances techniques sur douze prévues par la loi. Sachez enfin que le début de la période d'amortissement commence à la fin des travaux de réhabilitation et non, comme dans le Robien neuf, au premier mois de mise en location du bien.

De l'ancien, oui mais bien placé

L'ancien vous tente davantage ? Cela se comprend, il s'achète un peu moins cher que le neuf et très souvent il est mieux placé. Comme nous le disions plus haut, les programmes neufs sortent de terre au gré des rares opportunités foncières qui se présentent aux promoteurs. Ils n'ont donc guère de choix sur l'emplacement. En revanche, les logements anciens sont bien plus nombreux sur le marché et situés dans tous les quartiers. Votre choix est donc plus large. Il vaut parfois mieux un logement ancien bien placé en centre-ville qu'un neuf excentré ou situé dans un quartier en mutation.

Faire des travaux

Mais attention : ce n'est pas parce que le bien est ancien qu'il faut le louer dans son « jus ». S'il n'offre par le confort moderne actuel, il faut absolument le rénover avant de le louer. Et même s'il est en bon état à l'achat, il faudra toujours prévoir un budget annuel pour le rafraîchir et l'entretenir. Ce n'est pas parce que les locataires vivent dans de vieux immeubles qu'ils ne sont pas exigeants sur le confort et la qualité des prestations du logement (fenêtres et portes qui ferment mal, humidité, etc.).

À l'exception du dispositif Robien dans l'ancien qui se révèle difficile à mettre en œuvre, acheter un « vieux » logement offre peu d'avantages fiscaux exceptionnels, outre le Besson ancien (voir chapitre 12, p. 192) qui se révèle être, dans certains cas, une bonne solution.

Détail qui mérite d'être souligné : le montant des travaux tout comme les intérêts du crédit qui les financent sont déductibles de vos revenus fonciers.

Un peu de décence !

Depuis un décret de la loi solidarité et renouvellement urbains paru le 30 janvier 2002, tout bien destiné à la location doit être « décent ». Que signifie ce terme ? Beaucoup de choses en fait (voir chapitre 4, p. 56). Résumons : d'abord l'immeuble doit être en bon état d'entretien et de solidité. Une rampe d'escalier détériorée, des canalisations d'eau et de gaz en mauvais état ou une toiture non étanche sont des signes évidents de non-décence des parties communes. Quant au logement proprement dit, chacune de ses pièces doit offrir au moins 9 m^2 de surface et être dotée d'au moins d'une prise ou d'un point d'éclairage. Il faut également au minimum une fenêtre par pièce. La réglementation est très stricte concernant l'état des pièces d'eaux (cuisine, salle de bains ou WC). Quelques mauvais exemples qui nécessiteront obligatoirement des travaux : l'absence d'eau chaude, pas d'évacuation des eaux usées par un siphon, un éclairage non protégé qui présente un risque d'électrocution, des WC situés à l'extérieur de l'immeuble, etc. Bref, la liste des critères de décence est longue et précise. Sachez que les Agences départementales d'information sur le logement (ADIL) ainsi que le site Internet du ministère du logement disposent de fiches et de brochures détaillées sur le sujet.

En tant qu'investisseur, rien ne vous empêche d'acheter un logement non décent. Mais vous serez obligé d'en effectuer la remise en état qui le rendra conforme à la loi avant de le louer. Comment faire pour effectuer les « bons » travaux ? Quelles sont démarches à faire ? Adressez-vous à des professionnels. Surtout, n'oubliez pas que vous pouvez bénéficier d'aides à la réhabilitation distribuées par l'Agence nationale pour l'amélioration de l'habitat (ANAH).

Tenter la subvention de l'ANAH

L'Agence nationale pour l'amélioration de l'habitat (ANAH) distribue des subventions aux propriétaires bailleurs qui souhaitent améliorer le confort de leur logement. Attention : les travaux de petit entretien, d'embellissement et de réhabilitation lourde (modification importante du gros œuvre) ne peuvent pas bénéficier de cette aide. Les seuls travaux qui bénéficient de ce coup de pouce sont ceux qui concernent la sécurité, la salubrité ou l'équipement du logement (chaudière, pose de fenêtres, création de salle de bains, etc.), ainsi que les travaux d'accessibilité ou d'adaptation aux personnes à mobilité réduite ou handicapées physiques et les travaux en faveur du développement durable (économie d'énergie, économie d'eau, isolation acoustique). Près de 85 000 logements locatifs ont bénéficié de cette aide en 2004.

Quels sont les logements concernés ? Des habitations achevées depuis au moins quinze ans. Cette condition d'ancienneté ne s'applique pas aux travaux destinés à faire des économies d'énergie ou à ceux réalisés pour adapter un logement aux besoins de personnes handicapées.

Quelles sont les conditions d'octroi ? La subvention de l'ANAH n'est pas un droit, autrement dit elle ne vous est pas systématiquement accordée. Si elle l'est, vous devrez vous engager sur certains points : une fois les travaux réalisés, le logement décent doit être loué pendant neuf ans (à compter de la déclaration d'achèvement des travaux) et occupé à titre de résidence principale.

Quel est le niveau de l'aide ? Le taux de subvention est de 20 % du montant des travaux mais il peut monter jusqu'à 70 % si vous vous engagez à respecter un plafond de loyer et si le logement est situé dans une Opération programmée d'amélioration de l'habitat (OPAH) ou s'il s'inscrit dans un Programme social thématique pour le logement des personnes défavorisées (PST).

La subvention de l'ANAH est cumulable avec le prêt conventionné, le prêt locatif social, le prêt d'épargne logement et emprunt bancaire classique (voir chapitre 27, p. 411). En revanche, elle ne s'ajoute pas au prêt à taux zéro (voir chapitre 27, p. 378), sauf pour financer des travaux destinés à faciliter l'accès aux personnes handicapées ou à mobilité réduite.

Où déposer votre dossier ?

Il est impératif de faire la demande de subvention avant de démarrer les travaux. Vous devez déposer votre dossier à la délégation locale de l'ANAH.

Pour des travaux compris entre 1500 et 15000 euros hors taxes, il existe une procédure simplifiée et accélérée. Au-delà de 15000 euros de dépenses, vous devez constituer un dossier plus copieux (devis détaillés, plan de financement prévisionnel, plans et croquis, copie éventuelle de l'extrait d'insalubrité, etc.) et bien sûr les délais de décision sont plus longs.

Au dépôt du dossier, le délégué local de l'ANAH accuse réception de votre demande dans un délai de quinze jours pour la procédure simplifiée et d'un mois pour l'autre. Attention, cet accusé de réception ne vaut pas promesse de subvention. D'ailleurs, mieux vaut ne pas démarrer les travaux avant d'avoir l'acceptation ou le refus de la demande. Il faut compter entre un et deux mois pour obtenir une réponse. Cette dernière est donnée après examen de votre dossier par la commission d'amélioration de l'habitat composée de représentants des propriétaires, des locataires et de personnes qualifiées dans le domaine de l'habitat.

Pour toute information, adressez-vous à la délégation de l'ANAH de la Direction départementale de l'équipement (DDE). Le département concerné est celui où se situe l'immeuble dans lequel les travaux sont prévus.

Libre ou occupé ?

Acheter libre pour louer ensuite, c'est souvent le premier réflexe de ceux qui se lancent dans l'investissement locatif. Évidemment, la question ne se pose pas si vous achetez sur plans ou si le logement ancien est inhabitable en l'état.

Néanmoins, vous avez aussi la possibilité d'acheter un bien occupé, autrement dit avec un locataire déjà en place. Depuis quelques années, des sociétés en charge de la commercialisation d'immeubles « à la découpe » (voir chapitre 3, p. 46) proposent aux investisseurs ce type de biens.

Quels sont les avantages ? D'abord, vous bénéficiez d'une décote sur le prix d'achat, malheureusement de plus en plus faible. C'est une façon de compenser le fait que vous « héritez » d'un locataire et que vous ne disposez pas du bien tout de suite. En général, plus la durée du bail restant à courir est importante, meilleur est le rabais. Deux autres paramètres peuvent nuancer cette décote : la nature du bail en cours, le niveau du loyer et l'âge du locataire. S'il s'agit d'un bail régi par la loi de 1948 (voir encadré p. 156) où le locataire est quasi indélogeable avec un loyer faible, la décote sera forte.

D'une façon générale, ne vous attendez pas à réaliser une bonne affaire en achetant occupé. La décote reste toujours comprise entre 5 et 10 % jamais plus. Elle est savamment calculée par le vendeur (souvent un professionnel) et elle correspond d'assez près aux prix du marché.

Autre atout du logement occupé ? Pas de surprise concernant la rentabilité du placement puisque vous connaissez le loyer avant même d'investir. Certaines sociétés spécialisées dans la vente « à la découpe » ont mis en place toute une logistique d'aide aux investisseurs en quête de rendement. Elles proposent des fiches avec des simulations financières, donnent des conseils en matière de régime fiscal. Attention : n'espérez pas de miracle, malgré la décote, les rendements sont un peu inférieurs à 3 % pour de beaux immeubles parisiens bien placés, mais peuvent tout de même monter jusqu'à 7 % pour des bâtiments plus standard.

Autre avantage et non des moindres : nul besoin de remuer ciel et terre pour trouver un locataire, puisque le vôtre est déjà là. Malgré le changement de propriétaire, le bail reste en vigueur et court jusqu'à la date prévue.

Enfin, dernier point positif : avant d'acheter, vous bénéficiez d'un historique concernant le locataire en place. Grâce aux documents fournis par le bailleur, vous avez accès à ses références. Est-il bon payeur ? Depuis combien de temps habite-t-il là ? Quels sont ses revenus ? Vérifiez toujours que le bail est en règle et examinez bien les conditions prévues en cas de révision de loyer ou de reconduction de la location.

N'hésitez jamais pas à rencontrer votre futur locataire. Discutez avec lui pour connaître ses intentions : a-t-il envie de partir ou de rempiler ? C'est aussi l'occasion de savoir s'il n'y a pas de conflit latent avec le propriétaire actuel à propos de telle ou telle réparation ou si logement présente des dégats (infiltrations, etc.). Attention, si vous achetez un bien occupé par une personne de plus de 70 ans et gagnant moins d'une fois et demi le SMIC, cette dernière est protégée par la loi. Vous aurez donc beaucoup de mal à récupérer votre bien par la suite. Des précautions sont également à prendre si vous devenez propriétaire d'un bien loué sous le régime de la loi de 1948 (voir encadré p. 156).

Un appartement loué en loi de 1948 : jouer la plus-value à long terme ?

Loués depuis des dizaines d'années à un loyer dérisoire par rapport au marché actuel, les appartements régis par la loi de 1948 affichent une rentabilité faible, voire quasi nulle. Ceux qui en sont propriétaires le savent bien et se mordent les doigts de ne rien pouvoir faire pour améliorer cette situation. Pourquoi sont-ils impuissants ? D'abord parce que la durée de la location est indéterminée. Ensuite parce que le locataire en place (souvent une personne âgée) bénéficie d'une mesure de protection qui le maintient dans les lieux sans limitation de durée, même en cas de congé délivré par le bailleur. Enfin, pour récupérer le bien en question, vous devrez proposer à l'occupant un logement équivalent. Ce qui est impossible vu l'écart de loyer existant entre celui de la loi de 1948 et les loyers actuels. Bref, il faut s'armer de patience jusqu'à ce que le locataire parte de lui-même (notamment pour des raisons de santé). Même si ce dernier venait à décéder, le bénéfice du droit au maintien dans les lieux peut être transmis à son conjoint, à ses ascendants, à une personne handicapée ou à enfant mineur, à condition qu'ils aient vécu avec lui plus d'un an. Depuis la loi Méhaignerie du 23 décembre 1986, il est impossible de louer un logement sous ce régime. Le parc s'éteint donc progressivement. En 2004, l'Insee recensait encore 250 000 logements de ce type.

Pourquoi investir dans ce genre de logement ? Cela vous permet de bénéficier d'une forte décote à l'achat, vous pouvez ensuite miser sur une plus-value, mais à très, très long terme…

Si vous achetez un bien directement à un investisseur institutionnel (mutuelle, caisse de retraite, assureur, etc.), ce dernier sera en mesure de vous apporter des informations fiables et transparentes concernant l'immeuble. Il dispose à coup sûr de documents pour justifier la qualité du bien et son entretien régulier. À l'occasion d'une vente « à la découpe », l'immeuble ne dispose pas encore d'un règlement de copropriété. Mais renseignez-vous, le vendeur a déjà fait une estimation des futures charges.

Maison ou appartement ?

À budget égal, vous hésitez entre un appartement en ville ou une maison en banlieue. Chaque type d'investissement à ses particularités, mieux vaut le savoir avant d'acheter.

La maison : la perle rare

Neuve ou ancienne, une maison à louer reste une bonne affaire. Ce type d'habitat fait rêver les Français. À défaut d'en acheter, bon nombre d'entre eux sont prêts à en louer. Même si elle tend à augmenter, l'offre ne satisfait pas la demande. Résultat : ce déséquilibre du marché provoque, depuis déjà plusieurs années, une hausse des loyers. Entre 1995 et 2003, les valeurs locatives des maisons ont augmenté en moyenne de 3,3 % par an, alors que les appartements gagnaient moins de 3 %. Paradoxalement, face à cette forte demande sans cesse soutenue par des ménages mutés et déjà propriétaires, le parc ne se renouvelle pas assez vite. Certes, les maisons individuelles représentent un tiers des logements locatifs construits entre 1998 et 2001, soit 23 % du parc locatif. Mais quand on pense que 88 % du parc locatif français est composé de studios, de deux et trois pièces, on mesure bien le manque de grandes surfaces, et de maisons en particulier.

La martingale gagnante : une petite maison

Pour réaliser un bon investissement locatif, mieux vaut acheter un bien de gamme intermédiaire. Écartez les maisons trop bas de gamme peu séduisantes et les habitations trop luxueuses chères à l'achat et qui ne se loueront pas beaucoup plus cher que les autres. Il y a un niveau de loyer qu'un locataire ne peut dépasser, quel que soit le standing de l'habitation. La surface la plus recherchée reste proche de 100 m² habitables avec trois chambres, deux garages et jardin. Toutefois, les maisons de trois pièces et moins étant peu nombreuses sur le marché de l'ancien (15,9 % de part de marché selon la Fnaim, contre 76,8 % pour les maisons de quatre pièces et plus), la demande est toujours très vive.

N'OUBLIEZ PAS

Autre aspect à prendre en compte : la situation du bien. Les locataires, souvent des familles, recherchent un terrain, de l'espace et du calme. La proximité des établissements scolaires, des commerces et des moyens de transports sont des éléments déterminants qui pèsent lourd dans la décision des ménages.

L'investissement locatif dans une maison offre un certain nombre d'avantages. À superficie égale, la maison coûte moins cher qu'un appartement. Conséquence directe, le taux de rendement est d'un à deux points supérieur à celui d'un logement collectif. Les locataires, souvent des couples avec enfants, sont généralement bons payeurs et s'installent en moyenne pour plus longtemps qu'un étudiant ou qu'un jeune couple logé dans une petite surface. Cette relative stabilité des occupants diminue le risque de vacance du logement et améliore la rentabilité. Enfin, autre facteur important, l'absence de charges de copropriété (ascenseurs, gardiennage, entretien des espaces verts, etc.). Des frais annexes qui peuvent plomber le revenu locatif d'un appartement.

En neuf, pour le Robien

Dans l'ancien, le rendement annuel brut n'est pas très alléchant, il ne dépasse guère 5 %, soit bien moins après impôts. En revanche, l'opération s'avère plus intéressante dans le neuf grâce au dispositif fiscal Robien (voir chapitre 12, p. 186). Avec ce système, le taux de rentabilité brut annuel pour des maisons neuves se situe souvent entre 5,5 et 7 %.

Promoteurs et constructeurs proposent des produits différents. Les premiers réalisent des « maisons en village » vendues en vente en l'état futur d'achèvement (VEFA). Les seconds bâtissent, sur un terrain (isolé ou en lotissement) acheté par le propriétaire, une maison choisie sur catalogue (voir chapitre 21, p. 305).

TRUC

La conception et la construction d'une maison à louer ne diffèrent guère de celles d'une maison que vous habiteriez. Toutefois, il est préférable de choisir des matériaux fonctionnels et résistants. Mieux vaut, par exemple, poser du carrelage dans les pièces du rez-de-chaussée et opter pour un chauffage au gaz plus économique. Les maisons destinées à la location sont la plupart du temps livrées avec la cuisine équipée, le gazon planté et la clôture installée.

En l'espace de quelques années, les promoteurs et les constructeurs ont développé une gamme de services vendus en option à l'investisseur avec la maison. Proposés sous forme de « formules » ou « à la carte », ces services ont pour but de vous faciliter la vie et de sécuriser vos recettes locatives. Moyennant 6 à 8 % des loyers annuels, ce package comprend la gestion locative du bien, une garantie contre les loyers impayés, la vacance et la dégradation votre logement.

Appartement : des charges partagées

N'OUBLIEZ PAS

Attention, la propriété n'a pas que des atouts. En tant que propriétaire d'un bien, vous devez l'entretenir à l'intérieur comme à l'extérieur. Il y a toujours quelque chose à y faire : d'abord, c'est le toit, puis c'est l'isolation, le jardin, la chaudière, etc. Les factures s'accumulent et vous êtes seul à les payer. Au moins, en appartement, donc en copropriété, les dépenses se partagent. Et plus on est de « fous », moins on paye !

Et le gros avantage du logement collectif par rapport à la maison, c'est que la clientèle de locataires potentiels est plus large. Vous ne vous limitez pas seulement à la famille ou à ceux qui ne supportent plus les nuisances de l'habitat collectif (le bruit notamment). Un appartement intéresse aussi bien un étudiant ou un jeune actif qu'un couple de retraités. D'ailleurs, le parc locatif français est à 75 % collectif. L'atout du collectif, c'est son emplacement de choix. Il est presque toujours urbain, et parfois très central.

Souvent moins cher qu'une maison, un appartement peut en outre offrir de nombreux arguments comme de la luminosité en étage élevé, une belle vue, etc.

Petite ou grande surface ?

La question mérite d'être posée quel que soit votre budget. Tout dépend de l'endroit où vous souhaitez investir. Si vous tenez à acheter un bien dans la ville où vous habitez, vous connaissez les prix pratiqués, vous évaluez donc *grosso modo* votre pouvoir d'achat immobilier. Si en revanche vous n'êtes pas fixé sur un lieu, vos possibilités sont plus larges. Savez-vous qu'avec 80 000 euros, vous pouvez payer un petit studio à Paris ou un beau deux pièces à Dijon ? Et que pour 300 000 euros vous pourrez investir dans un trois pièces dans la capitale, un quatre pièces en grande banlieue parisienne ou une maison à Villeurbanne ? Quelle est la combinaison financièrement la plus intéressante ? Zoom sur les avantages et les inconvénients des petites et des grandes surfaces.

La petite surface : ça rapporte mais ça tourne

Si vous visez une rentabilité immédiate et assez élevée, misez sur le studio. Rapporté au mètre carré, son loyer est souvent plus élevé qu'une grande surface dans le même quartier. Selon la Fnaim, le loyer moyen d'une petite surface avoisinait, en 2003, 13,50 euros par mètre carré contre 9 à 10 euros pour des grands appartements (quatre pièces et plus) et 8 euros pour une maison. Autre donnée intéressante : entre 1998 et 2004, les loyers des studios et une pièce ont progressé de 4,5 % par an, contre 2,8 % pour les cinq pièces et plus.

Un coûteux défilé

Grosso modo, la rentabilité annuelle d'une petite surface avoisine 5 à 8 % par an (hors fiscalité) alors que celle des grandes surfaces oscille entre 4 et 6 %. Toutefois, sachez que votre rentabilité doit s'apprécier sur la durée. Le studio est réputé pour connaître une rotation élevée de ses locataires. Normal : les étudiants ou les jeunes actifs sont mobiles. Si c'est pour se rapprocher d'un(e) petit ami(e), prendre une colocation avec des copains ou choisir un quartier plus sympa, ils n'hésiteront pas à partir, et même parfois très vite. La durée moyenne d'occupation d'un studio est de vingt-neuf mois contre deux fois plus pour une maison. Avec ce défilé de locataires, votre logement peut aussi subir des périodes de vacances importantes. Pour peu que votre occupant soit un étudiant, il y a de grandes chances qu'il libère le logement pendant les mois d'été, soit à partir de juin, quitte à revenir en septembre ou en octobre. Au total, quatre mois d'inoccupation par an représentent un réel manque à gagner. Au bout du compte, ces allers et retours font baisser le rendement locatif. Sachez que la succession d'occupants va également détériorer plus vite le logement. Vous serez donc souvent obligé de réaliser des travaux d'entretien. Entre deux locations, prévoyez toujours quelque chose à réparer, à changer ou à racheter. C'est un exercice obligatoire pour maintenir le bien en bon état et donc le loyer au même niveau. Attention : en matière de petits logements, la concurrence est rude. Il y a pléthore de petites surfaces à louer. D'ailleurs, les deux pièces et moins représentent les deux tiers du marché de la location ! Alors pour séduire, le vôtre devra être bien situé, en bon état et ne pas être hors de prix.

Multiplier les studios ?

Pour un même budget, vous pouvez acheter trois studios ou un quatre pièces. Alors, que choisir ? La première option a l'avantage jouer la carte de la diversification, ce qui, en matière de placements, est toujours payant. Par exemple, le départ brutal d'un locataire sur trois ne réduit pas vos rentrées locatives à néant. En multipliant les occupants, vous minimisez aussi le risque d'impayés. Ce serait vraiment jouer de malchance que les trois en même temps entament une grève du loyer du jour au lendemain. Enfin, autre atout en cas de besoin d'argent ponctuel et limité, vous pouvez n'en céder qu'un seul et garder les autres. Toujours au chapitre de la revente : compte tenu de son « petit » prix, un studio s'écoule généralement plus rapidement qu'un grand appartement.

ATTENTION !

Gérer plusieurs biens n'est pas de tout repos (voir chapitre 13, p. 202). Aucun bail n'est conclu à la même date, aucune charge n'est prélevée au même moment et, pour peu que vous ayez souvent des travaux à faire, cela peut vous prendre pas mal de temps. Certes, vous pouvez confier la gérance de vos biens à un professionnel (agence immobilière ou administrateur de biens) mais cela aura un coût. Ces frais, comme toutes les garanties locatives (assurance loyers impayés, dégradation, vacance locative, etc.), sont en partie déductibles de vos revenus fonciers, mais ils grignotent un peu plus votre rendement.

La grande surface : des locataires fidèles et bons payeurs

À l'inverse du studio, la grande surface est peu rentable. Comptez entre 4 et 6 % par an pour un grand logement contre 5 à 8 % pour un petit. Mais il s'agit d'une rentabilité en trompe-l'œil. Sur la durée, vous avez de grandes chances d'être gagnant. Expliquons-nous : les locataires de maison ou de grands appartements sont généralement assez fidèles. Les familles qui y vivent ne partent pas sur un coup de tête. La proximité du lieu de travail du couple, la scolarité des enfants, etc. sont autant de choses à organiser avant de changer de toit. D'après de nombreuses statistiques, les occupants de logements familiaux restent en général deux fois plus temps dans leur logement que les locataires de studios. Cette stabilité vous assure donc de longues périodes sans travaux. C'est aussi moins de risques d'impayés puisque les occupants disposent souvent de deux revenus. Enfin, la pénurie de grands logements joue en votre faveur. Les grandes surfaces représentent seulement 12 % du marché locatif. Ces biens étant rares, vous n'aurez, en principe, pas de problèmes pour trouver preneur.

ATTENTION !

La relocation d'un grand logement peut prendre plus de temps que celle d'un studio. C'est normal, compte tenu du montant du loyer et des exigences de qualité et de confort des locataires (souvent des familles avec enfants). À la revente, le manque de grandes surfaces disponibles sur le marché devrait vous permettre de vous en séparer à un bon prix.

Louer nu ou meublé ?

JARGON

La location d'un logement vide est la plus fréquente, c'est d'ailleurs la plus simple à mettre en œuvre. Toutefois, vous pouvez envisager de louer votre bien avec des meubles, c'est ce que l'on appelle la location en meublé.

Même si elle ne représente que 5 % du parc locatif de l'hexagone, ce type de location était, jusqu'à il y a encore quelques mois, la poule aux œufs d'or pour un bailleur. Ces trois dernières années, le nombre de ces locations s'était multiplié, représentant jusqu'à un tiers des offres dans les annonces de locations parues dans le journal *De particulier à particulier*. Pourquoi un tel engouement ? Bonne alternative à la location classique, cette formule permettait d'afficher de coquets loyers pour de courtes périodes de location (une semaine, un mois) avec, en prime, la possibilité de récupérer le bien loué du jour au lendemain, sans préavis à donner au locataire en place. Mais la loi Borloo est passée par là ! Depuis le 18 janvier 2005, la loi de cohésion sociale est entrée en vigueur et son article 115 a modifié ce régime. La location en meublé est désormais moins favorable aux bailleurs et davantage protectrice des locataires. Ainsi, tout bail signé depuis le 20 janvier 2005 doit avoir une durée minimale d'un an (contre une semaine, un mois, un trimestre précédemment). En outre, tout congé donné par le propriétaire doit respecter un préavis de trois mois. À défaut, le bail est renouvelé par tacite reconduction pour la même durée et aux mêmes conditions, sauf si le propriétaire a prévenu le locataire trois mois avant l'expiration en l'informant du renouvellement des conditions (loyer, bail) ou des raisons du congé.

Si cette loi change la donne d'un point de vue juridique, elle ne modifie absolument pas la fiscalité avantageuse de ce régime (voir chapitre 12, p. 198). Vous avez toujours le choix entre les deux statuts proposés : la location en meublé non professionnel (LMNP, voir chapitre 12, p. 198) et celle en meublé professionnel (LMP, voir chapitre 12, p. 199).

Bien acheter pour bien louer

La location en meublé vous tente ? D'apparence simple, ce type de location, pour être réussi, doit s'effectuer avec rigueur et méthode. Pour être intéressante, la location en meublé nécessite un certain nombre de précautions.

L'emplacement

Pour mettre tous les atouts de votre côté, votre appartement ou votre maison meublé(e) doit se situer dans un secteur où le marché existe pour ce type de biens. Les candidats à la location doivent être nombreux et la demande, régulièrement alimentée. Pour attirer les cadres internationaux en mission, les diplomates ou les étudiants aisés, tous friands de ce type de d'habitat, mieux vaut éviter de proposer un bien en pleine campagne. Ce n'est d'ailleurs pas un hasard si la quasi-totalité des meublés se concentrent dans les beaux quartiers des grandes villes comme Paris, Lyon, Marseille, Bordeaux ou Toulouse.

Les villes situées à proximité des frontières (Nice, Menton, etc.) constituent également des marchés dynamiques. Avec un bien à Strasbourg, vous pouvez loger du personnel européen. Quant au « Genevois français », il est apprécié des fonctionnaires internationaux qui travaillent à Genève, situé à quelques kilomètres de là, la Suisse étant hors de prix pour se loger.

Des risques d'impayés limités

Pour se loger, les diplomates ou les cadres internationaux de grandes entreprises disposent souvent de défraiement de la part de leur employeur (société, ambassade, organisme international). C'est pour vous, bailleur, l'assurance d'avoir des « payeurs » qui ont pignon sur rue et qui s'engagent (paiement du loyer, caution) parfois pour leurs salariés.

La surface

Près de 85 % du marché de la location meublée est composé de studios et de deux pièces. Ces petites appartements sont ceux qui trouvent vite preneur auprès d'étudiants ou de salariés en déplacement. Revers de la médaille, c'est là où les locataires ont le plus la bougeotte. En revanche, si vous avez les moyens d'acheter un grand appartement, vous trouverez sans doute des locataires plus stables. Les familles restent plus longtemps en place pour des raisons scolaires ou professionnelles. Attention, si vous visez une clientèle de cadres internationaux ou de diplomates, sachez que ces derniers seront plus exigeants sur le standing de l'appartement (ascenseur, pièces de réception, etc.), sur la proximité et la qualité des écoles (de préférence bilingues), etc.

Le loyer

Jusqu'à il y a peu, la règle était la suivante : plus la location était courte, plus le loyer était cher. Il n'était pas rare qu'une semaine rapporte autant qu'un mois. Mais l'entrée en vigueur, le 18 janvier 2005, de la loi de cohésion sociale a mis un terme aux baux de courte durée, imposant désormais une durée minimum d'un an (neuf mois pour les étudiants).

Comme dans une location classique (non meublée), la fixation du loyer d'un meublé dépend de l'emplacement, de la surface, de l'état général et des prestations. Aujourd'hui, il est donc risqué de croire qu'un meublé se louera deux fois plus cher qu'un logement vide. La différence de prix avoisine quand même 30 % en faveur du meublé.

Les meubles

Apportez le plus grand soin à l'ameublement. Certes, la loi n'est pas très contraignante sur ce point. Elle précise seulement que l'habitation doit comporter tout ce dont le locataire a besoin dans la vie courante. Il doit être en mesure d'arriver avec ses valises et d'y vivre tout de suite. Ce n'est pas parce que vous avez acheté un lit et trois chaises que le tour est joué. Il faut penser à tout. De la petite cuillère à la poubelle de la salle de bains en passant le grille-pain et le fer à repasser. Rien ne doit manquer. Tout doit être équipé de façon fonctionnelle et surtout en état de marche ! Par exemple, de la vaisselle ébréchée ou cassée doit être changée au plus vite. Achat, remplacement, entretien régulier sont les trois mots d'ordre pour réussir sa location en meublé.

Soignez la décoration et évitez les fautes de goûts. À proscrire également, un mobilier disparate ou vieillot. Tout doit être impeccable et irréprochable avec, si possible, le maximum d'équipement de standing. Si vos meubles ou appareils sont en mauvais état ou si votre logement offre un confort sommaire, voire médiocre, ne vous étonnez pas d'avoir des difficultés à trouver un locataire. Quand bien même vous en trouveriez un, s'il ne s'y plaît pas, il ne s'y éternisera pas.

Soignez la rédaction du bail. Si vous, bailleur, ne faites pas référence dans ce document à des éléments d'équipements essentiels tels que le réfrigérateur, des plaques chauffantes ou une cuisinière à gaz (qui permettent d'avoir une jouissance normale des locaux), le bail est succeptible d'être requalifié selon les termes de la loi du 6 juillet 1989 qui régit les locations nues. Vous y perdriez votre avantage fiscal.

Une bâtisse de caractère ou un monument historique ?

Vous souhaitez réaliser un investissement locatif dans un bel immeuble de caractère et bénéficier d'une déduction fiscale ? Alors l'acquisition d'un logement sous le régime de la loi Malraux ou en Monuments historiques est une solution envisageable (voir chapitre 12, p. 194).

Très encadrée, cette opération immobilière qui consiste à réhabiliter entièrement un immeuble historique mérite d'être examinée avec attention. Si le charme des belles pierres et le coup de pouce fiscal paraissent séduisants, ces beaux atours cachent parfois des déconvenus. Un foncier et/ou une restauration trop chers, une opération mal ficelée suivie d'un redressement fiscal salé suffisent à transformer cette opération en gouffre financier.

Pour éviter les erreurs d'appréciation, il faut veiller au bon déroulement de toutes les étapes de ce long processus. En effet, deux à trois ans peuvent s'écouler entre l'acquisition du bien devant le notaire et l'arrivée du locataire dans les lieux. Autant dire qu'il vous faut avoir les reins solides pour supporter les charges avant l'encaissement tardif des premiers loyers. D'ailleurs, l'acquisition en Malraux ne concerne pas tous le monde. Pour optimiser la déduction fiscale, il faut être taxé à la plus haute tranche marginale d'imposition.

Avant d'acheter

La publicité concernant les programmes immobiliers Malraux est assez confidentielle. Seuls quelques spécialistes évoluent sur ce marché dont l'offre est réduite. En raison des prix trop élevés dans les grandes métropoles (Paris, Lyon, Lille), les programmes de rénovation d'immeubles historiques se concentrent, depuis quelques années, dans les villes de taille moyenne telles que Bayonne, Blois, Poitiers, Sarlat, Saintes, ou Périgueux.

Les prix

Le prix au mètre carré est un critère déterminant pour se rendre compte du sérieux de l'opération. La dépense réelle correspond au prix du terrain ajouté à celui des travaux. Afin de disposer d'un bon effet de levier fiscal, le prix avant rénovation doit être faible et celui des travaux le plus élevé possible. Pourquoi ? Parce que seuls les travaux bénéficient de l'avantage fiscal. Dans Paris *intra-muros*, le foncier pèse actuellement près de 70 % du coût total de l'opération, ce qui est trop cher pour rendre une opération financièrement intéressante. Dans les grandes métropoles régionales, le prix du terrain représente 50 à 60 % de l'investissement et, dans les villes moyennes, seulement 20 à 30 %. Ce sont dans ces derniers secteurs que les opérations seraient les plus intéressantes. Toutefois, il ne faut perdre de vue que la facture totale doit toujours rester « en phase » avec le marché immobilier local.

Outre leur originalité architecturale, ces bâtiments à restaurer ont de nombreux points communs : ils se situent en centre-ville dans les quartiers historiques et la plupart offrent des intérieurs de caractère avec de belles hauteurs sous plafond, des boiseries et parquets d'époque et de superbes cheminées. Les logements proposés à la vente sont de tous types, du studio à l'appartement familial, avec souvent des surfaces atypiques pour « épouser » les formes du monument historique. Le ticket d'entrée est variable selon les marchés immobiliers locaux. Quelques rares programmes débutent à moins de 100 000 euros, mais d'autres peuvent dépasser 500 000 euros. Méfiance ! Contaminées par les prix élevés de l'immobilier, les opérations Malraux ont tendance à flamber.

Demandez le programme !

Avant de signer, soyez attentif à ne pas surpayer le bien sous prétexte que l'avantage fiscal vous procurera un rendement supplémentaire. Il faut toujours oublier un instant cette carotte fiscale et se demander si le bien en lui même plaît toujours. Comme dans toute opération immobilière, les intérêts financiers et patrimoniaux sont cruciaux. Il ne faut pas perdre de vue qu'à la revente, l'avantage fiscal ne sera pas transmissible, l'acheteur potentiel ne s'attachera donc qu'à l'emplacement du bien et à ses qualités intrinsèques. Il faut donc acheter au bon endroit et au bon prix.

Pour les néophytes qui visitent le bien vendu sous le régime de la loi Malraux ou en monuments historiques, l'état de délabrement, voire de ruine, de certains immeubles peut effrayer. Toutefois, ce n'est pas le seul critère à prendre en considération, la situation du bien est déterminante. Avant d'acheter un logement qui ne sera pas votre lieu de résidence, n'hésitez surtout pas à vous déplacer pour vous faire un jugement.

Détail important : veillez au sérieux du professionnel qui va se charger de la restauration et de celui qui commercialise le programme. Choisissez de préférence une société qui a pignon sur rue et qui peut vous montrer plusieurs réalisations à son actif. En Malraux, le dispositif juridique, fiscal et architectural est particulièrement draconien et doit être respecté à la lettre sous peine de redressement fiscal. Depuis le toilettage de la loi Malraux en 1995 et les arrêtés du Conseil d'État en 1998 et 2000, la situation s'est clarifiée et les règles du jeu sont mieux définies. La prudence s'impose encore pour tirer le meilleur parti de l'article 156-1-3 du code général des impôts qui autorise l'imputation sur le revenu global du déficit foncier engendré par ces travaux de restaurations immobilières.

Pendant les travaux

C'est à cette étape de l'opération que sont concentrés les plus gros risques de redressement fiscal. Les démarches engagées pour réaliser les travaux et leur nature sont scrupuleusement spécifiées par la loi. Au moindre faux pas, le fisc s'en mêle.

Lorsque les lots de l'immeuble sont (presque) tous vendus, les acquéreurs doivent se réunir en assemblée générale de copropriété au cours de laquelle ils décident de se constituer en Association foncière urbaine (AFU). Cette structure doit assumer le rôle de maître d'ouvrage, c'est-à-dire qu'elle doit décider des travaux, contrôler leur réalisation et les payer en adressant des appels de fonds à ses membres. Avant le premier coup de pioche, l'obtention auprès de la préfecture d'une autorisation spéciale est indispensable. Pour les immeubles classés monuments historiques, l'architecte des Bâtiments de France doit donner son feu vert à la restauration et contrôler en étroite collaboration avec les propriétaires le bon déroulement des travaux.

Si les membres de l'AFU ne se sentent pas l'âme de bâtisseurs, l'administration fiscale admet que soit confié un mandat à un professionnel rémunéré. Sous peine de remise en cause de l'avantage fiscal, ce mandat doit toujours être établi avant même que ce professionnel n'ait entamé la moindre démarche. Précision importante : afin de pouvoir répondre à toute interrogation des services fiscaux, très tatillons sur la nature des travaux déductibles, pensez toujours à conserver toutes des factures.

Une opération Malraux reste risquée sur le plan fiscal comme sur le plan financier. Dès le départ, il faut prévoir une marge de majoration des travaux de l'ordre de 5 à 15 %. La raison ? L'achat de l'immeuble est signé avant les travaux, or ce n'est qu'une fois mise à nue que la « carcasse » d'un vieil immeuble révèle ses faiblesses et ses trésors. Restaurer un immeuble est toujours plus contraignant que de détruire et de reconstruire du neuf.

Précisons que ces travaux de réhabilitation permettent de bénéficier, sous certaines conditions, de subventions de l'Agence nationale pour l'amélioration de l'habitat (ANAH) plus importantes que celles normalement octroyées pour les travaux d'amélioration.

Compte tenu des contraintes techniques, il est difficile de s'en sortir à moins de 1 500 euros le mètre carré pour une réhabilitation. La fourchette de prix évolue entre 1 500 et 1 900 euros par mètre carré. La facture monte dès que vous faites appel à des corps de métiers rares (artisan spécialisé dans la ferronnerie, tailleur de pierres, etc.).

Reste qu'il existe des écarts de prix sensibles selon les régions. À travaux équivalents, la facture à Bayonne ou Montpellier est 20 % plus élevé qu'à Nîmes ou Carcassonne. Il faut être attentif à ne pas surpayer l'opération 10 % à 20 % plus cher que le prix d'un logement neuf dans le quartier.

Une chose est sûre, le coût des travaux dans ce genre d'opération peut avoir des conséquences désastreuses sur une rentabilité locative somme toute aléatoire. En général, le rendement d'une opération tourne autour de 3 % par an pour un contribuable imposé au taux marginal d'imposition le plus élevé, mais il tombe à 0 % avec un loyer net de charges égal à 2 % du prix de revient (achat et travaux) et une revente à 80 % de ce total.

La location

Une fois la phase de travaux achevée, la location doit s'effectuer dans la foulée sous peine de se faire rappeler à l'ordre par l'administration fiscale. Vous avez le libre choix du loyer et aucun plafond de ressources n'est requis pour le locataire. Les prix pratiqués localement dans le neuf (ou à défaut, dans l'ancien) haut de gamme constituent un bon repère. L'inconvénient de ces locations ? Même après rénovation, ces hôtels particuliers ou ces nobles immeubles n'offrent presque jamais de places de parking et d'ascenseurs. Cela ne rebute cependant pas les candidats à la location qui apprécient le charme de l'ancien doté du confort du neuf. La clientèle fréquemment attirée par ce type de bien est constituée de jeunes couples d'actifs aux revenus confortables ou des seniors qui désirent quitter la périphérie pour s'établir en centre-ville.

Si au cours des six ans de location, vous aviez des difficultés à trouver un nouveau locataire, sachez que le fisc est en droit d'exiger de vous la preuve que vous avez accompli toutes les démarches nécessaires pour louer ou relouer votre logement dans les meilleurs délais (parution de petites annonces, etc.). Vérifiez toujours par ailleurs que le bien est occupé à titre de résidence principale par votre locataire.

Comme tout placement immobilier, ce type d'opération doit se réaliser pour quinze ans minimum. L'avantage fiscal est certes un bon point, sauf qu'il peut, à terme, être annulé, en cas de revente. Si vous accusez une moins-value lors de la cession, vous aurez alors perdu de l'argent. Avant de vous lancer dans un tel investissement, prenez donc soin de vous entourer de conseils compétents, prodigués par un notaire ou par un professionnel de la gestion de patrimoine.

Investir dans une résidence de tourisme

Vous avez toujours rêvé d'avoir un pied-à-terre à la mer ou à la montagne et, comme tout le monde, vous souhaitez réduire vos impôts ? Alors faites d'une pierre deux coups, conjuguez placement et plaisir : devenez propriétaire d'un logement dans une résidence de tourisme classée (de 100 lits et plus). Concrètement, il s'agit d'acheter un bien situé dans un établissement d'hébergement qui propose aux vacanciers la location de chambres et d'appartements meublés. En contrepartie d'un engagement de location de longue durée – entre neuf et onze ans –, vous pouvez séjourner quelques semaines par an dans votre pied-à-terre et bénéficier d'un rendement annuel garanti compris entre 3,5 % et 4,5 % (net de charges courantes, hors impôt foncier).

L'emplacement, toujours l'emplacement !

Les résidences de tourisme sont en majorité implantées dans les stations stars du littoral et de montagne. Depuis peu, elles sont autorisées à ouvrir leurs portes dans les villes nouvelles (Marne-la-Vallée, Sénart, etc.) et dans les zones de revitalisation rurales (ZRR, voir chapitre 12, p. 197). Ce terme désigne les secteurs qui disposent d'un potentiel touristique mais qui ne sont pas encore bien dotés en infrastructures. Il ne s'agit pas de stations balnéaires ou de stations de ski réputées, mais de secteurs à la campagne ou de moyenne montagne.

ATTENTION !

Soyez toujours exigeant sur la qualité du logement et sur la proximité réelle des loisirs (plages, pistes de ski, piscine, animations, etc.). Ces paramètres seront par la suite les gages d'une location et d'une revente faciles.

Si votre budget le permet, achetez de préférence les appartements aux surfaces généreuses, car les familles, friandes de ce genre de vacances, représentent plus de 50 % de la clientèle des résidences.

Quelques conseils de base pour éviter les mauvaises surprises : ne signez jamais sans avoir visité la résidence ou tout du moins le site où elle s'érigera. Adressez-vous à des promoteurs ayant pignon sur rue.

Des formules d'achat à géométrie variable

Les promoteurs ne manquent pas d'imagination. Plusieurs formules d'achat existent.

Première formule : vous réalisez ce placement uniquement à titre financier sans avoir envie de profiter du logement. Vous signez un bail financier avec l'exploitant. Si au cours de cet engagement, vous changez d'avis et souhaitez finalement séjourner dans votre bien, vous disposez d'une réduction de 15 à 25 % sur le tarif public.

Seconde formule : vous êtes investisseur mais désirez jouir de votre logement pendant vos vacances. Vous avez droit à huit semaines maximum par an et touchez les loyers le reste de l'année. Cette souplesse permet d'en profiter sans que cela se transforme en contrainte et que vous y veniez uniquement pour amortir votre achat.

Si votre destination touristique vous lasse, vous pouvez toujours aller passer vos semaines ailleurs, dans d'autres résidences gérées par le même exploitant. Certaines sociétés ont mis en place des bourses d'échange entre propriétaires. Moyennant moins de 200 euros de frais de dossier, vous pouvez donc profiter de ce service.

Troisième formule : vous profitez du bien quelques semaines et empochez dès le début de la location une avance partielle sur les loyers. En contrepartie, le rendement servi sera moindre, autour de 2 %.

Les prix : du simple au double

Tout dépend de la situation de la résidence. Les prix s'envolent dans les stations touristiques cotées. Un studio de 24 m² à Deauville, au bord de la mer, coûte près de 90 000 euros, hors taxes car vous ne payez pas la TVA soit 3 750 euros le mètre carré. Un deux pièces de 46 m² Saint-Laurent-du-Var avoisine 235 000 euros (hors taxes), soit 5 000 euros le mètre carré. À la montagne, les prix prennent également de l'altitude. Comptez dans les résidences de standing (piscine, hammam, salle de fitness, etc.) entre 9 000 et 10 000 euros le mètre carré à Chamonix, entre 6 000 et 8 000 euros le mètre carré à Méribel ou aux Ménuires. Dans les ZRR, les prix sont plus doux. Pas question de proposer 4000 euros le mètre carré en Ariège, ni de pratiquer les prix de Megève ou de Saint-Tropez. Par exemple, en baie de Somme, un quatre pièces de 59 m^2 situé dans un secteur vert et boisé se vend 130000 euros.

Les avantages

Vous n'avez aucun souci de gestion. Le promoteur du programme organise l'exploitation de votre bien de A à Z afin de vous assurer un seuil minimum de rentabilité. Concrètement, vous signez un bail d'exploitation avec lui. Ce dernier devenant votre unique locataire, il vous garantit le versement assuré d'un montant de loyer forfaitaire, que l'appartement soit loué ou non. Il se charge de meubler le logement et de trouver des occupants.

Les loyers que vous verse l'exploitant constituent des revenus fonciers dont vous pouvez déduire les intérêts d'emprunt. Attention : la déduction forfaitaire des frais est de seulement 6 % (contre 14 % en régime classique) pendant neuf ans.

Acheter une résidence de tourisme, aussi luxueuse soit-elle et aussi bien placée soit-elle, ne suffit pas. Pour que cet investissement soit viable et rapporte des loyers, il faut que la résidence soit bien gérée. Et contrairement à ce que l'on croit, toutes ne le sont pas. Pour être sûr de la qualité du gestionnaire et de sa solidité financière, mieux vaut en choisir un qui a pignon sur rue et qui a fait ses preuves. Les groupes Pierre & Vacances, Odalys, le groupe Lagrange sont par exemple des grands noms du secteur.

Les inconvénients

L'attrait fiscal de cet investissement ne doit pas pour autant occulter de nombreux inconvénients. En voici quelques-uns :

- Des prix d'achats élevés, notamment dans des lieux touristiques réputés.
- La succession quasi hebdomadaire de locataires plusieurs années durant a de fortes chances d'accélérer la dégradation du logement avec, à la clé, des réparations fréquentes. Le risque est au bout du compte de le récupérer dans un état médiocre ou de devoir réinvestir.
- Passer des vacances dans son logement est certes appréciable mais il vous faut programmer longtemps à l'avance votre séjour.
- Vous pouvez rencontrer des difficultés à la revente.

L'achat dans une résidence de tourisme peut s'effectuer dans le cadre du régime de loueur de meublé professionnel (LMP) ou non professionnel (LMNP, voir chapitre 12, p. 198).

Investir dans une résidence de services

On entend par résidences de services les résidences pour personnes âgées, médicalisées, et celles pour étudiants. Il s'agit d'un immeuble d'habitation (essentiellement composé de studios et de deux pièces) avec des services parahôteliers (laverie, restaurant, fourniture de linge de maison, etc.) proposés aux locataires.

Prenons l'exemple de la résidence étudiante. Ce type d'investissement est taillé pour vous si votre mise de fonds avoisine 60 000 à 70 000 euros. Les atouts de cette opération ? Vous bénéficiez de revenus immédiats et réguliers avec une rentabilité brute de 5 à 6 %. En outre, vous vous déchargez des corvées de la gestion locative. Ce sont en effet les gestionnaires exploitants des résidences étudiantes qui s'occupent de tout. Cerise sur le gâteau : l'investissement dans une résidence étudiante ouvre droit à l'avantage fiscal du dispositif Robien, ce qui rend le placement encore plus rentable. Promis à un bel avenir compte tenu du fort déficit de logements étudiants, ce type d'habitat est prisé.

Un marché porteur

Un rapport parlementaire réalisé en 2004 brosse un état des lieux du marché étudiant assez alarmant. Sur les 2,2 millions de jeunes inscrits dans l'enseignement supérieur, 1,3 millions n'habitent plus sous le même toit que leurs parents. Les 150 000 chambres universitaires gérées les CROUS (centres régionaux des œuvres universitaires et scolaires) sont chaque années prises d'assaut et ne répondent en moyenne qu'à seulement 38 % des demandes qui leur parviennent. Bref, il y a pénurie de logements pour les étudiants dans bon nombre de villes universitaires. Dans ce contexte, la construction de résidences avec services rencontre un succès certain. Même si elles sont chères pour des jeunes (environ 450 euros pas mois), au moins sont-ils satisfaits d'avoir trouver un toit. Bref, la demande locative est assurée pour encore de nombreuses années. Voilà de quoi vous rassurer.

À deux pas des facs et des écoles

Logement étudiant ou pas, on en revient toujours au même critère : l'emplacement. Où acheter ? Mettez le cap sur des villes universitaires qui ont du mal à loger leurs étudiants. Lyon, Bordeaux, Nantes, Lille, Toulouse ou Paris en sont. Intéressez-vous aussi aux villes moyennes, mais veillez à ce que l'offre de ces logements n'y soit pas trop abondante par rapport à la population estudiantine. Étonnement, certaines de ces communes comptent davantage de logements étudiants que des villes universitaires importantes. Ainsi, sur le site Internet de l'Association pour le développement du logement étudiant (ADELE), qui représente 80 % de l'offre en matière de résidences avec services, on découvre qu'Avignon (moins de 10 000 étudiants) dispose de douze résidences, alors que Bordeaux (65 000 étudiants) n'en compte que quatorze.

Une fois la ville choisie, optez pour un bien situé dans un quartier proche des écoles, des facultés ou bien desservi par les transports en commun. À condition d'être situé à proximité du campus ou des lieux de cours, le centre-ville est apprécié des étudiants pour son animation (bars, restaurants, boîtes de nuit, cinémas, etc.). Évitez les quartiers excentrés, résidentiels ou trop proches des zones industrielles.

Jouez la carte des services

Pour obtenir l'appellation résidence avec services, un bâtiment qui abrite une résidence étudiante doit offrir trois des quatre prestations suivantes :

- un accueil ;
- le nettoyage des chambres ;
- la location de linge de maison ;
- la possibilité de faire nettoyer son linge.

Même si les surfaces proposées par les promoteurs sont plus généreuses qu'il y a quelques années, fuyez le studio cabine. Optez pour une surface de 18 m² ou plus. Certes vous n'habiterez jamais dans cette résidence, mais mettez-vous à la place de l'étudiant qui va y rester une année, voire davantage. Il y sera nuit et jour pour y dormir, travailler et manger. Sélectionnez les résidences avec des services appréciés par cette clientèle : salle de sport, piscine, salle de billard, etc. Le parking est également un atout supplémentaire.

Moins de jeans, plus de cravates

Les résidences étudiantes le sont de moins en moins. En fait, les gestionnaires n'hésitent pas à mélanger les genres. En plus des étudiants, ces derniers accueillent des salariés en stage, des cadres en déplacement pour quelques mois, etc. Ces logements sont d'ailleurs prisés car ils constituent un bon compromis entre la chambre d'hôtel et la location d'un meublé.

Le prix

En 2005, les résidences étudiantes sont vendues en moyenne entre 2500 et 3500 euros le mètre carré, mais certaines atteignent des prix plus élevés. Ainsi, en banlieue parisienne, le mètre carré avoisine 4000 euros. Vous êtes séduit par le concept et le placement ? Ne sortez pas trop vite votre stylo et votre carnet de chèque. Pour être sûr de ne pas surpayer le bien, renseignez-vous sur les niveaux de prix et les loyers locaux afin de vous assurer qu'ils sont bien en phase avec les rentabilités que vous vante le promoteur. Gardez en mémoire que les loyers réclamés dans ces résidences sont de l'ordre de 450 euros pour 20 m^2 environ. Une coquette somme pour ceux qui les habitent et qui, pour la plupart d'entre eux, ne gagnent pas leur vie. Il faut donc que le logement, son emplacement et ses prestations soient excellents. À choisir, ces locataires préfèreraient se loger pour moins cher.

La gestion déléguée

N'OUBLIEZ PAS

Bien rôdée, la formule est toujours la même : vous signez un bail commercial avec une société de gestion qui s'occupera de tout pendant les neuf premières années de location. Et vous, dans tout ça ? Vous n'avez qu'à encaisser chaque mois un revenu locatif net de charges, garanti par contrat. Sachez que la garantie locative constitue la sécurité de votre investissement. Il est donc crucial que la société en charge de la gestion de la résidence soit financièrement solide. Choisissez-la avec soin : préférez les sociétés d'expérience reconues qui gèrent déjà plusieurs dizaines d'immeubles. S'en remettre à la gestion déléguée ne vous exempte pas cependant pas de certaines obligations. Comme n'importe quel bailleur, vous aurez à régler les éventuels travaux de copropriété et la taxe foncière.

Depuis décembre 2003, l'amortissement Robien peut s'appliquer à l'acquisition d'un logement dans une résidence étudiante. Toutefois, rares sont les promoteurs qui proposent cette solution baptisée « Robien délégué ». Vous pouvez aussi opter pour le statut fiscal de loueur en meublé (voir chapitre 12, p. 198).

Des revenus garantis

Ce placement procure une rentabilité locative nette moyenne de 5 % avant impôt, ce qui n'est pas trop mal pour une mise de fonds modeste et une gestion sans souci.

En fin de location

Après neuf ans de location, que se passe-t-il ? Si comme 80 % des propriétaires, vous choisissez de garder le bien pour continuer à toucher des revenus réguliers, vous avez la possibilité de rempiler pour un nouveau bail de trois, six ou neuf ans avec le même gestionnaire. Le marché locatif étant porteur, tous les gestionnaires sont demandeurs d'un renouvellement de contrat.

Si, à l'inverse, vous souhaitez vous séparer du bien, sachez qu'il existe un marché secondaire. Orchestré par les sociétés de gestion, le marché de la revente est aujourd'hui assez fluide et les prix pratiqués sont corrects. Les acheteurs généralement à la recherche de ce type de placements sont ceux qui souhaitent compléter une opération en loué meublé professionnel (voir chapitre 12, p. 198) auxquels il manque des revenus locatifs pour parvenir à ce statut. Mais méfiance ! Si tout va pour le mieux en période de boom immobilier, la situation peut vite se scléroser en période de baisse des prix ou de crise. D'où l'importance d'acheter un logement au bon endroit sans le surpayer. Ne tablez surtout pas sur une plus-value, vous risqueriez d'être déçu. D'abord parce que les prix sont aujourd'hui à des niveaux élevés, ensuite parce que, comme tout bien, le neuf qui s'achète plus cher que l'ancien se revend quelques années plus tard avec une décote pouvant aller jusqu'à 20 %.

Explorer la piste SCPI pour les bureaux et commerces

L'investissement locatif vous tente mais l'effort financier à fournir est au-dessus de vos moyens. Pourquoi ne pas acheter des parts de société civile de placement immobilier (SCPI) ? Par opposition à l'achat d'un bien en direct, détenir une ou plusieurs parts de SCPI consiste à devenir propriétaire d'un « bout » de portefeuille immobilier composé d'immeubles entiers de bureaux, de logements et de commerces. Dans le jargon du placement, ce type d'investissement est surnommé « pierre papier ».

Comment fonctionne une SCPI ?

Une SCPI collecte des fonds pour acheter des mètres carrés de commerces, de bureaux ou de logements qui, une fois loués, rapportent des loyers. Après déduction de tous les frais (entretien, gestion, impôts locaux, assurance, etc.), la société qui gère ce patrimoine redistribue une quote-part du résultat à chaque associé, c'est-à-dire aux détenteurs d'une ou plusieurs parts. Pour faire simple, cela fonctionne un peu comme une Sicav ou un fond commun de placement que vous achetez dans votre banque. Les parts de SCPI sont d'ailleurs souvent commercialisées par ces dernières. Vous pouvez aussi en trouver auprès de sociétés spécialisées dans ce type de placements.

Il existe six grandes catégories de SCPI :

- les SCPI « classiques diversifiées », comme leur nom l'indique, détiennent de tout : bureaux, locaux commerciaux, murs de magasins, entrepôts, etc. ;
- les SCPI « murs de magasins » misent sur le commerce ;
- les « régionales » investissent dans un secteur géographique, par exemple dans la région lyonnaise exclusivement ;
- les « internationales » disposent d'un patrimoine immobilier situé à l'étranger ;
- les SCPI de « plus-values » misent sur des immeubles qui vont s'apprécier (du style loi de 1948) ;
- les SCPI « fiscales », elles, misent sur les immeubles résidentiels avec un avantage fiscal.

Les avantages

Sur le papier ce placement offre pas mal d'atouts. En voici la revue de détail.

Un ticket d'entrée accessible

Le ticket d'entrée est modeste donc accessible à tous. Moyennant quelques milliers d'euros, vous pouvez devenir détenteur d'une part de SCPI. Cette somme n'a rien à voir avec celle injectée dans un achat en direct dont le prix est au moins dix fois plus élevé.

Une porte d'entrée sur les bureaux et commerces

Investir dans une SCPI, c'est aujourd'hui la seule façon d'investir dans des immeubles entiers de bureaux et de commerces. Étant donnée les sommes mise en jeu, la détention de ces biens en direct est impossible, seuls quelques gros investisseurs (banques, fonds de pension, mutuelles, etc.) en sont capables.

Le rendement

Après plusieurs années noires dues à la crise du marché immobilier, le rendement est redevenu attrayant. Compter autour de 5 % avant impôts pour un insvestissement dans du logement et près de 8 % dans de l'immobilier de bureaux.

Une mutualisation du risque

Tout les banquiers et les conseils en gestion de patrimoine vous le diront : il ne faut pas mettre tous ses œufs dans le même panier. En achetant une ou plusieurs parts de SCPI, vous diversifiez votre patrimoine immobilier puisque vous devenez codétenteur de plusieurs immeubles occupés par des locataires différents. Si l'un d'entre eux ne paie plus, il y a toujours les autres pour alimenter les caisses.

Les inconvénients

Ils existent, il ne faut pas les cacher.

Des frais élevés

Les sociétés de gestion facturent des frais qui affectent le rendement de ce placement. À la souscription, ils s'élèvent à 7 %. Quant aux frais de gestion, ils tournent autour de 8,5 % en moyenne, mais peuvent atteindre 12 %.

Une fiscalité peu clémente

Étant constitués de loyers, les revenus d'une SCPI entrent dans la famille des revenus fonciers imposables au barème général de l'impôt sur le revenu. Mais ils comportent également des gains provenant du placement de votre trésorerie. Ces derniers sont imposables en tant que revenus mobiliers (intérêts, dividendes, etc.). En cas de revente des parts, vous risquez de franchir le seuil de cession des valeurs mobilières qui est de 15 000 euros et donc d'être taxé à 27 % (16 % en prélèvement forfaitaires et 11 % de prélèvement sociaux).

Des rendements faibles, sauf en bureaux

Sauf à investir dans une SCPI de bureaux qui rapporte entre 6 et 8 %, la SCPI, d'habitation par exemple, n'est pas forcément un bon plan placement puisqu'elle ne rapporte que 3 à 5 %. Depuis quelques années, tous les grands groupes propriétaires d'immobilier se délestent de leurs immeubles de logements (en les vendant souvent « à la découpe », voir chapitre 8, p. 106) pour acheter des bureaux. Pourquoi un tel revirement ? L'immobilier d'entreprise est plus simple à gérer et les locataires, plus faciles à faire partir.

En cas de revente

Les parts de SCPI sont difficilement revendables, surtout dès que la conjoncture immobilière se retourne, autrement dit, quand le marché plonge. Par le passé, bon nombre d'épargnants se sont retrouvés coincés avec des parts qui ne valaient plus grand-chose et dont ils ne pouvaient rien faire. En outre, en cas de revente, vous devrez payer 4,80 % de droits d'enregistrement, calculés sur le prix d'achat.

Chapitre 12

Des régimes fiscaux à la pelle

Dans ce chapitre :

- Le b.a.-ba de la fiscalité immobilière
- Le régime « classique »
- Le Robien, c'est trop bien !
- Avez-vous pensez au Besson « ancien » ?
- Louer en loi Malraux pour défiscaliser au maximum
- La « carotte fiscale » de la résidence de tourisme
- Les deux statuts de la location en meublé
- Louer dans les DOM-TOM, la bonne affaire ?

Méhaignerie, Périssol, Besson ou Robien ? Ces noms vous évoquent quelque chose ? Ceux qui ont une mémoire d'éléphant se souviendront peut-être que ces personnes ont été un temps des ministres en charge du Logement. Mais ce n'est pas tout ! Leurs noms sont surtout restés à la postérité du microcosme immobilier parce qu'ils ont été associés à des régimes destinés à redonner aux Français le goût de l'investissement locatif. Pour y parvenir, tous ces ministres ont utilisé la même recette, à savoir une bonne dose d'avantages fiscaux, histoire de rendre l'opération immobilière appétissante. Au fil des ans, ces mesures se sont empilées les unes aux autres. Comment se retrouver dans ce maquis de dispositifs ? Quelle formule choisir ? Autant de questions qui peuvent rebuter voire effrayer le bailleur néophyte que vous êtes. Certes, le premier abord est rude et vous aller devoir vous accrocher pour maîtriser la « bête ». Complexes et formelles, les voies de la fiscalité immobilière ne sont cependant pas impénétrables, loin de là. Laissez-vous guider.

Le B.A.-BA de la fiscalité immobilière

Ne vous bercez pas d'illusions. Les loyers issus d'une location ne restent pas complètement dans votre poche, vous devrez toujours en reverser une partie au fisc sous forme d'impôt. Selon le droit fiscal français, toute personne qui perçoit des revenus fonciers, c'est-à-dire des loyers issus de la location d'immeubles bâtis (logement, magasin, bureau, parking, etc.) ou non bâtis (terrain, étang, etc.) et de parts de SCPI (voir chapitre 11, p. 175) est tenue de les déclarer à l'administration fiscale.

Sachez que les revenus fonciers sont taxés au même barème d'imposition que vos revenus. Par exemple, si vous êtes taxé à hauteur 28,26 %, ce taux d'imposition s'appliquera à vos revenus locatifs.

Malheureusement, les règles de la fiscalité immobilière ne sont pas aussi simples que cela. Ce serait trop facile ! Ainsi, tous les revenus de location ne sont pas des revenus fonciers. Par exemple, les loyers issus de la location d'un meublé constituent, pour l'administration fiscale, le fruit d'une activité commerciale. Ils sont donc taxés comme des bénéfices industriels et commerciaux (BIC). Il en est de même pour les recettes tirées de la location d'un établissement industriel ou commercial avec son matériel d'exploitation (machines, etc.) ou d'emplacements de parking dotés de services (distribution d'essence, services de lavage, etc.).

Bon prince, l'État est généreux avec vous et tous les bailleurs de France et de Navarre. Les revenus fonciers taxables d'une location nue ne sont pas ceux que vous touchez, ils sont inférieurs. Avant de les déclarer, vous avez le droit de pratiquer un certain nombre de déductions forfaitaires et d'amortissements. C'est toujours ça de moins à déclarer, alors profitez-en ! Revue de détail.

Une déduction forfaitaire à géométrie variable

Tous les revenus fonciers que vous touchez – loyers, subvention de l'Agence nationale pour l'amélioration de l'habitat (ANAH) – bénéficient d'une déduction forfaitaire fixe plus ou moins généreuse selon les régimes fiscaux.

Cette dernière est destinée à couvrir sous forme de forfait trois types de charges foncières : l'amortissement du bien loué, ses frais de gestion et ses frais d'assurances. Peu importe le montant réel de ces dépenses. Prenons un exemple : si vous percevez un loyer annuel de 12 000 euros, vous êtes autorisé à déduire, dans le régime classique, 14 % de cette somme. Vous minorez donc vos loyers de 1 680 euros (14 % X 12 000). Vous ne serez donc taxé que sur la base d'un loyer de 10 320 euros (12 000 – 1 680). Attention cet abattement devrait être supprimé en 2006.

Mais la déduction forfaitaire (appelée aussi abattement), soit le pourcentage appliqué, diffère selon les régimes fiscaux. Les taux vont de 6 à 50 % (voir tableau ci-dessous).

Régime	Taux de la déduction forfaitaire
Robien	6 %
Zone de revitalisation rurale (ZRR)	6 %
Périssol	6 %
Classique	14 %
Malraux	14 %
Outre-mer	14 %
Bail rural à long terme	15 %
Quilès	35 %
Microfoncier	40 %
Besson (ancien)	40 %
Robien « très social »	40 %
Droit d'exploitation des carrières	50 %

Dans le cadre des dispositifs Périssol, Besson ou Robien, l'administration fiscale admet que vous déduisiez l'amortissement du bien pour son montant réel. Mais en contrepartie, le taux de votre déduction forfaitaire est réduit à 6 %.

Le micmac des charges déductibles

Autre atout de l'investissement locatif : bon nombre de dépenses réalisées dans le logement sont déductibles de vos revenus fonciers. La liste de cette famille de charges est longue, elle comprend en vrac les frais de gérance et de rémunération du concierge, la taxe foncière sur les propriétés bâties, les travaux d'amélioration, d'entretien, de réparation ou apportant un équipement (chaudière, pose de nouvelles fenêtres, etc.) ou un élément de confort nouveau au logement et les primes d'assurances des garanties de loyers impayés. À vous de faire l'addition de vos dépenses annuelles et de les déduire de vos revenus fonciers.

Reprenons l'exemple précédant, avec comme hypothèse 3000 euros de charges déductibles, le revenus foncier taxable s'établit alors à 7320 euros (10320 – 3000).

Pour simplifier le calcul des charges déductibles à inscrire sur votre déclaration de revenus fonciers, vous êtes depuis peu autorisé à faire une déduction de toutes les charges de copropriété avec une régularisation l'année suivante si le budget prévisionnel côté en assemblée générale s'avère sur ou sous-estimé.

Les intérêts d'emprunts

Enfin, si vous avez eu la bonne idée d'acheter le bien à crédit, vous avez encore le droit de déduire de vos revenus les intérêts annuels et les frais d'emprunt du crédit immobilier. Sans aucune limitation de montant. Mais cette règle change si vous enregistrez un déficit foncier (voir ci-dessous).

Les intérêts d'un crédit relais sont également déductibles.

Un déficit qui ne coûte rien

Une fois cette cascade de soustractions réalisée, vous obtenez finalement le revenu net foncier, c'est-à-dire celui qui sera taxé. Ce solde peut être positif si vos charges sont inférieures à vos loyers ou négatif si vous avez dépensé plus que ce que vous rapporte votre investissement.

S'il est positif, vous reportez ce montant sur votre déclaration de revenus et c'est cette somme qui sera taxée. S'il est négatif, on dit que c'est un déficit foncier. Ce déficit s'obtient lorsque les charges foncières déductibles (intérêts d'emprunt, frais de gérance, taxe foncière…) sont supérieures aux loyers encaissés. Autrement dit, lorsqu'au cours d'une année de location, les revenus ne suffisent pas à absorber les charges.

Aussi étonnant que cela puisse paraître, ce déficit est une très bonne chose pour votre fiscalité car il vous permet faire des économies d'impôts : cette somme sera déduite de votre revenu global et va faire baisser l'assiette de votre impôt sur le revenu.

Toutefois, l'administration a fixé une limite à cette déduction providentielle. Le déficit foncier (hors intérêts d'emprunt) à ôter de vos revenus est limité à 10700 euros par an. Si votre déficit foncier dépasse cette limite de 10700 euros, l'excédent pourra être déduit de vos revenus fonciers des dix années suivantes.

Manier habilement les déficits fonciers peut vous faire réaliser des économies d'impôts non négligeables. La combinaison gagnante pour alléger votre fiscalité ? Faire beaucoup de déficits fonciers et avoir un taux d'imposition élevé.

Vos déficits fonciers sont reportables sur votre revenu global uniquement si vous continuez à louer les biens qui les ont produits pendant au moins trois ans après l'imputation.

La déclaration de revenus fonciers

Lorsque vous percevez des revenus fonciers, vous devez remplir un formulaire consacré à cette catégorie de revenus : soit la déclaration n° 2044, soit la 2044 « spéciale ».

La déclaration n° 2044 est un document de quatre pages concernant les locations ordinaires (régime classique, etc.).

La déclaration n° 2004 « spéciale » est un formulaire de huit pages à remplir si vous possédez directement ou via une société civile immobilière (SCI) des immeubles en nue-propriété, classés Monuments historiques ou situés dans un secteur sauvegardé ou éligible aux amortissements (Robien, Besson, Périssol, etc.).

Si c'est la première fois que vous déclarez des revenus fonciers, ces modèles sont récupérables dans votre centre des impôts ou sur Internet (`www.impots.gouv.fr`).

Si vous avez déjà rempli une des ces déclarations un formulaire vous sera automatiquement adressé à votre domicile.

Louer en régime classique

Le régime du microfoncier

Depuis 1998, la loi a institué un régime de déclaration simplifié, le microfoncier, qui s'applique d'office si vous, bailleur, percevez moins de 15 000 euros par an de loyers. Sur le montant que vous aurez déclaré, l'administration applique un abattement forfaitaire de 40 % représentant l'ensemble des charges de propriété que vous avez pu supporter. Si on regarde depuis l'autre bout la lorgnette, le microfoncier signifie que vous n'êtes imposé que sur 60 % des loyers encaissés.

Par exemple, si vous percevez 10 000 euros, vous ne serez taxés que sur 6 000 euros (10 000 - 40 % X 10 000).

Atout de ce régime ? Les formalités de déclaration sont simples comme bonjour. Vous n'avez qu'un chiffre à noter dans votre déclaration de revenus habituelle. Aucune autre déclaration annexe n'est nécessaire, et sûrement pas la n° 2044 réservée aux revenus fonciers.

L'accès au régime microfoncier vous est interdit si vous bénéficiez déjà d'un avantage fiscal lié aux dispositifs Robien, Périssol, Malraux, Besson, etc.

Le microfoncier cesse de s'appliquer dès l'année où vos revenus dépassent 15 000 euros.

Le microfoncier n'est pas obligatoire, vous pouvez très bien opter pour le régime réel des revenus fonciers et déduire vos charges foncières à leur vrai montant (voir ci-dessous le régime réel). Un conseil : ce régime est intéressant si vous ne prévoyez pas d'avoir des charges importantes (travaux, mensualités de crédit, etc.) au cours des trois années à venir.

Petit rappel : disposer de revenus fonciers signifie que vous possédez déjà des biens loués qui génèrent des loyers.

Le microfoncier pour les SCPI

Le régime du microfoncier est depuis peu applicable si vous êtes propriétaire de parts de société civile de placement immobilier (SCPI) non fiscales (voir chapitre 11, p. 175). Pour bénéficier de cette mesure, vous devez satisfaire à une double condition : percevoir par ailleurs des revenus fonciers issus d'un placement immobilier en direct et déclarer moins de 15 000 euros de revenus fonciers annuels.

Le régime classique

Appelé aussi régime ordinaire, ce dispositif s'applique dès que les loyers dépassent 15 000 euros par an. L'abattement pratiqué sur les loyers imposables est dans ce cas de 14 %. Ce régime ne s'applique qu'à deux conditions : détenir le bien en direct et ne bénéficier d'aucun dispositif d'incitation fiscale. Autrement dit, le régime classique ne concerne pas les locations en Périssol, Besson ou Robien, les parts de sociétés civiles de placements immobiliers (SCPI) ou de sociétés civiles immobilières (SCI). Si vous louez un logement ancien sans condition particulière, vous entrez dans ce cadre

Si vos loyers encaissés n'atteignent pas 15 000 euros, vous pouvez tout de même demander à bénéficier du régime réel. Il suffit de remplir la déclaration n° 2044 et de la joindre à la n° 2042 (c'est le numéro de votre déclaration de revenus).

Si vous estimez que vos charges déductibles dépasseront 26 % (40 % du microfoncier, 14 % du régime classique) de votre revenu foncier brut, bref si votre activité de bailleur est fortement déficitaire, vous aurez intérêt à opter pour ce régime (au lieu du microfoncier).

Attention : l'option pour le régime réel est irrévocable pendant trois ans.

Microfoncier ou régime classique, que choisir ?

Un exemple pour bien comprendre : Simon et Léa D. achètent à crédit un quatre pièces en province qu'ils louent 650 euros par mois. La première année, ils effectuent des travaux d'amélioration d'une valeur de 2500 euros. Ils ont souscrit un emprunt au titre duquel ils peuvent déduire la première année 3000 euros d'intérêts.

S'ils choisissent d'opter pour le régime du microfoncier, leur revenu foncier sera le suivant : revenu foncier brut de 7800 euros (650 X 12) – abattement forfaitaire de 40 % donc de 3120 euros (40 % X 7800), soit un revenu foncier net de 4680 euros qu'ils intègreront à leur revenu imposable.

S'ils optent pour le régime général, leur revenu foncier net s'établira à partir du revenu foncier brut, 7800 euros (650 X 12) – abattement forfaitaire de 14 %, donc de 1092 euros (14 % X 7800) – 2500 euros de travaux – 3000 euros d'intérêts payés dans le cadre du crédit. Le revenu foncier net sera alors de 1208 euros, qu'ils devront intégrer dans leur revenu imposable.

Conclusion : il n'y a pas photo, dans ce cas précis, le régime classique est fiscalement plus avantageux que le microfoncier.

Louer en Robien

Le principe

Lancé le 3 avril 2003, le dispositif Robien, baptisé du nom du ministre du Logement qui l'a mis en place, permet à celui qui achète pour louer de bénéficier d'un avantage fiscal non négligeable. Il lui est possible de déduire de ses revenus fonciers 8 % par an du prix d'achat de son logement pendant cinq ans, puis 2,5 % les quatre années suivantes, ce qui représente une déduction totale de 50 % sur neuf ans.

Au-delà de neuf ans, le propriétaire bailleur peut poursuivre la location pendant une période de trois ans, renouvelable une fois (soit jusqu'à six ans). L'amortissement se poursuit ainsi au rythme de 2,5 % par an. Dans le cas d'une prolongation du dispositif, la déduction maximum atteint 65 % sur quinze ans (soit neuf ans de location obligatoire + six ans de reconduction).

Vous achetez un appartement d'une valeur de 75 000 euros (frais de notaire et d'hypothèque inclus) que vous mettez en location. Vous pouvez déduire des loyers inscrits sur votre déclaration d'impôt : 8 % de 75 000 euros, soit 6 000 euros par an pendant cinq ans, 2,5 % de 75 000 euros, soit 1 875 euros par an les quatre années suivantes. Si les conditions ne changent pas, vous pouvez de nouveau déduire 1 875 euros par an pendant six années supplémentaires. Bref, au bout de quinze ans, vous aurez déduit la coquette somme de 48 750 euros.

En contrepartie de cet avantage fiscal, l'abattement apliqué aux revenus fonciers est de 6 % au lieu des 14 % prévus dans le régime de droit commun.

Les premiers pas du Robien « très social »

Depuis le 1er janvier 2005, il est possible de cumuler l'amortissement Robien avec une déduction forfaitaire majorée de 40 % (au lieu des 6 % prévus). Toutefois, les conditions requises pour collectionner ces déductions fiscales avantageuses sont strictes : le logement (acheté à partir du 1er janvier 2005) doit être loué à des associations d'insertion destinées à aider les personnes défavorisées sans pour autant dépasser des plafonds de loyers et de ressources concernant le locataire.

En 2006, le « Borloo social » devrait entrer en vigueur : il s'agit d'un dispositif fiscal d'incitation à l'investissement locatif qui devrait permettre au bailleur d'armortir 65 % du bien acheté à condition de louer à un locataire sous condition de ressources et de pratiquer un loyer 70 % inférieur au prix du marché.

Grâce au mécanisme de l'amortissement qui renforce le poids des charges déductibles, vous avez de fortes chances de vous retrouver en déficit foncier (surtout les premières années de l'achat où le taux est de 8,5 %). C'est donc une belle économie d'impôt en perspective.

Cette défiscalisation est très appréciable, surtout si vous êtes fortement imposé, notamment à partir de la tranche marginale d'imposition de 37,38 % et au-delà.

L'amortissement fiscal démarre le premier jour du mois de l'acquisition ou de l'achèvement du logement. Ce signal de départ vaut aussi pour les biens dont les travaux de réhabilitation ou de transformation se terminent.

Des conditions strictes pour profiter du Robien

Tous les logements ne sont pas éligibles au dispositif Robien. Voici la liste « officielle » des critères imposés. Dans tous les cas, le logement doit être loué pendant 9 ans au moins.

- un logement neuf achevé ou en vente en l'état futur d'achèvement (VEFA) ;
- un logement construit par vos soins à condition qu'il ait fait l'objet d'une déclaration d'ouverture de chantier ;
- un local non destiné à l'habitation (commerce, bureau, etc.) et transformé en logement ;
- un local à usage mixte (professionnel et habitation) dont au moins les trois quarts de la surface sont occupée par l'habitation ;
- un logement ancien rénové par votre vendeur (marchand de biens, promoteur, etc.) et dont l'acquisition est soumise à la TVA ;
- un logement non décent (voir chapitre 11, p. 151) qui a fait l'objet de travaux de réhabilitation et dont les performances techniques peuvent rivaliser avec celles de logements neufs ;
- des parts de SCPI (voir chapitre 11, p. 175) ;
- un logement « nu » (c'est-à-dire non meublé) situé dans une résidence de retraite ou dans une résidence étudiante, à condition que les prestations de nature hôtelière ou médicale ne soient pas fournies par le propriétaire du logement de manière directe ou indirecte.

Les jours du dispositif Robien sont-ils comptés ?

Le gouvernement envisage de modifier ce dispositif. Il est notamment question de limiter l'avantage fiscal aux logements neufs dont les équipements consommeront entre 8 et 15 % d'énergie en moins par rapport à la réglementation générale. Affaire à suivre.

Sont exclus du dispositif Robien : les résidences hôtelières, étudiantes ou de tourisme qui bénéficient par ailleurs d'autres mesures (locations en meublé professionnel ou non professionnel), les résidences secondaires ainsi que les parkings loués seuls.

Des conditions sur les modalités de la location

En contrepartie de ce cadeau fiscal, l'État impose aux propriétaires de s'engager sur différents points :

- trouver un locataire lors de la première année suivant la date d'achèvement du logement ou de son acquisition ;
- louer le bien non meublé pendant au moins neuf ans ;
- vérifier que le logement est bien la résidence principale du locataire.

Pour les baux conclus en 2005, les loyers mensuels (hors charges) sont plafonnés comme suit :

- 19,19 euros par mètre carré en zone A (agglomération parisienne, Côte d'Azur et agglomération genevoise) ;
- 13,33 euros en zone B (agglomérations de plus de 50 000 habitants et agglomérations chères proches de l'agglomération parisienne, zones littorales ou frontalières) ;
- 9,59 euros en zone C (plafond prochainement révisé).

La liste des communes comprises dans chaque zone est disponible sur le site : `www.equipement.gouv.fr`. Ces plafonds sont révisés chaque 1er janvier sur la base de la moyenne sur quatre trimestres de l'indice du coût de la construction publié par l'Insee.

Ces obligations remplies, vous avez carte blanche pour choisir votre locataire. Peu importe ses revenus. Si vous le désirez, votre occupant peut même être un membre de votre famille (enfant, petit-enfant, parent, grand-parent, neveu, nièce, cousin, etc.) à condition qu'il ne soit pas rattaché à votre foyer fiscal et qu'il vous paye un vrai loyer.

TRUC

Pour être sûr que le futur locataire occupe votre bien en résidence principale, faites inscrire cette condition dans le bail. Si l'occupant ne respecte pas cette clause, vous serez en droit de lui demander des dommages et intérêts.

Déclarer dans les règles

Il ne suffit pas de vouloir « faire du Robien » pour en bénéficier automatiquement. Pour profiter de cet avantage fiscal, vous devez respecter un certain formalisme envers une administration fiscale très pointilleuse. Facultative, l'option pour ce dispositif s'effectue au moment de la déclaration de vos revenus fonciers. Soyez bien sûr de votre choix, car il est ensuite impossible de revenir dessus.

Les documents à joindre à l'administration fiscale sont les suivants :

- l'imprimé 2044 EB disponible dans votre centre des impôts, comportant votre engagement de location ;
- une copie du bail ;
- pour les immeubles que vous avez fait construire : une copie de la déclaration d'ouverture de chantier et de la déclaration d'achèvement des travaux ;
- pour les immeubles transformés en logements : une copie de la déclaration d'achèvement des travaux et une note précisant l'affectation précédente des locaux ;
- pour les logements réhabilités (en Robien ancien notamment), les deux attestations établies par un professionnel indépendant.

N'OUBLIEZ PAS

Ensuite, chaque année, vous devez joindre à votre déclaration de revenus un état établi selon un modèle de l'administration fiscale en faisant apparaître le détail du calcul de la somme déduite au titre de l'amortissement. N'oubliez pas de joindre une note où est précisée l'identité du locataire. En cas de changement de ce dernier, vous devez joindre à votre déclaration une copie du nouveau bail.

En cours de location

En cas de départ du locataire avant la fin du bail, vous devez rapidement lui trouver un remplaçant. Votre délai est de douze mois à compter de l'envoi du congé. Tant que le logement n'est pas loué, l'amortissement fiscal est suspendu. En cas de changement de locataire, vous devez joindre à votre déclaration de revenus une copie du nouveau bail et une copie de l'avis d'impôt sur le revenu du nouveau locataire. N'oubliez pas d'envoyer toutes ces pièces à l'administration fiscale sous peine d'une remise en cause de l'avantage fiscal.

Gares aux foudres du fisc

Revente du bien avant neuf ans, loyer supérieur à celui autorisé, logement laissé vide trop longtemps... Le non-respect des règles strictes du dispositif Robien vous expose à une « requalification fiscale ». Ce terme technique signifie tout simplement que l'administration fiscale remet en cause les avantages fiscaux consentis. En d'autres termes, elle reprend le cadeau qu'elle vous avait accordé. Elle recalcule, sans tenir compte du dispositif Robien, vos revenus et vos impôts sur toutes les années depuis l'acquisition. À vous ensuite de régler la facture. Cette règle ne s'applique pas dans trois cas : l'invalidité, le décès ou le licenciement du bailleur ou de son conjoint.

Quel scénario au bout de neuf ans de location ?

Vous pouvez soit revendre votre bien, soit continuer à le louer. En effet, après neuf ans, vous retrouvez votre liberté de manœuvre. Autrement dit, vous n'avez plus d'engagements à respecter (plafond de loyer, location pour neuf ans, etc.). À l'expiration de la période d'amortissement, l'abattement forfaitaire sur les revenus fonciers de 14 % s'applique. Vous pouvez aussi opter pour le dispositif fiscal applicable dans l'ancien et bénéficier de la déduction forfaitaire de 40 % dans le cadre du régime du microfoncier ou du Besson « ancien », sous réserve de satisfaire aux conditions prévues pas la loi.

Du bon usage du Robien

En théorie, le dispositif Robien est accessible à tous. En pratique, cela est moins vrai : pour en tirer le maximum, c'est à dire faire le plus possible d'économie d'impôts, vous devez à la fois être fortement taxé, acheter à crédit et disposer déjà de confortables revenus fonciers. Bref, un tiercé gagnant qui n'est pas à la portée de tous ! En outre, pour réussir cet investissement, il vous faudra être attentif à l'emplacement du bien, à l'existence d'une demande locative locale et bien évidemment au prix. Reprenons tout point par point.

Acheter à crédit

En achetant à crédit, vous amplifiez les effets de la défiscalisation. En effet, dans le cadre d'un investissement locatif, la loi vous autorise à déduire la totalité des intérêts d'emprunt de vos revenus globaux (ou fonciers). En outre, lorsque vos revenus fonciers d'une année sont insuffisants pour les absorber en totalité, le reliquat d'intérêts déductibles s'impute sur vos loyers des dix années suivantes.

Si vous empruntez 100 000 euros à 5,1 % sur quinze ans, les intérêts représentent la première année 6 651 euros sur les 9 552 euros remboursés. Si vos revenus fonciers s'élèvent à 6 300 euros, vous ne pourrez déduire que 6 300 euros. Le reliquat de 351 euros (soit 6 651 - 6 300) viendra en déduction de vos revenus fonciers des dix années suivantes.

Un exemple pour bien comprendre

Francine achète un appartement de 55 m² d'une valeur de 150 000 euros, dans une ville de plus de 50 000 habitants. Elle dispose de 10 % d'apport personnel et souscrit donc un crédit de 135 000 euros sur quinze ans au taux de 4,5 % (assurance incluse). Le loyer qu'elle perçoit est de 733,15 euros par mois (soit 13,33 – le loyer plafond autorisé par la loi – X 55) et peut compter sur une revalorisation de 1,5 % par an. Quant à la taxe foncière, elle est revalorisée de 2 % par an.

Voici les éléments pour un bilan de l'opération au bout de neuf ans :

- (1) Cumul des loyers annuels : + 84 093 euros
  (Ces loyers correspondent à 13,33 euros par 55 m² multiplié par 12 mois, et revalorisés annuellement de 1,50 % sur les 9 ans.)
- (2) Abattement forfaitaire de 6 % : - 5 046 euros
  (Cet abattement forfaitaire correspond à 6 % des loyers perçus.)
- (3) Amortissement de 8 % pendant 5 ans et 2,5 % ensuite : - 75 000 euros
  (Cet amortissement correspond à 8 % de 150 000 euros pendant 5 ans, et 2,5 % de cette même somme pendant 4 ans.)
- (4) Intérêts d'emprunts déductibles sur 9 ans : - 41 595 euros
  (La mensualité de crédit comprend les intérêts et l'amortissement du capital emprunté, soit 135 000 euros sur 15 ans à 4,50 %.)
- (5) Autres charges (taxe foncière, etc.) : - 2 601 euros
  (La taxe foncière n'est due qu'après deux ans sur un appartement neuf.)

- (6) Déficit foncier imputable sur le revenu imposable : (1) – (2) – (3) – (4) – (5)
- Économie d'impôt total sur 9 ans avec un Taux marginal d'imposition (TMI) de :
  37,38 % : 15 007 euros
  42,62 % : 17 111 euros
  48,09 % : 19 307 euros

  (Calculs réalisés par Delta Finance.)

Dans cet exemple, le déficit foncier provient uniquement de l'amortissement Robien et s'impute donc sur le revenu imposable. En fonction de la tranche d'impôt, on aura donc une plus ou moins grande économie d'impôt.

Disposer de revenus fonciers

Plus vous générez un déficit foncier important, plus vous arrivez à faire baisser le montant des revenus taxables et donc à défiscaliser. Les déficits fonciers peuvent être imputés (c'est-à-dire ôtés) de votre revenu global dans la limite de 10 700 euros.

Louer en Besson « ancien »

Du nom d'un ex-ministre du Logement, Louis Besson, ce dispositif fiscal s'applique aux logements loués sous condition de loyers des occupants sous condition de ressources. Assez peu connu, le dispositif Besson dans l'ancien ne manque pas d'atouts. Il est accessible même si vous louez déjà un logement ancien dans le régime classique. Il suffit d'attendre le départ du locataire en place pour opter pour ce régime. Particularité de ce dispositif : il vous autorise à pratiquer un abattement forfaitaire de 40 % (au lieu de 14 % dans le régime de droit commun) sur vos revenus fonciers durant les six premières années de location. Ce taux peut ensuite être prorogé par période de trois ans.

Les conditions de location

En contrepartie de ce généreux abattement, vous devez vous engager sur plusieurs points :

- louer votre logement non meublé pendant au moins six ans ;
- choisir un locataire qui occupe l'habitation à titre de résidence principale ;
- respecter les plafonds de loyers suivants : 15,34 euros/m^2 en zone A (agglomération parisienne, Côte d'Azur, agglomération genevoise), 10,02 euros/m^2 en zone B (agglomération de plus de 50 000 habitants, communes chères proches de l'agglomération parisienne et dans les zones littorales ou frontalières), 7,50 euros/m^2 en zone C (le reste du territoire) ;
- louer à une personne autre que votre ascendant ou descendant ;
- trouver un locataire dont les ressources sont limitées. Par exemple : pour un couple avec deux enfants, le revenu ne doit pas excéder 65 808 euros en zone A, 45 818 euros en zone B et 40 274 euros en zone C (le revenu ici pris en compte correspond au revenu fiscal de référence N-2 après les abattements de 10 et 20 %).

Les plafonds de loyers fixés pour la province se situant au-dessus du marché et ceux des revenus étant assez élevés, ce régime est tout à fait jouable dans les villes situées dans les zones B et C.

Avec ce système, il vous est impossible de louer à vos ascendants et descendants. Si vous le faites, l'avantage fiscal attaché à ce dispositif est suspendu mais pas remis en cause. La déduction forfaitaire de 40 % est, le temps de cette location, remplacée par le taux de 14 %.

La déclaration

Pour bénéficier de ce régime, vous devez joindre à votre déclaration de revenus fonciers de la première année :

- l'engagement de location formulé sur l'imprimé n° 2044 EB ;
- une copie du bail ;
- une copie de l'avis d'imposition du locataire de l'avant-dernière année précédant celle de la signature du bail.

Louer en Malraux

Investir dans un logement ancien de caractère en le restaurant dans les règles de l'art pour le mettre ensuite en location vous permet de bénéficier du régime dit de location en loi Malraux.

Les conditions d'accès

Pour bénéficier des avantages fiscaux liés à la loi Malraux, plusieurs conditions sont à remplir :

- L'immeuble doit être affecté à l'habitation.
- L'opération de restauration doit se dérouler dans un des 96 secteurs sauvegardés de France ou dans une des 366 zones de protection du patrimoine architectural urbain et paysager (ZPPAUP).
- La restauration doit être réalisée à l'initiative de l'investisseur, sous peine que l'opération soit considérée par le fisc comme une vente en l'état futur d'achèvement (VEFA) et donc non éligible au régime fiscal Malraux. *Exit* donc les opérations clés en main des promoteurs ou des marchands de biens.
- Le bien doit être loué non meublé à usage de résidence principale du (ou des) locataire(s) pour une durée de six ans.
- La location doit s'effectuer dans les douze mois suivant la date d'achèvement des travaux de restauration.

Des avantages fiscaux généreux

À condition de respecter certaines contraintes, ce genre d'investissement permet de soustraire du revenu imposable la totalité des travaux de restauration engagés, sans limitation. Les dépenses déductibles au titre des revenus sont les frais d'adhésion aux associations foncières urbaines (AFU), les travaux de démolition imposés par l'autorité qui délivre le permis de construire, les travaux de reconstruction de toiture ou de murs d'immeubles existants rendus nécessaires par les démolitions imposées, les travaux de transformation d'un immeuble d'habitation qui permettent de rendre certaines parties habitables (combles, grenier, parties communes, etc.) sans pour autant changer le volume existant.

Le déficit foncier créé par ces dépenses se déduit intégralement du revenu global sans aucun plafond. Si cela n'est pas suffisant, l'excédent de déficit foncier restant est reportable sur le revenu des six années suivantes.

Une opération de défiscalisation en Malraux est vraiment intéressante si vous êtes fortement imposé.

Des réductions à la pelle

Outre les dépenses déductibles prévues dans le régime Malraux, il est possible de déduire les intérêts d'emprunt pour l'acquisition du bien et le financement des travaux, de même que les primes d'assurances, les frais de promotion et de publicité pour les immeubles ouverts au public. Les héritiers ou légataires de ce type d'immeuble sont exonérés des droits de succession et de donation, à condition d'avoir signé, avec le ministère de la Culture, une convention à durée indéterminée fixant les modalités d'accès au public et d'entretien du bâtiment.

Investir dans un monument historique

Un immeuble classé monument historique offre une spécificité architecturale dont l'État se veut le gardien. Ce bâtiment est la « la chasse gardée » les architectes en chef des Monuments historiques, garants de sa conservation. Pour bénéficier des avantages fiscaux liés à ce régime, la loi précise que :

- L'immeuble doit être classé monuments historiques ou inscrit à l'inventaire supplémentaire.
- Il ne peut être ni détruit, ni restauré, ni réparé, ni même vendu sans l'autorisation du ministère de la Culture.
- Vous avez une obligation d'entretien. Le préfet de région doit être averti quatre mois à l'avance des éventuels travaux.
- L'accès du monument au public est obligatoire si les travaux ont été subventionnés par l'État.

Aucun engagement de location ne vous est imposé. Libre à vous d'occuper ou non le monument, ou de l'utiliser comme une résidence principale ou secondaire.

La fiscalité

Si l'immeuble génère des revenus imposables (loyers, recettes des droits de visite), la totalité des charges est déductible des revenus fonciers, et s'il existe un déficit foncier, il est imputable sans limite au revenu imposable. L'abattement forfaitaire sur les droits de visite se monte à 1 525 euros pour un immeuble sans parc ni jardin ouvert au public, et à 2 290 euros s'il dispose d'espaces verts.

Si l'immeuble ne génère pas de revenus, les charges foncières peuvent être déduites du revenu imposable.

Si l'immeuble produit partiellement des revenus (dans le cas où le propriétaire occupe une partie des lieux et en loue une autre), les charges foncières se rapportant à la partie de l'immeuble occupé par le propriétaire sont imputables au revenu global. Les autres charges sont prises en compte pour la détermination du revenu foncier. S'il existe un déficit foncier, il est déductible sans limite au revenu imposable.

Louer une résidence de tourisme

Une résidence de tourisme, c'est un appartement situé dans une station touristique au bord de la mer et que le propriétaire peut occuper quelques semaines par an et louer le reste du temps. Pour bénéficier de la fiscalité propre aux résidences de tourismes, vous devez investir dans :

- un logement neuf ou en l'état futur d'achèvement ;
- un logement ancien, achevé avant le 1er janvier 1989 et faisant l'objet de travaux de réhabilitation nécessitant un permis de construire ;
- la réalisation de travaux de reconstruction, d'agrandissement, de grosses réparations ou d'amélioration.

Les conditions de location

Quant aux conditions de location, elles doivent être respectées à la règle. Vous devez :

- louer le logement vide entre neuf et onze ans en signant un bail commercial avec l'exploitant de la résidence de tourisme (qui peut être une société ou un individu) ;

- faire commencer le bail dans le mois qui suit l'achèvement du logement ou son acquisition.

Les avantages fiscaux

En contrepartie du respect de vos engagements, l'Etat vous accorde un cadeau fiscal.

Une TVA remboursée

Alors que l'achat dans un logement neuf inclus le paiement de la TVA à hauteur de 19,6 %, l'investissement dans une résidence de tourisme classée en est exempté. Dans un premier temps, vous la payez mais vous la récupérez par la suite. Pour vous éviter de débourser une somme que vous recouvrerez par la suite, certains promoteurs n'hésitent pas à préfinancer la TVA à votre place chez le notaire. Résultat, l'investissement s'effectue instantanément hors taxes.

Si vous revendez le bien avant vingt ans, vous devrez rembourser une partie de la TVA au fisc. Par exemple, si vous cédez le logement au bout de neuf ans, vous devrez rétrocéder la TVA à hauteur de 11/20.

Un bonus fiscal pour les résidences de tourisme en ZRR

Si la résidence de tourisme (classée) se situe dans une zone de revitalisation rurale (ZRR), vous bénéficiez d'un avantage fiscal supplémentaire prévu par la loi Demessine. Mais avant d'aller plus loin, qu'est-ce qu'une ZRR ? Non, ce n'est pas le cri de l'homme préhistorique, ni même un remake de la comédie d'Alain Chabat qui porte presque le même nom ! Il s'agit d'une appellation jargonnante pour désigner des régions touristiques qui ne sont pas de premier plan et qui ont besoin d'être dopées. La liste des communes situées dans ces secteurs a été définie par décret. Mais pour vous donner une idée, il s'agit souvent de stations de moyenne montagne (Valloire, Val-Cenis, etc.), de rares stations balnéaires (Soulac-sur-Mer) ou encore de communes situées à l'intérieur du territoire (Laon, Saint-Jean-Pied-de-Port, etc.). Au total, ces ZRR concernent tout de même 40 % du territoire.

Si donc vous achetez dans une résidence de tourisme située en ZRR, vous bénéficiez d'une réduction d'impôt égale à 25 % de l'achat d'un logement limité à 50 000 euros pour une personne seule et 100 000 euros pour un couple (marié ou pacsé). Autrement dit, la déduction maximale est de 12 500 euros ou 25 000 euros selon que vous êtes célibataire ou marié. Cette réduction d'impôt est indépendante de votre tranche d'imposition.

Cet avantage fiscal est étalé sur quatre ans. Autrement dit, la déduction maximale annuelle se monte à 3 125 euros (12 500 ÷ 4) pour une personne seule et de 6 250 euros (25 000 ÷ 4) pour un couple.

Si logement nécessite de grosses réparations, des travaux de reconstruction ou d'agrandissement, vous pouvez, en plus, déduire de vos impôts 20 % de ces dépenses. L'avantage fiscal maximum sur quatre ans est limité à 10 000 euros pour une personne seule et 20 000 euros pour un couple. Pour chaque année, la réduction effective ne peut donc excéder 2 500 euros (10 000 ÷ 4) pour une personne seule et 5 000 euros (20 000 ÷ 4) pour un couple Cette mesure vaut pour les appartements à réhabiliter achetés entre le 1er janvier 2004 et le 31 décembre 2006.

Si vous achetez avant fin 2006, un logement en ZRR à réhabiliter, vous bénéficiez d'une réduction de 20 % sur votre investissement (prix d'achat + travaux) à condition que le logement en question ait été achevé avant le 1er janvier 1989. Cette déduction est valable six ans.

Depuis le 1er janvier 2004, le taux de la déduction forfaitaire est de 40 % si vous investissez dans une ZRR avec le dispositif Robien.

Louer en meublé

Ce dispositif s'applique lorsque vous mettez en location un logement équipé de meubles et de fournitures (vaisselle, appareils électroménagers, etc.). En location de meublé, deux statuts coexistent, ils concernent à la fois le neuf et l'ancien.

Le statut du loueur en meublé non professionnel (LMNP)

Ce régime concerne les locations de chambres meublées, les locations saisonnières, la location d'une partie de votre résidence principale, celle d'un appartement dans une résidence de tourisme ou de services (voir chapitre 11, p. 168). Les loyers perçus sont soumis au régime d'imposition sur les bénéfices industriels et commerciaux (BIC). La loi appelle ce régime le statut de loueur en meublé non professionnel (LMNP). Selon le montant des loyers encaissés, trois régimes fiscaux s'appliquent.

Régime de la microentreprise (ou régime micro BIC)

Il s'applique d'office si vos revenus locatifs sont inférieurs à 76 300 euros par an. Alors vous êtes soumis d'office au régime de la microentreprise (ou micro BIC) et bénéficiez d'un abattement forfaitaire de 72 % (avec un minimum de 305 euros). Ce régime fiscal ne vous taxe que sur 28 % des loyers touchés. Une aubaine ! Si le « micro BIC » ne vous convient pas, vous pourrez opter pour le régime réel ou simplifié.

Régime simplifié

Vous pouvez déduire l'intégralité de vos frais et charges (dépenses de travaux, intérêts d'emprunt, taxe foncière, frais de gestion, etc.). Si ces dernières sont supérieures à vos loyers et engendrent donc un déficit foncier, ce dernier est imputable sur votre revenu pendant cinq ans.

Ce régime n'est intéressant que si vos charges sont insuffisamment prises en compte dans l'abattement de 72 % du régime de la microentreprise et qu'elles sont supérieures à 72 % de vos recettes. C'est un régime favorable intéressant si vous prévoyez des travaux.

En optant pour ce régime, les frais de notaire, la taxe foncière, les amortissements sur l'immobilier et le mobilier sont déductibles des loyers.

Régime réel

Vous déduisez ici les charges et les travaux à leur valeur réelle.

Le statut du loueur en meublé professionnel (LMP)

Le statut de loueur en meublé professionnel (LMP) est intéressant si vous mettez en location plusieurs biens meublés. Une des deux conditions suivantes est à respecter : encaisser plus de 23 000 euros de loyers annuels (taxes comprises) ou que ce montant représente plus de 50 % de vos revenus. Autant dire que cela vous concerne si vous êtes capable d'investir entre 310 000 et 460 000 euros dans un ou plusieurs logements. Une situation qui n'est pas à la portée de tous. C'est votre cas ? Alors vous bénéficiez d'une fiscalité avantageuse : vous pouvez déduire l'intégralité de vos charges (intérêts d'emprunt, taxe foncière, amortissement, frais d'achat, etc.) et imputer de vos éventuels revenus commerciaux sans aucune limitation. Vous pouvez être également exonéré(e) de l'impôt de solidarité sur la fortune (ISF) et non imposé sur les plus-values en cas de revente à condition que cette activité représente votre principale source de revenus. Ce statut est donc très intéressant si vous êtes fortement taxé.

Les promoteurs mettent en avant ce statut pour vendre des produits clés en main adaptés à la défiscalisation comme les résidences de tourisme, les résidences étudiantes ou hôtelières, les maisons d'accueil pour personnes âgées dépendantes.

Si vous optez pour ce régime, l'inscription au registre du commerce et le paiement de cotisations sociales sont obligatoires.

Le statut de LMP : pour qui ?

Ce régime est intéressant si vous êtes retraité et que vos les revenus locatifs constituent des revenus professionnels.

Si vous êtes encore en activité, le statut de LMP vous permettra de réduire votre ISF et de percevoir des loyers pas ou peu imposés, puisque vous pourrez déduire à la fois le prix d'acquisition des logements, les éventuels intérêts d'emprunt et les frais de gestion et d'exploitation. Enfin, la gestion de votre parc immobilier à travers une société vous permettra de préparer la transmission de votre patrimoine.

Louer dans les DOM-TOM

La loi Girardin vous accorde une réduction d'impôt si vous achetez un logement neuf, faites construire ou réhabilitez un logement de plus de quarante ans dans les DOM-TOM. Le bien doit constituer la résidence principale de son occupant, qui peut être un locataire ou vous-même, propriétaire. La réduction d'impôt est égale à 25 % des travaux retenus en 2004 dans la limite de 1 796 euros (hors taxes) le mètre carré. La réduction monte à 40 % en loyer libre et à 50 % si le loyer est conventionné (129 euros par an et par mètre carré dans les DOM en 2004). Elle est étalée sur cinq ans. Ainsi, pour un logement de 75 m² payé 276 385 euros à Saint-Denis de la Réunion, la réduction sera calculée sur le plafond de 1 796 euros le mètre carré, soit 134 700 euros. En loyer conventionné, elle s'élèvera à 53 880 euros, soit 10 776 euros pendant cinq ans.

À moins de biens connaître les marchés immobiliers des DOM-TOM, évitez d'acheter si loin ! Une visite sur place est fortement conseillée, à l'occasion de vos vacances ou d'un déplacement professionnel. Mais pour gérer de la métropole, cela ne sera pas simple, à moins d'engager un administrateur de biens local.

Chapitre 13

Propriétaire bailleur : un « métier » à plein temps

Dans ce chapitre :

- Toucher des loyers, c'est bien, mais la location ne se résume pas à ça
- Des assurances en cas de pépins
- Soigner l'entretien
- Et si vous faisiez appel aux services d'un professionnel ?

Tous les bailleurs vous le diront : quelle satisfaction d'encaisser chaque mois son (ses) loyer(s) sur son compte en banque ! Mais contrairement au placement financier immatériel qui crache ses intérêts à date fixe, l'immobilier de rapport est un peu moins fiable. Un tel patrimoine génère des revenus, à condition de veiller sur son logement. Un appartement ou une maison vide quelques mois, un logement dégradé qui fait fuir les candidats à la location ou des impayés de loyers qui s'accumulent et ce sont tous vos espoirs de gains qui tombent à l'eau. « Adieu veau, vache, cochon, couvée », comme dit Perrette en cassant son pot au lait.

N'allez pas donc pas croire que le rôle de propriétaire bailleur se limite à jouer les tiroirs-caisses, surtout si vous gérez vous-même votre bien. Il vous faudra régler de nombreuses dépenses (travaux, dépenses d'entretien, taxes foncières, etc.), payer les impôts (contribution sur les revenus locatifs, revenus fonciers, etc.) mais aussi assurer le relationnel avec le locataire. Autant d'exercices imposés qu'il faudra réussir sans faux pas. Voici comment :

Il n'y a pas que les loyers à encaisser !

Pour percevoir le premier loyer et les suivants, vous aurez à accomplir un certain nombre de démarches qui iront de la recherche du « bon » locataire à la gestion quotidienne en passant par la répartition des charges.

Le choix du locataire

C'est une lapalissade, mais pour toucher un loyer il faut un locataire. Une fois cette évidence énoncée, à vous de vous mettre en quête du meilleur candidat. Sachez que cette étape est cruciale pour votre investissement locatif ; aussi, pour bien la franchir, ne soyez pas avare de votre temps. Passer des petites annonces et faire fonctionner le bouche à oreille sont des moyens efficaces pour commencer à recevoir des coups de fils de candidats à la location. Ensuite, il faudra faire visiter le logement. Et par les temps qui courent, ces visites peuvent être nombreuses. Pour sélectionner le candidat sérieux qui sera en mesure de vous payer rubis sur l'ongle, il faudra récolter de nombreuses informations sur son compte : le niveau de ses revenus, son dernier avis d'imposition, son contrat de travail et son ancienneté, sa situation familiale, sa quittance EDF… Vous pouvez lui demander une photocopie de son livret de famille ou les coordonnées de son employeur ou de son bailleur actuel, histoire de lui passer un coup de fil pour vérifier ses dires. Tout est bon à prendre (caution personnelle, etc.) pour vous faire une idée de sa fiabilité et arrêter votre choix en votre âme et conscience. En revanche, il vous est interdit de lui demander sa carte d'identité, de l'interroger sur ses convictions religieuses ou politiques, d'exiger la copie de ses relevés bancaires pour connaître l'état de ses finances.

L'affaire est conclue avec le futur locataire ? Alors il faut rédiger un bail en bonne et due forme. Ce dernier doit toujours préciser la date de prise d'effet de la location, sa durée, le montant du loyer et les modalités de paiement (périodicité, moyens de paiements, etc.). Plus ce dernier sera précis, meilleures seront vos relations avec votre occupant en cas de pépin ou désaccord. Une simple erreur ou omission peut engendrer de coûteux démêlés avec le locataire.

Le suivi de la gestion au quotidien

Avant de donner les clés à votre locataire, il ne faudra pas oublier de faire avec lui le tour de l'appartement ou de la maison pour établir un état des lieux. Cette étape est nécessaire pour prendre une « photographie » de l'état du logement avant qu'il ne soit occupé. Selon votre souci du détail et celui du locataire, cette visite peut être expédiée, durer une heure ou davantage. Tout va aussi dépendre de la taille du logement. Une maison avec cave, grenier et dépendances sera plus longue à visiter qu'un studio ou une chambre de bonne. Transcrite sur papier, cette visite détaillée permettra de comparer cet état des lieux avec le même dressé à la sortie. Une vitre cassée, un parquet endommagé ou des carreaux descellés, la moindre anomalie doit être notifiée. C'est la meilleure façon d'identifier les éventuelles dégradations et surtout de savoir à qui incombe la réparation.

Vous vous chargez vous-même de la gestion de votre bien? Il faudra donc chaque mois ou chaque trimestre émettre la quittance locative. À vous aussi de régler les charges de copropriété et de faire la part entre celles qui vous reviennent et celles récupérables auprès du locataire. Tous les ans, vous devrez fournir à ce dernier un justificatif des dépenses effectuées. Compte tenu de la complexité des textes de loi, cela n'est pas une mince affaire. Il faudra aussi réagir rapidement en cas de problèmes (fuite, panne de chauffe-eau, etc.). Si les dépenses d'entretien ne vous concernent pas (changement d'un joint), une chaudière défectueuse, une robinetterie cassée ou un store bloqué sont de votre ressort. À vous donc de contacter l'entreprise, de faire établir des devis, de vous assurer de la bonne exécution des travaux et bien sûr de payer!

TRUC

Avant de trouver un successeur à votre locataire sur le départ, prenez soin de remettre le logement en état. Un coup de peinture, un changement de moquette peuvent tout de suite lui donner une autre allure et le rendre plus attrayant. Vous souhaitez majorer significativement le loyer? Le changement d'un lino usagé ou un coup de blanc à la va-vite ne suffiront pas à justifier une telle hausse. Ce sera en revanche le cas si vous refaites à neuf une cuisine, une salle de bains ou installez un chauffage à gaz.

Pensez également à vous occuper de la révision annuelle du loyer (voir chapitre 18, p. 270).

ATTENTION!

Évidemment, cela n'arrive qu'une fois par an, mais il ne faudra pas oublier d'assister à l'assemblée générale de copropriété afin de participer aux décisions prises dans l'immeuble. Certes, vous vous sentez peu concerné par cette «grand-messe» puisque vous ne vivez pas là, mais ce n'est pas une raison. Votre présence est importante car cette réunion peut avoir des conséquences sur votre porte-monnaie. Expliquons-nous: c'est à l'occasion de ce rendez-vous annuel des copropriétaires que sont votés les gros travaux comme un ravalement, un changement de toiture, l'installation d'un ascenseur ou la réfection des parties communes. Autant de frais qui restent à votre charge et qui plombent la rentabilité de votre investissement. Vous aurez toujours de bonnes raisons pour vous convaincre – et les autres copropriétaires avec vous – que ce n'est pas le moment de se lancer dans des dépenses coûteuses. Sachez tout de même que ces frais constituent un mal nécessaire pour conserver l'immeuble dans un bon état. Par ricochet, votre bien n'en sera que valorisé. En outre, il sera davantage attrayant et plus agréable à vivre pour les locataires.

Des logiciels pour vous faciliter la tâche

Il existe des logiciels de gestion locative qui vous seront précieux pour alléger vos tâches les plus répétitives, comme par exemple l'édition de la quittance locative. Ces logiciels apportent également une aide pour établir les lettres ou documents relatifs à la location (bail, état des lieux, rappel de loyers ou autres relances). Certains proposent même une comptabilité relativement simple et de nombreux renseignements sur la législation et la fiscalité.

La répartition des charges

Pas de panique ! Au premier abord, c'est un véritable casse-tête ! Les textes, les arrêtés et les décrets sur le sujet sont fastidieux et souvent complexes. Mais il suffit d'un peu de méthodologie pour s'y retrouver. En matière de répartition des charges, la règle de base est la suivante : le bailleurs ne paie pas la totalité des charges du logement qu'il loue. Une partie est payable par lui – ce sont les charges non récupérables – mais une autre partie incombe au locataire – ce sont les charges récupérables (voir chapitre 19, p. 286).

Les charges récupérables correspondent aux dépenses liées à l'usage du logement et à la jouissance de la copropriété. En résumé, ce sont les dépenses de fonctionnement, celles correspondant à l'entretien courant, aux petites réparations et aux services rendus. C'est par exemple le cas de la consommation d'eau, d'électricité, des ascenseurs, les dépenses liées au nettoyage des parties communes, à l'entretien des espaces verts de la copropriété ou encore la taxe d'enlèvement des ordures ménagères. La liste des charges récupérables est longue, très précise et surtout limitative.

Par opposition, les charges non récupérables sont directement liées à la possession du logement. Également précisées dans ce décret d'août 1987, ces charges – payées par le bailleur – sont nombreuses. Ce sont par exemple la taxe foncière, les frais de dératisation, de location d'une poubelle, de téléalarme de l'ascenseur, etc.

En pratique, le locataire paie son loyer assorti de charges versées sous forme d'une avance (ou provision). Chaque année au moins, les charges sont obligatoirement régularisées et comparées aux dépenses réelles. Cet ajustement donne lieu soit au versement d'un supplément par le locataire, soit à un remboursement par le propriétaire.

Un mois avant cette « mise au point », le bailleur doit envoyer au locataire un décompte individuel et détaillé pour chaque poste de dépense et si besoin lui fournir les factures et autres justificatifs de ces frais.

Donner congé dans les règles de l'art

Louer son logement est une chose, le récupérer en est une autre. La loi française, assez protectrice envers les locataires, ne vous laisse que quelques portes de sortie pour récupérer votre bien libre de tout occupant (voir chapitre 20, p. 292). À vous de connaître les conditions d'un congé en veillant à respecter les délais. La procédure est stricte, au moindre faux pas, le bail est reconduit pour trois ans.

Pensez aux associations de propriétaires !

Tout en gérant vos affaires en solo, vous souhaitez bénéficier d'une aide juridique, fiscale ou demander un simple conseil ? Adressez-vous aux 120 chambres de propriétaires existantes en France. Moyennant un coût d'adhésion d'environ 60 euros par an, elles vous donneront un coup de main ou tout du moins éclaireront votre lanterne sur tel ou tel sujet. Ces organismes seront parfois bien utiles pour vous expliquer les changements de réglementation.

Déclarer ses revenus fonciers

Comme toute recette, les revenus locatifs sont taxés, au même niveau que votre impôt sur le revenu. Chaque année, vous devez remplir une déclaration de revenus fonciers. Les revenus fonciers constituent la somme de toutes vos recettes moins l'abattement forfaitaire et les dépenses (voir chapitre 12, p. 182). À vous de bien maîtriser ces mécanismes pour éviter les erreurs. Attention, le fisc est vigilant, surtout si votre déficit foncier est conséquent. N'hésitez pas à vous faire épauler par un professionnel (avocat, notaire, expert-comptable, etc.) si vous ne vous sentez pas de remplir seul cette déclaration.

La déclaration s'effectue sur l'un des deux formulaires :

- le n° 2044 pour les revenus fonciers classiques, c'est-à-dire les loyers issus de toutes sorte de bâtiments, ruraux ou urbains, à l'exclusion des locations meublées qui relèvent des bénéfices industriels et commerciaux et des immeubles constituant une exploitation agricole, à intégrer dans les revenus agricoles ;
- le n° 2004 spécial, pour les régimes juridiques particuliers comme celui de la loi Malraux (voir chapitre 12, p. 194), les monuments historiques, le démembrement de propriété (séparation entre l'usufruit et le fait d'être nu-propriétaire).

Des assurances en cas de pépins

Pour sécuriser vos revenus, vous pouvez souscrire à des assurances contre les impayés de loyer afin de vous protéger d'une éventuelle défaillance d'un locataire. Reste que ces garanties ont une portée limitée. Toutes n'offrent pas la même couverture et les exclusions sont nombreuses.

Les agents immobiliers et les promoteurs proposent des assurances destinées à se prémunir contre les risques locatifs (vacances, loyers impayés, dégradation du logement, etc.). L'ensemble de ces services est facturé entre 4 et 6 % du loyer mensuel.

Protection loyers impayés : comment choisir ?

La bête noire de tout propriétaire bailleur, c'est de tomber sur un locataire mauvais payeur. Outre le coup de griffe porté à la rentabilité de l'investissement immobilier, une perte prolongée de revenus engendre parfois une situation dramatique surtout si vous utilisez les loyers pour rembourser un emprunt calculé au plus juste. Souvent, cette situation vous oblige à vous lancer dans une procédure juridique longue et coûteuse. Et il faut vous armer de patience car, entre le premier impayé et le moment où vous récupérez votre bien avec éventuellement les retards de loyers, de nombreux mois peuvent s'écouler.

Aussi, pour vous protéger contre ce genre de mésaventure, plusieurs compagnies d'assurances proposent des contrats « assurances loyers impayés ». Quelles garanties offrent-ils ? Une indemnisation financière des loyers non réglés, la prise en charge des frais de recouvrement et de contentieux, une protection juridique et une garantie « dégradation immobilière». Les contrats couvrent le propriétaire dès les premiers impayés, sans aucune franchise. Selon les contrats, le début de l'indemnisation intervient avec effet rétroactif après trois ou quatre mois d'impayés, ensuite les versements s'effectuent chaque mois.

Facultatives, ces assurances peuvent être souscrites soit par l'intermédiaire d'un professionnel de l'immobilier (administrateur de biens, investisseur institutionnel, notaire, etc.) qui a souscrit un contrat de groupe, soit individuellement en contactant directement les assureurs (Cornhill France, Sacapp, Solly Azar). La première solution est souvent financièrement la plus avantageuse pour le particulier. En échange, il doit en revanche donner son bien en gérance au professionnel.

Dans l'ensemble, le coût de cette assurance n'est pas prohibitif. Comptez entre 1,7 et 2,75 % du loyer annuel pour un contrat collectif souscrit chez un administrateur de biens ou dans une banque et entre 3 et 3,5 % pour un contrat individuel. La raison d'un tel écart ? Les professionnels négocient des contrats sur mesure en vue d'assurer plusieurs lots, ce qui permet une mutualisation du risque pour l'assureur qui accepte en contrepartie de baisser le montant des primes.

Des plafonds de garanties

Certains contrats limitent leur indemnisation dans le temps ou dans leur montant, parfois les deux. Le plafond maximum de l'indemnisation excède rarement 65 000 euros par sinistre. À noter que les contrats souscrits individuellement offrent souvent des garanties moins favorables et des restrictions dans le temps et sur le montant.

Les garanties complémentaires

Au-delà des garanties de base, il faut porter votre attention sur les garanties annexes, telles que la protection juridique ou la garantie contre les dégradations locatives.

Incluse d'office dans l'assurance loyers impayés, la protection juridique couvre tous les frais engagés à l'occasion d'un litige (hors impayés de loyers, de charges et taxes) opposant le propriétaire à son locataire. L'assurance prend en charge toutes les dépenses engagées lors d'un règlement à l'amiable ou dans le cadre d'une procédure judiciaire (actes d'huissiers de justice, frais et honoraires d'avocats). Les plafonds d'indemnisation sont plus ou moins généreux. Selon les contrats, ils sont compris entre 2 300 et 4 500 euros.

Les détériorations immobilières (hors l'usure normale des biens) réalisées par un locataire en place ou sur le départ sont prises en charge par l'assureur dans le cadre de l'assurance loyers impayés. Les sommes versées ne peuvent jamais excéder 7000 euros dans les contrats groupe. Pour les assurances souscrites individuellement, les compagnies se montrent moins généreuses.

Les exclusions

La lecture des petites lignes du contrat permet de relever de nombreuses exclusions. Certaines compagnies refusent parfois d'assurer les loyers supérieurs à 3000 euros. Selon les contrats, vous pourrez aussi trouver d'autres exclusions comme les biens immobiliers loués sous le régime de la loi de 1948, les résidences situées dans les DOM-TOM, les locations meublées, les résidences secondaires, les logements loués au conjoint ou à la famille du propriétaire, etc.

Ne pas confondre carence et vacance locative

Jamais proposées dans les contrats individuels, carence et vacance locative sont optionnelles et payantes dans les contrats collectifs. Elles couvrent l'absence de locataire dans deux cas :

- L'assurance « carence locative » indemnise le propriétaire en cas d'absence d'un premier locataire. En contrepartie d'une franchise de un à deux mois selon les établissements, le propriétaire est indemnisé pendant que le logement est vide.
- L'assurance « vacance locative » ou la « garantie d'inoccupation d'un lot » couvre la perte de revenus résultant de la non-location du bien entre deux locataires. Attention, la durée d'indemnisation est très courte : trois mois, six mois au maximum, à compter du départ du locataire (départ avec ou sans préavis) avec parfois des franchises à la clé. Les garanties de vacance locative couvrent partiellement les pertes pécuniaires (80 ou 90 % des loyers).

Carence et vacance locatives sont toujours adossées à un contrat d'assurance loyers impayés. Autrement dit, elles ne peuvent être souscrites seules. En général, le surcoût avoisine 1 à 2 points, ce qui représente avec l'assurance loyers impayés une prime totale comprise entre 3,5 et 4 % du loyer annuel.

Un locataire passé au crible par l'assureur

L'assureur se réserve le droit d'accepter ou de refuser d'assurer un propriétaire contre le risque de loyers impayés. Aussi demande-t-il à ce dernier ou à l'administrateur de biens de lui fournir un certain nombre d'informations sur le locataire.

S'il s'agit d'un locataire déjà en place, il faudra prouver que ce dernier est à jour de ses loyers et qu'il n'a enregistré aucun incident de paiement dans les six, douze ou vingt-quatre derniers mois.

Pour un nouveau locataire, les compagnies se montrent plus exigeantes. Le loyer ne doit jamais représenter plus de 33 % de ses ressources. Plusieurs documents sont demandés, comme les trois derniers bulletins de salaire, des justificatifs de domicile, le dernier avis d'imposition, une attestation de l'employeur de moins d'un mois confirmant que le locataire occupe un emploi à durée indéterminée et qu'il n'est ni à l'essai ni en période de préavis. Certaines compagnies se livrent, à l'insu du locataire, à une petite enquête afin de savoir si dans le passé ce dernier a déjà failli à ses engagements financiers (crédits, factures, etc.). Pour les étudiants, les salariés en contrat à durée déterminée, certaines compagnies réclament une caution solidaire.

Que penser des packs investisseurs des promoteurs?

Utilisées comme argument de vente, les garanties locatives des promoteurs sont apparues au moment des achats massifs des investisseurs en Périssol. En vigueur à la fin des années 1990, ce régime était fiscalement favorable à l'investissement locatif. Afin de mieux coller au nouveau dispositif fiscal Robien, bon nombre de promoteurs ont décidé de proposer de nouveaux packages, toujours destinés à faciliter la gestion du bien. Mises au point par des compagnies d'assurances, toutes ces formules sont vendues clés en main dans les bureaux de vente des promoteurs. En règle générale, la formule de base comprend toujours un mandat de gestion attribué pour une durée déterminée allant de trois à six ans. Ensuite, des formules plus élaborées intègrent l'assurance loyers impayés avec, en option, le couvertures contre la carence et la vacance locative. Si le gâteau est toujours appétissant, chaque promoteur choisit ses ingrédients. Autrement dit, les formules sont déclinées de la plus basique à la plus sophistiquée. En moyenne, le coût annuel d'une gestion sous mandat assorti d'une assurance loyers impayés oscille entre 8 et 10 % des loyers et des charges.

Souscrire une telle assurance s'avère être une bonne solution car, pour un coût modique, cela procure une tranquillité d'esprit appréciable, notamment si les loyers encaissés représentent une partie significative des ressources du bailleur (retraite, etc.) ou servent à honorer des engagements financiers. À titre d'exemple, pour un loyer annuel de 6000 euros (soit 500 euros par mois), la cotisation sera en moyenne de 120 euros par an, ce qui n'est pas excessif.

TRUC

Enfin, petit avantage concernant l'assurance loyers impayés : elle est déductibles des revenus fonciers.

Pas d'impasse sur les travaux

Offrir de bonnes conditions de vie à ses locataires est un gage de location rapide et facile, c'est bon pour le rendement. Mais ce n'est pas tout. Outre le rapport immédiat que cela peut vous procurer, les travaux permettent également de préserver la valeur de votre patrimoine. En cas de revente, vous n'aurez aucun mal à séduire les acheteurs et à en obtenir un bon prix. Bref, il ne faut pas être économe en travaux d'entretien.

N'OUBLIEZ PAS

Point important au chapitre des travaux : ces dépenses sont entièrement déductibles de vos revenus fonciers. Et plus votre taux d'imposition est élevé, plus l'impact de cette déduction est important.

Les travaux d'entretien courant

Offrir une habitation correcte, c'est être en mesure de réparer rapidement les éventuels pannes et dégâts et de ne jamais hésiter à remplacer les matériaux usagés.

ATTENTION !

En général, la décoration d'un appartement (murs, sols et plafonds) est à revoir en moyenne tous les cinq ou six ans, le changement de robinetterie et des sanitaires tous les dix ou quinze ans. En résumé, au bout de vingt ans, un logement doit avoir été rénové de fond en comble.

L'entretien régulier d'une habitation nécessite d'y consacrer entre 5 et 10 % de ses revenus locatifs annuels.

Les travaux de rénovation

À l'occasion d'un changement de locataire, vous pouvez décider de réaliser des travaux importants pour doper votre loyer. Mais attention, il y a travaux et travaux. Passer un coup de blanc sur les murs ou changer la moquette ne suffira pas à justifier la hausse de loyer dont vous rêvez. Seuls les travaux qui améliorent vraiment le confort paient. C'est par exemple le cas de la pose de fenêtres à double vitrage, de l'amélioration de l'isolation phonique, de la rénovation d'une salle de bains ou d'une cuisine, ou encore de l'installation de volets roulants.

Pour mémoire, la loi solidarité et renouvellement urbains (SRU) du 13 décembre 2000 et son décret d'application du 30 janvier 2002 imposent de louer un logement décent (voir chapitre 4, p. 56 et chapitre 11, p. 152). Ce dernier doit disposer d'une installation de chauffage adaptée et en bon état de fonctionnement, d'une alimentation en eau potable chaude et froide et d'une cuisine ou d'uncoin cuisine avec évier.

Des subventions peau de chagrin

Sur le papier, l'Agence nationale pour l'amélioration de l'habitat (ANAH) octroie à un propriétaire bailleur des subventions pour financer de lourds travaux de rénovation (sécurité, salubrité et équipement) réalisés dans son logement de plus de quinze ans. Selon les formules, le taux de subvention varie de 20 à 70 % du prix des travaux, en contrepartie d'un engagement sur la location future (durée du bail, montant du loyer et profil du locataire). Mais en ces temps de restrictions budgétaires, ces subventions sont de plus en plus difficiles à décrocher. L'obtention d'une aide dépend désormais des priorités locales définies par chaque antenne de l'ANAH. Chacune est chargée de distribuer l'enveloppe de crédit qui lui a été allouée. Or, faute de budget extensible, ces dernières privilégient la lutte contre l'insalubrité des logements, notamment dans des quartiers à réhabiliter.

Ne vous ruinez pas, optez pour le milieu de gamme

Ce n'est pas parce que vous n'habitez pas dans le logement que vous devez systématiquement opter pour le produit ou la prestation la plus économique. Mieux vaut parfois investir tout de suite dans de la qualité à un prix plus élevé plutôt que de réparer ou de remplacer tous les six mois un équipement bas de gamme. Pas la peine non plus de tomber dans l'excès inverse et de choisir des équipements de luxe comme de la pierre de lave pour le sol de la cuisine ou une baignoire Jacuzzi dernier cri. Ces matériaux gonfleront à coup sur la facture sans vous permettre de la répercuter sur le loyer. Les équipements de moyenne gamme font très bien l'affaire. Il faut chercher le meilleur rapport qualité prix. Le taux de rotation des locataires étant relativement élevé sur dix ans, il ne faut pas hésiter à installer des matériaux résistants, pratiques et faciles d'entretien.

Les conseils de base

Soignez la robinetterie, les locataires ayant une fâcheuse tendance à ne jamais changer les joints. Pour la douche ou le lavabo, il ne faut pas hésiter à investir dans un mélangeur à tête céramique. Cher à l'achat cet équipement vieillit bien et évite par la suite des problèmes de fuites à répétition.

Pour les pièces d'eau (salle de bains, WC ou cuisine), rien ne vaut un carrelage qui monte de préférence jusqu'au plafond.

Pour les pièces de vie (salon, chambres), évitez les moquettes (acariens, usure rapide, entretien délicat). Pensez à remettre en état le parquet existant ou, si cela n'est pas possible, posez du parquet neuf flottant. Pour les murs, un revêtement de couleur claire et neutre constitue la meilleure option. La pose d'une toile de verre est deux fois plus chère à l'achat qu'un simple papier peint, mais elle offre de gros atouts : épais, ce matériau masque les irrégularités du mur. Ensuite, il est facile d'entretien. Un coup de peinture entre deux locataires et les murs sont propres.

Attention, toutes les dépenses ne sont pas déductibles

Pour l'administration fiscale, seules certaines dépenses peuvent donner lieu à des déductions fiscales. Ce sont celles qui visent à maintenir ou à améliorer la qualité d'un bien. Par exemple, le remplacement d'une chaudière, la rénovation d'une salle de bains ou d'une cuisine.

En résumé, les frais déductibles correspondent aux dépenses engagées pour conserver le revenu, c'est-à-dire maintenir le bien en état. Sont donc exclus les travaux destinés à augmenter la valeur du bien, c'est-à-dire les travaux de construction ou d'agrandissement de la surface louée, comme la réalisation d'une terrasse couverte ou la transformation d'un débarras en chambre.

Déduisez les intérêts d'emprunt

Si vous avez contracté un emprunt pour financer vos travaux, pensez à déduire les intérêts de vos revenus fonciers.

Gestion locative : à prendre ou à laisser

Gérer soi-même un bien n'est pas une sinécure ! Lorsqu'il s'agit d'un seul logement, passe encore, mais dès qu'il y en a plusieurs, cela prend d'autres proportions. Il y a toujours quelque chose à faire : une facture à payer, une réparation à effectuer, un état des lieux à faire, une révision de loyer à appliquer, etc. Si vous avez du temps et si vous y prenez plaisir, tant mieux. Vous n'en serez que plus assidu et vigilant dans votre gestion. En revanche, si la tâche vous rebute ou que vous n'avez pas une minute à y consacrer, mieux vaut alors la déléguer à un professionnel (agent immobilier ou administrateur de biens). De la recherche du locataire aux visites en passant par l'état des lieux, l'entretien courant et le recouvrement des loyers, ce dernier s'occupe de tout. À vous de lui préciser sa feuille de route.

Les plus du professionnel

Choisissez un cabinet d'expérience qui bénéficie d'une bonne réputation. N'oubliez jamais qu'il doit être géographiquement proche du ou des biens dont il aura la charge. Rien de mieux qu'une visite sur place pour régler vite et bien les problèmes ou prendre des décisions efficaces.

Vous pouvez recourir à ses services pour des tâches ponctuelles comme chercher un locataire ou établir un congé. Rompu aux arcanes de la gestion locative, ce professionnel devrait effectuer un sans-faute pour toutes les tâches quotidiennes. Il aura en principe les réflexes adaptés à chaque situation. À coup sûr, il sera en tout cas mieux équipé que vous en logiciels informatiques. Certains ont par exemple mis en place des alertes en cas de retard de paiement du loyer et prévu des relances automatiques.

Concernant les travaux d'entretien courant, ce professionnel dispose d'un carnet d'adresses fourni de sociétés et d'artisans en tous genre (électricien, peintre, maçon, etc.). Grâce à sa connaissance des prix, il est à même d'apprécier un devis et éventuellement de négocier les prix. Chargé de la gestion et l'entretien de plusieurs biens, il dispose d'une marge de négociation face à l'entrepreneur.

S'il est affilié à un réseau immobilier ou à une association professionnelle, il profitera du flot régulier d'informations techniques et juridiques (fiches, documents, etc.) sur les nouveautés du métier et de son exercice. Il y a de fortes chances qu'il soit sollicité pour suivre des formations, des séminaires afin de remettre à jour ses connaissances ou d'approfondir tel ou tel sujet.

Le mandat de gestion

Lorsque vous déléguez la gestion locative de vos biens à un professionnel, signez avec lui un mandat de gestion (article 64 du décret du 20 juillet 1970). Ce dernier doit mentionner le nom du professionnel, sa raison sociale, le numéro de sa carte professionnelle ainsi que l'indication de son adhésion à une caisse de garantie financière. Cette protection est importante car elle le couvre en cas d'erreur ou de faute vous causant un préjudice. Le mandat de gestion doit toujours préciser le contenu de la mission, sa durée et le montant de la rémunération.

Le gestionnaire doit être titulaire de la carte professionnelle « Gestion immobilière ». Il est soumis aux règles impératives fixées par la loi du 2 janvier 1970 (dite loi Hoguet) et son décret d'application du 20 juillet 1972.

Quel contenu ?

Le mandat de gestion courante comprend :

- la recherche d'un locataire stable et solvable ;
- la rédaction du bail et son renouvellement ;
- la perception des loyers ;
- l'émission des quittances,
- le contrôle des décompte de charges réalisés par le syndic et la répartition de ces dernières entre vous et le locataire ;
- le paiement des taxes foncières et des primes d'assurances ;
- la gestion d'éventuels sinistres (dégâts des eaux, etc.) et de contentieux (impayés de loyers, défaut d'assurance, colocation illégale, etc.).

Il existe bien évidemment des nuances dans les tâches qui lui incombe. Ainsi, vous pouvez fixer un montant de travaux au-delà duquel il doit vous consulter et vous présenter les différents devis avant de missionner une entreprise. Vous pouvez également demander à choisir vous-même le locataire après un tri effectué par ses soins.

En général, ce type de mandat ne comprend pas la déclaration des revenus fonciers. Toutefois, vous pouvez prévoir que l'administrateur de bien vous conseille au moment de faire votre déclaration fiscale.

Quelle durée ?

La loi Hoguet (article 70-9) du 2 janvier 1970 précise seulement que le mandat doit être « limité dans le temps », mais mieux vaut fixer une date. Un conseil : ne vous engagez pas sur une période trop longue afin de vous laisser une porte de sortie. La plupart des mandats sont établis pour trois ans, renouvelables par tacite reconduction.

La rémunération

Selon les formules, ces services de gestion sont facturés entre 5 et 10 % du loyer annuel (charges comprises). Pour une simple recherche de locataire, le coût varie entre 10 et 14 % du loyer annuel hors taxes. Une dépense supplémentaire qui écornera un peu plus le rendement du placement, mais qui vous permettra de ne vous occuper de rien.

Sachez que les coûts de gestion d'un bien locatif par un professionnel sont totalement déductibles de vos revenus fonciers.

TRUC

Avant de signer un mandat de gestion, lisez toutes les petites lignes du contrat et faites vous expliquer celles que vous ne comprenez pas, cela évitera des surprises ultérieures. Attention aux honoraires qui sont parfois mentionnés hors taxes!

Demandez lui des comptes!

Mettre un ou plusieurs biens en gestion locative n'est pas une assurance tous risques, loin de là. Ne vous désintéressez pas complètement de vos affaires. Ce professionnel peut être négligeant ou être tenté de se reposer sur ses lauriers si vous ne lui demandez jamais rien. Faites régulièrement le point sur sa mission, ses objectifs ou ses tarifs. Soit il corrige le tir et améliore la qualité de son travail, soit vous allez voir ailleurs.

Chapitre 14

La pierre, un investissement rentable ?

Dans ce chapitre :

- Une fiscalité en cascade
- La plus-value immobilière : une épée de Damoclès sur votre tête pendant quinze ans
- Calculez la vraie rentabilité locative de votre bien

Après l'assurance vie, c'est dans la pierre que les Français aiment placer leurs économies. « Valeur refuge », placement de « père de famille », l'immobilier de rapport a toujours été affublé d'adjectifs sécurisants. Il existe en France environ 5,5 millions de logements locatifs privés. Près de 200 000 appartiennent à des investisseurs institutionnels (compagnies d'assurances, caisses de retraite, mutuelles, etc.) et le reste à des particuliers.

Mais de nos jours, la pierre est-elle un placement rentable ? Difficile de répondre à cette question, car tant que vous n'avez pas revendu, impossible de faire le bilan de votre opération. Néanmoins, si vous avez acheté avant, ou au début, du boom immobilier en 1997, votre opération a de grandes chances d'être gagnante puisque les prix ont quasiment doublé alors que les les loyers ont augmenté de 25 % en huit ans. En revanche, si vous envisagez d'investir en « haut de cycle », rien n'est sûr. La vigilance s'impose. Les prix sont tellement élevés que votre rentabilité n'atteindra pas des sommets. N'oubliez pas qu'elle est en plus grignotée par une suite sans fin de charges, de taxes, de prélèvements et d'impôts en tous genres. À vos calculettes !

Taxes et impôts à tous les étages

En immobilier, l'impact de la fiscalité est loin d'être neutre sur la rentabilité de votre investissement. En devenant propriétaire bailleur, vous devez vous acquitter d'un certain nombre de taxes, d'impôts et de prélèvements. Avec le temps, ces ponctions se font plus lourdes. Résultat ? C'est le rendement de votre placement qui s'amenuise.

La taxe foncière

La taxe foncière sur les propriétés bâties est payée par tous les propriétaires. Même si votre bien est loué vous devrez donc vous en acquitter. Cette taxe qui court à partir du 1er janvier de chaque année est variable selon les régions. Mais pour vous faire une idée, elle représente en moyenne un mois et demi de loyer brut.

Si vous vendez le bien après le 1er janvier d'une année, vous êtes en principe redevable de cette taxe pour l'année entière, sauf si vous avez prévu dans l'acte de vente la répartition de cette taxe avec votre acheteur.

L'impôt de solidarité sur la fortune (ISF)

Peut-être avez vous entendu parler de cette histoire insensée ? De modestes pêcheurs de l'île de Ré, propriétaires de bouts de terrains qui valent aujourd'hui de l'or, se retrouvent taxés à l'impôt de solidarité sur la fortune (ISF) alors qu'ils n'ont pas le sou ! Non imposables sur le revenu, certains d'entre eux, retraités, ont été obligés de vendre tout ce qu'ils possédaient et de puiser dans leurs petites économies pour acquitter cet impôt.

Depuis le début de la hausse en 1997, certains propriétaires se sont enrichis sans rien faire. Ils se retrouvent imposables à l'ISF. Un comble, alors que la plupart d'entre eux ne sont pas plus nantis et que leurs loyers n'ont pas suivi la hausse exponentielle de la pierre. Contrairement à une idée reçue, l'ISF ne touche pas uniquement les gens riches. Ainsi, un couple propriétaire d'un cinq pièces, acheté il y a très longtemps à Paris, d'une résidence secondaire et de deux voitures y est généralement soumis. Avec l'envolée des prix, il est encore plus facile d'atteindre le seuil prévu.

La règle d'imposition est la suivante: si la valeur nette taxable de votre patrimoine dépasse 732000 euros, vous êtes assujetti à l'ISF. Dans le calcul de l'impôt, la résidence principale bénéficie d'un abattement de 20%. Les autres bien(s) immobilier(s) sont imposables «plein pot». La taxation (le barème du taux de l'ISF va de 0,55 à 1,80%) porte sur la valeur vénale du bien, soit sa valeur marchande actuelle.

Cette taxation est loin d'être neutre sur le rendement. Par exemple, si ce dernier est de 2,44% après impôts (voir tableau «Calcul du rendement "net-net"», p. 225) et que l'on applique un taux d'ISF de 1%, le rendement chute d'environ 1 point et passe à 1,44%.

La contribution sur les revenus locatifs (CRL)

Mise en place le 1er janvier 2001, en remplacement de la contribution additionnelle au droit de bail, la contribution sur les revenus locatifs (CRL) s'applique aux immeubles achevés depuis plus de quinze ans. À la charge du bailleur, cette taxe se monte à 2,5% du loyer brut (c'est-à-dire hors charges) perçu au cours de l'année d'imposition. Le loyer brut a une définition assez large car il intègre également les subventions de l'Agence nationale pour l'amélioration de l'habitat (ANAH) (voir chapitre 11, p. 153), les primes de l'amélioration de l'habitat, les indemnités d'assurances pertes de loyers ainsi que les revenus accessoires (droits d'affichage, etc.).

La CRL est due quel que soit le mode de taxation du loyer (revenus fonciers, bénéfices imposables et commerciaux). Elle s'applique également aux locations meublées et aux locations saisonnières. Cette taxe devrait être supprimée en 2006.

Néanmoins, les locaux qui rapportent un loyer annuel inférieur à 1830 euros en sont exonérés, de même que ceux qui sont soumis à la TVA. Lorsque la CRL est inférieure à 61 euros, vous en êtes exempté.

Surnommée par certains bailleurs la CSG Bis, cette taxe est particulièrement douloureuse car elle s'applique aux loyers bruts c'est-à-dire bien avant les déductions et les abattements autorisés.

Les prélèvements sociaux

Depuis 1998, les revenus fonciers – comme d'ailleurs tous les autres placements qui génèrent des intérêts – font l'objet d'une ponction appelée prélèvements sociaux. Depuis le 1er janvier 2005, cette dîme prélevée par l'État est passée à 11 % (contre 10 % précédemment). Cette ponction s'applique sur les loyers nets, c'est-à-dire après les déductions et l'abattement forfaitaire (qui varie de 6 à 40 % selon les régimes).

La fiscalité des revenus fonciers

La taux de taxation appliqué à vos revenus fonciers est exactement le même que celui appliqué à vos revenus. Prenons un exemple : si le taux marginal d'imposition sur votre revenu est de 42,62 %, la ponction sera la même sur vos revenus fonciers.

La taxe sur les logements vacants (TLV)

Pour mémoire, la TLV a été mise en place pour inciter les bailleurs à remettre dans le circuit de la location leurs logements laissés volontairement vides trop longtemps. En 2002, 127 213 logements vides ont été taxés ce qui correspond à une recette de 42,5 millions d'euros.

Même vide, votre logement vous coûte de l'argent ! Expliquons-nous. La taxe sur les logements vacants (TLV) frappe tout propriétaire d'un logement inoccupé depuis plus de deux ans (au 1er janvier de l'année d'imposition). Son taux varie avec la durée de vacance du logement : il est de 10 % de la valeur locative foncière la première année, de 12,5 % la seconde année et de 15 % à partir de la troisième année. La cotisation moyenne avoisine 300 euros.

Cette taxe ne concerne que les locaux habitables sans meubles et pour lesquels le Trésor public ne perçoit pas de taxe d'habitation. Ces logements vides sont d'ailleurs détectés à l'aide du fichier de la taxe d'habitation. Pas besoin de faire une déclaration, l'administration vous retrouvera tôt ou tard.

La TLV s'applique uniquement dans les villes où le marché locatif est tendu, c'est-à-dire là où les prix sont élevés et l'offre de biens réduite. Les huit agglomérations de plus de 200 000 habitants concernées sont Paris, Lyon, Lille, Toulouse, Bordeaux, Montpellier, Nice et Cannes-Grasse-Antibes.

La loi prévoit des exonérations possibles, notamment pour :

- un logement occupé à titre de résidence secondaire ;
- un local dont la remise en état nécessite des gros travaux ;
- un logement condamné à disparaître ou à être transformé dans le cadre d'une opération d'urbanisme ;
- un logement occupé par des « squatters » dont la justice a ordonné l'expulsion ;
- un logement occupé trente jours de suite au cours des deux dernières années ;
- un logement proposé à la location au prix du marché sans avoir trouvé preneur.

ATTENTION !

Un logement vacant remis sur le marché est exonéré de la contribution sur les revenus locatifs (CRL) pendant trois ans dès lors qu'il est loué dans le cadre d'une convention signée avec l'État.

Pour boucler la boucle, l'État verse une partie du produit de cette taxe à l'Agence nationale pour l'amélioration de l'habitat (l'ANAH), dont le rôle est de distribuer des subventions (voir chapitre 11, p. 153) pour aider à la réhabilitation de logements destinés à la location.

Des aides pour remettre votre bien sur le marché

Vous souhaitez louer votre logement vacant ? Ne faites pas l'impasse sur les aides et les subventions existantes. Elles seront par exemple bien utiles pour remettre le bien en conformité aux critères de décence exigés par la loi (voir chapitre 4, p. 56, et chapitre 11, p. 152).

L'ANAH accorde des subventions pour vous aider à financer une partie des travaux (voir chapitre 11, p. 153). En complément de ce coup de pouce financier, vous pouvez aussi bénéficier d'une prime de sortie de vacance de 5 000 euros, à deux conditions : votre logement doit être vide depuis plus de douze mois et le montant des travaux pouvant faire l'objet de subventions doit être de 15 000 euros hors taxes minimum.

Sachez que la Ville de Paris en partenariat avec la Société d'économie mixte de la Ville de Paris (SIEMP) a mis en place un dispositif d'aides aux propriétaires qui souhaitent remettre leur logement en état. En plus de majorer de 20 % la subvention de l'ANAH, la Ville propose également différents services tels qu'une aide à l'évaluation, au financement (un crédit à taux zéro) et à la conduite des travaux. Pour en savoir plus, appelez la Mairie de Paris : 0800 2002 77.

Le conseil régional d'Île-de-France offre une prime de 2 287 euros si vous vous engagez à louer à un certain loyer. Cette prime atteint 4 573 euros si vous passez un conventionnement avec l'État (soit un engagement de location sur la durée et sur le prix, etc.).

Attention : Le cumul des aides publiques directes (mairie, ANAH, région, département, etc.) est possible, mais ne doit jamais dépasser 80 % du montant des dépenses hors taxes.

Plus-value immobilière, la nouvelle donne

Vous avez acheté il y a quelques années un logement (investissement locatif mais aussi résidence secondaire) et souhaitez aujourd'hui vous en séparer ? Rien ne vous empêche de le faire, mais vous devrez payer au passage une dîme à l'État surtout si vous empochez une plus-value. Avec l'envolée des prix enregistrée depuis 1998, vous pourriez être dans ce cas. Vous serez alors passible de l'impôt sur la plus-value immobilière. Profondément remaniée, cette taxation est loin d'être neutre. Il faut en tenir compte à l'heure de la revente. Cet impôt va bien évidemment s'imputer au rendement de votre opération.

Une exonération totale après quinze ans

Au-delà de quinze ans de détention (contre vingt-deux ans auparavant) d'un bien immobilier, vous êtes exonéré du paiement de la plus-value immobilière. En revanche, si vous êtes propriétaire depuis moins de quinze ans, vous n'y couperez pas. La loi prévoit néanmoins un abattement de 10 % par an sur le montant de la plus-value à partir de cinq ans de détention ainsi qu'un abattement forfaitaire de 1000 euros.

Des exonérations revisitées

Si la revente de la résidence principale, l'expropriation ou la revente par un retraité non imposable restent exonérées d'impôt sur la plus-value (comme dans le précédent système), deux nouveaux cas d'exonération font leur apparition : la cession d'un bien n'excédant pas 15 000 euros et les revente par des titulaires de pensions de vieillesse ou de certaines cartes d'invalidité (2e et 3e catégorie) à la double condition de ne pas payer l'ISF (l'avant-dernière année précédant celle de la cession) et de disposer d'un revenu fiscal de référence limité à 7 046 euros pour la première part de quotient familial.

Un mode de calcul simplifié

Pour faire simple, la plus-value est égale au prix de vente moins le prix d'achat. Néanmoins pour calculer la plus-value brute imposable, on n'utilise pas tel quel le prix d'acquisition qui figure dans l'acte notarié. Ce prix est majoré par :

- Des frais d'achat, réels (droits d'enregistrement, honoraires du notaire, frais d'agence, frais de diagnostic obligatoire, etc.), justificatifs à l'appui, ou forfaitaires, à hauteur de 7,5 %.
- Des dépenses liées aux gros travaux, dès lors qu'elles n'ont pas donné lieu à une réduction d'impôt. C'est le cas des dépenses de construction, de reconstruction, d'agrandissement, de rénovation et d'amélioration. Si vous détenez le bien depuis plus de cinq ans, les travaux sans justificatifs peuvent être évalués forfaitairement à 15 % du prix d'acquisition (voir exemple ci-dessous).
- Les dépenses de voiries, de réseaux et de distribution imposées par les collectivités locales.

N'OUBLIEZ PAS

Depuis la dernière réforme, les plus-values immobilières subissent une imposition au taux unique de 16 % auquel s'ajoute les 11 % de prélèvements sociaux (Contribution sociale généralisée et Contribution au remboursement de la dette sociale). La ponction totale s'élève donc à 27 %.

Un règlement immédiat

Finie la déclaration de plus-value rédigée par vos soins plusieurs mois après la revente. C'est le notaire se charge de tout. Il calcule la plus-value, la déclare, la retient sur le prix versé par l'acheteur. Avec cette nouvelle mesure, le paiement de cet impôt est directement prélevé à la source, et aussitôt versé au Trésor. Bref si vous êtes vendeur, vous sortirez de chez le notaire avec votre chèque imputé de l'impôt sur la plus-value.

Calculer la vraie rentabilité locative

Combien vous rapporte votre investissement locatif ? Difficile pour un bailleur de répondre à cette question. La raison ? Le terme rendement recouvre en fait trois définitions. Aussi faut-il savoir de quoi on parle : le rendement « brut » ne prend en compte que les recettes locatives, le rendement « net » intègre en plus les charges courantes et les éventuels travaux du logement et le rendement « net-net » intègre votre fiscalité. Résultat, selon le mode de calcul sélectionné, le rendement d'une même opération est loin d'être identique. Dans notre simulation (voir tableaux n° 1, 2 et 3 dans ce chapitre), il passe de 8 % en brut à 2,44 % en net-net ! Alors, à quel ratio se fier ? Quel est le plus pertinent ? Explications et décryptages.

Le calcul de la plus-value immobilière

Céline et Bruno vendent, le 20 avril 2005, un bien locatif acquis dix ans plus tôt, le 15 mars 1995. Le prix de vente est de 150 000 euros et le prix d'achat était de 68 602 (soit 450 000 francs à l'époque). Voici quel sera le montant de la plus-value à payer :

Calcul de la plus-value brute :

Prix de vente : 150000 € (1)

Prix d'acquisition : 60802 €

Calcul du prix d'achat corrigé

Frais d'acquisition (frais d'agence + frais de notaire) : 8230 € (3430 € + 4800 €) (2)

Montant des travaux : 9120 € (15 % X 60802 €) (3)

Prix d'acquisition corrigé : 78152 € (60802 € + 8230 € + 9120 €)

Montant de la plus-value brute : 71848 € (150000 € – 78152 €)

Calcul de la plus-value imposable

Abattement pour durée de détention : 35924 € (71848 € X 10 % X 5 ans) (4)

Abattement fixe forfaitaire : 1000 €

Montant de la plus-value imposable : 34924 € (71848 € – (35924 € + 1000 €))

Taxation de la value à 27 % (taux de 16 % + 11 % de prélèvements sociaux) : 9429 € (27 % X 34924 €)

Somme versée par le notaire à Céline et Bruno : 140570 € (150000 € – 9429 €)

Le montant de la plus-value à payer s'élève donc à 9429 €

(1) Montant net vendeur en intégrant les diagnostics obligatoires (amiante, termite, surface, etc.).

(2) L'option choisie est ici de prendre en compte les frais réels, mais le forfait à 7,5 % aurait été possible s'il n'y avait pas eu de frais d'agence.

(3) L'option qui s'impose pour un bien locatif détenu depuis plus de cinq ans est le forfait à 15 %. Si le bien est une résidence secondaire, le choix est possible entre les frais réels et l'abattement forfaitaire de 15 %.

(4) Pour mémoire, la loi prévoit néanmoins un abattement de 10 % par an sur le montant de la plus-value à partir de cinq ans de détention. Dans cet exemple, l'abattement joue donc entre la cinquième et la dixième année.

Le rendement brut : rien que les loyers

Ce taux s'obtient à partir d'un calcul simple qui consiste à diviser le revenu locatif annuel par le prix du bien. Ainsi, un logement loué 1000 euros par mois génère un revenu locatif de 12000 euros par an. Pour un appartement acheté 150000 euros, le taux de rentabilité brut annuel s'établit à 8 % (voir tableau n° 1). La rentabilité brute de la première année est souvent plus faible que les années suivantes. La raison ? Il faut compter les dépenses diverses liées à l'opération immobilière (frais de notaire, commission d'agence, frais liés au crédit, etc.). Dans l'exemple cité plus haut, la rentabilité tombe à 7,27 %.

Fréquemment utilisée par les promoteurs comme argument de vente, ce taux est trompeur pour deux raisons. D'abord, cet indicateur est partiel car il ne prend en compte qu'un seul paramètre, à savoir les loyers. Ensuite, ces derniers ne sont que théoriques et ne reflètent pas les aléas d'une location sur la durée.

Le rendement net : le poids des frais

Contrairement à un produit financier dématérialisé, l'investissement immobilier est un bien physique qui nécessite un minimum d'attention. Il faut assurer l'entretien régulier du logement et payer les charges courantes. Ces dépenses sont nécessaires pour maintenir l'habitation en bon état, afin de continuer à la louer au prix du marché. Le rendement net prend à la fois en compte les revenus locatifs (loyers + charges) et les frais d'exploitation. Et, dans ce domaine, la liste est longue ! Par exemple, la taxe foncière annuelle (en moyenne 8 % des loyers), les éventuels honoraires du professionnel en charge de la gestion locative (8 à 10 % du loyer)... Certaines charges de l'immeuble sont certes récupérables auprès du locataire, toutefois les frais de gardiennage, les honoraires de syndic et une partie des frais d'ascenseur sont supportés par le bailleur à hauteur de 5 %.

Il faut aussi prévoir des changements de locataires tous les trois ou six ans. Cette rotation des occupants engendre toujours une période pendant laquelle le bien reste inoccupé et donc ne génère aucun revenu. Comptez un mois sans loyer tous les trois ans, soit près de 3 % du loyer, voir davantage pour les petites surfaces où les locataires bougent plus fréquemment.

Les petits travaux d'entretien courant représentent en moyenne 5 % des loyers. Il faut compter aussi les ponctions obligatoires comme la CRL de 2,5 % et les prélèvements sociaux de 11 %. Au total, si l'on fait le compte des dépenses, c'est plus du tiers du loyer qui s'envole en frais en tout genre (voir tableau n° 2).

Le rendement net-net : une fiscalité à géométrie variable

C'est de loin le taux le plus réaliste, car il intègre en bout de course la fiscalité, qui n'est pas neutre. Une fois l'abattement forfaitaire pratiqué (par exemple 14 % pour le régime classique), la ponction fiscale dépend de votre tranche marginale d'imposition. Il ne faut pas oublier de prendre aussi en compte la déduction des intérêts d'emprunt (en cas d'achat à crédit), celle des dépenses en travaux d'amélioration du confort et l'existence d'autres revenus fonciers. Précisons que ce ratio est corrigé à la baisse si vous êtes assujetti à l'ISF et/ou si vous devez acquitter l'impôt sur la plus-value immobilière en cas de revente du bien avant quinze ans.

Même si nous avons élaboré une méthodologie de calcul simplifié (voir tableaux page 227), il est complexe de s'y retrouver dans les méandres de la fiscalité immobilière. Sachez que les professionnels de l'immobilier disposent de logiciels capables de réaliser des simulations sur mesure. Mais prudence, ces prévisions s'effectuent presque toujours à situation fiscale constante. Or, sur une longue période, vos revenus fluctuent et, par conséquent, votre fiscalité aussi. Autre paramètre sous-estimé dans ces savants calculs : le nombre de personnes composant le foyer fiscal. Ce chiffre peut se modifier avec l'arrivée ou le départ d'un enfant. L'ajout ou le retrait d'une part fiscale n'est pas neutre sur le montant de l'impôt à payer.

Un exemple pour bien comprendre

Isabelle achète dans le centre d'Aix-en-Provence, un trois pièces de 60 m² d'une valeur de 150000 euros. Elle le loue 1 000 euros brut par mois. Son taux marginal d'imposition est de 37,78 %. Voici, étape par étape, l'estimation du rendement locatif de son investissement. En vous servant de cette méthode de calcul simplifié, vous êtes en mesure de calculer le vôtre.

Tableau n° 1 : Calcul du rendement locatif brut

Éléments de calcul	Exemple	Calculez votre cas personnel
(A) Prix d'achat du logement	150000 €	...
(B) Frais d'achat du logement[1]	15000 €	...
(C) Prix frais inclus (A + B)	165000 €	...
(D) Loyer mensuel	1000 €	...
(E) Loyer annuel (D X 12)	12000 €	...
(F) Rendement brut (hors frais d'achat) (E ÷ A)	8 %	...
(G) Rendement brut (frais d'achat inclus) (E ÷ C)	**7,27 %**	**...**

[1] Environ 10 % dans l'ancien

Tableau n° 2 : Calcul du rendement « net »

Éléments de calcul	Exemple	Calculez votre cas personnel
(H) Entretien du logement	- 500 €	...
(I) Charges de copropriété	- 1 800 €	...
(J) Charges locatives remboursées par le locataire	+ 1 200 €	...
(K) Frais de gérance	- 950 €	...
(L) Assurance loyers impayés	- 264 €	...
(M) Frais prévisionnels en cas de changement de locataire	- 440 €	...
(N) Taxe foncière	- 1 000 €	...
(O) Contribution sur les revenus locatifs (CRL) de 2,5 % ((E + J) X 2,5 %)	- 330 €	...
(P) Loyer annuel net de charges (E + J – H – I – K – L – M. – N – 0)	7 916 €	
(Q) Rendement net (P ÷ C)	**4,80 %**	...

Commentaire : Les charges de tous ordres amputent de près d'un tiers le rendement.

Tableau n° 3 : Calcul du rendement net-net

Éléments de calcul	Exemple	Calculez votre cas personnel
(R) Prélèvements sociaux ((E + J) X 11 %)	1 452 €	...
(S) Part imposable des loyers (E + J – 14 %[1] ou E + J – H – I – K – L – N)	6 508 €	...
(T) Part d'impôt sur le revenu imputable aux loyers (au taux de 37,78 %) (S X 37,78 %)	- 2 432 euros	...
(U) Loyer annuel net de charges (P – R – T)	4 032	...
(V) Rendement net-net (U ÷ C)	**2,44 %**	...

Commentaire : Au final, ce taux de 2,44 % est presque quatre fois moins élevé que le rendement brut de départ (8 %). Il est faible aussi comparativement à d'autres placements purement financiers demandant un investissement moindre et pouvant être revendus rapidement.

(1) Ce taux forfaitaire de 14 % ici utilisé s'applique à une location en régime classique. Pour mémoire, il va de 6 % à 50 % selon le régime fiscal choisi (voir chapitre 12, p. 181).

À quel taux se fier ?

Alors, à quel taux se fier ? En fait, tout dépend de information que vous souhaiter obtenir. Si au moment d'acheter vous hésitez entre deux biens, inutile de prendre en compte votre situation fiscale. Le rendement net suffira à départager lequel des deux logements sera le moins gourmand en charges.

Si vous cherchez à connaître l'impact fiscal d'une opération immobilière, le rendement net-net s'avère le plus approprié. En effet, un même bien peut, selon le niveau de votre taux marginal d'imposition et de vos revenus fonciers, générer des rentabilités contrastées.

En dépit de toutes ces méthodes de calcul, à quoi tient finalement une bonne rentabilité locative ? Avant tout au fait qu'il sera occupé par un locataire qui paye un bon loyer. L'emplacement du bien peut garantir ce résultat. Ce dernier doit se situer dans un secteur où la demande locative est forte, pérenne et solvable. Évitez d'investir dans des secteurs chers où le prix élevé rognera la rentabilité, fuyez les quartiers en perte de vitesse où les loyers sont faibles et les locataires en voie d'extinction. Quant à la gestion locative et aux assurances de garantie du loyer, elles influent aussi sur la régularité du rendement. Ce dernier est certes un indicateur appréciable pour juger de l'intérêt d'une opération, mais il ne doit pas être le seul.

Troisième partie

Location, mode d'emploi

Dans cette partie...

Louer un bien immobilier plutôt que l'acheter... Voilà une solution qui paraît économique et raisonnable pour ceux qui ne souhaitent pas se passer un fil à la patte. Mais la location vous lie à un personnage mythique : le propriétaire, le bailleur, le logeur, bref le méchant honni par son locataire qui, d'ailleurs, le lui rend bien. Loin de ces images d'Épinal, les relations entre bailleur et occupant ont été pacifiées par la loi du 6 juillet 1989 qui décrit méticuleusement les droits et devoirs de l'un et de l'autre. Le couple tient toujours, bon an mal an, et concerne tout de même 45 % des Français. Dans notre pays, la loi protège le locataire tout en défendant le droit sacré et inaliénable de propriété. Pas toujours facile de concilier ces intérêts divergents... Voici comment faire pour que louer un appartement ou une maison ne tourne pas au cauchemar.

Chapitre 15

Est-ce bien le moment de louer ?

Dans ce chapitre :

- Locataire/propriétaire, un vieux couple toujours sur le point de divorcer
- L'état du marché locatif
- Droits et devoirs partagés

Je t'aime, moi non plus, voilà la chanson que se serinent depuis des décennies les locataires et les propriétaires. Chacun a besoin de l'autre, mais se passerait bien de faire appel à ses services ou de lui devoir quoi que ce soit. Environ 45 % des Français sont locataires, un chiffre nettement plus élevé que chez beaucoup de nos voisins européens. Le parc locatif se divise en deux grands secteurs. Le premier est le parc privé, géré par des propriétaires particuliers ou des investisseurs institutionnels. Les premiers sont incités à investir par les lois Méhaignerie, Quilès, Périssol, Besson et Robien et font augmenter l'offre locative. Les seconds, les foncières, les banques et les compagnies d'assurances auraient plutôt tendance à se désengager en vendant leurs immeubles. Le second secteur, presque aussi important, représente environ 4 millions de logements, surtout des appartements dans des immeubles collectifs auxquels les locataires ont accès sous conditions de ressources. Ce parc social, en crise dans de nombreuses villes, est en rénovation depuis plus de vingt ans. Avec l'arrivée de Jean-Louis Borloo, d'abord comme ministre de la Ville, puis comme ministre des Affaires sociales, de l'Emploi et du logement, les cités ont connu un nouvel espoir grâce à l'Agence nationale pour le renouvellement urbain, l'ANRU, qui regroupe tous les financements. Le renouvellement urbain a pour but de redonner à ces quartiers enclavés le statut de villes ordinaires, en démolissant une partie des immeubles les plus vétustes ou les moins vivables pour les remplacer par du logement privé ou du logement social à échelle humaine.

Les rapports souvent houleux entre locataires et propriétaires ont subi des aléas en faveur des uns puis des autres. Après les lois Quillot de 1982, Méhaignerie en 1986 et Mermaz en 1989, leurs relations se sont à peu près stabilisées dans un cadre accepté par les deux parties. Le droit français protège le locataire tout en érigeant en un droit inaliénable la propriété privée… Il lui est parfois difficile de concilier les deux.

Propriétaire et locataire : un vieux couple…

S'ils se détestent autant, pourquoi locataires et propriétaires allient-ils leur destin ? Parce que l'investissement locatif est un secteur assez rentable et qu'être locataire présente certains avantages. À une période où les taux d'intérêts sont bas alors que les loyers sont élevés, préférer la location à l'achat relève d'autres critères que les seules considérations financières.

Locataire : sans dette et le cœur léger

La liberté, ça n'a pas de prix. Et celui d'un loyer paraît fort modeste en regard du fil à la patte que peut constituer un titre de propriété. Le locataire peut donner son congé lorsqu'il le souhaite, filer à l'autre coin du monde après avoir rendu ses clés sans se soucier du devenir de son logement vide ou inhabité.

D'un point de vue plus économique, la location est établie sur un contrat qui permet de vivre son logement sans grande surprise :

- Le loyer augmente selon un indice déterminé à l'avance, les dépenses sont donc prévisibles. Quoique ces dernières années, l'indice en question, celui du coût de la construction (ICC), déterminé par l'Institut national de la statistique et des études économiques (Insee) sur la part des matières premières et matériaux entrant dans le coût de la construction, a eu tendance à faire des bonds. Il est d'ailleurs en voie d'être remplacé.
- S'il respecte le contrat qu'il a signé et qu'il a parfois contribué à établir, le locataire est assuré de pouvoir rester dans les lieux jusqu'à la fin de son bail et souvent de le voir se renouveler.
- Payer un loyer modéré (ce qui n'est pas donné à tout le monde surtout depuis quelques années) permet de se constituer une épargne pour une acquisition future ou même de devenir bailleur tout en étant soi-même locataire. Cette situation est tout à fait légitime dans le parc privé. Elle l'est moins dans le parc social où des ménages entrés en HLM à l'époque où leurs ressources le leur permettaient sont restés dans les lieux malgré une amélioration de leurs salaires. Ils profitent de leur petit loyer pour s'acheter de belles résidences secondaires ou investir dans l'immobilier.

- Être locataire permet de choisir un logement que l'on n'aurait peut-être jamais les moyens de s'acheter ou en s'endettant sur douze générations.
- Enfin le locataire vit peut-être le cœur plus léger. En cas de grosse tuile, il n'aura rien à débourser, le propriétaire se charge des grosses réparations, c'est écrit noir sur blanc dans la loi.

De l'argent par les fenêtres

Il y a bien sûr quelques revers… Les fondus de la propriété sont toujours prompts à dégainer un argument qui porte : un loyer, c'est de l'argent versé à fonds perdu qui grignote l'épargne sans permettre de se constituer un capital. Dans la plupart des cas, c'est vrai, sauf lorsque le locataire a lui-même investi dans la pierre. Il est vrai que l'augmentation récente des loyers abonde dans leur sens.

Dans le même ordre d'idée, l'incertitude qui plane sur les régimes de retraite rend très aléatoires les revenus promis dans trente ou quarante ans aux générations actives aujourd'hui. La location de sa résidence principale ne met pas toujours à l'abri d'impondérables moins faciles à gérer lorsque l'âge vient. La liberté la plus appréciée alors est celle de pouvoir rester chez soi. Sans suffisamment d'argent pour payer son loyer, c'est impossible, alors que les personnes âgées propriétaires ont généralement remboursé leurs crédits et peuvent profiter autrement des revenus de leur retraite.

L'état du marché locatif

Alors que les prix de vente des logements s'envolent de 15 % par an depuis au moins trois ans, les loyers de marchés (premières locations ou nouvelles locations après le passage d'un locataire) ont augmenté quatre fois moins vite, autour de 4 % par an. Entre 1996 et 2004, l'Insee chiffre à 86 % la hausse des prix de vente, à 25 % celle des loyers dans l'agglomération parisienne. L'explication de ce décalage est mécanique : alors que le marché de la vente est soutenu par la baisse des crédits, les « fondamentaux » du marché de la location ne varient pas. Et la seule façon pour un locataire de pouvoir payer plus est de gagner plus ou d'entamer son épargne. À l'heure actuelle, les points d'équilibre se situent environ à 1 200 euros par mois en région parisienne, 800 euros par mois ailleurs. À ce prix-là, l'achat est possible pour un remboursement de crédit équivalent ou un peu supérieur. Même si les loyers ne baissent pas, les pancartes « à louer » commencent à refleurir sur les façades, signe que les appartements et les maisons ne se louent plus dans les deux jours suivant leur inscription au fichier des agences. Les délais de relocation s'allongent et les candidats à la location n'hésitent plus à tenter de négocier : si l'affaire leur passe sous le nez, tant pis, ils en trouveront une autre…

Une offre en baisse sur le marché de l'ancien

Pourtant, l'offre de logements locatifs a connu une sérieuse entaille. Environ 15 % des ventes enregistrées en 2004 en région parisienne concernent les investisseurs institutionnels qui se désengagent du marché du logement. Cela ne signifie pas que tous ces appartements sortent du parc locatif, puisque de nombreux acquéreurs les achètent occupés, justement pour réaliser un investissement, mais un certain nombre seront tôt ou tard transformés en résidences principales.

Plusieurs villes, dont Paris, se sont émues de cet assèchement (d'ailleurs difficile à chiffrer) du marché locatif. Elles pensent à imposer, aux compagnies d'assurances notamment, l'obligation de conserver dans leur patrimoine immobilier une part significative (30 % par exemple) d'immeubles résidentiels mis sur le marché de la location.

Une offre en hausse sur le marché du neuf

Le nombre de logements neufs mis pour la première fois sur le marché de la location aurait plutôt tendance à augmenter et à détendre le marché. Cet afflux découle très directement des milliers d'investisseurs qui ne choisissent pas tant la pierre que les avantages et les mirages des lois fiscales. Ces montages (actuellement l'amortissement Robien) leur permettent de diminuer leurs impôts, en acceptant de louer pendant au moins neuf ans l'appartement neuf qu'ils viennent d'acheter (voir chapitre 12, p. 186). En 2004, plus de la moitié des 112 000 logements neufs autorisés et bientôt mis en chantier par des promoteurs ont été vendus via ce système. D'ici dix-huit mois à deux ans, plus de 60 000 nouveaux appartements ou maisons viendront donc alimenter le marché locatif. Si cette production répond à des besoins dans les centres-ville et les grandes agglomérations, elle se justifie moins dans des petites villes pourtant prises d'assaut par certains constructeurs. À Agen, dans le Tarn-et-Garonne, 850 logements sont programmés, 750 ont été livrés depuis 2000, dans une ville de 30 000 habitants… Montauban voit encore son parc locatif enfler dangereusement. Là où le rythme annuel des signatures de permis de construire s'établissait à 250 par an dans les années 1990, il est passé à 800 depuis 2001 avec une pointe à 1 000 en 2003, et tout ne se loue pas.

Même chose à plus petite échelle à Bourguoin-Jailleu, Carcassonne, Pontivy, Cahors ou encore des villes du Nord comme Calais, Arras ou Dunkerque… Là où s'alignent les programmes neufs trop nombreux, l'avenir est tout tracé : au pire, pas de locataires et dans ce cas la perte de l'avantage fiscal. Au mieux, des loyers en baisse par rapport aux plafonds autorisés et l'effritement des rentabilités annoncées. Au bout des neuf ans, la plus-value est également aléatoire.

La Fédération des promoteurs constructeurs et le ministère du Logement réfléchissent à une réforme de l'amortissement Robien pour créer un nouveau « produit », fondé notamment sur une nouvelle définition des loyers plafonds. Pour de nombreux professionnels en tout cas, les effets pervers du système sont de plus en plus visibles. Pour les investisseurs, cette surproduction est grave : elle peut faire voler en éclats un plan de financement basé sur des revenus locatifs qui seront moins importants que prévus. Pour le marché, la conséquence la plus probable est une baisse des loyers dans les villes où les promoteurs sont trop nombreux.

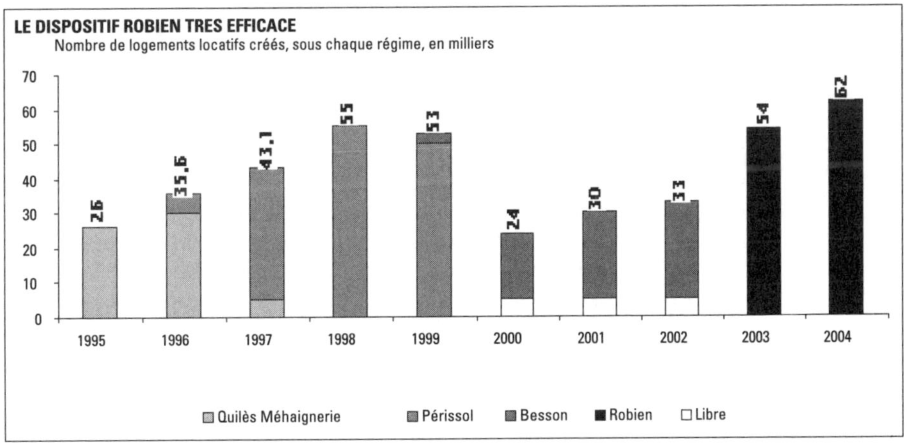

Impact des lois fiscales sur la production des logements locatifs depuis 1995

Source : fédération des Promoteurs Constructeurs

Droits et devoirs partagés

Abus des propriétaires, irrespect des locataires... Les défenseurs des uns et des autres dénoncent régulièrement le déséquilibre de leur alliance. En fait, les lois successives, et surtout celle du 6 juillet 1989 qui régit les rapports entre locataires et propriétaires, ont cherché à respecter un délicat équilibre entre les obligations des uns et des autres. Ce texte a rétabli la balance en faveur du locataire en limitant la liberté des loyers par rapport à la loi Méhaignerie plus favorable aux propriétaires. Depuis, les textes sont toilettés par petites touches comme si le mobile instable, bon gré mal gré, se maintenait. À condition que chacun remplisse son rôle.

La loi du 6 juillet 1989 ne s'applique ni aux locaux professionnels, ni aux résidences secondaires, ni aux meublés, ni aux logements de fonction, ni aux logements mis à la disposition des travailleurs saisonniers, ni enfin aux logements foyers.

Propriétaire, pas seulement pour toucher les loyers

La jouissance paisible

Un propriétaire n'est pas une caisse enregistreuse. Il fournit un logement à un locataire, mais son rôle ne s'arrête pas là. L'article 6 de la loi du 6 juillet 1989 lui impose de lui garantir « la jouissance paisible du logement ». Il n'a pas le droit de l'importuner et peut être tenu pour responsable si d'autres le font. Importuner, dans ce sens, recouvre des actes bien précis qui ne sont pas tout à fait dus au hasard ni parfaitement bienveillants à l'égard du locataire.

Par exemple, un propriétaire ne peut pas :

- couper le chauffage ou l'électricité, ou supprimer l'antenne de télévision au cours du bail ;
- restreindre l'accès à l'immeuble ;
- Utiliser ses clés pour rentrer dans l'appartement en l'absence du locataire ;
- faire visiter le logement en dehors des plages horaires prévues par le bail ;
- harceler le locataire au téléphone ;
- le pousser au départ par toute pratique généralement concoctée pour faire craquer l'occupant des lieux.

Le propriétaire peut être tenu responsable de l'agissement d'un tiers, c'est-à-dire en pratique un autre de ses locataires, le concierge ou le syndicat des copropriétaires dès lors qu'ils revendiquent des droits sur la chose louée, en l'occurrence le logement ou l'usage des parties communes de l'immeuble.

Le propriétaire responsable en cas de vol

C'est très rare, mais certains baux contiennent une garantie protégeant le locataire en cas de cambriolage. La responsabilité du bailleur peut être plus sûrement mise en cause lorsqu'il loue par exemple un parking non fermé et facilement accessible. Si une entreprise de réparation travaillant dans l'immeuble laisse en place des échafaudages ou une échelle permettant d'accéder aux fenêtres et aux appartements, le propriétaire pourra également être tenu pour responsable et poursuivi. Pourtant, selon les juges, le bailleur a pour obligation d'assurer le clos mais pas le verrouillage de l'immeuble. Que faire lorsque des assureurs refusent de garantir des appartements ou des maisons dont les fenêtres sont dépourvues de volets ou de verre anti effraction? Le mieux est de négocier avec le propriétaire pour qu'il en fasse installer ou qu'il accorde une baisse de loyer en échange des travaux payés par le locataire. S'il refuse, le trouble de jouissance peut être invoqué. Le défaut d'assurance constitue une clause résolutoire, que le locataire oublie de s'assurer ou qu'un assureur lui refuse ce service.

Le vice caché est un vilain défaut

Qu'est-ce qu'un vice caché? Un défaut dissimulé lors de la signature du bail, mais assez important pour rendre difficile ou impossible la jouissance paisible du logement. En clair, une cheminée inutilisable alors que c'est le seul moyen de chauffage, un plafond qui s'effondre, un garde-corps de fenêtre mal scellé, des murs tellement humides que le logement en devient insalubre... Et la bonne ou la mauvaise foi du propriétaire n'entre pas dans cette définition Si le problème est apparent lors de la signature, le locataire ne peut se retourner contre son bailleur. Si en revanche il lui était impossible de constater le mauvais état d'un équipement, de la plomberie ou de la structure de l'immeuble, il peut réclamer une indemnité et même résilier son bail sans avoir à respecter les délais légaux du congé.

Depuis 2002, le logement doit être décent

Très récent, le décret 30 janvier 2002, qui oblige un bailleur à fournir à son locataire un logement décent, décrit dans le détail quels appartements sont louables et lesquels ne le sont pas (voir chapitre 4, p.56). Ce texte a été écrit pour lutter contre les «marchands de sommeil», ces bailleurs sans scrupule qui hébergent des familles entières sans eau ni électricité dans quelques mètres carrés. Il a malheureusement produit quelques effets pervers: les locataires assez aisés pour se loger ailleurs ont dénoncé ces pratiques ou obtenu de leurs propriétaires qu'il baisse leur loyer ou fasse des travaux. Les autres, parfois travailleurs clandestins ou famille sans papiers, se sont tus, de peur d'être mis à la porte. Les contrôles sont peu fréquents et la loi n'a sans doute pas eu autant d'effet que les députés en attendaient.

Le devoir d'entretien

Le propriétaire d'un logement doit en assurer l'entretien (article 6 de la loi du 6 juillet 1989). Reste à savoir où s'arrête son rôle. Pas à la porte d'entrée. Le bailleur doit se charger des grosses réparations, y compris à l'intérieur. C'est à lui par exemple de changer une chaudière, une plaque électrique, de faire changer des fenêtres ou de renouveler les canalisations. À lui de faire enlever l'amiante ou le plomb si la présence de ces matériaux est décelée. Seule limite : si les dégâts sont causés par le locataire et non par l'usage quotidien ou l'usure du temps, il revient à l'occupant d'en assumer les coûts de réparation. Mais il est parfois difficile de déterminer la cause exacte de l'incident. Si la responsabilité des dégradations incombe au locataire précédent, parti sans remettre le logement en état, le propriétaire devra le faire avant de relouer son bien.

En cas de défaut d'entretien, le locataire peut réclamer une indemnité, s'il considère que le logement loué est toujours habitable. S'il ne l'est plus (mais encore faut-il le prouver par un avis d'expert), il peut demander à résilier son bail.

En tant que locataire, mieux vaut éviter de se faire justice soi-même en décidant d'amputer son loyer d'une somme correspondant aux dommages subis. En revanche, après avoir mis le propriétaire en demeure de faire les travaux nécessaires et en cas d'absence de réponse, le locataire peut être autorisé par la justice à consulter des professionnels, les mettre en concurrence et leur confier le chantier, aux frais du propriétaire.

Il est parfois possible d'agir dans l'urgence sans attendre les décisions de justice ou la réponse du bailleur. Pour une grosse fuite d'eau, c'est plus pratique.

C'est mieux, mais c'est plus cher...

Le bailleur peut être obligé de réaliser des travaux d'amélioration, mais c'est qu'il l'aura voulu... Il n'y sera contraint que si cette promesse figure dans le bail qu'il a signé. En contrepartie et après accord des deux parties, le loyer pourra être augmenté, après réalisation des travaux. Il peut s'agir de l'installation d'une piscine dans une maison, d'une cuisine équipée dans un appartement ou de certains investissements qui permettront au locataire des économies d'énergie (par exemple le remplacement de radiateurs électriques par un système de chauffage central ou l'isolation thermique ou acoustique des fenêtres).

Dans les zones à risque, dormez tranquilles

Une zone à risque est définie à la fois par la présence de grands ensembles et de fortes concentrations de populations, bref les quartiers désignés sont clairement les cités d'habitat social. Les propriétaires de plus de 100 logements situés dans ces quartiers (des organismes ou des offices d'HLM pour la plupart) sont soumis à quelques contraintes supplémentaires. Ils doivent garantir l'éclairage des parties communes et des parkings la nuit, limiter l'accès aux immeubles par des digicodes, des interphones ou des grilles et salarier une personne à temps plein (pour 100 logements) chargée de veiller à la sécurité des résidents. Les amendes sont lourdes si ces obligations ne sont pas remplies. Les zones sont sensibles et les bailleurs, souvent des personnes morales. Les sanctions sont donc financières : de 1 500 euros à 7 500 euros par immeuble non fermé ou par tranche de 100 logements non surveillés.

Le locataire aussi doit des comptes

Le locataire doit habiter son logement « en bon père de famille », c'est le code civil lui-même qui le dit. L'image est vague mais précisée par la loi. Dans un immeuble comme ailleurs, la liberté des uns finit où commence celle des autres. Et dans un espace clos à partager, la phrase prend tout son sens. Le locataire doit se sentir chez lui, ce qui ne signifie pas la même chose pour tout le monde.

Habiter ou travailler ?

Lorsqu'un locataire signe un bail mixte d'habitation et professionnel, il doit le respecter jusqu'à son échéance. Ce que craignent les propriétaires, ce n'est pas que la surface consacrée à l'activité diminue, mais au contraire qu'elle prenne le pas sur la partie habitation. Dans ce cas, l'accueil de clientèle ou le stockage de marchandises peut venir troubler la vie de l'immeuble. Surtout, le bailleur serait mieux avisé de louer son local suivant les statuts des baux commerciaux de 1953, plus simples à gérer et plus avantageux pour lui. Si le cas se produit, le locataire perd son droit au renouvellement automatique. Le propriétaire pourra lui donner congé au motif de changement de destination du logement ou soumettre la reconduction du bail à une augmentation de loyer.

Au contraire, certaines villes imposent, pour conserver des emplois, que la partie activité du logement soit maintenue au moins sur 30 % de la surface. C'est le cas de communes industrielles de la région parisienne comme Ivry-sur-Seine par exemple qui a vu progressivement ses ateliers et ses usines convertis en lofts, investis par des familles. Lorsque leurs propriétaires louent ces logements, les locataires doivent justifier d'une activité.

Si au contraire le bail est strictement réservé à l'habitation, il est interdit à un locataire d'y exercer sa profession. Cette interdiction ne porte en fait que sur certains métiers. Dès lors qu'il ne reçoit pas de clientèle et qu'il ne se fait pas livrer de marchandises, le locataire ne peut être mis en tort.

Vous pouvez domicilier le siège social de votre société à l'adresse du logement que vous louez en en informant le bailleur, mais sans avoir besoin de son autorisation. Cette adresse sera valable tant que le représentant légal de la société y habitera.

Habiter paisiblement

Cette notion interdit beaucoup de choses : de la possession d'un animal trop exotique au fait d'avoir des enfants turbulents en passant par des receptions bruyantes trop fréquentes ou l'absence de chauffage chez soi (ce qui détraque le système général)… Ces troubles du voisinage peuvent être sanctionnés par la justice qui peut ordonner des astreintes financières, voire la résiliation du bail. Les éviter relève de la simple courtoisie à condition de ne pas tomber sur des voisins trop susceptibles. Dans les immeubles mal insonorisés construits dans les années 1960, il arrive que l'on se croit dans l'appartement d'à côté tellement les cloisons sont minces. Les claquements de portes et les courses des enfants dans les couloirs deviennent des cauchemars qui tournent parfois à l'obsession. Certains occupants n'hésitent pas à entreprendre des travaux et à déplacer des pièces ; lorsque votre chambre se trouve juste en dessous d'une salle de bain, aucun bruit d'eau ne vous est épargné. Il est possible de mettre de la moquette ou de faire doubler des murs avant d'en arriver au tribunal.

Faire la fête n'est pas non plus interdit, à condition d'annoncer quand elle commence et surtout quand elle finit (plus dur !). Pour éviter les ennuis, un petit mot affiché dans le hall ou dans l'ascenseur pour prévenir ses voisins fera supporter les décibels quelques heures de plus.

La rumeur qui laisse croire que chacun est libre d'organiser une fête à tout casser une fois par an sans craindre la maréchaussée est une vraie légende. Entre 22 heures et 7 heures du matin, le bruit s'appelle du tapage nocturne si un voisin ou un habitant du quartier s'avise de porter plainte au commissariat.

Assurance obligatoire

Le défaut d'assurance est une clause résolutoire, c'est-à-dire qu'elle s'applique par simple constat. Si le locataire n'a pas assuré le logement et refuse de le faire, le propriétaire peut appliquer la résiliation de plein droit. C'est un juge qui l'ordonnera, mais il n'aura d'autre choix que de constater et de donner au locataire un mois pour régulariser sa situation ou quitter les lieux.

L'article 7g de la loi du 6 juillet 1989 passe en revue les risques contre lesquels le locataire doit se garantir:

- le risque de dégâts des eaux;
- le risque d'explosion;
- le risque d'incendie.

Le locataire doit présenter, tous les ans, l'attestation de son assureur, au propriétaire.

Prière de remettre le logement dans l'état où on l'a trouvé

L'article 7d de la loi du 6 juillet 1989 est précis et clair. Le locataire doit « prendre à sa charge l'entretien courant du logement, des équipements mentionnés au contrat et les menues réparations ainsi que l'ensemble des réparations locatives définies par un décret en conseil d'État, sauf si elles sont occasionnées par vétusté, malfaçon, vice de construction, cas fortuit de force majeure ». Cela ne signifie pas qu'il est censé remettre le logement à neuf avant de rendre les clés comme certains bailleurs l'exigent abusivement.

Le décret du 26 août 1987 dresse la liste des réparations incombant aux locataires:

Dans les parties dont le locataire a un usage exclusif:

- l'entretien des jardins et piscine, le remplacement des installations d'arrosage;
- l'entretien des terrasses, auvents et marquises;
- le dégorgement des descentes d'eaux pluviales.

Ouvertures intérieures et extérieures:

- les portes et fenêtres et toutes les pièces assurant leur bon fonctionnement (poignées, gonds...);
- le remplacement des vitres détériorées;
- le remplacement de cordes de stores, de poulies ou de quelques lames des volets;
- le graissage des verrous de sécurité, le remplacement de petites serrures, de clés égarées ou détériorées;
- le nettoyage et graissage des grilles.

À l'intérieur :

- le maintien en état de propreté des murs, cloisons et plafonds, les petits travaux de peinture et le remplacement de petites pièces de revêtement, céramiques ou matières plastiques ;
- l'entretien de la vitrification des parquets, encaustiquage et le remplacement de quelques lames ;
- la pose de raccords de moquette ou de revêtement de sol en cas de trous ;
- le remplacement des tablettes et panneaux de placards, la réparation de leur dispositif de fermeture.

Plomberie :

- le remplacement des joints et des colliers des canalisations d'eau ;
- l'entretien des robinets et le changement régulier des tuyaux de raccordements des installations au gaz ;
- la vidange des fosses sceptiques ;
- l'entretien des installations de production d'eau chaude et de la robinetterie ;
- le nettoyage des dépôts de calcaire dans les éviers et les appareils sanitaires.

Électricité :

- le remplacement des interrupteurs, des prises, des coupe-circuits et fusibles.

Autres équipements :

- l'entretien courant des appareils ménagers, antennes, meubles scellés, glace et miroirs ;
- le ramonage des conduits de cheminée, des conduits d'évacuation de fumée et conduits de ventilation.

Le bilan de l'état du logement loué se fait au moment de rendre les clés. D'où l'importance de dresser un état des lieux précis et fiable en entrant (voir chapitre 20, p. 299). À la sortie, trois ans ou trente ans plus tard, le locataire ne peut être tenu pour responsable des dommages causés par « l'usage normal dans le temps ». Un réfrigérateur, même bien entretenu, peut rendre l'âme un beau jour et certaines machines à laver meurent de vieillesse (de plus en plus tôt d'ailleurs). Le secteur social, plus grand bailleur de France, a mis en place des normes auxquelles se soumettent toutes les sociétés qui le représentent. En l'espèce, toutes suivent des grilles de vétusté qui indiquent la durée de vie moyenne d'un équipement ou d'un revêtement: quinze ans pour un évier en Inox par exemple, sept ans pour des peintures et tapisseries. De savants calculs d'abattement en fonction du nombre d'années permettent de chiffrer précisément les coûts d'usure et de les attribuer au temps ou au locataire. Ces grilles n'ont rien de légal et sont parfois contestables. La Cour de cassation a estimé dans un jugement du 21 décembre 1988 que l'obligation de réparation du locataire ne s'étendait pas à la remise à neuf des papiers, peintures et revêtements de sol atteints par la vétusté après quatorze années d'occupation.

Le défaut d'entretien se paye, généralement à la sortie. Soit par une indemnité, soit par la non-restitution du dépôt de garantie. Dans tous les cas, le propriétaire doit prouver qu'il a subi un préjudice.

Des travaux, oui mais pas trop

Un chantier, quel ennui… Oui, mais impossible de refuser. Le locataire doit laisser son propriétaire effectuer chez lui des travaux d'entretien. S'ils durent plus de quarante jours, ils peuvent donner lieu à une diminution du loyer, en fonction par exemple du fait que l'une des pièces de l'appartement est inutilisable ou tout simplement de la gêne causée.

Le locataire aussi a le droit de bricoler. Mais là intervient une subtile nuance. Il faut distinguer l'amélioration du logement de son aménagement. La première est interdite sauf accord exprès et écrit du propriétaire. Le second est autorisé, sans l'accord du bailleur. Par améliorer, il faut entendre transformer dans l'idée de créer une plus-value. Dans aménager, il faut chercher l'idée d'une adaptation du logement à l'usage que souhaitent en faire ses occupants. En pratique, la frontière est un peu floue, puisque des juges ont considéré que la transformation de combles et la modification de l'agencement de certaines pièces appartenaient à la catégorie des aménagements. En partant, le locataire devra sans doute abandonner sur place son investissement en papier peint et en moquette, sans pouvoir réclamer de compensation financière. Au pire, si le propriétaire n'apprécie pas le rouge sang dont il a recouvert murs et plafonds, il lui demandera de tout remettre dans l'état d'origine, à ses frais.

Chapitre 16

En quête d'un toit

Dans ce chapitre :

- Où chercher ?
- Et si votre employeur vous aidait…
- Logement social ou logement privé ?

La quête du locataire n'est pas très éloignée de celle du propriétaire. À ceci près que le premier se prépare à signer un engagement financier bien plus léger, dont il pourra se défaire d'une simple lettre recommandée. Les enjeux sont donc moins lourds. Ce qui ne veut pas dire que la recherche sera toujours une partie de plaisir. Contrairement à l'acquéreur qui traite d'égal à égal avec un vendeur, le locataire est un peu soumis à la décision voire à l'humeur du propriétaire qui va choisir parmi les candidats celui qui lui conviendra le mieux et imposer ses conditions pour le laisser s'installer chez lui.

Où chercher ?

Les sources d'informations sont les mêmes que si vous cherchiez à acheter un logement. Les mêmes journaux proposent simultanément des annonces de transaction et de location. Certaines agences immobilières, les administrateurs de biens notamment qui se chargent de gérer les logements pour le compte des bailleurs, sont davantage spécialisées dans la location que dans la vente, mais globalement les circuits sont identiques.

Les professionnels

Les agents immobiliers

C'est souvent dans les agences que se trouvent les stocks les plus importants de biens à louer. Pour la simple raison que de nombreux propriétaires confient aux agents immobiliers la gestion de leur logement. Cette mission appelée administration de biens consiste à trouver un locataire, encaisser les charges et les loyers, veiller à ce que le logement ne reste pas vide... Ces agences sont donc particulièrement bien informées et savent quelques mois à l'avance que tel locataire va déménager, quand le logement sera disponible... Passer par un agent immobilier va parfois plus vite à condition de bien savoir ce que l'on cherche et de le décrire précisément. Dans ce cas, le mandat de recherche doit être établi en bonne et due forme.

En général, l'agent immobilier qui propose des logements à la location est mandaté par un propriétaire. Les frais d'agence sont donc partagés entre les deux parties, bailleur et locataire. Ils correspondent à la prospection et au travail de rédaction du bail et s'élèvent à environ 10 % du loyer annuel hors charges. Cette commission n'est due par le locataire que si le professionnel à qui il s'est adressé lui a effectivement trouvé un logement. S'il lui en fait visiter vingt sans succès, il ne peut compter sur aucune rémunération. Enfin, ne payez jamais rien, ni en espèces, ni par chèque avant la signature du bail. Un agent immobilier n'a pas le droit d'exiger une rémunération pour une réservation ou tout autre service lié à la location avant la conclusion du contrat.

Les notaires

UN PEU DE TECHNIQUE

Les notaires sont également habilités à chercher des locataires, conclure des baux et gérer des logements pour le compte d'un propriétaire. Très utiles dans certaines zones rurales où les professionels ne courent pas les sentiers. Comme les agents immobiliers, ils ne peuvent agir sans détenir un mandat écrit et doivent afficher leurs tarifs. Leurs honoraires de négociations sont les mêmes partout en France, nettement mois élevés que les honoraires des agents immobiliers mais beaucoup plus compliqués à calculer. Ils correspondent à une fois et demi la somme réclamée pour la rédaction du bail qui s'obtient en appliquant un pourcentage par tranches de loyer. À vos calculettes ! Les sommes indiquées dans l'énumération ci-dessous correspondent à la moitié du montant cumulé des loyers et des charges pendant toute la durée du bail. Elles représentent les tranches et voici le pourcentage qui leur est appliqué :

- de 0 à 3050 euros, 1,87 %;
- de 3050 à 6100 euros, 1,4025 %;
- de 6100 à 16707 euros, 0,935 %;
- au-delà, 0,4675 %.

Une fois le pourcentage appliqué, il faut ajouter au total la TVA de 19,6 %.

Pour un loyer de 300 euros par mois et des charges de 80 euros par mois, le total pour un bail de trois ans s'élèvera à: (300 + 80) X 36 = 13680 euros.

Le coût de la rédaction du bail sera de: (3050 X 1,87 % = 57,035) + (3050 X 1,4025 % = 42,77) + (7580 X 0,935 % = 70,83) = 170,61 euros. À cette somme, il faut appliquer la TVA de 19,6 %, ce qui donne: 204,07 euros. Pour calculer les honoraires de négociations du notaire: 204,07 X 1,5 = 306,10 euros (ouf!).

Attention aux marchands de listes

Un conseil, fuyez ces intermédiaires comme la peste. Ils défraient la chronique tous les ans, au moment de la rentrée notamment, alors que de jeunes étudiants cherchent au dernier moment un toit pour l'année scolaire. Ces « professionnels » vendent tout simplement des listes d'adresses de logements à louer moyennant un paiement unique d'environ 200 euros ou un abonnement. Leur mission s'arrête là, en aucun cas ils ne peuvent établir un bail ou un contrat de location. Beaucoup sont des charlatans installés dans un vague bureau. Leurs listes ? Des logements dont le propriétaire n'a même pas donné son accord pour le louer via ce circuit ou des appartements déjà occupés. Quel intérêt, compte tenu des offres disponibles gratuitement dans les journaux et sur les sites Internet ?

Depuis 1994 et après le constat de nombreux abus, cette profession est soumise à la loi Hoguet du 2 juillet 1970 sur le statut des agents immobiliers, mais les marchands de listes ne sont pas encadrés de façon aussi stricte qu'eux. Ils doivent toutefois être titulaires d'une carte professionnelle « transactions sur immeubles et fonds de commerces » et présenter des garanties financières. Ils doivent de plus signer avec les propriétaires bailleurs et avec les locataires des conventions précisant l'inscription du bien sur une liste, la durée de cette inscription, l'objet de la recherche (location, vente ou achat), la rémunération du marchand étant fixée librement entre les deux parties.

Attention, si vous faites appel ces intermédiaires, sachez que vous devrez payer en échange de la liste, au moment de son obtention. Si vous vous apercevez après avoir visité les logements qu'ils étaient déjà occupés ou qu'ils ne vous correspondaient pas, inutile de songer à vous faire rembourser.

TRUC

Pour économiser du temps, vous pouvez consulter le site de France Télécom, `www.pagesjaunes.fr`, où des centaines de milliers de façades d'immeubles dans plusieurs grandes villes de France sont mises en ligne. Un petit clic vaut mieux qu'un grand choc devant une façade décrépie ou un immeuble coincé contre la voie ferrée. Pratique pour éviter de perdre plusieurs heures en visites inutiles.

La sous-location

Pratique pour amortir un loyer trop élevé ou pour dépanner un ami, la sous-location est interdite par la loi du 6 juillet 1989, sauf autorisation expresse et écrite du propriétaire. Elle doit respecter certaines conditions : le loyer de sous-location ne doit pas dépasser le loyer de location, afin que le locataire principal ne fasse pas un bénéfice sur le dos du propriétaire. Le locataire entretient avec son sous-locataire les mêmes rapports que son bailleur entretient avec lui : il doit lui proposer la jouissance paisible des lieux, respecter son logement. Quant au sous-locataire, il bénéficie d'un vrai statut juridique : il doit payer loyer et charges et peut donner son congé dans les conditions prévues par la loi. Lorsque le bail de location prend fin, le sous-locataire doit également quitter les lieux. Attention, si le locataire ne paye plus, le propriétaire peut se retourner vers le sous-locataire pour tenter de récupérer une partie de son dû.

Le logement étudiant

Plus d'un million d'étudiants ont besoin de se loger, le temps de l'année scolaire, souvent à petit prix. Les plus prudents s'y prennent au printemps, quand les anciens commencent à donner leur congé (à partir du mois de mai). D'autres se réveillent en septembre et se ruent sur les fins de séries. Et sur ce marché, elles ne sont pas soldées, au contraire. Les étudiants ont le choix entre les appartements dans le secteur libre, les cités universitaires gérées par le Centre régional des œuvres universitaires et scolaires (CROUS) dans chaque région et les résidences privées qui ont fleuri dans toutes les villes dotées de facultés. La plupart louent des meublés, ce qui leur permet d'échapper au bail de trois ans et de s'engager uniquement pour une année scolaire. Jusqu'en janvier 2005, la durée des baux meublés était libre dès lors que l'appartement était loué au titre de résidence principale. La loi de cohésion sociale a réglementé cette durée à un an minimum, neuf mois pour les étudiants.

Depuis quelques années, la colocation a fait des milliers d'adeptes. Ce système qui consiste à louer à plusieurs un appartement familial permet une vie plus confortable que dans une chambre de bonne pour un budget équivalent, à condition d'accepter de partager sa cuisine et éventuellement sa salle de bains. Les bailleurs se montrent assez méfiants à l'idée d'héberger une bande de jeunes, mais face à la demande en forte progression, certains acceptent. Ils peuvent louer individuellement et, dans ce cas, chacun est titulaire d'un bail. Les colocataires signent plus fréquemment un seul bail commun et sont solidaires jusqu'à son échéance. Même si l'un d'entre eux donne congé au propriétaire avant la fin du bail, il devra acquitter son loyer et ses charges jusqu'à son terme légal. Il ne pourra pas non plus réclamer qu'on lui rende à ce moment une part du dépôt de garantie. Au moment de rendre les clés, si des réparations sont à prévoir, aucun des colocataires ne peut refuser de payer sa quote-part.

L'Association pour le développement du logement étudiant (`www.adele.org`) propose la liste des résidences étudiants, et procure de bonnes informations pour trouver un logement.. Les annonces de colocation sont de plus en plus répandus dans les journaux immobiliers, les petites annonces et sur Internet.

En colocation… avec des vaches !

Urbains, les étudiants ? À d'autres… Dans le Nord, l'association Campus vert a réussi à en délocaliser 250 à la campagne, mieux : à la ferme. Pour un loyer mensuel de 214 à 300 euros (hors charges), ces nouveaux « écolocataires » disposent de 20 à 45 m² meublés et équipés dans un poulailler ou une étable transformé en nid douillet. Une cinquantaine d'agriculteurs se sont prêtés au jeu, investissant entre 12000 et 18000 euros par studio, motivés notamment par une subvention de 9000 euros du conseil régional, qui exige en échange qu'ils aménagent au moins trois petits appartements afin que les étudiants ne se sentent pas trop seuls. Ils doivent se situer dans un rayon de quinze minutes en voiture d'une université et accepter de prendre un peu les jeunes sous leur aile. Le « contrat » se limite à un dîner de temps à autre, un vélo ou un cheval à disposition, une partie de chasse ou de pêche si affinités et surtout une présence en cas de pépin. La formule créée en 1995 connaît un tel succès que les réservations sont bouclées dès le printemps. L'association née dans le Nord-Pas-de-Calais pense à essaimer vers le grand Ouest.

Les investisseurs institutionnels

Ces grands propriétaires que sont les banques et les compagnies d'assurances sont plutôt vendeurs depuis quelques années. Ils « découpent » les immeubles dont ils étaient les uniques propriétaires jusqu'alors et les vendent, appartement par appartement. Certains conservent toutefois un important patrimoine qu'ils continuent de louer. Leurs immeubles étaient très recherchés, il y a encore dix ans. Louer aux « zinzins », comme on les appelle, constituait une sorte de garantie quant à l'entretien des immeubles, aux niveaux des loyers un peu moins élevés que ceux du marché, au relogement assuré en cas de problème ou même lorsqu'un locataire voulait s'agrandir… Ces privilèges sont derrière nous. Les locataires de Simco (une société foncière qui possédait plus d'une centaine d'immeubles à Paris) et de bien d'autres propriétaires savent bien aujourd'hui qu'un statut n'est jamais définitif, ce dont il auraient d'ailleurs pu se douter. Leurs appartements ont été revendus à des sociétés américaines ou espagnoles qui les remettent sur le marché. Ils se retrouvent aujourd'hui dans l'obligation d'acheter le logement dans lequel ils sont installés depuis parfois vingt ans ou de penser à aller habiter ailleurs à la fin de leur bail.

De particulier à particulier

Les journaux de petites annonces et les sites Internet regorgent de biens à louer sans intermédiaire. Cette voie présente certainement moins de risques dans le cas d'une location que dans le cas d'une vente. Et les loyers sont davantage lissés que les prix de vente, ce qui permet aussi plus facilement de cerner le marché et de savoir combien il est raisonnable de payer pour un deux pièces avec parking ou une maison à la campagne. Beaucoup plus rapide qu'une vente, la location fonctionne souvent sur des recommandations d'amis ou d'amis d'amis, sur le bouche à oreille ou le panneau installé à la fenêtre avec le numéro de téléphone du propriétaire et non celui de l'agence immobilière.

Et si votre employeur vous aidait ?

Malheureusement, un emploi fournit rarement un toit. Mais certaines filières donnent parfois un petit coup de pouce. Le 1 % logement est tout ce qu'il y a de légal mais assez méconnu. Il suffit pourtant de s'adresser à son comité d'entreprise pour en percer (presque) tous les secrets.

Le 1 %, ce méconnu

Quelque 830 000 appartements sont gérés par ce système qui collecte les cotisations des entreprises de plus de dix salariés et s'en sert pour réserver des logements ou en construire. En 2003, 63 000 ménages ont emménagé – sans piston – dans ce parc composé surtout d'appartements gérés par des bailleurs sociaux ou des sociétés d'économie mixte dans des quartiers parfois peu attractifs, loin des centres-ville et des transports en commun. Les familles peuvent s'y installer pour longtemps. Le maintien dans les lieux n'étant pas lié au contrat de travail, impossible de demander à un locataire qui paye son loyer de faire de la place aux suivants, même s'il a changé d'employeur ou se retrouve à la retraite ou au chômage.

Les salariés souvent mal informés ne sont pas si nombreux à tenter leur chance auprès de leur comité d'entreprise. Ils découvriraient pourtant que le 1 % logement offre des aides importantes et diversifiées, comme la prise en charge du dépôt de garantie, de la caution, le financement des travaux, des prêts à taux réduits… Tous les salariés, saisonniers ou pas, en contrat à durée déterminée ou indéterminé peuvent en bénéficier, la plupart du temps sans conditions de ressources.

Il existe différentes formules d'aide.

L'avance Loca-Pass permet aux employés d'entreprises de plus de dix salariés de demander l'avance gratuite du dépôt de garantie exigé par un propriétaire. Elle est accordée sous forme de prêt à 0 % sur une durée maximum de trente-six mois, remboursable après un différé de paiement de trois mois, sur la base de mensualités de 15 euros minimum.

La garantie Loca-Pass permet aux salariés qui louent dans le parc privé, y compris pour les appartements dont les loyers sont plafonnés par un dispositif Besson ou Robien, de bénéficier de la garantie de dix-huit mensualités sous la forme d'une caution solidaire.

Sur le marché du logement privé conventionné (lorsque les propriétaires s'engagent à plafonner les loyers moyennant une aide de l'État pour des travaux ou autres…), le montant maximal de la garantie peut être porté à trente-six mensualités.

Le prêt relais pour allégement du coût d'un changement de logement peut être accordé aux salariés des entreprises de plus ou moins dix salariés, en mobilité professionnelle ou au chômage après un plan social, lorsqu'ils doivent payer deux logements ou des mensualités beaucoup plus lourdes que par le passé. Le prêt correspond à douze mois de loyers (ou d'une partie du loyer du second logement) ou au différentiel de prix entre le nouveau logement et l'ancien s'il dépasse 20 % avec un maximum de :

- **zone I :** 17 600 euros pour un an de loyer (agglomération parisienne, dans les zones d'urbanisation et les villes nouvelles de la région d'Île-de-France) ;
- **zone II et DOM :** 14 400 euros (le reste de la région d'Île-de-France, les agglomérations et communautés urbaines de plus de 100 000 habitants au dernier recensement partiel connu, les zones d'urbanisation et les villes nouvelles hors de la région d'Île-de-France, les îles non reliées au continent par voie routière, ainsi que les cantons du département de l'Oise suivants : Chantilly, Creil, Nogent-sur-Oise, Creil-Sud, Montataire, Neuilly-en-Thelle, Pont-Saint-Maxence, Senlis et Nanteuil-le-Haudoin) ;
- **zone III :** 11 200 euros (le reste du territoire national à l'exclusion des départements d'outre-mer).

Les logements de fonction : le miroir aux alouettes

Certaines entreprises proposent de loger elles-mêmes leurs troupes. Les grands groupes publics comme la SNCF, EDF-GDF ou des administrations comme l'Assistance publique hôpitaux de Paris disposent de parcs de logements sociaux construits pour les cheminots, les employés du gaz et de l'électricité ou les infirmières. Dans le secteur public, les « nécessités de service » réservent aux directeurs d'hôpitaux, directeurs d'écoles ou receveurs des postes des logements de fonction, généralement sur leur lieu de travail. La chasse au gaspillage est ouverte contre ces héritages historiques. Ils conservent du sens dans un cadre médical, beaucoup moins à la Banque de France dont le caissier de l'établissement de Marne-la-Vallée était, encore récemment, logé gratuitement… à Paris !

Ces logements de fonction sont devenus de véritables privilèges dans le secteur privé. Seuls les expatriés en bénéficient systématiquement. En France, dans la plupart des cas, l'entreprise paye tout ce qui va avec le déménagement, frais d'agence immobilière, double loyer pour quelques mois… mais s'arrête à la porte de l'appartement. Peu de patrons sont prêts à aller plus loin, en versant par exemple 2 500 euros par mois à cette famille nantaise qui quitte sa maison de 190 m² et qui aura du mal à trouver l'équivalent à Paris.

Le loyer entièrement pris en charge est réservé à des cadres supérieurs ou dirigeants et négocié à l'arrivée dans une société. Lorsque les grilles de salaires étaient strictes dans les grands groupes publics, le logement était un bon argument de négociation pour attirer des salariés du privé en les payant moins. Aujourd'hui, ces groupes ont les moyens de s'aligner et l'administration fiscale a l'œil sur ce genre de cadeau. Considéré comme un avantage en nature, le logement doit être déclaré comme un revenu au prix de sa valeur locative réelle, à moins que la taille et/ou le luxe exagérés d'un appartement ne soient justifiés par une mission de représentation imposée par l'employeur à son salarié. Dans ce cas, le locataire doit défalquer de ses revenus déclarés la valeur des pièces de réception ou de la huitième salle de bains.

Le logement de fonction ne relève pas de la loi du 6 juillet 1989. Les conditions de la location sont donc définies entre les deux parties, en respect du code civil sauf en ce qui concerne l'obligation faite au bailleur de délivrer un logement décent, ce qui est rarement la première question qui vient à l'esprit à ce sujet.

Comment accéder au logement social ?

Des barres, des tours et des banlieues moroses… La réputation du logement social et des HLM mérite une petite remise à niveau. Si les cités construites à partir des années 1950 et dans l'urgence existent bien et recèlent, pour certaines, une terrible misère humaine et sociale, ce n'est pas le cas des quelque 4 millions de logements sociaux répartis sur tout le territoire. Il y a déjà plus de trente ans qu'architectes et urbanistes ont abandonné le modèle des grands ensembles pour des immeubles plus petits mêlés au tissu urbain traditionnel. Il est de plus en plus difficile de distinguer, parmi les constructions neuves, lesquelles relèvent du statut privé et lesquelles sont subventionnées. De nombreux maires, dont celui de Paris, montrent l'exemple, exigeant même que des logements sociaux soient intégrés dans chaque nouvel immeuble.

Les logements sociaux sont construits par des sociétés d'HLM ou par des promoteurs privés qui les revendent à ces bailleurs sociaux, grâce à des prêts bonifiés accordé par l'État, souvent sur des terrains donnés ou vendus très peu cher par les collectivités locales. En échange de ces avantages financiers, les bailleurs sociaux pratiquent des loyers moins élevés que sur le marché libre et accueillent des locataires dont les ressources doivent être inférieures à un seuil décidé par l'État et revalorisé chaque année.

Les listes d'attente sont longues. Rien qu'à Paris, plus de 100 000 dossiers attendent, parfois depuis des années. Si l'on s'en tient aux plafonds de ressources à ne pas dépasser pour avoir droit à un HLM, les trois quarts de la population française pourrait théoriquement accéder à ces logements. Mais leur rythme de construction est très insuffisant et s'établit à environ 50 000 les meilleures années. Le plan Borloo, du nom de son auteur, le ministre de l'Emploi, de la Cohésion sociale et du Logement voudrait faire passer ce chiffre à plus de 80 000, un vœu pieux en l'état actuel des choses. D'autant que sa politique vise à démolir les immeubles les plus obsolètes et les plus invivables des grandes cités pour les remplacer par des unités plus petites. Une action de substitution indispensable qui ramène le solde de logements nouveaux à zéro.

Vous avez trouvé un appartement ou une maison ?

Quelques conseils avant de vous emballer... Il est possible en une visite de repérer ce qui plaît et les inconvénients majeurs d'un logement. Pour ne rien oublier, passez méthodiquement du général au particulier :

- Promenez-vous dans le quartier en semaine et pendant le week-end, vous jugerez de son animation et de la proximité réelle des commerces.
- Faites vous-même le trajet jusqu'au métro, les indications de temps des petites annonces sont souvent optimistes sur la capacité de parcourir 500 m à pied en cinq minutes.
- Observez la façade, elle vous dira beaucoup sur le degré d'entretien de l'immeuble (état des gouttières, des volets, fissures, taches d'humidité...).
- Montez en ascenseur, redescendez à pied pour observer la cage d'escalier.
- Dans l'appartement, vérifiez la surface. La loi Carrez et l'obligation de métré concernent les appartements vendus, pas les logements mis en location. Les bailleurs voient souvent leur appartement un peu plus grand qu'il n'est, vous pourrez arguer de cette « erreur » pour négocier le loyer ou par exemple pour éviter qu'il soit augmenté en fin de bail.
- Le chauffage est important pour votre confort et votre porte-monnaie. Préférez le gaz, moins cher, tout en sachant que vous, locataire, devrez souscrire vous-même un contrat d'entretien de la chaudière.
- Informez-vous sur les charges et insistez pour voir les relevés de l'année précédente sans croire sur parole le propriétaire ou l'agent immobilier, qui ont tendance à minorer ces dépenses. Demandez aussi le montant de la taxe d'habitation que payait le précédent locataire.

Les attributions de logements sociaux sont réglementées et se décident au sein de commissions où siègent les maires, les directeurs de sociétés d'HLM, des représentants des locataires, de la préfecture... Difficile de savoir ce qui s'y décide. Certaines familles très démunies sont prioritaires, mais plusieurs scandales ont révélé qu'habitaient dans des logements sociaux fort agréables et fort bien placés des personnes (elles aussi bien placées) qui avaient largement les moyens de se loger ailleurs.

Déposer son dossier à la fois en mairie, auprès des sociétés d'HLM de la ville que l'on vise et à la préfecture permet de multiplier ses chances. Sans garantie de succès.

Les ressources qu'un ménage ne doit pas dépasser pour pouvoir accéder à un logement social (plafonds HLM)

Paris et communes limitrophes, par catégories (depuis le 1er janvier 2005)	
1 personne seule	16989 euros [1]
2 personnes	25390 euros
3 personnes ou 1 personne et deux à charge	33285 euros
4 personnes ou 1 personne et 3 à charge	39739 euros
5 personnes ou 1 personne et 4 à charge	47280 euros
6 personnes ou 1 personne et 5 à charge	53203 euros
par personne supplémentaire	+ 5928 euros
Région Île-de-France, hors Paris et communes limitrophes	
1 personne seule	16989 euros
2 personnes	25390 euros
3 personnes ou 1 personne et deux à charge	30521 euros
4 personnes ou 1 personne et 3 à charge	36559 euros
5 personnes ou 1 personne et 4 à charge	43279 euros
6 personnes ou 1 personne et 5 à charge	48701 euros
par personne supplémentaire	+ 5426 euros
Autres régions	
1 personne seule	14771 euros
2 personnes	19724 euros
3 personnes ou 1 personne et deux à charge	23721 euros
4 personnes ou 1 personne et 3 à charge	28635 euros
5 personnes ou 1 personne et 4 à charge	33686 euros
6 personnes ou 1 personne et 5 à charge	37962 euros
par personne supplémentaire	+ 4234 euros

(1) Les revenus correspondent à ceux déclarés 1 an avant la signature du bail. Par exemple pour un bail signé en 2004, la référence est celle des revenus de 2002 déclarés en 2003.

Source : Union d'économie sociale pour le logement

Chapitre 17

Trouvé, mais pas encore signé !

Dans ce chapitre :

- Soigner son profil de locataire
- Constituer un dossier complet
- La caution
- Le dépôt de garantie
- Les abus des bailleurs

Trouver le logement qui vous plaît n'est qu'une première étape. Ensuite seulement commence la course. Premier arrivé premier servi, à la tête du client, à ses origines ou à l'épaisseur de son portefeuille, le bailleur reste seul juge de ses choix. Même si la discrimination est un délit en France et qu'elle est très répandue, notamment à l'encontre des locataires, elle est très difficile à prouver et les condamnations sont rares. Le candidat locataire doit donc soigner son profil, essayer de réunir toutes les pièces nécessaires au dossier et croiser les doigts…

Soigner son profil de locataire

Théoriquement, un propriétaire ne peut refuser de louer son logement que pour deux raisons. D'abord, si la destination des locaux ne lui convient pas. Il peut ne pas accepter par exemple qu'un locataire exerçant une profession libérale y ouvre un cabinet ou un bureau en plus de son habitation. La seconde raison tient à la solvabilité du locataire. Le loyer ne doit généralement pas excéder 30 % de ses revenus nets, c'est un moindre mal… En pratique, certains bailleurs exigent des feuilles de paye d'un montant beaucoup plus important que le triple du loyer. Tous ne prennent pas en compte les mêmes revenus : certains estiment que les allocations familiales et une pension alimentaire ne rentrent pas dans les ressources du locataire potentiel car ces sommes ne peuvent être saisies. D'autres calculent le revenu net diminuant le salaire de toutes les dettes et crédits en cours, si tant est qu'ils puissent les connaître : un bailleur n'est pas autorisé à exiger un relevé de compte de son locataire et la banque n'a pas à lui fournir d'informations sur ses crédits en cours. Lorsque vous irez visiter, vous ne connaîtrez pas encore toutes les exigences du propriétaire, que vous ne rencontrerez d'ailleurs pas forcément par la suite. Quelques conseils de pur bon sens peuvent vous aider :

- Arrivez à l'heure au rendez-vous.
- Ayez l'air soigné (vous allez habiter le bien d'autrui, il vous le confiera d'autant plus volontiers qu'il pensera que vous le laisserez en bon état).
- Évitez d'amener votre chien à la visite, (même s'il habitera plus tard dans l'appartement) ou d'arriver une guitare électrique à l'épaule. L'un et l'autre sont susceptibles de dissuader tout de suite le propriétaire ou l'agent immobilier.
- N'envoyez pas quelqu'un à votre place même si c'est pour éviter tout risque de discrimination à votre encontre. La confrontation devra se faire à un moment ou un autre avec le propriétaire ou son représentant, si le bail est à votre nom.

Constituer un dossier complet

Le propriétaire bailleur ou son intermédiaire est en droit de demander au locataire un dossier complet. C'est sa manière de tenter de le connaître et de se prémunir contre le risque d'impayés. En fait, rien ne dit qu'un bon salaire garantisse un comportement respectueux du bien d'autrui ou simplement conforme à la loi. Mais les bailleurs n'ont guère d'autres moyens. Ils peuvent donc exiger de leur futur locataire les pièces suivantes :

- la photocopie d'un ou plusieurs bulletins de salaires ;
- un avis d'imposition ;
- une photocopie du contrat de travail ;
- un relevé d'identité bancaire ;
- les coordonnées de son employeur ;
- une attestation de son employeur qu'il travaille bien pour lui ;
- la photocopie de son livret de famille ;
- les coordonnées de son ancien bailleur ;
- une photocopie de l'ancien bail du futur locataire ;

- une photocopie de l'état des lieux du logement qu'il a quitté ;
- une photocopie de sa dernière attestation d'assurance habitation.

Ces pièces ne sont pas toujours facile à obtenir et ce genre de dossier rend très difficile la location à des personnes aux revenus plus aléatoires qu'un salaire mensuel : les intermittents du spectacle, les journalistes pigistes, les auteurs, qui ont du mal à aligner des rentrées d'argent régulières, même si leur revenu annuel dépasse largement le triple du loyer, sont assez mal vus des bailleurs. Les gérants de sociétés tout juste créées ne sont pas logés à meilleure enseigne. Les avocats et les juristes sont d'emblée soupçonnés d'être procéduriers, les diplomates d'user de leur position dominante et d'abuser de leur immunité sans pouvoir être expulsés. Les fonctionnaires, surtout les « hauts », sont au contraire souvent les bienvenus. Autant de lieux communs contre lesquels il est difficile de lutter.

En revanche, il est certaines pièces qu'un propriétaire ne peut exiger :

- une photo d'identité ;
- une carte d'assuré social ;
- une copie d'un relevé de compte ;
- une attestation de bonne tenue de compte bancaire ou postal.

N'OUBLIEZ PAS

L'article 1 de la loi du 6 juillet 1989 qui régit les rapports entre locataires et propriétaires dispose en effet que seuls des faits peuvent guider le choix du bailleur. Il lui est donc interdit de prendre sa décision (et en pratique de refuser de louer son logement) en fonction de l'origine du locataire, de son apparence physique, de son nom, de son sexe, de sa situation de famille, de son état de santé, d'un handicap, de ses mœurs, de son orientation sexuelle, de ses opinions politiques, d'une activité syndicale, de son appartenance ou de sa non-appartenance, vraie ou supposée, à une ethnie, une nation, une race ou une religion déterminée (article 158 de la loi de modernisation sociale du 17 janvier 2002).

À quoi sert une caution ?

Elle sert, comme beaucoup de clauses du contrat de location, à garantir le bailleur contre un locataire qui ne paye plus ses loyers.

ATTENTION !

La caution est apportée par une personne morale ou physique qui s'engage à verser les loyers à la place de l'occupant, quelle que soit la raison de sa défaillance. C'est une lourde charge qui peut être limitée si le texte de l'acte de cautionnement précise le plafond de la dette, le montant maximum que le garant s'engage à rembourser ou la durée pendant laquelle il promet son soutien financier. Dans le cas contraire, tous les impayés du locataire, pendant toute la durée du bail, peuvent revenir à la charge de sa caution, un ami ou des parents… À ne pas signer à la légère, par sympathie.

La caution doit figurer au bail ou dans un document annexe. Elle prend effet dès la signature du contrat de location. Y sont énumérés le montant du loyer, ses conditions de révision et les autres charges afférant au locataire. L'engagement doit obligatoirement être écrit et signé, sous seing privé ou devant notaire, par la personne se portant caution et par le propriétaire.

Certaines mentions doivent obligatoirement figurer dans l'acte : le montant du loyer et ses conditions de révision écrits à la main ainsi que la mention, également manuscrite, que la caution est pleinement consciente de l'engagement qu'elle signe.

Qu'est-ce qu'une caution simple ?

Il s'agit d'un moyen terme : la personne qui se porte caution peut demander au bailleur de poursuivre son locataire sur ses biens, elle ne paiera que si celui-ci est insolvable.

Qu'est-ce qu'une caution solidaire ?

La caution solidaire ne laisse aucune alternative. Comme la caution simple, elle prend effet dès la signature du bail mais le propriétaire peut réclamer des impayés sans avoir à intenter une action en justice contre le locataire indélicat. Si plusieurs personnes se portent caution, elles doivent savoir qu'un bailleur peut réclamer la totalité des dettes du locataire à une seule d'entre elles.

La caution dure-t-elle aussi longtemps que le bail ?

La caution peut-être accordée pour la seule durée du bail et non renouvelée avec ce dernier. Dans ce cas, et si la durée est précisée clairement, la personne ne peut renoncer à son engagement avant son terme, à moins d'avoir prévu que certains événements le libèrent de son contrat comme le divorce ou le décès du locataire (à inscrire dès la signature).

Si l'acte de caution est signé sans engagement de durée, le garant peut la retirer à la fin du bail. S'il ne le stipule pas en envoyant au propriétaire une lettre recommandée avec accusé de réception, il reste engagé jusqu'à la fin de la nouvelle période d'occupation du logement (si le locataire n'a pas changé entre-temps évidemment).

Un propriétaire peut refuser de renouveler son bail à un locataire si celui-ci a perdu sa caution.

La caution bancaire

La caution bancaire correspond à l'engagement de garantie d'une banque. Elle exige, pour ce service, que le locataire provisionne lui-même un « matelas » équivalent généralement à une année de loyer, sur lequel la banque se rémunère à 2 ou 3 %. La banque signe un document similaire à un acte de cautionnement. En cas d'impayés, le propriétaire peut lui demander (par lettre recommandée avec accusé de réception) de verser les loyers à la place du locataire. Cette garantie prend fin avec le bail ou à épuisement des fonds.

Le dépôt de garantie

Le bailleur prudent demandera à son locataire un dépôt de garantie. Une somme qu'il conservera pendant toute la durée du bail ou du bail renouvelé. Elle correspond au maximum à deux mois de loyer, c'est-à-dire deux tiers du temps de préavis (trois mois s'il n'est pas motivé par une raison valable) qu'un locataire est légalement obligé de respecter s'il décide de partir avant la fin de son contrat. Pour autant, le dépôt de garantie ne remplace pas ces deux dernières mensualités et l'occupant du logement n'a pas le droit de cesser de payer sous prétexte que le propriétaire détient déjà cet argent. Cette somme est fixe et ne peut ni être indexée, ni revalorisée au cours de la location. Le locataire la récupère lorsqu'il rend les clés et s'en va.

Là commencent en général les difficultés. Le dépôt de garantie sert en effet à protéger un propriétaire contre un locataire qui filerait à l'anglaise. Il sert théoriquement aussi à rembourser des dégâts commis, en plus de l'usure normale des lieux qui, elle, n'est heureusement pas facturée ! Le propriétaire peut donc retenir tout ou partie du dépôt de garantie, même s'il n'a pas fait de travaux de réparation et donc pas avancé d'argent. La loi lui impose simplement de présenter des devis datés des réparations à prévoir.

Le dépôt de garantie peut être conservé par un agent immobilier si celui-ci est également administrateur de biens et se charge de la gestion du logement.

En cas de vente du logement occupé, le locataire doit récupérer son dépôt de garantie quitte à en verser un nouveau au nouveau propriétaire devenu son bailleur.

Le dépôt de garantie n'est pas une obligation. Il est surtout interdit aux propriétaires qui exigent le paiement à l'avance de plusieurs mois de loyer.

À la fin du bail, le locataire compte souvent récupérer la totalité de la somme versée. Le propriétaire dispose de deux mois pour la lui rendre, amputée souvent de quelques centaines d'euros que le propriétaires juge utiles au coup de peinture nécessaire entre deux occupants…

Les abus des bailleurs

Les exigences des bailleurs sont proportionnelles à la tension du marché immobilier. Il est très facile d'empiler les critères et de choisir son locataire lorsque cinquante personnes font la queue dans l'escalier. Lorsque les biens à louer inondent le marché, les bailleurs se montrent plus conciliants, voire plus humains. Beaucoup se réfugient derrière l'argument de la sécurité pour justifier l'amoncellement des pièces qu'ils réclament. Il est vrai qu'en France, il est très difficile de déloger un locataire même s'il ne paye plus son loyer. La procédure prend facilement deux ans pendant lesquels le bailleur ne touche pas d'argent et ne peut relouer son bien.

Cela ne justifie pas les pratiques discriminatoires courantes même si elles sont difficiles à prouver. Certains arguments prêteraient à rire s'ils n'excluaient pas des individus sérieux et fiables de l'accès au logement. Comment prendre au sérieux un propriétaire qui refuse à un cadre supérieur marié à une fonctionnaire de l'éducation nationale de lui louer son logement sous prétexte d'instabilité de l'emploi ? Effectivement, cette famille revenait de plusieurs séjours à l'étranger et avait déménagé plusieurs fois en cinq ans… Difficile aussi d'accepter que des bailleurs exigent systématiquement une caution parentale pour des locataires eux-mêmes déjà pères et mères de famille et âgés de près de 40 ans. Les histoires sont légion, comme celle de ce bailleur venu de Marseille signer un bail à Paris et exigeant de sa future locataire qu'elle lui rembourse, en liquide évidemment, son trajet en TGV en première classe. Difficile de refuser lorsque les clés sont à portée de main. Ces abus sont impossibles à prouver et de nombreux locataires acceptent d'en passer par là pour pouvoir, enfin, poser leurs valises. Il est aussi difficile de prouver une discrimination (souvent raciale ou religieuse) à l'égard d'un locataire. Deux agents immobiliers soupçonnés d'avoir affirmé que le propriétaire du bien qu'ils proposaient « ne voulait pas louer à des gens de couleur » ont été jugés puis relaxés en mars 2005, parce que « les déclarations du plaignant n'étaient confirmées par aucun élément de procédure ». Dans ces cas, les éléments de l'enquête se réduisent souvent à une parole contre une autre.

Chapitre 18

Blinder son contrat de location

Dans ce chapitre :

- Le bail, bien lire avant de signer
- Le loyer, révisable mais pas n'importe comment

Dans le monde des affaires, lorsqu'une entreprise s'installe comme locataire dans un immeuble, le contrat de location passe entre les mains d'une kyrielle d'avocats (côté bailleur et côté utilisateur). Qui va flouer l'autre, voilà la question que tous ont en tête, car des millions d'euros sont souvent en jeu. Il est plus rare qu'un particulier envoie son avocat signer son bail ou même qu'il lui en confie la lecture. Les rapports entre propriétaires et locataires, aussi tendus soient-ils, n'en sont pas encore là. Il faut néanmoins prêter attention au contenu de ce contrat qui peut rendre la vie du locataire difficile s'il est trop restrictif ou l'engager à des dépenses auxquelles il ne s'attend pas. Une fois engagé, il devra payer le loyer et les charges. À défaut, il s'exposerait à des poursuites, voire à se retrouver à la rue, expulsé. Le bail est en quelque sorte le mode d'emploi d'un appartement, fixé par son propriétaire, accepté par le locataire qui y appose son paraphe. Voici quelques conseils pour ne pas signer idiot.

Le bail

En droit français, le bail d'habitation dure au minimum trois ans et peut être renouvelé *ad vitam aeternam*. Ce document peut être rédigé par un notaire ou un agent immobilier dont la rémunération sera alors partagée entre le bailleur et son locataire. Il peut tout aussi bien être écrit et signé sous seing privé entre les deux parties contractantes. Dans ce cas, le locataire doit se montrer encore plus attentif : le contrat est souvent rédigé par le propriétaire qui connaît déjà son texte et propose au locataire de lire et de l'accepter tel quel.

TRUC

Il est possible de télécharger des modèles de bail d'habitation sur divers sites Internet spécialisés dans le domaine de l'immobilier. Mieux vaut vérifier ensuite que toutes les mentions obligatoires y figurent.

Un bail signé chez le notaire est considéré comme un titre exécutoire qui permet, en cas d'impayés, de procéder à des saisies de mobilier sans avoir à saisir un tribunal au préalable. Les notaires savent tous rédiger un bail, cette mission fait partie du b.a.-ba du métier. Le coût de cette prestation est réglementé (voir chapitre 16, p. 247).

Le bail doit-il obligatoirement être écrit ?

La jurisprudence a montré qu'un bail pouvait être considéré comme réel, même si aucun document écrit n'en faisait état, dès lors qu'il y avait mise à disposition d'un local d'habitation moyennant un loyer. C'est assez fréquent au sein d'une famille ou entre amis. Dans ce cas, le propriétaire peut dire adieu à son dépôt de garantie et ne peut pas non plus exiger de révision annuelle du loyer. Un bail verbal n'est sûrement pas la solution la plus prudente pour cadrer ou éviter les litiges. En cas de désaccord entre le bailleur et son locataire, il faut commencer par prouver que le logement est bien habité. C'est facile grâce à des quittances de loyer (si elles existent), des factures d'électricité ou un avis d'imposition. Le locataire peut aussi prouver qu'il paye bien son loyer dès lors qu'il en garde une trace (pour cette raison, mieux vaut éviter de payer en liquide ou alors exiger en échange un reçu). Si la preuve est faite que le logement est loué, il est soumis au régime classique dont les obligations partagées entre bailleur et locataire sont définies par la loi du 6 juillet 1989. S'appliquent dès lors les règles habituelles de préavis, de durée du contrat, de revalorisation du loyer…

Les mentions et clauses obligatoires

Qui est qui ?

Cela semble évident, l'identité et les coordonnées du propriétaire et du locataire doivent être clairement décrites dans le bail, ainsi que celles de l'administrateur de biens chargé de la gestion du logement le cas échéant.

Si le propriétaire déménage, il doit indiquer sa nouvelle adresse à son locataire. Si l'ancien propriétaire vend son logement ou disparaît, son acheteur ou son héritier devra à son tour indiquer au locataire son identité et ses coordonnées, de préférence par lettre recommandée avec accusé de réception.

Quand commence le bail et combien de temps dure-t-il ?

La date de début du bail correspond au jour de sa signature, même si le locataire n'est pas encore entré dans les lieux. C'est bien à partir de ce moment qu'il s'engage à respecter les clauses imposées et que le loyer doit être versé.

La durée minimale d'un bail est de trois ans, si le propriétaire est une personne physique, de six années si c'est une personne morale (investisseur institutionnel, société d'HLM…). En pratique, cette durée minimum ne vaut que pour le propriétaire : le locataire, lui, peut à tout moment et sans avoir besoin d'exposer ses raisons donner son congé et déménager.

Un bailleur peut diminuer cette durée en indiquant très précisément les raisons qui le pousseraient, avant les trois ans réglementaires, à devoir reprendre son logement. Par exemple parce qu'il prend sa retraite et perd un logement de fonction, ou parce qu'il revient dans la ville où est situé son appartement pour des raisons professionnelles, parce qu'il souhaite loger un de ses enfants… La durée du bail peut alors être ramenée à une seule année. Dans ce cas, le propriétaire doit signifier au locataire, au moins deux mois avant la fin du bail, qu'il reprendra son logement à la date prévue, pour les raisons qu'il avait annoncées. S'il omet d'envoyer cette lettre recommandée avec accusé de réception ou que l'événement qui l'obligeait à reprendre son logement ne se produit pas, le bail se transforme automatiquement en un contrat classique de trois ans.

Pour quel logement ?

La description du bien loué doit figurer au contrat. Comme son nom l'indique, un bail d'habitation doit correspondre à un logement, même si une pièce, un bureau par exemple, peut servir à une activité. S'agit-il d'une maison, d'un appartement, de combien de pièces dispose ce logement, quelle est la taille du jardin, du garage, des caves ? La description des locaux doit être assez précise, comprendre la liste des équipements dont le locataire aura l'usage (comme les appareils électroménagers par exemple). Les équipements communs appartenant à l'immeuble et à la copropriété doivent également être mentionnés si le locataire peut en avoir l'usage : un ascenseur, une piscine, une aire de jeux, un jardin…

À quel prix ?

Le bail précise évidemment le montant du loyer et dans quelles conditions il est exigible : si le locataire doit adresser son règlement au propriétaire ou si celui-ci doit venir le réclamer. Il indique à quelle date doit se faire le versement ou le virement, (le 5, le 10 ou en fin de mois) et dans quelles conditions le loyer est révisable.

Même si la loi ne l'impose pas, il est conseillé de préciser, dans le bail, le montant de la provision pour charges de copropriétés demandée au locataire lorsqu'il arrive dans les lieux, ainsi que le montant du dépôt de garantie exigé par le propriétaire le cas échéant (il ne peut réclamer plus de deux mois de loyer hors charges). Les deux parties peuvent enfin décider de préciser, en plus, les modalités de renouvellement du bail ou de congé, mais ces règles figurent dans la loi de 1989.

Un bail peut être considéré comme nul s'il ne fait pas état d'un loyer sérieux, à moins que le logement ne soit mis à disposition à titre gratuit. Le loyer n'est pas forcément fixé en fonction de la valeur locative du logement, mais doit être déterminé ou déterminable : il peut correspondre par exemple à l'obligation faite au locataire de réaliser un certain montant de travaux.

Le bail doit être accompagné d'un état des lieux et des extraits du règlement de copropriété si l'immeuble appartient à plusieurs propriétaires.

Les clauses interdites

Certains propriétaires, directifs ou intéressés, pourraient avoir l'idée de rajouter, à ces mentions obligatoires, des contraintes de leur cru. La loi a devancé leur imagination fertile. Son article 4 prévoit dix clauses réputées non écrites, c'est-à-dire nulles, si elles figurent au contrat de location. Elles ne remettent pas en cause la validité du reste du document, mais le locataire peut, au choix, les ignorer ou demander à son bailleur de lui proposer un nouveau bail en conformité avec la loi. Voici quelles sont ces clauses :

1. Le propriétaire ne peut prévoir qu'il fera visiter son logement les jours fériés ou plus de deux heures par jour ouvrable, en cas de relocation ou de congé pour vente.
2. Le propriétaire n'a pas le droit d'imposer une compagnie d'assurances à son locataire. Ce dernier doit rapidement s'assurer, mais auprès de la compagnie de son choix.
3. Le propriétaire peut laisser le choix à son locataire de payer ses loyers par prélèvement bancaire automatique, il ne peut pas lui imposer non plus de signer des frais à l'avance.
4. Il ne peut pas non plus prévoir un prélèvement sur salaire pour payer le loyer, ni une saisie sur salaire pour recouvrer des impayés.
5. En cas de dégradation sur des parties ou des équipements communs de l'immeuble, un propriétaire ne peut considérer comme responsables tous les locataires et répartir entre eux les frais des réparations. Il doit identifier le coupable ou le fauteur de trouble, s'il souhaite être remboursé.

6. Le propriétaire ne peut exiger de son locataire qu'il s'engage, dans le bail, à lui rembourser les travaux et les réparations qu'il estimera nécessaires à la fin du bail. Il devra présenter des devis précis et datés.

7. La loi a prévu quatre cas menant directement à l'annulation du bail: le non-paiement du loyer, le non-paiement des charges, le refus de verser un dépôt de garantie, et le défaut d'assurance habitation. En dehors de ces manquements, un propriétaire ne peut ajouter d'autres clauses de résiliation de plein droit.

8. Le propriétaire n'a pas le droit de stipuler dans le contrat de location qu'il pourra modifier la prestation offerte sans contrepartie: faire des travaux dans son logement ou autoriser dans l'immeuble la pratique d'une activité professionnelle bruyante ou polluante… S'il décide par exemple de modifier la destination d'une partie de son bâtiment, il devra indemniser son locataire.

9. Le contrat de location ne peut prévoir que le bailleur percevra une amende en cas de manquement du locataire à ses obligations.

10. Toute clause qui interdit au locataire d'exercer, chez lui, une activité politique, syndicale associative ou religieuse est nulle.

Les clauses abusives

Certaines autres clauses, sans être explicitement interdites, sont jugées abusives. Elles sont listées sur le site Internet de la commission des clauses abusives (`www.clauses-abusives.fr`). Pour les faire disparaître du bail, le locataire devra saisir la justice et convaincre un juge. La commission a établi deux recommandations, n° 00-01 (datant de 2000) et n° 80-04 (datant de 1980) qui mettent en garde contre une cinquantaine de clauses abusives identifiées. Par exemple, le bailleur ne peut inscrire au bail qu'il a le choix entre conserver les éléments d'embellissement réalisés et payés par le locataire sans indemnité ou lui demander de remettre le logement dans son état d'origine, à ses frais, au moment de son départ. Un propriétaire ne peut pas non plus décider, au moment de la signature du bail, que le locataire s'interdira tout recours en cas de destruction totale des lieux loués, cette clause annulerait toute responsabilité du bailleur notamment en ce qui concerne l'entretien de l'immeuble qui lui revient, selon la loi.

Une nouvelle forme de bail pour les meublés

Jusqu'alors, la location meublée était surtout favorable aux propriétaires. Certes, arriver avec seulement sa valise et trouver une chambre meublée, un lit fait et une cuisine équipée facilitait grandement la vie à certains globe-trotters ou à des professions par nature instables. Les bailleurs en profitaient pour fixer, au prix qu'ils souhaitaient, un bail d'une semaine, d'un mois ou d'un an, tout en se gardant la possibilité de mettre dehors leur locataire à la fin de ce contrat, sans avoir à le renouveler. L'article 115 de la loi de cohésion sociale, votée le 20 janvier 2005, change la donne en faveur du locataire : les baux seront désormais signés pour un an et tacitement reconductibles pour la même période dès lors que le locataire occupera le logement au titre de résidence principale. Les loyers pourront être revalorisés à la date anniversaire de la signature du bail, par indexation sur l'indice du coût de la construction. Lorsque le bailleur ne souhaitera pas renouveler son bail, il devra en avertir son locataire trois mois avant l'échéance du contrat en motivant sa décision. Le locataire, lui, pourra quitter les lieux en prévenant son propriétaire un mois avant la fin du bail sans avoir à lui expliquer pourquoi il part. Bref, le statut des meublés se rapproche de celui des locations régies par la loi du 6 juillet 1989. Dernière nouveauté : si le locataire considère que le logement qu'il loue comme un meublé ne l'est pas assez, il pourra réclamer le confort minimum et convaincre son propriétaire de faire un tour chez Ikea. Sinon, il n'aura pas de mal à prouver que le régime du logement qu'il habite relève de la législation s'appliquant aux logements vides, plus restrictive et bien moins intéressante fiscalement pour le bailleur. Seuls les étudiants pourront échapper à ce nouveau régime. Ils pourront signer des baux de 9 mois plus cohérents avec la durée de leur année scolaire.

Le loyer

Le loyer est la somme qui correspond à l'usage d'un logement. Il ne comprend pas les charges, il est généralement payable par mois, parfois par trimestre. Payer son loyer est la première obligation du locataire. Il peut le faire par virement, par chèque ou en liquide auprès du propriétaire ou de l'administrateur de biens qui gère le logement pour le compte du bailleur.

Comment le loyer est-il fixé et révisé ?

Le loyer est fixé par le propriétaire et accepté par le locataire. Si un logement est mis en location pour la première fois, qu'il soit neuf ou ancien, son loyer est libre. Pour trouver un locataire, le bailleur devra toutefois faire attention au marché environnant et se caler sur les prix des appartements équivalents, loués dans le même secteur. Certains loyers peuvent toutefois être soumis à des plafonds : notamment si le fait de mettre en location des logements permet au propriétaire de défiscaliser une partie de ses revenus (régimes Besson ou Robien) ou si le bailleur a reçu une aide publique pour réaliser des travaux, comme par exemple une subvention de l'Agence nationale pour l'amélioration de l'habitat (ANAH). Ces loyers plafonds sont fixés annuellement par le ministère du Logement et revalorisés chaque année. Ils varient avec le régime choisi par le propriétaire et en fonction de la taille de la ville dans laquelle est construit le logement (voir le tableau des plafonds « Robien », chapitre 12, p. 188).

Une fois fixé et pendant la durée du bail, le loyer est encadré et ne peut être modifié selon les seuls désirs du propriétaire. Plus exactement, le bailleur ne peut décider de l'augmenter à sa guise. S'il veut le diminuer – mais c'est rarement le cas –, aucune loi ne l'empêche de le faire.

La révision du loyer

Elle n'est pas automatique. L'article 17 de la loi du 21 juillet 1994 relative à l'habitat précise l'article 17 de la précédente loi de 1989 : « Lorsque le contrat de location prévoit la révision du loyer, celle-ci intervient chaque année à la date convenue entre les parties ou, à défaut, au terme de chaque année du contrat. L'augmentation du loyer qui en résulte ne peut excéder la variation de la moyenne sur quatre trimestres de l'indice national mesurant le coût de la construction, publié par l'Institut national de la statistique et des études économiques. À défaut de clause contractuelle fixant la date de référence, cette date est celle du dernier indice publié à la date de signature du contrat de location. »

Pour calculer le nouveau loyer, l'indice du coût de la construction (ICC) est publié par l'Insee et disponible sur le site `www.insee.fr`. Le nouveau loyer est égal au loyer actuel multiplié par l'indice du trimestre concerné, divisé par la moyenne du même trimestre de l'année précédente.

Cela ne s'est pas produit depuis plusieurs années, mais il arrive que la moyenne annuelle d'un indice soit moins forte que la moyenne de l'année précédente. Le loyer doit-il alors baisser ? Tout dépend de la syntaxe utilisée lors de la rédaction du bail : si la clause d'indexation stipule que le loyer augmentera avec l'ICC, alors il ne peut baisser. Si le rédacteur a écrit que le loyer varierait en fonction de l'indice, alors le locataire est gagnant.

Si le propriétaire n'applique pas cette indexation alors qu'elle figure au bail, il pourra vous réclamer des arriérés pendant cinq ans. Si au contraire, le bailleur exige des augmentations indues (dans les cas rarissimes où la clause d'indexation ne figure pas au bail), vous aurez également cinq ans pour le prouver et lui réclamer des comptes. Ce délai était de trente ans jusqu'au récent vote de la loi de cohésion sociale en janvier 2005, qui a rétabli l'équilibre entre les deux parties.

INSEE

INDICE DU COUT DE LA CONSTRUCTION
des immeubles à usage d'habitation
Base 100 au 4ème trimestre 1953

Année	PREMIER TRIMESTRE			DEUXIEME TRIMESTRE			TROISIEME TRIMESTRE			QUATRIEME TRIMESTRE		
	Indice	Moyenne	Date de parution	Indice	Moyenne	Date de parution	Indice	Moyenne	Date de parution	Indice	Moyenne	Date de parution
1953										100		
1954	99			100			98			98		
1955	101			102			104			106		
1956	111			115			119			120		
1957	122			125		16/08/57	128		26/11/57	132		09/02/58
1958	137		10/04/58	138		03/07/58	139		10/10/58	140		12/01/59
1959	142		07/04/59	142		30/07/59	142		15/10/59	142		23/01/60
1960	144		04/05/60	141		22/07/60	142		11/12/60	142		11/02/61
1961	143		26/04/61	144		30/07/61	145		11/11/61	147		06/02/62
1962	149		13/05/62	151		04/08/62	153		15/11/62	156		22/02/63
1963	159		06/06/63	168		03/10/63	170		06/12/63	171		12/03/64
1964	173		20/05/64	176		04/02/65	180		11/02/65	184		23/04/65
1965	186		09/06/65	188		09/09/65	189		24/12/65	190		01/04/66
1966	191		17/05/66	193		14/09/66	194		05/01/67	194		28/04/67
1967	195		07/06/67	196		06/09/67	197		01/12/67	197		16/03/68
1968	198		27/07/68	201		17/09/68	209		18/12/68	213		04/05/69
1969	216		01/06/69	216		28/10/69	217		28/02/70	219		24/03/70
1970	220		15/05/70	222		21/08/70	224		02/12/70	226		26/02/71
1971	231		25/05/71	235		13/08/71	238		27/11/71	241		28/02/72
1972	244		02/06/72	248		05/08/72	252		24/11/72	257		13/03/73
1973	262		17/06/73	268		24/08/73	274		09/12/73	280		09/04/74
1974	291		21/07/74	302		30/08/74	322		19/12/74	339		29/03/75
1975	345		29/06/75	353		28/08/75	357		05/12/75	364		07/03/76
1976	375		30/06/76	391		23/09/76	403		30/11/76	415		27/03/77
1977	416		28/06/77	430		18/10/77	438		09/01/78	449		30/03/78
1978	452		08/07/78	461		01/11/78	472		14/01/79	499		14/04/79
1979	502		07/07/79	510		30/10/79	525		22/01/80	548		27/03/80
1980	569		26/06/80	587		16/10/80	604		04/01/81	610		07/04/81
1981	630		05/07/81	636		30/10/81	652		24/12/81	673		02/04/82
1982	697		01/07/82	717		13/10/82	732		26/12/82	727		12/04/83
1983	746		03/07/83	760		06/10/83	776		04/01/84	782		05/04/84
1984	794		04/07/84	810		10/10/84	820		04/01/85	821		05/04/85
1985	826	819,25	04/07/85	834	825,25	11/10/85	841	830,50	04/01/86	847	837,00	10/04/86
1986	855	844,25	04/07/86	859	850,50	10/10/86	861	855,50	06/01/87	881	864,00	22/04/87
1987	884	871,25	23/07/87	889	878,75	27/10/87	895	887,25	08/01/88	890	889,50	28/04/88
1988	908	895,50	29/07/88	912	901,25	18/10/88	919	907,25	06/01/89	919	914,50	14/04/89
1989	929	919,75	20/07/89	924	922,75	15/10/89	929	925,25	06/01/90	927	927,25	12/04/90
1990	939	929,75	18/07/90	951	936,50	24/10/90	956	943,25	09/01/91	952	949,50	14/04/91
1991	972	957,75	18/07/91	992	968,00	19/10/91	996	978,00	09/01/92	1002	990,50	16/04/92
1992	1006	999,00	17/07/92	1002	1001,50	16/10/92	1008	1004,50	09/01/93	1005	1005,25	10/04/93
1993	1022	1009,25	13/07/93	1012	1011,75	15/10/93	1017	1014,00	11/01/94	1016	1016,75	13/04/94
1994	1016	1015,25	13/07/94	1018	1016,75	15/10/94	1020	1017,50	13/01/95	1019	1018,25	13/04/95
1995	1011	1017,00	18/07/95	1023	1018,25	17/10/95	1024	1019,25	10/01/96	1013	1017,75	17/04/96
1996	1038	1024,50	12/07/96	1029	1026,00	15/10/96	1030	1027,50	11/01/97	1046	1035,75	18/04/97
1997	1047	1038,00	16/07/97	1060	1045,75	22/10/97	1067	1055,00	13/01/98	1068	1060,50	11/04/98
1998	1058	1063,25	11/07/98	1058	1062,75	15/10/98	1057	1060,25	14/01/99	1074	1061,75	18/04/99
1999	1071	1065,00	13/07/99	1074	1069,00	13/10/99	1080	1074,75	13/01/00	1065	1072,50	13/04/00
2000	1083	1075,50	13/07/00	1089	1079,25	13/10/00	1093	1082,50	12/01/01	1127	1098,00	13/04/01
2001	1125	1108,50	13/07/01	1139	1121,00	12/10/01	1145	1134,00	11/01/02	1140	1137,25	12/04/02
2002	1159	1145,75	12/07/02	1163	1151,75	15/10/02	1170	1158,00	10/01/03	1172	1166,00	11/04/03
2003	1183	1172,00	16/07/03	1202	1181,75	14/10/03	1203	1190,00	14/01/04	1214	1200,50	09/04/04
2004	1225	1211,00	09/07/04	1267	1227,25	15/10/04	1272	1244,50	12/01/05	1269	1258,25	08/04/05

Tableau de l'évolution de l'indice du coût de la construction

Le nouvel indice, un vieux serpent de mer… qui ressurgit en 2005

L'annonce de la variation du dernier indice du coût de la construction (ICC), de 4,83 % au premier trimestre 2005, a relancé le débat sur l'inadaptation de cette référence. La question ressurgit régulièrement car, dans le calcul de l'ICC, ne rentrent que les composantes liées à la construction neuve. Or, depuis plus d'un an, les prix des matériaux s'envolent sans que les loyers ne puissent se soustraire à cette spirale inflationniste. Il est tout de même étonnant que les locataires pâtissent de la hausse du coût des matériaux tirée très directement par la croissance de l'économie chinoise ! Le ministère de l'Économie et des Finances a donc proposé de réformer l'indice. Le nouvel indicateur devrait être applicable à partir de juillet 2006. Il sera formé de trois indices existants : l'ICC actuel, l'indice des prix à la consommation (IPA) et l'indice des prix d'entretien et d'amélioration (IPEA) du logement. L'idée est de tenir compte de l'inflation mais aussi des coûts, auxquels les propriétaires doivent faire face à travers l'IPEA. Les pondérations de ces trois indices ne sont pas encore fixés, elles pourraient être de un tiers pour chacun. Une simulation réalisée par Bercy sur cette repartition montre qu'un tel indice devrait provoquer une hausee de 3,7 % au quatrième trimestre contre 4,81 % avec l'ICC. Ces nouveaux calculs permettraient d'« amortir les chocs » à la hausse comme à la baisse et de lisser d'avantage les augmentation de loyer

La hausse du loyer

Les locataires s'attendent généralement à une petite hausse annuelle correspondant à la revalorisation de leur loyer. En revanche, ils font la grimace lorsque le propriétaire modifie les conditions du bail, en l'augmentant carrément. La loi a heureusement prévu qu'il ne puisse pas le faire n'importe quand. Le bail dure trois ou six ans. À son échéance, si personne ne bouge, il est reconduit dans les mêmes conditions. Il est important de connaître cette fameuse date d'échéance, car autour d'elle vont s'échanger les courriers de remise à plat des conditions de location. La précision compte, une lettre recommandée envoyée un jour trop tard peut faire capoter une négociation et la reporter de trois ans.

Le bailleur peut augmenter son loyer, s'il a amélioré le confort de son logement en y effectuant des travaux. Dans ce cas, ces chantiers doivent être prévus, ainsi que la majoration du loyer qui en découlera dès la signature du bail.

La seconde façon d'augmenter le loyer est de prouver qu'il est « manifestement sous-évalué », par rapport à des logements comparables, loués dans le même quartier. Pour ce faire, le propriétaire doit respecter les formalités strictes décrites dans l'article 17c de la loi du 6 juillet 1989.

Comment prouver qu'un loyer est « manifestement sous-évalué » ?

Il faut comparer le loyer en question à des logements de sa catégorie. La loi indique que le propriétaire qui s'engage dans cette voie devra fournir au moins six références à Paris, Lyon et Marseille (trois dans les agglomérations de moins d'un million d'habitants), de logements dont le locataire n'a pas changé depuis au moins trois ans. Ces références doivent être choisies parmi des logements et des immeubles similaires, situés dans la même zone géographique. Le propriétaire doit indiquer, pour chacune d'elle, l'adresse (le numéro de dizaine de la rue, par exemple 13 pour 135, rue X, l'étage), préciser la présence éventuelle d'un ascenseur, la surface habitable et le nombre de pièces ou d'annexes, comme un garage ou un jardin, l'état d'équipement du logement, le nombre de salles de bains, le type de chauffage, la date de construction de l'immeuble, la preuve que le locataire est le même depuis trois ans, le montant du loyer hors charges. Il n'est pas très facile de se procurer ces adresses, ni tous ces renseignements. Ni pour le propriétaire qui les recherche à titre de preuves, ni pour le locataire qui tentera sûrement de les vérifier. Les administrateurs de biens sont les meilleurs alliés des bailleurs : ils voient passer nombre de biens, qu'ils louent et savent évaluer. Les locataires peuvent s'adresser aux observatoires des loyers qui existent dans plusieurs régions, aux associations départementales d'information sur le logement, à des associations de locataires… (Se référer au carnet d'adresses, p. 495).

Six mois avant l'expiration du bail, le propriétaire propose donc à son locataire un nouveau loyer fixé au regard de ces références. Attention au calendrier, la lettre recommandée avec accusé de réception doit parvenir au locataire avant le premier jour du sixième mois précédant le terme du bail. Par exemple si le bail échoit le 31 mai 2006, la lettre doit être remise avant le 1er novembre 2005 (la date apposée par la poste lors de la remise en mains propres de la lettre faisant foi).

La lettre doit également reproduire dans son intégralité les neuf alinéas de l'article 17c de la loi du 6 juillet 1989 détaillant le mécanisme de cette hausse de loyer. Les juges ne se prononcent pas tous pour la nullité de l'action dans le cas contraire, mais retiennent fréquemment que, en l'absence de ce texte, le locataire ne dispose pas des informations suffisantes pour contester, le cas échéant, les prétentions du bailleur. De même, le propriétaire doit joindre les références sur lesquelles il se fonde pour juger de la sous-évaluation manifeste de son loyer.

Le locataire qui reçoit cette proposition serait bien avisé de vérifier dans un premier temps si tout est en règle : la date du bail, les six mois réglementaires… Il peut accepter la proposition et le nouveau loyer. Dans ce cas, il doit envoyer sa réponse quatre mois avant la fin du bail (par lettre recommandée avec accusé de réception). Ne rien répondre revient à signifier son refus. Si le propriétaire a de la suite dans les idées, il risque de saisir la commission de conciliation. Son temps est compté, il doit agir dans un délai de quatre mois avant la fin du bail. La commission convoquera les deux parties pour les entendre et statuer dans les deux mois qui suivent sa saisine, c'est-à-dire, si tous les délais sont respectés, toujours avant la date fatidique de fin de bail.

La commission de conciliation

Une commission de conciliation composée de deux représentants de bailleurs et de deux représentants d'associations de locataires siège dans chaque département. Elle est compétente pour juger deux types de litiges : un désaccord sur une augmentation de loyer, souhaitée par un propriétaire et refusée par un locataire, ou un désaccord sur le loyer exigé lors d'une sortie de bail loi 1948.

Convoqués, le locataire et le propriétaire ne se retrouvent pas devant un tribunal. Au contraire, le rôle de la commission est de tenter de trouver un accord à l'amiable. Cela arrive et dans ce cas, un protocole d'accord est signé. Sinon, la commission émet un avis dont les juges n'ont pas forcément à tenir compte mais dont ils auront connaissance si l'affaire est finalement portée devant la justice. L'avis est unanime si les deux collèges se mettent d'accord sur le fait que le loyer était sous-évalué ou qu'au contraire, il n'y a pas lieu de l'augmenter. L'avis est partagé lorsqu'au sein même de la commission, les représentants des locataires et ceux des bailleurs n'arrivent pas à se mettre d'accord. Il est fortement conseillé de se présenter à la conciliation ; dans le cas contraire, les arbitres en présence prendront plus sûrement fait et cause pour le présent que pour l'absent.

En 2004, la commission parisienne a traité 1 257 dossiers relatifs aux augmentations de loyers à expiration des baux. Par rapport à 2003, le nombre de dossier traité est en hausse de 20 %. 39 % des dossiers se sont soldés par une conciliation et 70 % des avis donnés sont unanimes, pour ou contre la volonté du bailleur.

Si un accord n'a pas été trouvé, la dernière étape mène au tribunal. L'horloge tourne toujours et le juge d'instance doit être saisi avant la fin du bail. Si l'affaire n'est pas enregistrée à temps au greffe, le bail est reconduit dans les conditions antérieures pour trois ou six ans et tout le monde aura perdu son temps.

Le juge peut suivre l'avis de la commission, mais peut décider de se forger sa propre opinion. Sa mission consiste à vérifier la sous-évaluation manifeste du loyer, le caractère habituel et comparable des références et l'adéquation du loyer demandé à ces références.

Le locataire peut se présenter seul au tribunal et défendre lui aussi un dossier argumenté. Des contre-références, des photos de l'état de l'appartement, des précisions sur la surface louée sont alors des documents précieux.

Paris, ce n'est pas toute la France…

À Paris et dans 335 communes autour de l'agglomération parisienne, l'augmentation des loyers est encadrée par un décret renouvelé chaque année depuis 1989. Ce texte est valable un an mais il aura des conséquences pendant trois ou six ans selon la nature des baux. Il restreint la hausse à 50 % de la différence entre le loyer pratiqué jusque-là et le loyer moyen de référence retenu pour justifier de l'augmentation.

Exemple : si un locataire payait 300 euros par mois et que le loyer de référence retenu par le propriétaire est de 350, l'augmentation ne pourra dépasser 25 euros par mois (la différence de 50 euros divisée par deux). Le nouveau loyer sera fixé au maximum à 325 euros par mois. Comme l'augmentation dépasse 10 % de l'ancien loyer, elle est étalée sur six ans : la première année, les mensualités seront de 300 + 25/6 = 304,16 euros. Pendant le reste de la durée du bail, le loyer augmentera de 4,16 euros par an, auxquels il faudra rajouter le coût de l'indexation.

La majoration du loyer peut aussi être calculée en fonction du coût de travaux réalisés par le bailleur. Ces transformations doivent dater d'après le début du bail ou sa dernière reconduction. Ils doivent porter sur les parties communes (l'immeuble) ou les parties privatives (l'intérieur du logement). Leur montant toutes taxes comprises doit dépasser une année de loyer. Si toutes ces conditions sont remplies, le loyer peut augmenter de 15 % du montant des dépenses.

Dans tous les cas, la bataille de la hausse de loyer se livre sur fond de reconduction du bail. Pas question pour le bailleur d'arguer du refus du locataire pour lui donner congé. Ce dernier serait alors dépourvu de tout moyen de se défendre sans risquer de se retrouver à la rue.

Comment est calculée la hausse du loyer ?

Si elle est finalement accordée, la hausse du loyer peut être appliquée en une seule fois ou étalée par tiers sur chaque année, si le bail est de trois ans, par sixième s'il a été signé pour six ans. Si le nouveau loyer dépasse l'ancien de plus de 10 %, le lissage se fera obligatoirement sur six ans. Le propriétaire n'arrivera donc à obtenir son nouveau loyer qu'au bout de six nouvelles années de location.

Cette hausse s'ajoute à l'indexation annuelle et ne la remplace pas.

Qui paye ?

Si le locataire est célibataire, le bailleur ne peut réclamer le loyer qu'à lui, sauf à faire intervenir sa caution.

Dans un couple marié et même si un seul des époux a signé le bail, les deux sont responsables et solidaires (c'est l'un des engagements lus à la mairie lors de la célébration du mariage, mais on ne l'écoute jamais !).

Si le locataire est pacsé, les deux partenaires se retrouvent « tenus solidairement à l'égard des tiers des dettes contractées par l'un d'eux pour les besoins de la vie courante et pour les dépenses relatives au logement commun », dit l'article 515-4 du code civil.

Si le mariage ou le pacs est conclu au cours du bail, le plus simple est d'en avertir le bailleur. En effet, une union rend le couple solidaire. Même s'il n'est pas au courant, en cas de litige, il pourra, indifféremment, réclamer son dû à l'un ou l'autre des époux ou des partenaires, s'il est prouvé qu'ils sont unis par ces liens.

Le locataire qui vit en concubinage est seul responsable du paiement de son loyer et de ses charges.

En cas de colocation, plusieurs personnes ont signé le bail. Si le document comporte une clause de solidarité (c'est le cas le plus fréquent), chaque locataire est responsable des dettes contractées ou des dégâts causés par ses acolytes. Dans le cas contraire, le bailleur ne peut se retourner contre un seul des colocataires et lui demander de payer pour les autres.

Et si personne ne paye le loyer…

C'est la situation cauchemardesque redoutée par tous les bailleurs. Car, en dernier recours, il leur sera très difficile de faire expulser leur locataire. Il faut en France, en général, plusieurs années pour qu'un tribunal prononce une décision d'expulsion. Il en faut souvent plusieurs autres avant que le jugement soit appliqué. En mars 2005, la France a d'ailleurs été condamnée pour un refus d'expulsion par la Cour européenne des droits de l'homme (CEDH). L'histoire, à peine croyable, concerne un terrain loué en Guadeloupe en 1972. En 1988, le locataire, ayant cessé tout versement de loyer depuis plusieurs années, fait l'objet d'une décision d'expulsion prise par la cour d'appel de Basse-Terre. Seize ans plus tard, l'arrêt n'ayant jamais été appliqué, Victor Maheus, le propriétaire – qui entre-temps a obtenu des indemnités en réparation du préjudice subi – décide, en 2004, de revendre son bien à son ancien locataire pour la somme de 45 000 euros…

La CEDH a estimé que, par ce refus d'expulsion, la France avait violé le droit à un procès et le droit à la protection de la propriété. Pour la cour d'appel, cette décision a, en effet, abouti à une « sorte d'expropriation privée dont l'occupant illégal s'est retrouvé bénéficiaire », voire à « une forme de « justice privée » contraire à la prééminence du droit ».

Sans aller jusqu'à ce cas extrême, les litiges sont fréquents et expliquent pourquoi les bailleurs se montrent si exigeants (parfois trop et à mauvais escient) au moment du choix de leurs locataires.

Face à un locataire qui ne paye pas, le propriétaire n'a que le choix de suivre une procédure stricte et prévue par la loi. Ceux qui prônent l'intimidation peuvent toujours tenter le coup mais attention de ne pas frapper chez vos locataires tard le soir ou les harceler au téléphone pour réclamer votre loyer, ils pourraient vous assigner pour trouble de jouissance… Ça s'est vu !

En cas de retards de loyers

Un impayé de loyer est constitué lorsque trois termes consécutifs, soit trois mois ou trois trimestres, n'ont pas été réglés, ou lorsque la dette du locataire s'élève au double du montant du loyer et des charges.

La meilleure façon d'entrer en conflit avec son propriétaire est de faire mine de l'ignorer. Ne pas le payer sans le prévenir n'est pas un bon calcul. Il pourrait sans doute comprendre et se montrer conciliant vis-à-vis d'un locataire qui rencontre des difficultés financières. Des systèmes de soutien existent.

Lorsque le locataire perçoit des aides au logement, deux cas peuvent se présenter :

- Les aides sont versées directement au propriétaire qui percevra une portion du loyer si son locataire cesse de payer.
- Les aides sont versées au locataire. Dans ce cas, le bailleur peut demander à la caisse d'allocations familiales (CAF) qu'un virement soit directement fait sur son compte en banque. La CAF doit en informer le locataire par lettre recommandée, celui-ci dispose d'un mois pour apurer sa dette.

Dès le constat d'un impayé, si le locataire est logé par un organisme public, le bailleur social a l'obligation de saisir, dans un délai de trois mois avant l'assignation, la section départementale des aides publiques au logement (SDAPL) ou la CAF afin de rechercher des solutions ou d'obtenir des aides diverses. Si cette démarche n'est pas menée, le tribunal peut refuser de juger un locataire mauvais payeur et, dans ce cas, l'expulsion ne pourra avoir lieu.

Si le locataire s'entête à ne pas régler ses dettes, tout en restant dans les lieux, le propriétaire dispose d'une arme lourde, la clause résolutoire. Le manquement au paiement du loyer constitue en effet l'un des motifs de fin de contrat et autorise le bailleur à demander au tribunal d'expulser son locataire.

En signant un bail qui comporte une clause résolutoire, ou une clause de résiliation de plein droit, le locataire s'est engagé à respecter la fin du contrat en cas de manquement à certaines de ses obligations :

- le défaut de paiement des loyer et des charges ;
- le défaut de paiement du dépôt de garantie ;
- le défaut d'assurance.

Même si cette clause figure au bail, le propriétaire ne peut se faire justice lui-même. Il devra faire appel à un juge. Si après vérification des faits, il s'avère que le locataire est bien en tort, le juge n'a d'autre choix que de prononcer la résiliation du bail. En pratique, les choses sont un peu moins simples car le juge peut décider d'accorder un délai de paiement au locataire.

Le juge compétent est le juge d'instance du tribunal du secteur dans lequel est situé l'immeuble. Après son jugement, le plaignant peut faire appel. Ensuite, un pourvoi en cassation est encore possible si le litige porte sur plus de 3800 euros. Mais la procédure, à coup sûr, prendra plus de cinq ans. Le propriétaire peut se présenter sans avocat devant le tribunal d'instance, mais il aura tout intérêt à faire appel à un homme de loi pour rédiger l'assignation qui doit être bien argumentée.

Première étape : le commandement de payer

Le commandement de payer est un document à rédiger scrupuleusement. La loi impose en effet certaines mentions dont l'absence annulerait toute portée de l'acte si le locataire pouvait prouver, par la suite, que le manque d'informations lui avait porté préjudice. Voici quelles sont ces mentions :

- Les cinq premiers alinéas de l'article 24 de la loi du 6 juillet 1989 doivent être reproduits (il ne suffit pas de joindre leur photocopie).
- Le premier alinéa de l'article 6 de la loi Besson du 31 mai 1990 sur le droit au logement doit également figurer dans son intégralité dans le document.
- Le bailleur doit signaler à son locataire qu'il peut chercher de l'aide auprès du fonds de solidarité logement (FSL) et lui fournir l'adresse de l'organisme dont il dépend.

- Le commandement de payer doit contenir les sommes détaillées dues par le locataire : les loyers dus au titre de tel ou tel mois, les provisions pour charges correspondant à tel ou tel trimestre.

Ce document est ensuite délivré au (x) locataire(s) par un huissier. Deux semaines plus tard, il doit être signifié à la personne qui s'est portée caution. À partir de ce moment (la date de signification du commandement de payer), le locataire dispose de deux mois pour se remettre à flot.

Comment se faire aider ?

Les ménages aux revenus modestes qui ne peuvent s'offrir un avocat ou les conseils d'un homme de loi peuvent bénéficier de l'aide juridictionnelle (loi du 10 juillet 1991). La moyenne mensuelle de leurs ressources perçues entre le 1er janvier et le 31 décembre de l'année précédente, sans tenir compte des prestations familiales et de certaines prestations sociales, doit être inférieure aux plafonds suivants à compter du premier janvier 2005 :

- 844 euros mensuels pour bénéficier de l'aide juridictionnelle totale ;
- 1 265 euros mensuels pour bénéficier de l'aide juridictionnelle partielle.

Ces plafonds sont majorés de 152 euros pour chacune des deux premières personnes à charge et de 96 euros pour chacune des personnes suivantes.

Il est également possible de faire appel à des associations de locataires dont les juristes sont de bon conseil.

Comment répondre ?

La suite de l'histoire dépend de la réaction du locataire. Il peut payer ce qui lui est réclamé, auquel cas la procédure prend fin. Il peut demander des délais au bailleur qui n'est pas tenu de lui en accorder ou à un juge d'instance. Dans ce dernier cas, il doit assigner le bailleur, à ses frais. Il peut faire opposition en contestant les sommes qui lui sont réclamées. Si elles ont déjà été payées, le locataire devra en apporter la preuve en fournissant la copie des chèques ou des mandats encaissés. S'il fait l'autruche, il a tort. Le bailleur n'aura d'autre solution que de saisir le juge pour qu'il applique la clause résolutoire. Il ne lui reste plus qu'à faire délivrer une assignation à comparaître à son locataire, par un huissier qui transmettra le même document au préfet. Celui-ci doit recevoir la lettre recommandée avec accusé de réception deux mois au moins avant l'audience, afin que ses services mobilisent, le cas échéant, des services sociaux qui pourraient venir en aide au locataire défaillant.

Deuxième étape : le tribunal

Le juge d'instance va vérifier que la procédure a été menée de façon légale. Il peut décider d'accorder au locataire un délai de grâce en reportant sa dette ou en l'étalant sur deux ans au maximum (article 1244-1 du code civil). Dans le premier cas, le locataire devra payer son loyer et ses charges et rembourser l'intégralité de la dette à une date fixée. Dans le deuxième, il devra chaque mois ajouter à son loyer et ses charges le prorata de sa dette étalée. Avant de prendre sa décision, le juge doit vérifier que le locataire est en mesure de payer sa dette et confronter sa situation avec celle du bailleur. Dispose-t-il d'autres revenus, doit-il lui-même payer un loyer ou rembourser un crédit, est-il responsable de personnes à charge… Si le juge accorde ce délai, l'article 1244-2 du code civil « suspend les procédures d'exécution qui auraient été engagées par le créancier. Les majorations d'intérêts ou les pénalités encourues à raison du retard cessent d'être dues pendant le délai fixé par le juge ».

En cas de défaut d'assurance

La clause résolutoire visant le défaut d'assurance est plus simple à mettre en œuvre : le locataire ne peut demander de délai, la caution n'a pas à être alertée, puisqu'il ne s'agit pas d'impayés et le préfet n'a pas besoin d'être saisi. Le commandement envoyé au locataire doit reproduire l'article 7g de la loi du 6 juillet 1989 qui oblige le locataire à « s'assurer contre les risques dont il doit répondre en sa qualité de locataire et d'en justifier lors de la remise des clés puis, chaque année, à la demande du bailleur. La justification de cette assurance résulte de la remise au bailleur d'une attestation de l'assureur ou de son représentant ». Soit le locataire s'assure le mois suivant et tout rentre dans l'ordre, dès qu'il fournit l'attestation à son bailleur, soit il laisse traîner les choses. Au bout d'un mois, le propriétaire peut l'assigner.

Si le juge ne se montre pas clément, il peut ordonner l'expulsion. Il fixe en même temps l'indemnité d'occupation (plus élevée que le loyer, le cas échéant) que devra payer le locataire jusqu'à son départ : le bail est rompu, donc l'occupant n'a théoriquement plus le droit d'être dans les lieux. La décision du juge est notifiée par huissier. L'ex-locataire a un mois pour faire ses bagages.

Le propriétaire peut également demander au juge la résiliation judiciaire du bail pour des clauses non résolutoires, s'il conteste l'utilisation qui est faite de son logement. Il peut, par exemple, ne pas apprécier la sous-location, le tapage nocturne fréquent, l'utilisation du logement à des fins professionnelles… La procédure à suivre est paradoxalement plus simple que celle applicable en cas de résiliation de plein droit qui requiert des formalités très précises et prend énormément de temps.

Pour éviter le procès, le bailleur peut envoyer à son locataire une mise en demeure, par lettre simple ou lettre recommandée avec accusé de réception. En cas de non-réponse, il ne lui restera plus qu'à l'assigner devant le tribunal d'instance dont dépend l'immeuble.

Ultime confrontation : l'expulsion

Pour pouvoir expulser son locataire, le bailleur doit se faire délivrer un titre exécutoire et demander à un huissier d'adresser à l'occupant devenu illégal un commandement de quitter les lieux. Ce texte doit reproduire les cinq premiers alinéas de l'article 613 du code de l'habitat et de la construction (CCH) qui précise la possibilité pour l'ex-locataire de faire appel, dans les deux mois, au juge de l'exécution. Le préfet le reçoit également et le transmet à ses services afin qu'ils recherchent une éventuelle solution de relogement.

La décision d'expulsion peut mener à des actions brutales, dont certaines font la une de la presse lorsque des familles avec enfants sont mises à la rue. C'est pour cette raison que l'expulsion ne se produit généralement qu'une fois que les juges ont tenté toutes les médiations et tous les recours possibles. Même si certains propriétaires seraient tentés d'accélérer la procédure afin de récupérer leur bien et de le relouer, la justice se meut avec lenteur sur ce terrain glissant. En effet, le droit à la propriété du bailleur se heurte au droit au logement reconnu pour tous. La règle devrait être : pas d'expulsion sans relogement. C'est pourquoi le juge de l'exécution, saisi par le locataire menacé d'expulsion, accorde souvent un répit qui peut aller jusqu'à trois ans. Pendant ce temps, il arrive que le propriétaire ne touche pas de loyers. Il ne peut pas non plus relouer son bien occupé et est condamné à attendre.

En pratique, une expulsion ne peut avoir lieu qu'entre 6 heures du matin et 21 heures, ni un jour férié, ni un dimanche.

Aucune expulsion ne peut avoir lieu entre le 31 octobre et le 15 mars, c'est la trêve hivernale décrite par l'article 613-3 du CCH. Elle ne concerne ni les squatters, ni les locataires à qui il a été proposé un relogement correspondant à leurs besoins, ni les occupants d'un immeuble frappé d'un arrêté de péril.

Le déroulement de l'expulsion dépend du locataire. S'il est présent et accepte de partir, ses meubles seront déménagés dans un endroit choisi et payé par lui ou bien dans un lieu choisi par l'huissier qui lui délivrera un procès-verbal de saisie dressant la liste des meubles emportés. L'ex-locataire dispose d'un mois pour les récupérer avant qu'ils ne soient vendus aux enchères ou détruits. En cas de vente, les recettes servent d'abord à rembourser le propriétaire du logement, le solde est rendu au locataire.

Si le locataire n'est pas sur les lieux, l'huissier est alors autorisé à entrer en faisant intervenir un serrurier. Il doit être accompagné du maire ou d'un de ses représentants, d'un policier ou d'un gendarme. À défaut, deux témoins majeurs (indépendants de l'huissier et du bailleur) peuvent représenter l'autorité. Cette dernière clause est régulièrement remise en question par les associations de locataires : elle peut facilement justifier la présence de témoins dont la fiabilité n'a rien à voir avec celle d'officiers assermentés.

Coriace ou sûr d'être dans son bon droit (ce qui devient un peu difficile à cette étape de la procédure), le locataire peut décider d'entrer en résistance. Seul l'huissier a alors le droit de pénétrer dans l'appartement mais ne peut forcer les occupants à en sortir. Il dresse un procès-verbal de tentative d'expulsion et peut appeler à l'aide la force publique, c'est-à-dire la police. Le locataire gagne encore deux mois, car la demande de l'huissier doit être adressée au préfet qui dispose de ce délai pour statuer. À l'issue, il peut refuser pour ne pas « troubler l'ordre public ». Le propriétaire n'a plus alors que ses yeux pour pleurer et peut demander une indemnité pour « non application d'une décision de justice ».

L'article 16 de la loi du 9 juillet 1991 portant réforme des procédures civiles d'exécution dispose que « le refus de l'État de prêter son concours ouvre droit à réparation ». L'indemnisation du propriétaire tient compte :

- des loyers et charges impayés ;
- de l'indemnité d'occupation due par le locataire encore dans les lieux après la résiliation du bail ;
- du montant des travaux de remise en état du logement s'il y a lieu ;
- des intérêts de retard.

En revanche, les frais de procédure ne sont pas pris en compte.

Chapitre 19

Entretien, charges et réparations, qui paye la note ?

Dans ce chapitre :

- Le partage des charges
- Peut-on contester ses charges ?

En plus du loyer, le locataire doit s'acquitter d'une partie des charges de fonctionnement de l'immeuble. Il y vit, utilise ses parties communes, ses équipements, il est donc normal qu'il verse son écot.

Pourquoi les charges sont-elles très élevées dans certains immeubles, très faibles dans d'autres ? Parce qu'elles correspondent aux prestations fournies : un ascenseur, un hall d'entrée magnifique, un jardin, une piscine... Tous ces équipements doivent être surveillés, assurés, entretenus, ce qui occasionne des frais qui constituent les charges. S'y ajoutent les dépenses d'éclairage des parties communes, le chauffage... Les charges sont en général d'autant plus élevées que la résidence est importante (le nombre d'ascenseurs, les surfaces de parties communes, de caves et de parking étant alors multipliés).

Dans toute copropriété, les charges sont provisionnées en début d'année, en fonction d'un budget sur douze mois, voté en assemblée générale. Au vu des dépenses réelles, le syndic réclame davantage ou rembourse les copropriétaires. Une partie des charges est dite « récupérable » : le bailleur qui les paye à la copropriété se rembourse en les refacturant à son locataire. Ces charges récupérables correspondent à des postes clairement identifiés et fixées par décret, mais l'interprétation des textes donne évidemment lieu à des litiges.

Un bailleur ne peut imposer un forfait de charges à son locataire. Ce dernier non admis aux assemblées générales doit faire confiance à son seul interlocuteur, son propriétaire. Lorsqu'il reçoit son relevé trimestriel, il peut néanmoins demander à contrôler toutes les dépenses en exigeant de viser toutes les factures. Il a un mois pour le faire après réception de son relevé, au cours duquel les pièces justificatives sont théoriquement tenues à sa disposition. Il doit, s'il le souhaite, pouvoir consulter les factures, les contrats de fourniture et d'entretien, les quantités d'eau, de gaz et d'électricité consommées… Le propriétaire ne peut le lui refuser, mais il n'est obligé ni de lui fournir des photocopies, ni de lui envoyer les documents demandés, et fait parfois preuve d'une grande force d'inertie quand il s'agit d'ouvrir sa porte ou de fixer un rendez-vous au locataire. Ce dernier peut aussi s'adresser au syndic. Ces professionnels n'accueillent pas non plus à bras ouverts les locataires curieux d'éplucher les comptes. Pas forcément par méfiance, mais parce que ces demandes alourdissent leur charge de travail. Ils ont néanmoins l'obligation de le faire. En cas de refus, il ne reste plus au locataire qu'à demander au tribunal de prononcer une injonction.

Le partage des charges

En principe, sont facturées au propriétaire les grosses réparations et les dépenses d'investissement. Reviennent aux locataires les frais d'entretien courant et les petites réparations. Cette répartition pouvant donner lieu à toutes sortes d'interprétations, le décret du 26 août 1987 dresse la liste précise et limitative des charges récupérables, c'est-à-dire refacturées au locataire par son bailleur. Théoriquement, tout ce qui n'y figure pas revient au propriétaire.

Les clés de répartition

Ce point est à l'origine de nombreux conflits. Lorsque l'immeuble est une copropriété, les règles de répartition entre locataires correspondent aux règles de répartitions entre propriétaires. Elles sont fixées par le règlement de copropriété en fonction des tantièmes de la surface totale de l'immeuble que représente chacun des lots. Il n'en va pas de même si l'immeuble appartient à un propriétaire unique qui loue ses appartements à plusieurs locataires. La clé de répartition est alors laissée à son libre choix. Il peut (ou non) choisir une règle respectant l'équité entre les locataires.

Les frais d'ascenseurs : récupérables

Il est obligatoire de souscrire un contrat d'entretien pour un ascenseur. Soit un contrat simple qui couvre l'entretien soit un contrat complet qui prévoit le remplacement des pièces, le cas échéant. Les locataires sont redevables de 100 % des dépenses si le contrat est simple, de 73 % s'il est complet. Pourquoi ce pourcentage improbable ? Simplement parce que le prix du contrat simple correspond à 73 % du contrat complet et que c'est au propriétaire de payer le remplacement de pièces cassées. Si l'ascensoriste facture des services en plus, comme, par exemple, le remplacement de la moquette ou d'un miroir à la suite de destructions dues au vandalisme, le bailleur en supportera seul les frais. Lui reviendront aussi les dépenses de mise en sécurité et de modernisation découlant du décret du 9 septembre 2004.

ATTENTION !

Pour les puristes : les dépenses d'entretien de la ligne téléphonique de l'ascenseur ne sont pas mentionnées dans le décret… Elles ne sont donc pas récupérables.

L'assurance de l'immeuble : non récupérable

Un locataire doit assurer le logement dans lequel il s'installe. En revanche, il n'a rien à voir avec l'assurance de l'immeuble ni avec celle du syndic. Elle revient entièrement au propriétaire. En cas d'impayés, il ne peut être inquiété.

Le chauffage : récupérable s'il est consommé

Conformément aux principes généraux, seules les dépenses engagées pour l'achat du combustible et l'entretien du chauffage peuvent être facturées au locataire. Les magistrats de la Cour de cassation ont estimé le 5 février 1992 qu'il revenait au bailleur de payer le fuel ou le charbon stocké mais non brûlé : tant qu'il n'est pas transformé en chaleur, il ne profite pas au locataire ! Les contrôles du système à effectuer tous les cinq ans restent à la charge du propriétaire, tout comme l'installation ou le renouvellement d'une chaudière individuelle. En cas de raccordement de l'immeuble à un système collectif de chauffage urbain, l'opérateur finance les investissements, puis facture ses services en fonction de la chaleur consommée. Le « prix de l'air chaud » est, la plupart du temps, intégralement refacturé au locataire comme s'il s'agissait d'un combustible. Ces frais incluent en fait des dépenses d'installation et d'amortissement, théoriquement dus par le propriétaire.

Hygiène des parties communes : produits récupérables

Ni la main d'œuvre, ni les heures de travail ne sont payables par le locataire. Sa participation se limite aux produits d'entretien. Comme les sociétés de nettoyage passent souvent des contrats globaux avec les syndics, les charges récupérables sont estimées en pourcentage du total : 40 % pour les opérations de désinsectisation, 10 % du total pour la désinfection des parties communes.

Comme la dératisation n'est pas citée parmi les charges récupérables, il revient au propriétaire de la payer ou d'acheter un chat…

Eau froide, eau chaude : 100 % récupérables

L'eau est consommée donc, froide ou chaude, payée par celui qui la consomme. Cette règle vaut pour l'eau bue ou coulée dans les appartements, utilisée pour l'entretien des parties communes, pour celui des espaces extérieurs et du jardin (s'il n'est pas privatif et interdit d'accès au locataire). Les dépenses d'entretien des robinets, des pompes, des contrôleurs de niveaux et autres équipements aquatiques sont entièrement récupérables sur le locataire.

Les espaces verts : la pelouse pour le proprio

La réfection de la pelouse ou de massifs replantés annuellement revient au propriétaire et les travaux d'entretien courant, au locataire.

Les antennes de télévision et le câble : à négocier

La modernisation ou la mise en sécurité des immeubles donne lieu à des dépenses normalement prises en charge par le propriétaire. C'est lui qui paiera l'installation d'un digicode, d'un visiophone, d'une grille à l'entrée de l'immeuble ou d'une porte blindée. Si le locataire lui réclame un confort lié à l'immeuble, mais dont lui n'a que faire, une négociation privée permet de partager les frais. Il peut s'agir par exemple de payer la liaison d'un immeuble au réseau câblé, ou l'installation d'une parabole sur le toit…

Les charges liées au salaire du personnel de l'immeuble

Si « le personnel » est une concierge ou un gardien d'immeuble qui se charge de nettoyer les parties communes et de sortir les poubelles, son salaire et les charges sociales liées sont imputables au locataire à hauteur de 75 %. Il en est de même si le propriétaire ou l'un des copropriétaires se charge de ces tâches. En revanche, le salaire en nature (loge de fonction, eau, électricité, chauffage) est entièrement dû par le propriétaire, comme les indemnités versées en cas de licenciement.

Lorsque l'entretien de l'immeuble est assuré par un employé d'immeuble qui n'assure aucune fonction de surveillance ou de gardiennage, salarié d'une société prestataire de services ou indépendant, la dépense facturée à la copropriété est récupérable à 100 %, y compris l'équivalent d'un salaire en nature de la mise à disposition d'un local.

N'OUBLIEZ PAS

Dans les immeubles de grande hauteur où est requise la surveillance de parking ou la présence de pompiers 24 heures sur 24, les salaires restent à la charge du propriétaire.

L'entretien de l'immeuble : non récupérable

Ni l'achat de containers ou de poubelles, ni les ravalements, ni les revêtements antigraffitis ne sont imputables au locataire.

Les taxes : à partager

La taxe d'enlèvement des ordures ménagères est récupérable, si elle apparaît indépendamment d'autres dépenses dans le budget communal, que son taux a été établi et qu'elle donne lieu à une perception (si elle est par exemple incluse à la taxe foncière, le propriétaire ne pourra la récupérer). La taxe de balayage est récupérable. En revanche, il revient au propriétaire de payer la taxe sur les balcons perçue par quelques municipalités, les frais de confection de rôle et de dégrèvement de taxes.

L'épineuse question des vide-ordures

Qui a encore bouché la colonne en jetant n'importe quoi ? Impossible de trouver le coupable mais en vertu du principe qu'un propriétaire ne peut invoquer une responsabilité collective des locataires, c'est souvent à lui seul que reviennent les frais de débouchage des conduits.

Peut-on refuser de payer ses charges ?

Ce refus est aussi grave que le manquement au paiement du loyer. Il figure généralement au bail parmi les clauses résolutoires qui entraînent automatiquement et sans l'avis d'un juge la résiliation d'un bail. Pour ceux qui désirent les contester, les associations de locataires sont d'un grand secours. Elles connaissent la législation sur le bout des doigts et sont souvent à l'origine de la jurisprudence. Les locataires disposent d'un mois pour vérifier les comptes, pendant lequel le propriétaire doit tenir à leur disposition tous les justificatifs de toutes les dépenses. Si ces documents sont difficiles d'accès, si le bailleur n'est jamais là pour fixer un rendez-vous à son locataire, il est possible de considérer que le solde des charges n'est pas exigible. Les juges de la Cour de cassation se sont plusieurs fois prononcés pour cette issue. Attention, le locataire doit alors pouvoir prouver qu'il a bien essayé de consulter les pièces justificatives et qu'il s'est heurté à une fin de non-recevoir.

S'il parvient à contrôler les comptes, il devra payer ce qu'il estime comme non contestable et suspendre le reste. Ensuite, il peut saisir le tribunal qui nommera un expert, dont les frais – souvent plus élevés que le montant des charges contestées – devront être avancés par le locataire. En suivant cette procédure, le locataire prend le risque de ne pas être suivi par le juge, de recevoir de son propriétaire un commandement de payer avant un avis d'expulsion.

Chapitre 20

Partir… sans drame

Dans ce chapitre :

- Le propriétaire demande au locataire de partir
- Le locataire décide de partir
- Le droit au maintien dans les lieux
- L'état des lieux
- Récupérer son dépôt de garantie
- Pourquoi certains bailleurs préfèrent garder leur logement vide

Le statut de locataire permet de se libérer assez facilement et assez vite de son logement. Pas besoin d'attendre qu'un vendeur veuille bien signer pour vider les lieux comme dans le cas d'une transaction. Une lettre recommandée suffit si elle est envoyée au bailleur en temps et en heure. Le locataire doit tout de même respecter quelques procédures et ne pas laisser un champ de ruines derrière lui s'il souhaite récupérer son dépôt de garantie. La loi manque de précision sur les suites à donner aux trous dans la moquette ou aux murs jaunis.

Faire partir un locataire est moins simple, c'est pourquoi certains propriétaires préfèrent conserver leur logement vide plutôt que de le louer. C'est un mauvais calcul et une pratique taxée depuis 2002. La crise du logement est telle en France que l'État a jugé la coercition plus efficace que l'incitation pour faire revenir des biens immobiliers sur le marché. Voici quelques conseils pour une séparation à l'amiable et rapide.

Le propriétaire vous demande de partir

Un bailleur désireux de récupérer son logement doit attendre la fin du bail de son locataire et avancer des motifs précis. Sa seule envie ne suffit pas. L'article 15 de la loi du 6 juillet 1989 détaille la procédure.

Un calendrier très précis

Le calendrier doit être respecté. Un jour de retard et le contrat de location est reporté de trois ou six ans (selon que le propriétaire est une personne physique ou morale), sans recours possible. Pour signifier son congé à son locataire, le propriétaire doit le faire six mois avant la date d'échéance du bail, par lettre recommandée ou par huissier s'il ne fait pas confiance aux délais de la poste. La date retenue est celle de la signature de l'accusé de réception par le locataire ou la remise en mains propres par l'huissier. Si le locataire est absent ou ne se dérange pas pour aller chercher sa lettre recommandée à la poste, le délai peut courir et annuler le congé. En revanche, si un huissier a laissé chez le locataire, absent, un avis lui indiquant qu'il doit se rendre en mairie pour récupérer sa lettre, celui-ci devra prouver qu'il lui était impossible de le faire (s'il était par exemple hospitalisé ou en voyage) pour ne pas être mis à la porte six mois plus tard. Les services d'un huissier coûtent évidemment plus cher qu'un envoi recommandé. Il faut compter environ 150 euros.

Si le jour de l'expiration du bail est un samedi, un dimanche ou un jour férié, le bail est prorogé jusqu'au premier jour ouvrable suivant.

Une fois qu'il a reçu son congé, le locataire peut faire ses valises à tout moment, sans avoir à payer les mois courant jusqu'à la fin officielle du bail dès lors qu'il n'occupe plus le logement.

Comment être sûr de la date d'échéance du bail ?

Pour les baux récents, ce n'est pas très compliqué, il suffit de consulter le contrat de location et de rajouter trois ou six ans, au jour près. Les baux signés avant la loi Quillot de 1982 (qui se font de plus en plus rares) étaient beaucoup plus variés, reconductibles par mois ou par trimestre. La loi considère aujourd'hui que ces baux remis au goût du jour démarrent le 24 juin 1983, date à laquelle les propriétaires bailleurs devaient s'être mis en règle avec la nouvelle loi. Ils ont depuis été reconduits tous les 3 ou 6 ans. Les prochains s'achèveront donc le 24 juin 2007.

Pour quelles raisons ?

Le propriétaire ne peut décider sans raison de se débarrasser de son locataire. Il lui faut même des motifs précis et argumentés, listés par la loi.

Pour loger l'un de ses enfants ou se loger lui-même

Ce congé s'appelle le congé pour reprise. Il bénéficie au propriétaire, à son conjoint, à son concubin notoire depuis plus d'un an, à son partenaire si un pacs a été signé au moins un an avant la date du congé, et à leurs ascendants et descendants respectifs.

Une personne morale, une entreprise par exemple ou une société d'HLM, ne peut bénéficier de cet aménagement, sauf s'il s'agit d'une société civile immobilière (SCI) familiale qui donne congé afin de reloger l'un de ses associés (c'est-à-dire dans ce cas l'un des membres de la famille).

Pour que le congé soit valable, le propriétaire, ou l'un des membres de sa famille qui bénéficie du congé, doit installer sa résidence principale dans le logement concerné. S'il s'en sert de résidence secondaire ou le laisse vide, le locataire aura pour seul recours de demander réparation pour ses frais de déménagements et ses démarches pour trouver un autre logement. Mais il ne pourra le prouver qu'après coup et il a fort peu de chance de réintégrer ses pénates.

Le congé pour vente

Lorsque le propriétaire veut vendre son logement vide, il doit le proposer en priorité à son occupant. S'il le vend occupé, il n'est même pas obligé d'en informer ce dernier qui changera de propriétaire aux mêmes conditions de bail et de loyer.

Le congé est signifié six mois avant la fin du bail et doit indiquer le prix auquel le logement est affiché (frais de notaire compris). Si le prix est plus élevé que celui du marché, les juges, saisis par le locataire, pourront considérer que l'offre tendait, en fait, à dissuader le locataire d'exercer son droit de préemption. Dans les faits, si le propriétaire désire vraiment vendre, peu importe qui sera l'acheteur. Le congé doit reproduire l'article 15-2 de la loi du 6 juillet 1989 (attention: une photocopie agrafée ne suffit pas), afin que le locataire ne puisse protester de son manque d'information. Ce dernier a deux mois pour se prononcer. Son silence vaut refus et il devra déménager à l'issue de son préavis. S'il accepte l'offre, la conclusion de la vente est suspendue à l'obtention d'un prêt et le locataire dispose de quatre mois pour monter et faire accepter son dossier. S'il paye cash, la vente doit être signée dans les deux mois. À moins que les deux parties n'acceptent de prolonger les délais de négociation.

Si le bailleur vend son logement sur le marché et que le prix inscrit dans la promesse de vente signée est inférieur à l'offre initiale proposée au locataire, le notaire chargé de la vente devra en informer ce dernier sous peine de nullité de la vente. Cette information vaut nouvelle offre de vente au profit du locataire qui dispose d'un mois pour se décider. S'il accepte, les compteurs sont remis à zéro : deux mois sans prêt, quatre s'il faut monter un dossier bancaire. Cette possibilité est fréquente en cas de baisse du marché immobilier, beaucoup moins depuis 1997 puisque les prix ont connu une hausse ininterrompue.

Les locataires âgés de plus de 70 ans dont les ressources n'excèdent pas une fois et demi le SMIC (les deux conditions doivent être réunies) ne peuvent recevoir un congé s'il n'est pas accompagné d'une proposition de relogement dans des conditions équivalentes, dans la même commune ou une commune limitrophe (article 13 de la loi du 1er septembre 1948). Seule exception à cette règle : que le bailleur qui délivre le congé ait lui-même dépassé 60 ans ou que ses propres ressources ne dépassent pas une fois et demi le SMIC.

Les revenus pris en compte sont les revenus annuels déclarés au fisc avant battement sans tenir compte des aides familiales ou des aides ponctuelles mais en incluant les revenus des valeurs mobilières.

Au 1er juillet 2004, le SMIC horaire était fixé à 7,61 euros de l'heure, le plafond annuel de ressources à ne pas dépasser correspond donc à 20 775 euros.

Un régime spécial pour les ventes « à la découpe »

Pour les bailleurs désireux de vendre plus de dix logements, un décret daté du 22 juillet 1999 (suite à un accord signé le 9 juin 1998 entre associations de locataires et bailleurs) avait modifié la loi de 1989 en obligeant le bailleur à séparer l'offre d'achat de la signification du congé et à organiser une concertation préalable à la vente. La nouvelle réglementation des ventes « à la découpe » confirme cet accord et rajoute quelques garde-fous.

Le congé pour motif légitime et sérieux

Le propriétaire peut demander à son locataire de déguerpir, en invoquant des « motifs légitimes et sérieux » dus à ses manquements : retard systématique dans le paiement du loyer ou des charges, nuisances occasionnées dans l'immeuble et dont les voisins se plaignent, sous-location non autorisée, cession du bail, exercice d'une profession troublant la tranquillité de l'immeuble, obstruction à des travaux indispensables…

Les raisons du congé pour motif légitime et sérieux peuvent également venir du propriétaire lui-même. Il peut décider de donner congé à un locataire qui aura perdu sa caution, ou bien être tout simplement obligé de récupérer son bien parce qu'il souhaite le démolir ou le rénover de fond en comble. Il doit alors présenter un projet avancé, voire un permis de construire. Si le bailleur a besoin de loger une personne dont l'état de santé le nécessite, ou si une personne morale veut récupérer un immeuble pour y loger son personnel, le congé est autorisé. En revanche, loger la nounou de ses enfants ou agrandir son appartement d'une chambre mitoyenne louée jusqu'alors n'ont pas été retenus comme des motifs valables de congé.

La nouvelle donne

L'accord du 16 mars 2005 signé entre des associations de locataires et des représentants des bailleurs concerne les propriétaires souhaitant mettre en vente plus de dix appartements dans un même immeuble. Il fait suite aux protestations de centaines de locataires dont les appartements ont été vendus « à la découpe » par des investisseurs institutionnels, notamment à l'automne et pendant l'hiver 2005. Cette brusque accélération des transactions sur ce marché a révélé un mouvement de fond qui depuis des années asséchait petit à petit le marché locatif. Aujourd'hui, les prix sont si élevés que les locataires, priés d'acheter ou de quitter les lieux à la fin de leur bail, ont le plus grand mal à se reloger dans le quartier. Sous la pression des associations, les représentants des bailleurs ont accepté de leur donner quelque répit. Le bail des locataires installés depuis six ans ou plus est prorogé d'un mois par année d'ancienneté dans les lieux, dans la limite de trente mois. Cette mesure devient automatique alors que l'accord de 1998 autorisait le bailleur à rejeter cette demande. Les occupants atteints d'un handicap sont toujours protégés, ainsi que les occupants de plus de 70 ans, sans condition de ressources, sauf pour ceux qui payent l'impôt de solidarité sur la fortune, nouveauté 2005. Aux familles qui ne souhaitent pas acheter leur logement et disposent de revenus inférieurs à 100 % du plafond PLI (voir chapitre 26, p. 375), le bailleur ne pourra délivrer un congé qu'après leur avoir proposé un logement dans les conditions de l'article 15 de la loi du 6 juillet 1989, soit aux même conditions de loyer et situé dans le même secteur géographique. En 1998, le seuil était de 80 % des plafonds PLI. Enfin, la proposition d'achat faite au locataire concerne, comme en 1998 et dans les mêmes conditions, son concubin notoire ou son partenaire de pacs (depuis plus d'un an dans les deux cas) et leurs ascendants et descendants respectifs.

L'accord précise aussi dans quelles conditions exactes les ventes doivent être organisées: une réunion doit avoir lieu avec tous les locataire. Dans les courriers individuels envoyés à chaque occupant, doivent figurer le descriptif des phases importantes de la vente et les droits du locataire, le prix moyen au mètre carré et la différenciation selon les appartements, les conditions actuelles du crédit, le ou les avantage(s) de prix accordé(s) au locataire, l'information du locataires des possibilités de relogement et l'information des dispositifs légaux de protection des locataires âgés ou sans ressources.

Seules deux des cinq principales associations de locataires ont signé l'accord. En juin 2005, une nouvelle loi était en cours de lecture qui pourrait le rendre applicable. Nouveauté annoncée: le locataire pourrait faire jouer sont droit de préemption dès la première mise en vente de l'immeuble, c'est à dire au prix de « gros". Dans la plupart des cas en effet, le propriétaire vendait « au bloc » à une société qui se chargeait du découpage et de la revente par lots, empochant une plus value au passage.

Le locataire prend les devants et annonce son départ

Le locataire peut annoncer son départ trois mois avant de rendre ses clés. S'il respecte ce délai, pas besoin d'explication, il n'a pas à dire pourquoi il s'en va. Il peut réduire la durée de ce préavis en invoquant une des raisons énumérées dans l'article 15 de la loi du 6 juillet 1989 et qui lui permettront de partir plus tôt, un mois seulement après avoir donné son congé dans les conditions suivantes :

- s'il souhaite déménager parce qu'il a trouvé son premier emploi ;
- s'il est muté (ou son conjoint, mais pas son concubin notoire ni son partenaire en cas de pacs s'ils n'ont pas ensemble signé le bail) à la demande de son employeur ou à la sienne (cette clause ne vaut que pour les salariés et peu importe la distance séparant le logement du nouveau lieu de travail) ;
- si, salarié, il perd son emploi ou si son contrat à durée déterminée n'est pas renouvelé (le bailleur le laissera d'autant plus facilement partir qu'il n'a pas l'assurance que son locataire pourra continuer à payer son loyer) ;
- s'il retrouve un emploi (décision ajoutée en 1994) ;
- s'il est âgé de plus de 60 ans et que sa santé exige un déménagement, à condition qu'il puisse prouver que ses conditions d'habitat ne sont pas compatibles avec son état, par exemple si l'immeuble n'est pas équipé d'un ascenseur ou s'il est trop éloigné des transports ou des commerces ;
- s'il bénéficie du revenu minimum d'insertion (RMI).

Le préavis donné par le locataire est irrévocable. Une fois la lettre recommandée envoyée ou l'huissier missionné, impossible de faire marche arrière, sauf clémence négociée avec son bailleur. Pour le locataire comme pour le propriétaire, les délais doivent être respectés au jour près : trois mois ou un mois après la date de signature de l'accusé de réception faisant foi ou celle de remise en mains propres par un huissier.

La lettre doit simplement informer du souhait du locataire, en rappelant les articles 12 et 15 de la loi du 6 juillet 1989.

La location prend fin au moment de la remise des clés au propriétaire ou à son représentant (administrateur de biens ou agent immobilier) en échange d'un reçu. À partir de cet instant, il n'est plus responsable de ce qui peut arriver dans l'appartement, dégât des eaux, incendie ou autre. Mais jusqu'au bout, le locataire est tenu de payer son loyer et ses charges. Même s'il a versé, en arrivant, un dépôt de garantie généralement égal à deux mois de loyer, il n'a pas le droit de considérer que cette somme couvrira les deux derniers mois de sa location.

Le propriétaire dispose de deux mois pour rendre cet argent. Il ne faut donc pas compter dessus pour payer le dépôt de garantie d'un autre appartement. D'autant qu'il est rare que la somme déposée soit restituée intacte.

Le propriétaire peut en déduire :

- les loyers impayés, le cas échéant ;
- les charges restant dues (mais c'est plus compliqué : le propriétaire ne dispose généralement pas à l'avance des comptes réels de l'année et doit se fonder sur le budget prévisionnel ; le locataire ne doit pas accepter de payer plus que le prorata de son temps d'occupation des lieux) ;
- les dépenses de réparation de dégradations qu'il estime dues au locataire.

Sur ce dernier point, les choses se compliquent car il est difficile de distinguer l'usure normale due à une utilisation régulière des réels dommages ou des défauts de réparation. La loi prévoit quelles réparations incombent au locataire et au propriétaire (voir chapitre 19, p. 286), mais il n'est pas toujours facile de trancher. Il faut de toute façon en passer par l'état des lieux.

Le maintien dans les lieux

Plusieurs types de locataire bénéficient du maintien dans les lieux et sont indéracinables.

Les locataires des HLM

Décrié, critiqué, le logement social loge tout de même beaucoup de monde et certains locataires y sont tout à fait bien installés, sans le moindre risque d'être priés, un jour, d'aller se chercher un autre toit. Le locataire du secteur social bénéficie en effet du droit au maintien dans les lieux, ainsi que son conjoint, son concubin notoire ou partenaire de pacs (depuis plus d'un an), leurs ascendants et descendants respectifs. Si le titulaire du bail vient à décéder ou à abandonner son domicile, ces personnes, désignées par la loi, peuvent légalement devenir les nouveaux titulaires du bail. Certaines situations sont si intéressantes pour les locataires (loyers et charges faibles) que les appartements se transmettent de génération en génération. Les nouveaux occupants ne doivent toutefois pas dépasser les plafonds de ressources imposés ou alors accepter de payer un surloyer. Un bailleur social ne peut donc signifier un congé à son locataire que si celui-ci ne paye ni son loyer ni ses charges, refuse de s'assurer ou trouble gravement la vie de son entourage. Alors que le locataire, comme dans le secteur privé, peut donner son préavis trois mois à l'avance dans les conditions déterminées par la loi du 6 juillet 1989.

Les locataires « loi 1948 »

Si vous habitez un logement « loi 1948 », vous le savez sans doute. Sinon, pas la peine de chercher, lorsque les locataires partent (enfin !), aucun propriétaire ne réclame le retour à ce statut et pour cause... Cette loi très protectrice pour le locataire se limite à des secteurs résiduels et s'éteindra au fil des années. La loi Méhaignerie du 23 décembre 1986 en a bloqué toute application nouvelle et a ouvert des portes de sortie pour les propriétaires (voir chapitre 11, p. 156).

Les bailleurs des appartements classés sous ce statut ont beaucoup de mal à récupérer leurs logements : à la fin du bail, le locataire et sa famille, bénéficient du droit au maintien dans les lieux et passent du statut de locataires à celui d'occupants de bonne foi. Dès lors, ils peuvent rester aux conditions suivantes :

- l'appartement doit constituer sa résidence principale ;
- ils ne doivent pas être propriétaire ailleurs ;
- le nombre de personnes logées ne doit pas être inférieur au nombre de pièce plus deux (par exemple, cinq personnes pour un appartement de trois pièces, sept personnes pour un appartement de cinq pièces).

Le propriétaire ne peut récupérer son logement en donnant congé à son locataire que s'il doit y effectuer des travaux, mais il doit dans ce cas proposer au locataire un autre logement (dont il est propriétaire ou pas) situé dans la même commune ou une commune limitrophe et correspondant à ses besoins et ses possibilités. Dans les conditions de marché de 2005, cette condition est totalement illusoire. Le propriétaire devrait retrouver un loyer équivalent sur un marché très cher. S'il ne peut reloger son locataire, il devra prouver que lui-même ou le futur bénéficiaire du logement n'a pas les moyens de se loger dans une habitation correspondant à ses besoins. Pour que l'argument porte, le propriétaire doit avoir acquis son logement depuis au moins dix ans, un délai réductible à quatre ans après négociation avec un juge.

L'état des lieux

À l'entrée et à la sortie

L'état des lieux sert à évaluer l'état du logement délivré par le propriétaire au début du bail et rendu par le locataire à son échéance ou lorsqu'il part. Il doit être réalisé à l'entrée et à la sortie. Les deux documents doivent être établis en présence du locataire et du propriétaire ou de son représentant, à défaut, d'un huissier. Il est pratique d'utiliser la même grille de lecture et de les présenter de la même manière. Les états des lieux sont d'autant plus utiles qu'ils sont précis. Si vous utilisez des documents téléchargés ou fournis par des associations de locataires ou de bailleurs, ne vous contentez pas de noircir des cases, mais ajoutez des commentaires détaillés. Ils fourniront la preuve que vous avez utilisé paisiblement le logement, sans le dégrader et que les dépenses de rafraîchissement à prévoir sont imputables à une usure normale et non à votre négligence. C'est surtout l'état des lieux de sortie qui pose problème et constitue une source permanente de litiges entre bailleurs et locataires. Il est donc recommandé d'établir le document d'entrée en se projetant dans le futur et en repérant tous les petits défauts dont le propriétaire souhaitera peut-être vous rendre responsable quelques années plus tard.

S'il n'a pas été fait d'état des lieux à l'entrée, le logement est supposé être en bon état, sauf s'il est possible de prouver que le bailleur préférait ne rien signer au moment de la conclusion du bail.

Chaque mot compte

S'il est impossible de faire les choses à l'amiable, le propriétaire ou le locataire peut faire appel à un huissier qui préviendra les deux parties par lettre recommandée sept jours avant la rencontre, dans l'appartement. Le constat doit être signé par les deux parties et réalisé peu de temps après que le locataire a enlevé ses meubles, même s'il est parti sans laisser d'adresse.

Le descriptif doit être précis et le vocabulaire utilisé a son importance. Les nuances de la langue française sont multiples et entre des murs jaunis et des murs crayonnés, entre une moquette trouée et une moquette élimée, entre une tapisserie déchirée et une tapisserie arrachée, la responsabilité sous-entendue n'est pas la même. De même, les qualificatifs comme en « bon » ou en « mauvais » état ne sont pas assez précis. Il faut désigner, à l'arrivée comme au départ, toutes les dégradations repérées : si le mur est troué ou fissuré ou si la peinture est jaunie ou craquelée ou fendillée ou cloquée...

Toutes les pièces doivent être mentionnées, une par une, ainsi que les équipements qui s'y trouvent, jusqu'aux prises et aux interrupteurs, tuyaux de douche et état des éviers et des lavabos. C'est fastidieux, mais cela peut vous faire faire pas mal d'économies. Il ne faut pas hésiter à remplir des pages en précisant que les traces sur la moquette correspondent aux emplacements des meubles, que les stores en tissu ont été décolorés par le soleil. La cave, le parking et les annexes mentionnés au bail doivent également être passés au crible.

Le propriétaire va se servir du document pour réclamer, le cas échéant, le remboursement des travaux qu'il aura à effectuer avant de pouvoir remettre le logement sur le marché. Il n'est pas obligé d'engager ce chantier (donc d'avancer l'argent) mais de présenter des devis qui attestent de leur coût. Les sommes retenues sur le dépôt de garantie ou réclamées en sus devraient logiquement servir à rénover l'appartement ou la maison. En fait, le bailleur n'y est obligé que s'il ne peut relouer son bien en répondant aux normes du logement décent décrites dans le décret du 30 janvier 2002 (voir chapitre 4, p. 56).

Comment récupérer son dépôt de garantie ?

Rien de plus facile si vous avez payé vos loyers, vos charges, votre taxe d'habitation (due par l'occupant au 1er janvier) et si vous laissez un logement en bon état. Le propriétaire a deux mois pour vous remettre la somme que vous lui avez confiée en entrant dans les lieux (parfois dix ans plus tôt). Passé ce délai, le locataire est en droit de réclamer des intérêts en plus de la somme que son bailleur lui doit. En 2005, le taux légal est fixé à 2,05 % par an. Les deux mois prévus par la loi ne suffisent pas toujours au propriétaire pour obtenir le décompte réel des charges, c'est pourquoi certains juges font démarrer la créance des intérêts à la date de réception, par le propriétaire, du décompte définitif des charges. Il est alors en mesure de déduire les dettes de son ex-locataire et de rembourser les siennes.

Pourquoi certains propriétaires préfèrent garder leur logement vide ?

Un bailleur, propriétaire d'un logement vide ? Étonnant, non ? À lui les charges, les remboursements du crédit, les impôts locaux, et pas de loyer ! Quel intérêt ? Ces propriétaires sont nombreux : plus de 500 000 logements sur tout le territoire si l'on en croit des chiffres tirés du recensement de 1999 (les seuls disponibles actuellement mais assez contestés). Pourquoi, diable, préfèrent-ils ne pas encaisser d'argent ?

La première raison tient sans doute à la crainte d'accueillir un locataire dont on ne pourra se libérer même s'il décide de ne plus payer son loyer et ses charges. Une expulsion peut prendre des années pendant lesquelles le logement est squatté, ne rapporte rien et, pire, risque d'être peu entretenu, voire volontairement dégradé. L'union nationale de la propriété immobilière (UNPI), le lobby des propriétaires, agite régulièrement le mouchoir rouge du risque locatif pour essayer de modifier la loi en faveur du bailleur.

Certains propriétaires préfèrent simplement conserver vide leur logement et le réserver à leurs enfants lorsqu'ils seront en âge d'y habiter. Enfin, louer un logement suppose, si l'on veut respecter la loi sur le logement décent et simplement trouver un occupant, de le mettre aux normes. Certains propriétaires n'ont pas l'envie ou les moyens de le faire. Les moins scrupuleux louent quand même leur bien, comptant sur la tension du marché, et ils trouvent effectivement des candidats qui n'ont d'autres choix que de payer le prix fort pour un bouge. D'autres attendent des jours meilleurs.

En 1999, une taxe sur les logements vacants a été instaurée pour pousser les propriétaires à remettre leurs logements vides sur le marché (voir chapitre 14, p. 220) : peu efficace parce qu'elle coûte très cher à recouvrer et que l'identification des propriétaires « fauteurs » est difficile, elle est toujours en vigueur, mais complétée par des dispositifs plus incitatifs que coercitifs. Des primes de sortie de vacance ou des subventions versées par l'Agence nationale pour l'amélioration de l'habitat (ANAH) ou des sociétés d'économie mixte, comme la Siemp à Paris. En contrepartie de ces aides, les bailleurs doivent s'engager à louer leur bien pendant au moins neuf ans et ne pas dépasser des loyers plafonnés. Pour certains, cette dernière contrainte est rédhibitoire.

Quatrième partie

Faire construire dans les règles de l'art

Dans cette partie...

Construire sa maison, juste comme on l'a rêvée, un vieux désir qui traîne... Plus de 100 000 ménages franchissent le pas chaque année. Comment choisir un terrain ? Où et à quel prix ? Que bâtir dessus et comment être sûr que la maison ne s'envolera pas au premier coup de vent ? Plusieurs solutions s'offrent à vous : compter sur vos blanches mains et vos idées géniales ou faire appel à des spécialistes. Architectes, constructeurs de maisons individuelles et promoteurs proposent, chacun dans leur registre, des conseils ou des maisons clés en main. Elles sont standardisées ou uniques en leur genre. Rassurez-vous, la construction individuelle est assez bien encadrée en France : à condition de travailler avec des professionnels assurés et de souscrire vous-même des garanties, tout devrait bien se passer.

Chapitre 21

Le projet d'une vie

Dans ce chapitre :

- Quel budget ?
- Quel style choisir ?
- Une maison de constructeur, de promoteur ou de castor ?

Vous vous lancez là dans une aventure dont rêvent beaucoup de Français. La maison individuelle, construite par ou pour soi. Quelque huit millions de maisons individuelles ont été construites en France depuis les années 1960 et les trois quarts des ménages qui accèdent à la propriété font construire, achètent ou louent une maison. Ce secteur connaît une croissance sans précédent depuis une dizaine d'années. En 2003, plus de 190 000 logements individuels ont ainsi été mis en chantier.

L'accès à la maison individuelle se décline sous plusieurs formules :

- acheter un terrain constructible isolé et vous lancer seul dans la construction d'une maison en faisant appel à un constructeur de votre choix (80 % des cas) ;
- acheter dans un lotissement prédécoupé une parcelle de terrain sur laquelle vous pourrez construire la maison de votre choix ou l'une des maisons proposées « en catalogue » par un constructeur ;
- acheter à un promoteur une maison « en village », déjà dessinée et prête à construire.

Lorsque vous achetez un bien déjà construit, vous devez vous attarder sur son état, sa situation, sa disposition… Si vous faites construire, il faut ajouter à tout cela des questions juridiques, administratives et techniques qui risquent de se poser à l'avenir. Vous pouvez vous entourer de professionnels, ils sont nombreux et le marché de la construction individuelle est assez bien balisé. En 2004, les ventes de maisons individuelles ont encore progressé, mais de 3 % contre 11 % en 2003. L'Union nationale des constructeurs de maisons individuelles (UNCMI) prévoit le ralentissement du marché compte tenu de la hausse permanente des prix. Le syndicat note la déconnection croissante entre les revenus des acheteurs et des prix de terrains et de travaux qui ne cessent d'augmenter.

JARGON

Petit lexique à l'usage des futurs constructeurs

Un maître d'ouvrage est la personne qui décide des travaux et pour qui ils seront réalisés. Dans le cadre de la construction d'une maison individuelle, le maître d'ouvrage est généralement le propriétaire du terrain et futur propriétaire du bâtiment qui sera construit dessus.

Le maître d'œuvre est la personne qui coordonne les travaux et sert d'intermédiaire entre le maître d'ouvrage et les entreprises qui vont fabriquer la maison. Il conseille le maître d'ouvrage mais n'est pas décisionnaire (il peut être architecte, géomètre, constructeur de maison individuelle, entrepreneur...).

Les entreprises forment le troisième côté du triangle, elles reçoivent la commande du maître d'ouvrage via le maître d'œuvre, à qui elles rendent compte. Les entreprisesgénéralement assurent tous les travaux. Le chantier peut également être même en « lots séparés". Cela signifie que le maître d'œuvre traitera séparément avec le plombier, l'électricien, l'entreprise de gros œuvre, l'entreprise de charpentier, etc.

Quel budget ?

La construction d'une maison suppose un financement en deux temps, ou en tout cas la séparation de deux postes : le terrain d'un côté, les travaux de l'autre. Difficile de prévoir un budget tant les localisations, les tailles, les matériaux et les styles sont variés. Un terrain et une maison peuvent se financer comme un bien immobilier classique si l'on parle de recours au crédit. En revanche, il faut prévoir de nombreux frais, étalés sur le délai de la construction. Au total, faire construire ne revient pas forcément plus cher que d'acheter un logement tout prêt. Partout en France, les prix de la construction sont à peu près équivalents, c'est le prix du foncier qui fait la différence. Rien à voir entre un petit terrain en zone urbaine dans le centre d'une grande ville ou à sa périphérie et un ancien champ devenu constructible à des kilomètres du premier feu rouge. Les terrains accessibles par transports en commun coûtent très cher et leur prix ne cesse de monter. La vraie campagne reste abordable (lorsqu'elle est située loin des zones touristiques) et son prix varie surtout en fonction de l'offre et de la demande.

Il est possible d'établir un bilan prévisionnel qui doit comprendre les postes suivants, pour un terrain qui n'a jamais été aménagé :

- le coût du terrain (prix du terrain, honoraires du géomètre pour le bornage, frais de notaire, frais de démolition éventuels) ;
- les frais de raccordement aux réseaux d'eau, d'électricité, de téléphone et de gaz, et du traçage d'un chemin ;
- la taxe locale d'équipement, participation au raccordement à l'égout, et les taxes d'urbanisme ;
- les frais de construction (travaux, honoraires de l'architecte) ;
- l'assurance dommage ouvrage ;
- les frais financiers (frais d'emprunt, frais de préfinancement entre le lancement de la construction et le temps réel du déménagement, loyer à payer pour héberger sa famille le temps de la construction ou prêt relais).

Même si un chantier s'étale sur une année ou plus, les frais d'emprunt sont réglés au début de l'opération.

Les règles de l'endettement prises en compte par les banques sont comparables au ratio de 33 % considéré comme une limite lors d'un achat classique. Mieux vaut soi-même bien estimer ses capacités de financement : la construction d'une maison peut révéler de nombreuses surprises qui se traduiront évidemment par des surcoûts, parfois élevés. Pourquoi tant de maisons individuelles semblent-elles perpétuellement en travaux ? Parce que bien souvent leurs propriétaires attendent des jours meilleurs pour les terminer.

Aujourd'hui, la plupart des « primo-constructeurs » (ceux qui construisent pour la première fois) sont d'anciens locataires qui franchissent deux étapes à la fois : devenir propriétaires et passer d'un appartement à une maison. Ils se lancent dans l'aventure pour 100 000 euros environ, hors terrain, et une surface de 120 m² dont ils pourront aménager l'étage ou les combles eux-mêmes, plus tard. Les familles déjà constituées achètent plus grand. De 120 à 180 m² en moyenne pour 150 000 euros au minimum, hors foncier. La deuxième ou la troisième construction sort généralement un peu des sentiers battus. Les maîtres d'ouvrage ont plus d'expérience et disposent de plus d'argent. Ils souhaitent, cette fois, du sur-mesure. Les prix n'ont plus de limites pour ces propriétés faites pour habiter autant que pour se faire plaisir ou se faire valoir. Il est de moins en moins rare de voir, dans ces villas, des installations telles qu'une balnéothérapie, un sauna ou un ascenseur…

La maison à 100 000 euros ?

Plusieurs initiatives privées et publiques tentent de pallier la hausse des prix. Des constructeurs de maisons individuelles proposaient déjà des « produits » à moins de 80 000 euros lorsque que Jean-Louis Borloo, le ministre de la Cohésion sociale, de l'Emploi et du Logement a lancé, début 2005, son idée de maison à 100 000 euros, terrain compris, qui revient à faire supporter le coût du foncier à la collectivité. Cette mesure a été largement médiatisée sans que l'on sache si des communes sont prêtes à mettre à disposition de promoteurs ou de constructeurs des terrains vendus à l'euro symbolique ou cédés à titre gratuit. Certaines le font déjà comme Montereau en Seine-et-Marne, Évry dans l'Essonne et Nîmes dans le Gard. Mais ceux qui critiquent cette mesure redoutent que les villes volontaires ou en capacité d'adhérer à cette idée soient éloignées des centres des grandes agglomérations. Pour devenir propriétaire pour 100 000 euros, les ménages seraient obligés de s'éloigner encore davantage et d'allonger leurs temps de transport. Les plus critiques sont les associations de locataires de logements sociaux. Ces derniers constituent en effet la clientèle visée par cette mesure. Aujourd'hui, beaucoup sont dans l'incapacité de « sortir » du parc HLM en devenant propriétaire compte tenu des prix du marché.

Quel style ?

Longère ou bloc de verre ? Bastide ou tout béton ? Architecture vernaculaire ou maison d'architecte ? On n'a pas toujours le choix car les plans locaux d'urbanisme, qui ont remplacé, dans chaque commune, les plans d'occupation des sols, imposent le style de construction autorisé à tel ou tel endroit. Le cahier des charges ne s'arrête pas au gabarit, mais insiste sur les matériaux utilisés, les couleurs, les formes, la pente des toits, les proportions des fenêtres, les avancées ou les saillies de toiture… Les toits Mansart sont par exemple typiques de l'Île-de-France. Ils apparaissent parfois ailleurs, dans des lotissements, mais ne seraient pas autorisés dans des villages provençaux ou bretons. Le choix est encore plus réduit lorsque le terrain à bâtir se situe dans le périmètre d'un monument historique classé. L'architecte des Bâtiments de France a alors son mot à dire sur les plans, l'allure générale du bâtiment et même des détails qui pourraient jurer avec l'environnement.

D'après une étude du sociologue Guillaume Herner sur « La Maison idéale des Français », commandée par le promoteur Maisons d'en France, les ménages aspirent à l'authentique et au terroir à l'extérieur. À l'intérieur, l'aspect naturel est plébiscité : luminosité grâce à de grands volumes et de grandes ouvertures, parquet au sol et matériaux naturels. L'aspect écologique est abordé dans le choix de la localisation : loin des centrales nucléaires, des zones inondables et des zones à risques technologiques, si tant est qu'on les connaisse, et loin du bruit. En revanche, la maison « environnementalement correcte » qui consomme moins n'est pas encore un concept très prisé, surtout parce qu'il est cher à l'achat ou à la construction et que les économies qu'il peut générer ne sont ni sûres, ni pour l'instant chiffrées.

Alors que les maisons mitoyennes sont un grand classique en Allemagne ou en Angleterre, en France, elles ne se vendent qu'en ville. Les Français préfèrent éloigner leur voisin par une pelouse ou un bout de jardin placé tout autour de la maison comme le symbole de remparts ou de douves délimités par une frontière plus matérielle : leur amour de la clôture ne se dément pas, même si les traditionnels grillages métalliques verts sont remplacés par des haies, tout aussi « enfermantes » mais plus jolies.

À l'intérieur, les salles à manger rapetissent et disparaissent au profit de la cuisine grande et ouverte sur le salon. Les principales innovations fleurissent dans les salles de bains équipées de baignoire à jets, d'une cabine de sauna ou d'un espace de gymnastique. Elles deviennent le prolongement de la chambre, se multiplient dans la maison et sont de plus en plus souvent dotées d'une fenêtre. Rien de révolutionnaire en revanche dans les plans qui organisent toujours les maisons en deux parties : jour en bas, nuit à l'étage. Certains architectes osent heureusement autre chose, des pièces intermédiaires, entre la chambre et le salon et qui ne sont pas non plus des bureaux, l'utilisation astucieuse des mezzanines, espaces ouverts et fermés à la fois…

La maison intelligente

Depuis le temps qu'on nous en parle… La maison intelligente, câblée et capable de se chauffer seule, d'ouvrir la porte du garage au bon moment, de détecter une fuite d'eau ou une fumée suspecte ou simplement d'avertir en cas d'intrusion est encore un mirage lointain. Certains équipements fonctionnent, les alarmes sont très répandues, comme l'arrosage automatique du jardin ou l'allumage des lampes extérieures à une certaine heure. Le reste dépend du budget du propriétaire. Il faut compter 3 à 5 % du prix total pour un équipement domotique de base. Ceux qui considèrent qu'installer des prises pour la mise en réseau d'ordinateurs est superflu se souviendront, via un court voyage dans le temps, qu'Internet a dix ans à peine chez les particuliers et que l'utilisation de ce réseau nous a changé la vie à tous. Nul ne sait ce que l'avenir nous réserve en matière de révolution technologique.

La maison prête à finir

Ce concept a fait la fortune des magasins de bricolage qui ont fleuri un peu partout au cours des cinq dernières années. Le moteur ? Le manque d'argent qui pousse les ménages à faire eux-mêmes et à leur rythme plutôt que de payer des professionnels. Ou l'envie de se fabriquer un chez-soi, à son goût ? et l'impression qu'on en est capable. Alors qu'il fallait vraiment courir les rayons spécialisés pour trouver des outils et des matériaux de qualité il y a quelques années, ces derniers sont aujourd'hui disponibles partout. À condition de bien vouloir y passer ses week-ends, la tâche est à la portée de tous. À la grande surprise des sociologues et des maris, les femmes se sont emparées des perceuses et des outils. Pour beaucoup, le shopping du samedi passe désormais par les rayons bricolage et pas seulement déco.

Si vous choisissez cette formule, vous pouvez congédier le constructeur une fois les fondations creusées, les murs montés, les fenêtres et le toit posés et les réseaux raccordés. Il vous reste à faire tout le reste : isolation, pose des cloisons, électricité, plomberie, pose des revêtements de murs et des revêtements de sols, installation des équipements de cuisine et de salle de bains... Une manière d'économiser 20 à 30 % sur le coût des travaux pour une maison livrée finie. Mais le risque aussi d'y consacrer tout son temps – et généralement plus que prévu – sans jamais réussir à terminer.

La maison bio

Sous la toiture, c'est du chanvre ou de la plume de canard contre les courants d'air. Sur les murs, du liège ou du feutre de bois comme isolant. Au sol, des parquets ou des carrelages. La fenêtre orientée au nord est toujours entrouverte et même les canalisations sont écolos, en grès ou en cuivre, bien plus chers que le PVC dont les émanations sont toxiques en cas de feu... La maison écologique, économe en énergies renouvelables, solide et bon marché à entretenir n'est plus un fantasme des nostalgiques des communautés hippies. Bien sûr, toutes ne répondent pas aux critères des purs et durs adeptes de l'« écoconstruction », qui exigent que chaque matériau soit estampillé écolo, qu'il ait été fabriqué dans la région, par des entreprises socialement responsables, mais le marché naissant peut compter sur tous ceux qui se demandent « et pourquoi pas ? », en pensant à leur santé. Cela procède de la même démarche que de ne pas manger de bœuf anglais ou de poulet asiatique pour éviter la vache folle ou la grippe aviaire. À petite échelle, la maison « bio » s'inspire des mêmes principes que la haute qualité environnementale (HQE) pour les immeubles : choix des matériaux, mise en œuvre dans le respect de l'environnement et retour à des principes simples comme l'orientation, la ventilation naturelle, utilisation du soleil ou du vent… Surprise : le surcoût ne dépasse parfois pas 2 à 3 %. Quant au coût de fonctionnement en eau et en chauffage de ces maisons, il est ridicule par rapport à une construction normale, mais cela on ne le sait qu'à l'usage.

Où construire : les bonnes questions à se poser

Faire construire sa maison revient à choisir l'endroit où l'on va habiter. Dans et hors ses murs. Il est donc prudent, comme lors de l'achat d'une maison ou d'un appartement déjà construit, de se poser quelques questions basiques mais fondamentales pour l'avenir :

- Sur l'environnement : quel quartier, résidentiel ou pas, quelle proximité des commerces, des écoles, des transports en commun ?
- Sur le terrain : est-il constructible, est-il inondable, est-il plat, est-il soumis à une servitude de passage, y a-t-il la place de construire une piscine, un tennis, une annexe, d'agrandir la maison plus tard ?
- Sur la maison : sera-t-elle assez grande, sur combien d'étages, sera-t-elle assez claire, comment l'orienter ?

Une maison de promoteur, de constructeur ou de castor ?

Le contrat et la façon de faire différeront totalement si vous construisez votre maison en gérant vous-même les entreprises et le maître d'œuvre, en vous adressant à un promoteur ou à un constructeur de maisons individuelles.

Le contrat de construction de maison individuelle (CCMI)

Les constructeurs de maisons individuelles sont plus de 4 000 en France. Cette profession est éclatée. Les grands groupes, implantés dans toute la France, proposent plusieurs gammes de maisons dans des styles et à des prix différents, ils en construisent plusieurs milliers par an. Ils ont le même statut que des artisans qui travaillent parfois seuls et ne signent qu'une à deux réalisations chaque année. Pour choisir, les salons ou les villages expositions permettent de se faire une idée de qui fait quoi. Ne vous fiez pas aux professionnels qui cherchent absolument à vous vendre des solutions clés en main, elles paraissent plus simples mais ne sont pas toujours fiables. Évitez de signer avec un constructeur prêt à dire oui sans même avoir vu le terrain ou discuté avec vous de votre projet.

Une garantie : les labels

Les professionnels et les associations de consommateurs ont mis sur pied des labels qui garantissent le sérieux des constructeurs dans plusieurs domaines : le respect de la législation, l'emploi de matériaux de qualité et la recherche sur une amélioration des performances acoustiques, thermiques et économiques des maisons. La norme NF Maison individuelle (développée en partenariat avec l'association Qualitel, le centre scientifique et technique du bâtiment, et l'Agence pour le développement et la maîtrise de l'énergie) est digne de foi, comme l'association Maison de qualité qui se charge de sélectionner les constructeurs. La procédure est rigoureuse et l'entreprise doit souscrire à un certain nombre d'engagements quant à la conception, la réalisation et le service après-vente.

En raison de l'important nombre d'abus, le législateur a prévu un texte spécifique à la construction de maisons individuelles désormais encadrée par la loi du 19 décembre 1990 et codifiée dans le code de la construction et de l'habitation (articles L-231-1 et R-231-1). Plus de dix ans plus tard, l'expérience montre que lorsqu'une construction est réalisée dans le cadre de ce contrat, dont l'objectif même était la défense du maître de l'ouvrage, elle donne lieu à très peu de litiges. Le contrat de construction de maisons individuelle (CCMI) est signé entre le propriétaire d'un terrain et un professionnel de la construction qui exécute pour lui les plans de sa maison et s'engage à la lui construire. Ce contrat protège le maître d'ouvrage, c'est-à-dire le futur propriétaire de la maison. Ce dernier dispose d'un délai de réflexion de sept jours pour changer d'avis après la signature et le contrat s'annule de lui-même si l'acquéreur n'obtient pas son permis de construire, son prêt bancaire ou si la vente de son terrain est empêchée. (Il dispose lorsqu'il signe d'une promesse de vente sur le foncier, à moins de posséder déjà le terrain.)

Les dispositions du contrat

Le contrat doit obligatoirement aborder les points suivants :

- la désignation du terrain : références cadastrales, dimensions et mention de votre titre de propriété ;

- la description de la maison : le plan doit contenir les travaux d'adaptation au sol, les surfaces des pièces, mais aussi les raccordements aux divers réseaux, une notice descriptive qui mentionne les caractéristiques techniques de la maison et les travaux d'équipement intérieur et extérieur (si vous désirez effectuer vous-même une partie des travaux, ils doivent être chiffrés et figurer dans la description, si vous changez d'avis, vous pourrez dans un délai de quatre mois après la signature du contrat exiger que le constructeur réalise finalement ces travaux au prix indiqué) ;
- le permis de construire ;
- une notice d'information des droits du propriétaire ;
- les modalités de paiement dont l'échéancier est le suivant 5 % à la signature du contrat, 10 % à la délivrance du permis de construire, 15 % à l'ouverture du chantier (y compris le dépôt de garantie éventuel), 25 % à l'achèvement des fondations, 40 % à l'achèvement des murs, 60 % à la mise hors d'eau (soit lorsque le toit est posé), 75 % à l'achèvement des cloisons et à la mise hors d'air (pose des fenêtres et portes), 95 % à l'achèvement des travaux, le solde étant versé après la réception ou après les levées de réserves (voir chapitre 24, p. 355) ;
- la mention que le maître d'ouvrage pourra se faire assister par un professionnel lors de la réception des travaux ;
- le coût global de la maison TTC, soit un prix forfaitaire conclu entre le maître d'ouvrage et le constructeur, qui inclut le coût de construction, les frais d'études, le montant des taxes dues par le constructeur ;
- les clauses de révision des prix en fonction de l'indice BT01 employé dans le bâtiment. (disponible auprès de la Fédération française du bâtiment).

Le constructeur peut demander, avant le démarrage des travaux, la constitution d'un dépôt de garantie représentant 3 % du coût des travaux, consignés sur un compte au nom du maître d'ouvrage, en attendant la levée des conditions suspensives. Ce montant est ensuite retranché des premiers versements.

Le paiement du solde intervient au moment de la réception des travaux si le maître d'ouvrage est assisté par un professionnel assuré. Sinon, les derniers 5 % sont consignés sur un compte indépendant : ils seront versés en cas d'acceptation sans réserve de la maison ou une fois que ces réserves auront été levées.

Plusieurs clauses ne peuvent en revanche figurer au contrat car elles favoriseraient le constructeur :

- le maître d'ouvrage ne peut donner mandat à son constructeur pour la recherche d'un prêt bancaire ;
- le maître d'ouvrage n'a pas à justifier un refus de prêt ;
- il doit pouvoir obtenir les clés avant le paiement intégral ;
- nul ne peut lui interdire le chantier ;
- le constructeur ne peut justifier ses retards que par des causes dues aux intempéries, aux cas de force majeure et aux cas fortuits.

Une liste exhaustive des clauses abusives est disponible auprès de la commission du même nom qui détaille des cas (issus d'expériences vécues) dans sa recommandation n° 91-03, complétant la n° 81-02.

Diverses organisations professionnelles proposent des modèles de contrat : la Confédération des artisans du bâtiment (CAPEB), la Fédération française du bâtiment (FFB), l'Union nationale des constructeurs de maisons individuelles (UNCMI), l'Union sociale pour l'habitat, UFC-Que choisir…

Le CCMI est assez « bordé » pour présenter peu de risques pour le maître d'ouvrage, souvent débutant et peu sûr de son fait face à des professionnels aguerris à la négociation. À condition de ne pas faire aveuglément confiance à son constructeur : tous ne sont pas exemplaires. L'inconvénient majeur est le risque de faire construire la maison de tout le monde : les maisons construites sont généralement choisies sur catalogues et les plans des architectes, dessinés pour plaire au plus grand nombre de clients, ne laissent que peu de place aux désirs du maître d'ouvrage. Le constructeur accepte parfois d'adapter un peu la construction et lance le chantier, sans trop sortir des sentiers battus. Les demandes particulières sont souvent facturées plus cher.

Le CCMI sans plan

Ceux qui veulent personnaliser leur maison sans tout faire seuls peuvent avoir recours au CCMI sans plan, limité au gros œuvre : à la mise hors d'eau et hors d'air, bref à la construction des murs et à la pose des portes, des fenêtres et du toit. Ensuite, le maître d'ouvrage finit seul, ou en ayant lui-même recours à des entreprises, qu'il contacte et qu'il coordonne. Dans ce cas, le contrat doit indiquer le coût prévu, mais l'échéancier de paiement est moins strict et établi librement entre les deux parties. Le constructeur doit mentionner dans le contrat tous les travaux dont il est responsable sous peine de nullité du contrat en l'absence de notice descriptive.

ATTENTION !

En signant ce contrat sans plan, le maître d'ouvrage ne se couvre pas contre tous les risques : la révision du prix n'est pas encadrée par la loi et le constructeur n'a pas à fournir de garantie de remboursement pour les sommes payées avant l'ouverture du chantier.

Le contrat d'entreprise

Le propriétaire d'un terrain peut parfaitement choisir de se passer de constructeur et de jouer lui-même ce rôle. À lui de définir de quelles entreprises il a besoin, de contacter les sociétés d'artisans, de passer contrat avec elles, de les coordonner et de surveiller qu'elles construisent bien la maison qu'il a dessinée. Les professionels contactés devront fournir la preuve de leurs compétences et être assurés en tant que constructeurs. Si la maison mesure moins de 170 m^2 (même s'il s'agit de travaux d'extension sur une bâtisse de plus de 170 m^2), le recours à un architecte n'est même pas obligatoire. Il est pourtant conseillé, même pour des surfaces plus petites.

L'article 1793 du code civil est on ne peut plus clair et rassure : « Lorsqu'un architecte ou entrepreneur s'est chargé de la construction à forfait d'un bâtiment, d'après un plan arrêté et convenu avec le propriétaire du sol, il ne peut demander aucune augmentation de prix, ni sous le prétexte de l'augmentation de la main d'œuvre ou des matériaux, ni sous celui de changements ou d'augmentations faits sur ce plan, si ces changements ou augmentations n'ont pas été autorisés par écrit, et le prix convenu avec le propriétaire ».

La difficulté de ce type de contrat tient à son manque de formalisme. Aucun document n'est obligatoire et le maître d'ouvrage doit lui-même évaluer ses risques afin de s'en garantir à l'avance. En cas de dommage, il devra lui-même rechercher et prouver la responsabilité de telle entreprise qui renverra la balle sur l'autre, y compris en parfaite mauvaise foi.

Par exemple, le peintre incriminé pour un enduit qui ne tient pas accusera le maçon d'avoir mal monté son mur. S'ils ne sont pas prévus, les dépassements de prix et de délais ne pourront donner lieu à aucune pénalité.

Mieux vaut fixer des prix forfaitaires et non révisables. Il faut donc passer en revue chaque devis qui tient lieu de contrat et pendant la phase de construction être physiquement présent très souvent sur le chantier pour vérifier que le travail des entreprises correspond bien aux prestations demandées. C'est le prix du sur-mesure !

Le contrat d'architecte

Prendre conseil auprès d'un architecte et lui confier la maîtrise d'œuvre du chantier de votre maison individuelle serait une bonne idée, même si la maison de vos rêves ne mesure pas plus 170 m^2 (surface à partir de laquelle le recours à un architecte devient obligatoire). L'architecte sera chargé de :

- définir avec vous le programme, c'est-à-dire quel type de maison pour quel type d'habitat vous souhaitez ;
- faire les plans ;
- établir les devis ;
- assister le maître d'ouvrage pour le choix des entreprises et la passation des marchés ;
- coordonner les travaux ;
- vérifier les travaux ;
- recevoir l'ouvrage.

Sa mission doit être précisément définie à l'avance et le montant de ses honoraires ne pourra être augmenté que dans trois cas : si le contrat précise qu'ils sont indexés sur un indice, si le maître d'ouvrage commande des travaux supplémentaires qui entraînent une modification des plans, s'il confie à son architecte une mission supplémentaire.

Les honoraires d'un architecte s'élèvent à 10 % environ du montant des travaux hors taxes. Une dépense qui en compense beaucoup d'autres en évitant les faux pas : un architecte saura négocier avec les entreprises et conduire un chantier. C'est un métier.

Le plus difficile est de le choisir parmi un très grand nombre de professionnels dont il n'est pas simple d'évaluer les compétences : les agences sont souvent de petites structures, les architectes travaillent souvent seuls. N'hésitez pas à leur demander de vous montrer des réalisations qu'ils ont menées à bien ou, si vous pouvez, contactez certains de leurs anciens clients. Mieux vaut que le courant passe entre vous, vous êtes censés être du même côté. Vous pouvez également vous faire aider – gratuitement – par des professionels des conseils d'architecture, d'urbanisme et d'environnement (CAUE), présents dans chaque département. Ils peuvent vous conseiller pour le choix d'un maître d'œuvre. Si vous préférez vous en passer, ils pourront vous fournir une aide technique ponctuelle au cours de votre chantier.

Le contrat d'architecte définit le rôle de celui-ci, mais ne garantit pas le maître d'ouvrage sur le coût final des travaux. Ce maître d'œuvre ne peut être tenu pour responsable de l'incompétence des entreprises s'il n'est chargé que de la mission partielle de diriger les travaux. Si en revanche, il a signé un contrat de mission complète, comprenant l'architecture (la conception du projet) et l'ingénierie (la mise en œuvre des moyens de le réaliser), il sera tenu pour responsable des désordres affectant l'ouvrage. Il doit dans tous les cas être assuré en responsabilité civile, en responsabilité contractuelle de droit commun, en dommage ouvrage. Sa garantie doit couvrir l'ensemble des actes qui engagent sa responsabilité professionnelle et qui peuvent résulter :

- d'un manquement à son devoir de conseil (par exemple l'architecte doit avertir le maître d'ouvrage des moyens financiers nécessaires à la réalisation de son projet, il doit concevoir un projet réalisable qui tienne compte des contraintes de l'environnement du terrain) ;
- d'un préjudice causé au maître d'ouvrage en raison d'un manquement à l'une de ses missions prévues dans le contrat (par exemple : ne pas avoir fait remarquer certains défauts apparents lors de la réception d'un ouvrage) ;
- de désordres et malfaçons de construction dont il peut être reconnu responsable.

Le délai de rétractation de sept jours ne s'applique pas au contrat d'architecte, une fois signé. En revanche, le contrat peut contenir une clause suspensive liée à l'obtention d'un prêt immobilier.

Le contrat de promotion immobilière

Les maisons vendues sous ce régime sont généralement construites en « villages », c'est-à-dire en grappes de maisons, toutes identiques ou de trois ou quatre styles différents à choisir sur catalogue. Le contrat que le futur propriétaire signe avec un promoteur est identique à n'importe quel contrat de vente en l'état futur d'achèvement (VEFA), la vente sur plans pratiqués par de nombreux acheteurs d'appartements. Le client achète à la fois la maison et le terrain et le prix des deux n'est pas dissocié. Il paiera la totalité au fur et à mesure de l'avancement des travaux. La vente définitive a lieu chez le notaire après achèvement des fondations. L'acte authentique doit décrire la maison, détailler le prix et les modalités de paiement, le montage du financement, le délai de livraison et la garantie d'achèvement.

Le contrat de réservation fait office d'avant-contrat (tout autre document ne serait pas valable). Il constitue pour le promoteur (le vendeur) l'engagement de réserver un logement à l'acquéreur qui verse, en contrepartie, un dépôt de garantie de 5 % si le contrat de vente doit être signé dans le délai d'un an, de 2 % si la vente doit être signée dans un délai compris entre un et deux ans. L'acquéreur dispose de sept jours pour se rétracter à compter du lendemain de la première présentation de la lettre d'engagement.

S'il se rétracte, dans le délai imparti de sept jours, l'éventuel acquéreur sera remboursé de la totalité de son dépôt de garantie, dans un délai de trois mois à compter de la demande de remboursement.

L'échéancier de paiement

Dans ce type de vente, le paiement est échelonné en fonction de l'avancement des travaux sans pouvoir dépasser un pourcentage du prix total de vente, dépôt de garantie compris. Cet échelonnement légal est le suivant :

- 35 % du prix lorsque les fondations sont achevées ;
- 70 % à la mise hors d'eau (pose de la toiture et réalisation de l'étanchéité des terrasses) ;
- 95 % lorsque les travaux sont achevés, le solde de 5 % étant payable à la livraison, sauf consignation en cas de contestation sur la conformité de l'appartement à la description du contrat.

Le contrat de réservation doit mentionner les données suivantes, ainsi que les clauses suspensives demandées par l'acquéreur :

- la description détaillée de la maison ;
- une note technique sommaire de l'implantation de la maison sur le terrain, les matériaux de construction utilisés, les équipements collectifs ;
- le prix prévisionnel de vente et les conditions de révision de prix ;
- la date de signature de l'acte de vente définitif ;
- le délai prévisionnel d'exécution des travaux ;
- le montant du dépôt de garantie et les dispositions concernant son éventuel remboursement ;
- la nature du financement de l'acquéreur.

Si l'acquéreur décide de ne plus acheter avant la signature de l'acte, il perd son dépôt de garantie sauf :

- si le promoteur n'a pas respecté le délai annoncé pour conclure le contrat de vente ;
- si le prix de vente dépasse de 5 % au moins le prix prévu ;
- s'il n'obtient pas son prêt ;
- s'il manque un équipement ou si la valeur de la maison a diminué de plus de 10 % par rapport au prix de vente en raison de la suppression d'un équipement ou d'une modification de l'environnement.

Les Castors

Ultime solution si vous vous en sentez capables ou êtes vraiment à court, l'autoconstruction séduit encore quelques courageux. On estime à 3 % (et 15 % en Île-de-France) le nombre de maisons édifiées chaque année, par leur propriétaires, sans architecte ni maître d'œuvre. Ils peuvent trouver conseil auprès des Castors, une association représentée dans toutes les régions qui donne accès à ses adhérents à une centrale d'achats de matériaux dont les prix sont très bas et qui peut prodiguer des conseils, aider à choisir des artisans ou à établir des devis. Construire seul n'exonère pas des lois et règlements à respecter. Mais là, au moins, pas de contrat. Sinon moral avec vous-même en vous promettant d'aller au bout !

Il faut donc avoir en tête toutes ces solutions, avant de se lancer dans l'aventure et de signer l'achat de son terrain.

Chapitre 22

Le terrain

Dans ce chapitre :

- L'envolée du prix du foncier
- Comment trouver un bon terrain
- Respecter les règles d'urbanisme
- L'acte de vente

Acheter un morceau de terre… Imaginez une étendue de pelouse ou un champs. Ce sera peut-être bientôt à vous. Lorsque vous en êtes là, c'est que vous avez déjà mûri votre projet de faire construire une maison. La phase de recherche du terrain n'est pas facile. Il est déjà compliqué d'acheter un bien immobilier construit sans se poser mille questions sur son état, sa date de construction, sa solidité, mais la terre, nue et inconnue, laisse bien plus perplexe encore. Comment savoir si l'on pourra creuser un sous-sol, si le sol est pentu (ça ne se voit pas toujours), inondable, si un projet d'autoroute est prévu pour dans quelques années… Toutes ces informations sont disponibles mais éparses. Il faut les réunir, les vérifier et ce n'est pas toujours une mince affaire. L'envolée des prix n'aide pas. Ils sont libres et fixés par les propriétaires qui ont tendance aujourd'hui à se croire assis sur des mines d'or. De fait, à proximité des grandes agglomérations, le foncier a augmenté dans des proportions comparables à la hausse des appartements ou des maisons déjà construits.

L'envolée des prix du foncier

Une hausse de 22,6 % en 2004 sur tout le territoire d'après l'étude réalisée par un grand promoteur français. Ce chiffre moyen cache évidemment de très grandes différences entre par exemple un terrain constructible mais isolé en pleine campagne et celui déjà aménagé par un lotisseur, accessible et raccordé aux réseaux d'eau et d'électricité, à proximité d'une grande agglomération. Le marché des terrains à bâtir reste pénalisé par la difficulté de réaliser de nouvelles opérations de lotissement. En cause : l'insuffisance d'offres foncières rapidement « consommables » et l'allongement des délais de montage des opérations. Après s'être stabilisée en 2003, la hausse des prix s'est accélérée en 2004 en raison de la pénurie de terrains à bâtir. Le désert français n'est pas prêt de se repeupler, mais ces terrains libres ne sont pas ceux qui intéressent le plus les acquéreurs. Le prix moyen d'une parcelle ressort à 72 800 euros, toutes régions confondues.

L'Ouest concentre 26 % des réservations de lots mais l'Île-de-France, qui régressait depuis plusieurs années, a redémarré et en attire plus de 44 % en 2004. De même, le Sud-Est est en hausse de 42,7 % après deux années de baisse, grâce au Languedoc-Roussillon.

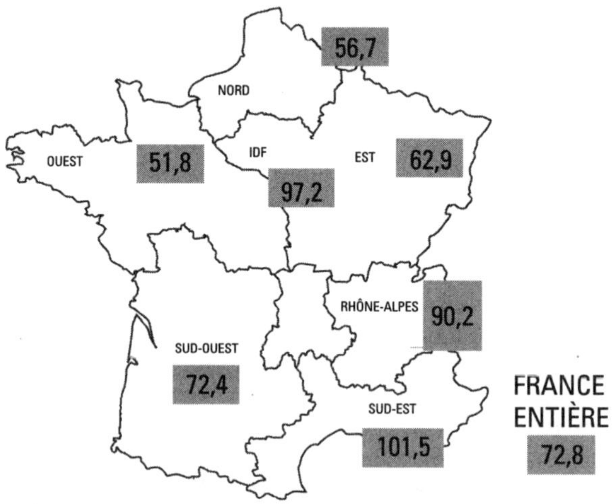

Les prix des terrains à bâtit aménagé (TTC) en milliers d'euros

Source : Nexity

Comment est fixé le prix ?

Le prix d'un terrain, s'il est fixé librement par son propriétaire, répond néanmoins à des critères de marché. Il est d'abord fonction de sa taille car il se calcule au mètre carré et de sa superficie constructible, de la qualité de son sous-sol et de sa localisation, en pleine campagne ou à proximité d'une ville, dans un environnement tranquille ou à 200 m d'une autoroute. Le prix dépend aussi de la situation économique de l'environnement : du dynamisme du marché immobilier, de la bonne santé du marché de l'emploi, de l'attrait de l'agglomération, bref de tous les critères qui alimentent une envie d'habiter là. La part du terrain dans le montant total de l'investissement constitue généralement 30 %. Ce pourcentage peut être beaucoup plus élevé et atteindre jusqu'à 60%. C'est lui en tout cas qui explique les différences de budgets nécessaires à la construction d'une maison aux quatre coins de la France, le prix des travaux étant à peu près identique sur tout le territoire. Accordez une grande attention au choix du terrain. Vous allez naturellement séparer son prix de celui de la maison. À la revente en revanche, vous proposerez un seul lot et une très belle villa voit sa cote chuter si le terrain qu'elle occupe est mal placé ou trop petit.

Les composantes du prix

Le prix du terrain comprend sa valeur à laquelle s'ajoute un ensemble de taxes:

- les honoraires du notaire;
- les taxes locales de 4,89% (droit départemental, taxe communale);
- la taxe locale d'équipement payable à l'occasion de la délivrance du permis de construire (son taux est fixé par la commune, il varie de 1 à 5% du prix au mètre carré de la surface hors œuvre nette, c'est-à-dire la surface habitable dont on enlève l'épaisseur des murs, l'emprise des escaliers, etc.).

En diffus

Il faudra encore ajouter à ces frais les coûts de raccordement si le terrain n'est pas aménagé et n'a jamais été viabilisé. En effet, si vous installez votre maison sur un champ, il faut penser à arriver jusque-là et y faire arriver l'eau, l'électricité et partir les eaux usées et les poubelles… Le coût de ces travaux peut atteindre plusieurs dizaines de milliers d'euros. 6000 à 10000 euros pour le raccordement aux réseaux, autour de 1000 euros pour le bornage, c'est-à-dire la définition précise, par un géomètre, des limites de la propriété et encore au moins 1000 euros pour l'étude du sol qui précisera sa qualité et ce qu'on peut construire dessus.

En lotissement

Un lotissement est issu de la division par un aménageur d'un grand terrain en petites parcelles qu'il va revendre une à une à des particuliers. Il joue le rôle d'un grossiste, achète du terrain non viabilisé mais constructible et s'occupe lui-même de tracer les routes, de faire venir les réseaux… Pour l'acheteur, la tâche est simplifiée. Mais il paiera le service rendu par l'aménageur et ne pourra choisir que ce qu'on lui offre: en général, des terrains pas très étendus sur lesquels les futures maisons seront assez proches les unes des autres. Il existe aussi des lotissements de grand luxe, sur de grands terrains vallonnés où chaque propriétaire aura l'impression d'être seul au monde. Il s'en construit de moins en moins car le prix des très grandes parcelles dépasse parfois celui des villas construites dessus.

Comment trouver un bon terrain ?

Les ressources sont classiques : agents immobiliers, notaires, petites annonces de la presse spécialisée, promoteurs et constructeurs de maisons individuelles. Le nez au vent, il est aussi possible de repérer un terrain inoccupé, apparemment abandonné, de remonter jusqu'à son propriétaire, via le cadastre, pour voir si celui-ci serait ouvert à la négociation. On peut faire de bonnes affaires en tombant sur une parcelle dont le propriétaire est bien content de se débarrasser. Si le terrain ne dissimule pas un gros défaut, c'est de plus en plus rare.

Le terrain est-il constructible ?

C'est le moins que l'on puisse en attendre, mais la première chose à vérifier avant de signer une promesse de vente. Le terrain est constructible lorsqu'il est classé comme tel dans le plan local d'urbanisme voté par le conseil municipal. Ce document mis au point pour plusieurs années définit le projet de développement d'une commune et les caractéristiques de son urbanisation.

Si vous achetez en lotissement, le terrain est réputé constructible, mais vous devez vous en assurer quand même en demandant un certificat d'urbanisme à la mairie. Si vous achetez un terrain diffus, ce document vous précisera si la parcelle bénéficie déjà des réseaux d'assainissement de la commune. À défaut, vous devrez les faire installer à vos frais.

Le certificat d'urbanisme précise si le terrain choisi est situé en zone inondable (théoriquement inconstructible), en zone sismique ou instable, dans un couloir d'avalanche… Votre demande de permis de construire devra comprendre une étude géologique et la liste des précautions à prendre.

L'étude géologique

Attention, la constructibilité du terrain ne vous apporte aucune garantie de valorisation, ni de jouissance paisible de votre bien. La constructibilité n'augure en rien, en effet, des équipements ou des voisins futurs ni des risques non répertoriés. Mieux vaut par exemple éviter les terrains situés à proximité des carrières. Même si elles ne sont pas visibles, elles peuvent avoir des ramifications souterraines non recensées. L'eau n'est pas non plus une voisine idéale. C'est la hauteur des nappes phréatiques au cours des différentes périodes de l'année qu'il faut retenir et surtout pas son niveau le plus bas. La présence de roseaux ou de saules pleureurs est une bonne indication du taux d'humidité des terrains. Le ministère de l'Environnement recense pour chaque commune les risques industriels et naturels et fournit un historique des catastrophes naturelles. Il peut être utile de consulter sa base de donnée accessible sur son site Internet avant de s'engager.

L'étude du sol n'est pas obligatoire mais elle est conseillée. Elle coûte cher : de 1 000 à 4 000 euros par sondage. Il s'agit de tirer du sol une carotte, c'est-à-dire un cylindre composé de toutes les couches successives jusqu'à plusieurs mètres de profondeur. L'étude d'un terrain exige plusieurs test qui diront quel type de fondations prévoir. Les ennemis à craindre sont les fontis, des cavités dans le sous-sol, qui peuvent s'agrandir par dissolution des minéraux. Lorsque le terrain est ainsi « miné », il doit être répertorié à la direction départementale de l'Équipement (DDE). Les terrains argileux sont également à éviter : cette terre modifie son volume en se gonflant d'eau ou en s'asséchant à la chaleur. Ces différences peuvent faire travailler les murs bâtis dessus et créer des fissures dans les fondations ou dans la maison.

Lorsque le terrain est issu du démembrement de friches industrielles, il faut supposer que les sols sont pollués. Le vendeur est censé se charger des travaux de purification ou de nettoyage, surtout s'il en est responsable, mais mieux vaut, pour la sécurité de sa maison comme pour sa propre santé, s'assurer qu'aucune substance ou aucun gaz n'est stocké dans le sous-sol qui pourrait revenir lentement polluer l'environnement et provoquer de graves maladies.

Comment apprécier les qualités du terrain ?

Construire une maison ne revient pas juste à la poser sur une parcelle. Les Italiens comme les Japonais sont passés maîtres dans l'art d'encadrer un paysage dans une fenêtre et les Chinois entourent la construction d'un ensemble de règles qui doivent rendre harmonieuse l'habitation des lieux. Sans tomber dans la complexité du feng-shui, quelques réflexions de bon sens permettent de vivre agréablement tout en s'assurant une bonne cohabitation avec les éléments. Autrefois, les maisons étaient orientées en fonction du soleil, des vents, de la vue. Dans les villes denses, ces choix ne sont pas toujours possibles, mais à la campagne, il est possible de respecter la nature et même de la mettre à contribution, en utilisant les vents dominants pour rafraîchir l'intérieur de la maison ou en choisissant l'orientation qui profitera le plus de la lumière naturelle. Bref, la configuration et les caractéristiques d'un terrain peuvent être déterminantes pour la conception future de la maison et son usage.

L'orientation

Un terrain nu présente par nature les quatre orientations. Mais son ouverture peut être plus large vers une direction que vers l'autre, à cause de constructions mitoyennes, d'une forêt, d'un mur… Un grand côté exposé au sud est un bon atout. Sauf dans les régions très chaudes, la façade exposée plein sud est un grand classique qui permet de bénéficier du soleil toute la journée.

Le bornage

Le bornage permet de connaître les limites de son terrain. C'est une donnée indispensable pour plusieurs raisons : d'abord pour en connaître la taille qui va en déterminer le prix. Ensuite, pour monter des clôtures ou un mur sans empiéter sur la parcelle du voisin ou au contraire éviter de laisser celui-ci agrandir son domaine à vos dépens. Les limites matériellement apparentes comme des dénivelés naturels, des haies, des alignements d'arbres ou des chemins ne correspondent pas forcément aux bonnes frontières, mais les remplacent en général au bout de trente années sans contestation. Le bornage est indiqué par des « bornes », des marques en béton ou en plastique, plantées ou ancrées dans le sol dont la tête dépasse de quelques centimètres. L'opération, menée par des géomètres experts (les seuls professionnels compétents et qualifiés pour ces missions) qui tiennent leurs informations de l'histoire du terrain et du cadastre, n'est possible qu'entre deux propriétés privés. Si un propriétaire veut clore son terrain en limite d'une voie publique, il doit demander à l'administration de lui indiquer l'endroit où il peut le faire. Une fois le bornage établi, le procès-verbal qui le rend officiel est enregistré à la conservation des hypothèques, il n'est alors plus modifiable. Voilà pourquoi il est sage de ne pas le signer en cas de désaccord. Le litige peut intervenir entre deux propriétaires ou entre un propriétaire et un géomètre. Dans les deux cas, il sera tranché à l'amiable ou au tribunal d'instance.

Pourquoi faire borner un terrain ? Pour le clore physiquement. L'article 663 du code civil impose l'obligation des clôtures dans les villes. Les modalités en sont indiquées dans les plans locaux d'urbanisme qui définissent quels types de grillages ou de murs peuvent être élevés ou quels types d'essences végétales doivent être plantées, notamment en bordure du domaine public, mais pas forcément entre voisins. L'élévation d'une clôture doit faire l'objet d'une déclaration préalable en mairie, l'administration dispose d'un mois pour refuser ou proposer une modification. Son silence vaut acceptation. Les tribunaux protègent la propriété et sanctionnent sévèrement l'empiètement sur celle d'autrui. Le propriétaire fautif peut être amené à démolir son mur ou sa clôture, à la demande du propriétaire lésé, en application de l'article 555 du code civil. « Le règne absolu du droit de propriété ne peut tolérer un empiètement même minime : chronique d'un demi-centimètre de trop. » (Cour de cassation, troisième chambre civile, 20 mars 2002).

La vue

Les perspectives tracées depuis l'intérieur débouchent sur l'environnement du terrain. Évidemment, s'il donne sur la mer ou sur une vallée ouverte, la question est vite résolue. S'il est proche d'une route passante, un mur aveugle de la maison pourra servir d'écran antibruit. Il faut y penser au moment de l'achat et vérifier qu'une orientation sud ou est-ouest n'oblige pas à ouvrir toutes les fenêtres sur l'autoroute ou les usines voisines.

La surface

À petit terrain, petite maison, à grand terrain, grande maison, cela paraît logique. En surface au sol oui, mais pas forcément si le coefficient d'occupation des sols permet de monter sur plusieurs étages. Les Français adorent poser leur maison au milieu d'une parcelle et disposer d'un « tour de ronde » tout autour. Il est plus judicieux, pour gagner de l'espace de coller le bâtiment contre une ou deux des bordures du terrain en dégageant de la surface à l'opposé. Dans ce cas, les murs mitoyens de ces limites doivent être aveugles (pour ne pas être indiscret avec le voisin).

Le relief

Les architectes font des merveilles avec une pente, un talus, en construisant une maison à flanc de coteau sur des niveaux décalés. Les parcelles vallonnées peuvent être très intéressantes mais aussi très contraignantes. Avant de faire les plans, il faut prêter attention à la position du réseau d'eaux usées (de cuisine et de salles de bains), des eaux vannes (toilettes) et des eaux pluviales. L'eau ruisselle et se dirige plus naturellement vers le bas que vers le haut, une loi universelle à prendre en compte à moins de décider d'installer un coûteux système de relèvement des eaux.

La végétation

Aux Pays-Bas, certains lotissements sont construits en pleine forêt et seules les parcelles destinées à accueillir les maisons sont déboisées, et encore. Ces pratiques prônées par les défenseurs de l'environnement rendent les chantiers plus délicats, plus longs et plus coûteux car il faut glisser les grues, puis les matériaux entre les branches. Mais le paysage est conservé et les arbres déjà grands lorsque les premiers habitants emménagent.

En général, les lotisseurs rasent la végétation, construisent et replantent. Ces méthodes leur facilitent la tâche, mais représentent un gâchis écologique et économique. Même si un entrepreneur tente de vous imposer la table rase, si les arbres sont sains et assez éloignés des limites de la maison pour ne pas présenter d'obstacles, exigez de les garder. Dans certaines communes, l'abattement est d'ailleurs réglementé, y compris sur des parcelles privées.

Les accès

Ils sont utiles pour rentrer chez soi ! Problème : ils prennent beaucoup de place et figent la position de la maison sur la parcelle. Il est donc important d'y penser en choisissant son terrain. Parfois un seul accès est possible. S'il est placé au sud et mène au garage, c'est cette annexe qui bénéficiera de la meilleure orientation, au détriment peut-être du reste de la maison. Parfois un accès étroit nécessite de la place pour manœuvre une voiture et consomme du terrain qui pourrait être utilisé en jardin.

Respecter les règles d'urbanisme

Acheter un terrain pour faire construire, c'est s'insérer dans un tissu urbain préexistant, plus ou moins dense. Cette démarche suppose de s'engager à respecter les règlements d'urbanisme édictés par la commune, qui s'appliquent à toutes les constructions publiques et privées. Ces règles sont définies par le plan local d'urbanisme et détaillées dans le certificat d'urbanisme attaché à chaque parcelle.

Qu'est-ce qu'un plan local d'urbanisme ?

La loi solidarité et renouvellement urbains de décembre 2000 a institué les plans locaux d'urbanisme (PLU) en remplacement des anciens plans d'occupation des sols (POS). La loi urbanisme et habitat de juillet 2003 est revenue sur ce principe, le plan d'occupation des sols peut rester en vigueur jusqu'à sa révision, ensuite seulement, il devra prendre la forme d'un PLU. La différence essentielle entre ces deux documents est d'ordre général : le PLU est censé donner davantage d'informations sur le projet de la commune, sur ses ambitions de développement traduites dans l'espace urbain. Pour le propriétaire individuel qui demande un permis de construire, cela ne change pas grand-chose. Sauf dans les cas où son terrain constructible devient inconstructible à la faveur de la révision des documents d'urbanisme. Le PLU est soumis à enquête publique et peut faire l'objet de recours. Un propriétaire privé a ainsi fait annuler le POS de Lyon au motif que son terrain avait changé de destination et donc perdu de la valeur. Le PLU indique les zones réservées à l'activité, à l'habitat, aux espaces naturels… Il indique aussi les servitudes publiques qui peuvent s'appliquer, les prescriptions fixées par un plan de prévention des risques le cas échéant. Par exemple, en zone inondable, le PLU indiquera que tous les rez-de-chaussée devront être inoccupés. Tous les permis de construire du secteur devront se conformer à cette règle. Sur chaque terrain, le PLU détermine le coefficient d'occupation des sols (COS) qui indique la densité maximale. Il est exprimé en pourcentage. Par exemple un COS de 0,3 % signifie que sur 1 000 m², la surface constructible autorisée sera au maximum de 300 m² de Shon (Surface hors œuvre nette), c'est-à-dire la surface totale du plancher dont on retire toutes les surfaces non habitables, y compris l'épaisseur des murs, l'emprise des escaliers…

Le certificat d'urbanisme

Nul besoin d'être propriétaire pour demander un certificat d'urbanisme en mairie (si la commune est dotée d'un plan local d'urbanisme) ou auprès de la DDE ou encore auprès d'un établissement intercommunal. Il indique si le terrain est constructible et quelles sont les conditions à remplir pour espérer obtenir un permis.

Dans ce document, sont mentionnés:

- les dispositions d'urbanisme en vigueur dans la commune: si elle dispose d'un plan local d'urbanisme (PLU), d'une carte communale, d'un plan de prévention des risques, si elle est soumise aux restrictions de la loi littoral (au bord de la mer) ou aux contraintes de construction qu'impose la loi montagne;
- les servitudes d'utilité publique;
- le régime fiscal applicable au terrain: les taxes et les participations que devra payer le propriétaire s'il construit un bâtiment;
- les équipements publics déjà construits ou prévus;
- l'existence d'un droit de préemption par la ville, sur le terrain convoité.

L'administration est obligée de délivrer ces informations, dans un délai de deux mois après réception de la demande. Au bout de quatre mois de silence, le citoyen pourra exercer un recours pour «excès de pouvoir». Le certificat d'urbanisme doit en tout cas être délivré au notaire avant la signature de l'acte de vente. Ce document ne donne pas un blanc-seing au propriétaire pour lancer son projet. D'abord, il n'est valable qu'un an, dix-huit mois au maximum. Ensuite, s'il précise que le terrain est constructible, il ne laisse pas libre cours aux délires architecturaux: le projet proposé par l'acquéreur ne sera pas forcément accepté et doit surtout faire l'objet d'une demande d'autorisation.

Les servitudes privées et publiques

Les servitudes publiques sont détaillées dans le PLU d'une commune. Elles indiquent les contraintes réglementaires à respecter: l'existence de réseaux publics, l'alignement obligatoire d'une clôture, d'un bâtiment ou d'une haie avec des éléments qui existent déjà, l'impossibilité de construire à proximité d'une ligne à haute tension, d'installations dangereuses... Elles peuvent empiéter sur votre terrain, par exemple, au bord d'une rivière où un espace de 3,25 m doit être ouvert aux piétons tout le long de la rive; au bord de la mer, les parcelles sont toutes grevées d'une bande de 3 m à laquelle n'importe qui peut avoir accès.

Les servitudes privées peuvent être constituées par le droit de passage d'un voisin sur votre terrain ou le passage d'une de ses canalisations dessous. Ces servitudes héritées d'accords établis entre les précédents propriétaires sont souvent sources de litiges et de réactions « clochemerlesques ». Le nouveau propriétaire s'engage à les respecter et doit les intégrer dans la conception de son projet.

L'acte de vente

Les questions à se poser diffèrent si l'on achète un terrain isolé, en secteur diffus, ou un terrain déjà viabilisé, compris dans un lotissement.

L'achat d'un terrain en secteur diffus

L'avant-contrat et l'acte de vente doivent obligatoirement contenir un certain nombre d'informations. Il doit y être précisé si le descriptif du terrain découle d'un bornage récent effectué par un géomètre expert.

Comme pour un logement classique, l'acquisition se fait en deux temps : l'avant-contrat devant notaire ou sous seing privé, suivi de l'acte authentique. L'acquéreur peut ajouter au compromis de vente des conditions suspensives dont les plus importantes sont l'obtention d'un prêt bancaire, s'il doit avoir recours au crédit pour acheter et l'obtention d'un permis de construire. Sans cette précaution, il pourrait se retrouver propriétaire d'un terrain sur lequel il ne pourrait pas réaliser le projet dont il rêvait. Il est également prudent de se garantir contre les servitudes privées et publiques qui pourraient limiter la constructibilité du terrain. L'obtention d'une assurance dommage ouvrage, ainsi que la garantie de livraison du constructeur.

L'achat d'un terrain en lotissement

Le lotisseur est un grossiste qui achète une grande parcelle, la découpe, en aménage les terrains et les revend. Il peut consentir des promesses de vente dès l'obtention de l'arrêté de lotir. Cet acte doit mentionner les limites du terrain (faciles à définir car le bornage est obligatoire dans un lotissement), la surface et le prix. Un propriétaire qui achète en lotissement doit savoir qu'il devra respecter les règles de construction fixées par le vendeur (qui peut être un aménageur, un lotisseur, un agent immobilier, une collectivité locale…). Ce règlement vaut au moment de la construction et fonctionnera au moins dix ans comme dans une copropriété verticale, un immeuble gérée par une association syndicale libre (lire ci-dessous). À l'issue de ce délai, la zone construite rentre dans le droit commun et doit respecter le PLU.

Au moment de la signature, le lotissement ressemble parfois à un champ. Plus tard, vingt, trente, peut-être cent maisons se dresseront à cet endroit. Mieux vaut se renseigner sur l'avenir de son proche environnement. Combien y a-t-il de parcelles, comment seront positionnées les voiries, seront-elles des chemins, des routes à deux voies ? Comment va être défini le paysage ? Quels sont les équipements communs ? Les routes, l'éclairage, l'entretien des espaces communs seront-ils gérés par la commune ou par les copropriétaires ?

ATTENTION !

D'un lotissement à l'autre, les qualités architecturales et paysagères changent du tout au tout. C'est pourquoi il est très important de lire, avant de signer, le cahier des charges qui explique ce qu'un propriétaire pourra faire ou ne pas faire. Une fois qu'il a acquis son terrain, c'est à lui d'obtenir son permis de construire, en respectant à la fois les règlements de la commune et ceux du lotissement qui peuvent imposer la forme de la maison, les matériaux à utiliser, la position du bâtiment sur le terrain, la possibilité ou pas de construire une piscine, d'agrandir sa maison… Ces règles ne disparaissent pas à l'achèvement des chantiers. Elles servent aussi à orienter les comportements de bon voisinage et organisent l'entretien des maisons et des parcelles. Comme dans une copropriété.

Vous avez acheté votre terrain, reste à obtenir le sésame de la construction, le permis de construire…

L'association syndicale libre

Cette structure, créée par le lotisseur au moment de la vente du premier lot, va s'enrichir de chaque nouveau propriétaire, puisque tous en font partie de droit. Elle est obligatoire dès que le lotissement dépasse cinq lots et comprend des équipements communs. Cette association syndicale libre (ASL) fonctionne comme un syndicat de copropriétaires mais n'est pas soumise à la loi du 10 juillet 1965. Les règles de répartition des charges, de vote en assemblée générale, de nomination et révocation du syndic lui sont propres et sont définies au cours d'une assemblée générale.

Chapitre 23

Le permis de construire

Dans ce chapitre :

- Dans quels cas faut-il un permis de construire ?
- Comment obtenir le sésame ?
- Et si le permis est refusé ?

Le permis de construire… Le sésame de la construction. Il permet de faire approuver son projet, de commencer son chantier. Il est indispensable à toutes les opérations de construction importantes. Près de 140 000 sont délivrés chaque année en France à des particuliers. N'essayez pas de l'éviter, vous seriez en infraction et votre logement le resterait une fois construit. On connaît des précédents célèbres comme la villa d'un fameux promoteur sur la Côte d'Azur dont le sous-sol de plus de 1 500 m^2 avait été construit en dehors de toute autorisation. La justice s'est prononcée pour sa démolition. Après douze ans de procédure, les pelleteuses ont rasé l'édifice en 2002. Parfois, les tribunaux traînent encore plus longtemps pour un résultat nul. Impossible de dénombrer les bâtiments édifiés sans autorisation en France, mais ils sont nombreux et la plupart habités le plus tranquillement du monde. L'article L-421 du code de l'urbanisme précise pourtant qu'un permis de construire est exigé pour toute construction nouvelle ainsi que pour le changement de destination d'une construction existante, par exemple la transformation d'un bureau en logement. Impossible de prêcher la bonne foi ou l'ignorance : ne pas demander un permis de construire, c'est s'exposer à des sanctions de la part de l'administration. Même si elle contrôle peu, il y a fort à parier que vos voisins se chargeront de la prévenir.

Trois ans de prescription

Construire un bâtiment sans demander une autorisation, édifier une construction non conforme à un permis de construire sont des actes constituant des infractions au code de l'urbanisme, passibles de poursuites pénales et de sanctions. S'agissant de délits, et conformément au code de procédure pénale, le délai de prescription de ces infractions est de trois ans.

Le délai commence à courir à partir du moment où s'achève l'infraction. L'action pénale est donc ouverte dès lors que débutent les travaux litigieux, se prolonge pendant la durée de ces travaux et pendant le délai de trois ans qui suit leur achèvement.

Le délai de prescription est interrompu en cas de procès-verbal constatant l'infraction, en cas de constitution de partie civile ou en cas de reprise de nouveaux travaux. Cette interruption fait courir un nouveau délai de trois ans.

Dans quels cas demander un permis ?

Un permis de construire

Le permis de construire est obligatoire pour tous les changements de destination, quelle que soit la taille du local concerné. Que vous vouliez faire votre logement d'une usine qui mesure 5 000 m^2 ou que vous choisissiez un petit bureau pour le transformer en studio, les premières démarches administratives seront les mêmes. En revanche, lorsqu'il s'agit d'une construction neuve, la surface est prise en compte. Le permis n'est pas nécessaire lorsque, une fois terminé, l'ouvrage ne dépasse pas 2 m^2 au sol et 1,5 m de hauteur. Lorsqu'il s'agit d'agrandir une maison en y adjoignant une véranda ou une terrasse, ou de construire sur un terrain déjà bâti une surface de moins de 20 m^2, une simple déclaration de travaux est parfois demandée, ou rien.

Le permis détaille le projet que vous voulez mener. Il présente un descriptif précis de la maison ou de son extension, des plans, une perspective et le détail des matériaux utilisés. C'est sur ces informations que l'instructeur, la personne chargée de vérifier que le dossier est complet et conforme aux règlements de la commune, va se prononcer. Ses goûts ne sont pas censés rentrer en ligne de compte, mais il peut être sensible à l'environnement et trouver, en accord avec les principes de son équipe ou du maire, que le béton s'accorde mal avec la pierre de taille voisine, ou que la véranda métallique va gâcher votre façade. Difficile de conseiller la sobriété, car ceux qui se lancent dans la construction de leur maison n'ont pas forcement envie de reproduire ce qui existe déjà à côté, mais être original ou trop contemporain, c'est prendre le risque de se voir refuser son dossier.

La réforme des permis de construire enfin lancée

Abordée par tous les gouvernements successifs depuis une décennie, la réforme du permis de construire a enfin été baptisé, le 19 mai 2005 par l'ancien ministre de l'Équipement Gilles de Robien. La procédure vieille de soixante ans est simplifiée. Elle ouvre la possibilité de diviser le permis de construire: d'abord les grandes lignes (implantation, hauteur, volume), puis l'ensemble des détails architecturaux. Ce qui permet de demander un permis sans avoir totalement « déssiné » son projet. Les douze types d'autorisation de travaux seront ramenés à trois. Les délais d'instruction seront revus. L'administration aura un mois pour demander des compléments de dossier. Passé ce délai elle ne pourra plus réclamer de pièces supplémentaires. Tous les documents éligibles seront listés dans le code de l'urbanisme.

Enfin, le traitement des dossiers devrait pouvoir être entièrement mené par voie électronique.

Un permis de démolir

Si votre terrain est déjà occupé par une construction en ruine ou une vieille habitation abandonnée, vous ne pouvez, seul, vous lancer dans sa démolition. Là aussi, l'administration s'en mêle et vous accorde, ou pas, un droit qu'il faut donc lui demander. Car le permis de construire, comme son nom l'indique, ne vous accorde pas la possibilité de détruire. En pratique, cette autorisation est rarement refusée. Ce permis sert surtout à contrôler que des bâtiments classés ou d'un grand intérêt historique, architectural ou culturel ne disparaissent pas du paysage. Le permis de démolir doit être demandé indépendamment du permis de construire, mais les démarches sont sensiblement les mêmes. Vous devez constituer un dossier descriptif de l'opération et motiver votre souhait de démolir.

Constituer le dossier

Le formulaire de permis de démolir est à retirer auprès de la mairie. Vous pouvez aussi le télécharger à partir du site du ministère de l'Équipement (`www.equipement.gouv.fr`). Vous devez le renvoyer en quatre exemplaires par lettre recommandée avec accusé de réception ou bien le déposer à la mairie contre un reçu.

Outre le formulaire renseignant sur l'identité du demandeur, vous devez joindre un dossier qui comprend :

- l'acte de propriété ou le titre habilitant à démolir ;
- le plan de situation du terrain ;
- le plan de masse indiquant les constructions à démolir ou à conserver, coté dans les trois dimensions ;
- les conditions actuelles d'utilisation du ou des bâtiment(s) ;
- le calcul des surfaces hors œuvre nettes existantes (Shon).

L'administration demande également de préciser la teneur du projet. S'il s'agit d'une démolition partielle, la nature et l'importance des travaux sont à expliciter.

Les délais

Dans un premier temps, l'administration a quinze jours pour vous réclamer d'éventuelles pièces manquantes. Ensuite, le délai d'instruction court sur quatre mois. Une éventuelle décision négative doit être motivée par les autorités compétentes. Si au bout de quatre mois vous n'avez pas de réponse, l'accord est réputé tacite. Le permis de démolir est valable cinq ans.

Il faut un permis de démolir pour :

- démolir des biens à Paris ;
- démolir des biens dans des communes situées à moins de 50 km des anciennes fortifications de Paris ;
- raser des bâtiments dans les communes de plus de 10 000 habitants.

ATTENTION !

Démolir ne signifie pas foncer dans le tas et tout casser. C'est souvent une opération compliquée et délicate car, sous les murs et la toiture assez faciles à évacuer, les fondations vont donneront du fil à retordre. Le recours à une entreprise spécialisée peut grandement vous faciliter la tâche.

La déclaration de travaux

Les constructions et les travaux de faible importance sont exemptés de permis de construire. Ils entrent alors dans le régime de la déclaration de travaux : c'est une sorte de petit permis. Le propriétaire doit fournir moins de documents, les délais d'obtention sont plus courts et, comme le permis, cette autorisation est valable deux ans, sauf interruption des travaux pendant plus d'un an.

L'instruction se déroule de manière identique à celle du permis de construire : au vu du plan de situation, du plan de masse et d'une représentation de la construction (déjà existante dans ce cas-là), l'instructeur vérifie que la demande respecte les règlements d'urbanisme de la commune. Elle doit être affichée en mairie dans les huit jours qui suivent sa réception, afin que chacun puisse voir quels sont les projets (les voisins en général sont intéressés). Si l'administration n'a pas répondu dans le mois, l'autorisation est accordée, sauf dans certains secteurs sauvegardés où sont concentrés de très nombreux monuments classés et où le délai d'instruction est parfois doublé.

Sont concernés les constructions et travaux n'ayant pas pour effet de changer la destination d'une construction existante, ni de créer une surface de plancher nouvelle supérieure à 20 m^2 (clôture, ravalement, véranda, garage, aménagement de combles d'une surface hors œuvre brute, châssis de toit et lucarnes dans la plupart des cas, ainsi que les piscines non couvertes).

N'OUBLIEZ PAS

La déclaration de travaux reste une demande d'autorisation. Son nom un peu impropre laisse à penser qu'il suffirait de faire cette déclaration pour pouvoir commencer les travaux. Des personnes de bonne foi ont du mal à croire qu'il faille une autorisation avant de construire même un modeste abri de jardin. C'est pourtant le cas.

Pour constituer votre dossier de déclaration de travaux, seuls sont indispensables :

- les plans de situation et de masse ou cadastraux ;
- une représentation de l'aspect extérieur de la construction faisant apparaître les modifications projetées (par exemple une photo avant travaux et un dessin ou une image de synthèse après travaux).

Permis de construire ou déclaration de travaux ?

	Permis de construire	Déclaration de travaux
Construction ou agrandissement < 2 m^2 et hauteur < 1,5 m	NON	NON
Construction ou agrandissement > 2 m^2 mais < 20 m^2	NON	OUI
Construction ou agrandissement > 20 m^2 mais < 170 m^2	OUI	NON
Construction ou agrandissement > 170 m^2	OUI	NON
Piscine non couverte	NON	OUI
Clôture	NON	OUI
Changement de destination d'un local	OUI	NON

Comment obtenir ce sésame ?

Le dossier

Le dossier de demande de permis de construire ne se constitue pas en cinq minutes. Il contient des documents qu'il faut élaborer avec autant de minutie que l'on conçoit son projet. Si la maison ou le bâtiment à construire mesure plus de 170 m², le recours à un architecte pour concevoir le projet et déposer la demande de permis de construire est obligatoire.

Baisser le seuil des 170 m²

Les architectes, qui ont longtemps délaissé le secteur de la maison individuelle, ne se souciaient guère de ce seuil. Mais depuis le début des années 1990, ces constructions ont retrouvé leurs lettres de noblesse à leurs yeux. Parce que le marché est porteur, parce que de nombreuses collectivités lancent des appels à projet sur ce sujet et, surtout, parce que les Français sont de plus en plus nombreux (même s'ils restent très minoritaires) à choisir des « maisons d'architecte », aux formes et aux matériaux contemporains, plus intéressantes à construire pour ces maîtres d'œuvre. Ils réclament régulièrement l'abaissement de cette limite des 170 m² au nom de la qualité architecturale. Pour décrocher plus de missions aussi.

Le permis doit être demandé par le propriétaire qui peut autoriser son futur acheteur à déposer un dossier en mairie entre la signature de l'avant-contrat et celle de l'acte authentique. L'administration exige cinq exemplaires et détaille les documents à fournir.

Pour une demande de permis de construire, votre dossier devra obligatoirement comporter :

- un plan de situation permettant de localiser la parcelle de terrain dans la commune ;
- un plan de masse du projet, coté dans les trois dimensions (hauteur, longueur et largeur) avec des notices de renseignements relatifs : au terrain (ses limites, son relief, les plantations existantes conservées ou supprimées et celles créées, l'emprise des bâtiments existants à maintenir ou à démolir), au tracé du raccordement du terrain aux différents réseaux publics le desservant (voirie, eau, gaz, électricité, assainissement…), à l'implantation du projet et des clôtures existantes ou projetées, aux équipements internes du terrain (voies intérieures, aire de stationnement, tracé des réseaux d'évacuation des eaux usées, vannes et pluviales, réseaux d'électricité et de gaz…) ;

- des plans de chaque façade de la construction avant et après travaux (ces plans doivent comporter le dessin de la modénature du bâtiment, des percements et des toitures...) ;
- une ou des vues en coupe précisant l'implantation de la construction par rapport au terrain naturel et indiquant le traitement des espaces extérieurs ;
- au moins deux photos situant le terrain dans le paysage proche et lointain qui permettront d'apprécier de façon satisfaisante le contexte paysager dans lequel s'inscrit le projet ;
- un dessin du projet, de ses accès et abords, ainsi que des plantations prévues, permettant d'apprécier l'insertion du projet dans son environnement et son impact visuel (volet paysager du permis de construire) ;
- une note écrite décrivant le paysage et l'environnement existants, justifiant les caractéristiques du projet destinées à assurer son insertion dans ce paysage ;
- dans certains cas, une étude d'impact présentant les nuisances sonores ou visuelles que pourrait engendrer le bâtiment.

L'instruction

Cette phase ne commence que lorsque la mairie vous a renvoyé, par lettre recommandée avec accusé de réception, la notification de votre dossier. Elle vous attribue un numéro qui sera celui de votre permis si l'administration vous l'accorde. Cette notification doit arriver dans les quinze jours suivant le dépôt. Si votre boîte à lette est vide, allez réclamer, la mairie a aussi des devoirs et des délais à respecter. Vous devez le faire en adressant au maire une lettre recommandée avec accusé de réception dont vous adresserez une copie au préfet.

Le permis est théoriquement instruit (étudié) en deux mois, sauf dans les cas où les dossiers traînent sans justification... Sauf aussi dans les mairies des villes qui s'arrogent un délai de réflexion plus long, lorsque par exemple le site est classé, ou les monuments mitoyens protégés. Dans ce cas, l'administration prononce un sursis à statuer et doit prévenir le demandeur. À l'issue du délai normal ou prolongé, le permis est considéré comme tacitement accordé si la mairie ne s'est pas prononcée.

La réponse peut souligner quelques modifications à apporter au projet, sur la couleur, la forme ou la taille des fenêtres. La prise en compte de ces requêtes sera vérifiée à la fin de la construction, au moment de l'attribution du certificat de conformité.

Le permis est accordé pour deux ans. À la fin de cette période, ou pendant, si les travaux sont interrompus pendant plus d'un an, il devient caduc. Il est fréquent de voir des fondations inachevées. Il ne s'agit ni d'un oubli, ni de la défaillance du propriétaire : organiser les travaux par phases en espaçant chacune d'entre elles de moins d'un an permet de conserver son permis de construire sans achever le chantier, faute d'argent ou, pour les professionnels, faute de marché. Le permis peut être prolongé une fois, pour un an, par une demande écrite envoyée en mairie par lettre recommandée avec accusé de réception deux mois avant la fin du délai initial.

L'arrêté du maire portant délivrance du permis doit être affiché de façon visible en mairie. Le permis lui-même doit être affiché sur le terrain dans des conditions très strictes dont le non-respect est sanctionné par la loi et pourrait conduire à l'annulation par le succès d'un recours pour une bête question de forme. Le panneau, de 80 cm de côté, doit indiquer le nom du propriétaire, la date de démarrage et la durée des travaux, le numéro du permis de construire, la superficie du terrain, la superficie de plancher autorisée, la hauteur de la construction, l'adresse de la mairie dans laquelle le dossier peut être consulté.

Des panneaux types sont vendus par des enseignes de matériaux qui s'en servent d'ailleurs astucieusement comme support publicitaire. Ils sont pratiques, sont taillés aux dimensions réglementaires et vous n'avez plus qu'à remplir les cases sans crainte d'oublier l'essentiel.

Au cours des deux mois suivant la délivrance du permis, le permis est attaquable et annulable sans décision de justice, si l'autorité s'aperçoit qu'elle a fait une erreur (ou si on la lui signale). Pendant ce délai, le panneau doit être affiché sur le chantier et il est prudent d'attendre que le permis soit « purgé des recours des tiers », selon le jargon *ad hoc*, pour se lancer dans la construction de sa maison.

Attention, si le permis n'a pas été affiché sur le terrain, les délais de recours sont allongés à trente ans !

Le permis s'accompagne de procédures de vérification après coup. Une fois la construction achevée, le propriétaire doit en prévenir la mairie par une déclaration d'achèvement de travaux (dans les trente jours suivant la fin du chantier). L'administration vérifie alors si le bâtiment est bien conforme à ce qui avait été autorisé. Sont étudiés :

- l'implantation dans le site;
- la destination;
- l'aspect extérieur;
- les dimensions;
- l'aménagement des abords.

Les recours, un sport national

Attention, un permis de construire peut être attaqué par des tiers opposés au projet. Le recours devant le tribunal administratif est devenu un sport national en France où il est assez facile de monter un dossier sans courir le moindre risque d'être soi-même poursuivi. Certaines associations sont de vrais pros en la matière. Leurs objectifs les plus nobles sont de protéger l'environnement, d'éviter la surdensification. D'autres cherchent surtout à préserver leur tranquillité, leur vue et leur soleil. Les plus féroces sont souvent des requérants dont les motivations sont moins avouables. Ils sont prêts à retirer leur plainte ou à ne pas la déposer contre des dédommagements sonnants et trébuchants. «À l'amiable» se traduit très vite par «combien?». Les particuliers dont les permis sont attaqués n'ont pas toujours l'envie ni les moyens de payer et préfèrent aller au tribunal, d'autant que, la plupart du temps, les travaux continuent et la maison est parfois achevée à l'ouverture du procès. Les promoteurs, qui ont souvent eu à tester, de près, le pouvoir de nuisance de ces «ego-logistes», préfèrent parer à toute éventualité: la plupart provisionnent des fonds et préfèrent signer un chèque (de plusieurs dizaines de milliers d'euros parfois) plutôt que de retarder leur programme et de regarder monter la note de leurs frais financiers. Des commissions d'experts ou de juristes planchent régulièrement sur une loi qui pourrait limiter ces recours qui encombrent les tribunaux. La poursuite pour recours abusif est une piste souvent évoquée, sans suite pour l'instant.

Et si le permis est refusé?

Un refus doit être motivé. La demande peut être rejetée parce que le projet ne respecte pas les règles d'urbanisme, menace le patrimoine, l'environnement ou la sécurité, empiète sur la voirie... En l'espèce, les services de la mairie sont souverains et le caractère objectif des critiques n'est pas toujours flagrant. Le propriétaire à qui l'on dit «non» peut se défendre: par un recours gracieux d'abord, en écrivant au maire ou au préfet (par lettre recommandée avec accusé de réception) dans un délai de deux mois après la notification du refus. Si cette première issue échoue, il peut saisir le tribunal administratif pour un recours en contentieux, cette fois, pour abus de pouvoir.

Attention, si vous gagnez cette manche, le refus de la commune sera annulé, ce qui ne signifie pas que votre permis sera accordé : il vous faudra redéposer une demande, attendre à nouveau deux mois… et espérer.

Chapitre 24

Le chantier se termine, les problèmes commencent

Dans ce chapitre :

- Le déroulement des travaux
- Les assurances obligatoires
- La réception de la maison

Permis de construire en main, vous avez mûri votre projet, choisi votre maître d'œuvre ou votre constructeur, les choses sérieuses commencent. Mais vous êtes loin du but. Toute une série d'obstacles peut – et va – se dresser devant vous. Il est rare qu'un propriétaire n'en rencontre pas au moins un ou deux de ces obstacles au cours d'un chantier. Ils peuvent tenir à des erreurs de conception, à la faillite d'une entreprise ou son incompétence, à des retards de travaux ou des difficultés de paiement, à l'inadaptation d'un matériau, à des coûts supplémentaires, à des intempéries… Autant d'imprévus contre lesquels il est possible, et même obligatoire dans certains cas, de se prémunir en souscrivant des assurances et en vérifiant que les professionnels qui travaillent pour vous sont également couverts. Une fois la maison achevée, reste à assurer le service après-vente et rechercher les malfaçons, les équipements non réalisés… pour finalement s'installer.

Le déroulement des travaux

Encore de la paperasserie… Avant l'ouverture du chantier, vous devez adresser à la mairie une déclaration d'ouverture des travaux (DOT) en trois exemplaires. Les travaux doivent obligatoirement commencer dans un délai de deux ans après l'obtention du permis, sinon celui-ci est annulé. Si le chantier démarre puis s'interrompt pendant plus d'un an, l'autorisation de construire tombe d'elle-même, à moins qu'une organisation en plusieurs phases ait été prévue. Dans ce cas, les travaux peuvent exceptionnellement être suspendus pendant trois ans. Il est très important de respecter ces délais et l'administration n'a que faire de savoir qui est responsable du stop-and-go. Vous ne pourrez vous retourner contre l'entreprise.

Suivre un chantier peut représenter un métier à plein temps, c'est d'ailleurs celui des architectes ou des maîtres d'œuvre. Ceux qui s'imaginent pouvoir construire une maison de loin, en passant quelques coups de fil, sont de doux rêveurs et le résultat risque de ne pas ressembler tout à fait à leur projet de départ.

Dans tous les cas, les délais d'achèvement et l'échelonnement des versements selon l'avancement du chantier doivent être consignés par écrit dans le contrat signé avec les entreprises, le maître d'œuvre ou le constructeur de maisons individuelles. Il est prudent d'y faire inscrire également les conditions de visite du chantier, sachant que personne ne peut interdire au propriétaire l'entrée de son terrain.

La réalisation des travaux

Il faut compter entre six et neuf mois pour la réalisation d'un chantier de maison individuelle. Moins pour les chantiers de « filière sèche » où l'ossature acier évite d'avoir à couler du béton. Les maisons en bois se montent également plus rapidement. Le matériel est acheminé sur place et les opérations s'enchaînent en faisant intervenir de plus en plus de corps de métier au fur et à mesure que l'ouvrage se complexifie. Au début, seul sont présents les ouvriers de l'entreprise de maçonnerie, pour couler les fondations, monter les murs, coffrer et ferrailler les planchers. Les menuisiers prennent le relais ou travaillent en même temps pour poser la charpente et les huisseries, les portes et les fenêtres. Entrent ensuite en piste les plombiers et les électriciens, puis les peintres. À ce stade, beaucoup de particuliers choisissent de finir seuls, les plus argentés ou les plus paresseux font encore intervenir cuisiniste et décorateur pour les finitions.

Des désordres pendant les travaux, que faire ?

Vous avez l'impression que le mur n'est pas droit ou que le toit prend l'eau… La responsabilité en incombe aux entreprises ou au constructeur. Il faut leur signaler les malfaçons et, s'ils n'effectuent pas les travaux nécessaires, les mettre en demeure de le faire par lettre recommandée avec accusé de réception. Si vous craignez pour la solidité de la maison, vous pouvez décider de faire arrêter le chantier en saisissant un juge des référés, au tribunal de grande instance, qui prononcera le gel des travaux et demandera une expertise.

Si le chantier s'arrête au-delà d'un délai raisonnable, dont le propriétaire reste le principal juge, il peut s'agir d'un mois ou de trois, il est prudent de mettre l'entreprise ou le constructeur en demeure et de cesser tout paiement jusqu'au retour des ouvriers. Prenez aussi soin de prévenir l'organisme de crédit ou la société d'assurances qui apporte sa garantie de livraison en temps et au coût convenu.

Si le chantier n'a pas repris dans les délais après cette première semonce, vous pouvez faire constater l'arrêt des travaux par huissier. En cas de réel abandon de chantier, informez-vous des difficultés sérieuses de l'entreprise, saisissez le juge des référés afin qu'il fasse poursuivre les travaux en condamnant les entrepreneurs ou les artisans à de lourdes astreintes par jour chômé.

L'entreprise ou le constructeur ne pourront pas être tenus pour responsables dans les cas suivants :

- non-paiement d'acomptes par le propriétaire ;
- cas de force majeure ou cas fortuit, c'est-à-dire une cause imprévisible qui empêche de continuer : vents violents et tempête, crue d'une rivière, pluies exceptionnelles provoquant des inondations (la rupture de stock d'un matériau ne constitue pas toujours un cas de force majeure : l'entrepreneur doit prouver pourquoi il ne pourrait absolument pas poursuivre son chantier sans ardoise ou sans acier) ;
- intempéries ou conditions climatiques rendant difficiles ou dangereux le travail sur le chantier (ces jours doivent être déclarés comme chômés à la caisse des congés payés du bâtiment, qui vérifie régulièrement auprès des stations de météo de la région les dires des professionnels).

Les assurances obligatoires

Ne prenez pas le risque de croire en votre bonne étoile. Les assureurs connaissent bien le secteur de la maison individuelle parce que le taux de sinistre y est élevé. Avant de commencer, assurez-vous et vérifiez que les professionnels avec lesquels vous travaillez sont également couverts.

Les assurances des professionnels

Promoteurs, entrepreneurs, constructeurs de maisons individuelles et architectes doivent être assurés dans le cadre de la garantie décennale, biennale ou garantie de parfait achèvement. Ces couvertures les protègent s'ils sont responsables de désordres susceptibles de mettre en péril la solidité de l'ouvrage ou de le rendre impropre à sa destination (inhabitable pour un logement, impraticable pour un local d'activité). Selon le moment où le sinistre se produit ou est signalé, l'une ou l'autre des garanties se met en branle. L'article 1792 du code civil ne laisse guère de place à l'interprétation : il réaffirme la responsabilité du maître d'œuvre ou des entreprises pour dix ans et prévient que toute clause du contrat qui limiterait cette responsabilité serait nulle et réputée non écrite. Le professionnel qui ne souscrit pas d'assurance encourt des sanctions pénales.

TRUC

Demandez avant de signer le ou les contrat(s) que les polices d'assurances et les coordonnées de l'assureur y soient mentionnées. Votre propre assureur exigera les attestations d'assurances de tous vos prestataires de service afin, en cas de litige, de négocier directement avec leurs compagnies prestataires.

La garantie de livraison à prix et délais convenus

Elle est réservée aux constructeurs de maisons individuelles qui ont l'obligation de livrer la maison promise en temps et en heure, en respectant le coût prévu au contrat. Cette garantie est couverte par une caution financière délivrée par un établissement financier agréé. Elle sert à terminer les travaux en cas de faillite du constructeur par exemple. Si un tel cas se produit, la société de caution doit prendre toutes les mesures pour achever le chantier et notamment désigner un nouveau constructeur, mais elle ne peut être tenue responsable du retard causé par la faillite du premier professionnel ou sa désertion.

La caution peut être activée au bout de trente jours de retard. Elle devra payer au maître d'ouvrage une somme qui doit être au moins égale à 1/3 000e du prix des travaux par jour de retard.

La garantie décennale

Les constructeurs d'un ouvrage sont responsables pendant dix ans des défauts mettant en cause sa solidité ou le rendant impropre à sa destination. La garantie se met en place dès la livraison mais ne jouera qu'à partir de la deuxième année. Les défauts pris en compte sont de tous ordres : fragilité d'un mur porteur, affaissement d'une partie de la toiture, fissures, humidité trop importante, chauffage insuffisant ou trop bruyant… Même le défaut d'implantation d'une maison sur un terrain peut entrer dans le champ de cette garantie. En revanche, les défauts esthétiques, ne présentant aucun danger, ne sont pas couverts par la garantie décennale.

Si vous construisez vous-même votre maison, vous devez souscrire cette garantie. Si vous passez un contrat d'entreprise, c'est à l'entrepreneur de le faire. Il sera responsable même s'il n'a fait qu'exécuter les plans et ne les a pas dessinés.

La garantie biennale

Comme son nom l'indique, elle couvre les dommages survenus dans les deux ans qui suivent la réception. Mais elle ne concerne que les éléments séparables de l'ouvrage : il peut s'agir d'équipements comme les appareils sanitaires et les radiateurs, une mezzanine, des cloisons coulissantes ou des revêtements de sols ou de murs. Son application n'est pas très simple, car si les défauts de ces éléments rendent l'habitation impropre, ils doivent être couverts par la décennale. Il n'est pas rare que les assureurs se renvoient la balle pendant quelque temps pour tenter d'éviter de payer. Pour faire jouer l'assurance, envoyez à votre garant une lettre recommandée avec accusé de réception dans laquelle vous devez glisser la copie du procès-verbal de réception (afin de prouver sa date).

La garantie de parfait achèvement

Cette assurance peut être très utile : elle couvre tous les défauts constatés lors de l'année qui suit la date de réception des travaux, qu'ils aient fait l'objet de réserve ou non lors de l'établissement du procès-verbal. Cela concerne tous les défauts, aussi bien les malfaçons que les défauts de conformité, même s'ils relèvent de la garantie biennale ou décennale.

La garantie de parfait achèvement se met en route si, au bout d'un an, les travaux ne sont toujours pas terminés ou toujours pas payés par le professionnel défaillant.

Les dommages doivent être signalés à l'entrepreneur ou au constructeur par lettre recommandée avec accusé de réception. Il est d'usage de lui laisser un délai de trente à soixante jours pour réaliser les travaux. S'il ne se manifeste pas, vous pouvez d'abord le mettre en demeure puis saisir le tribunal de grande instance du lieu où est située la maison, qui pourra condamner l'entreprise à réaliser les travaux ou vous autoriser à recourir à un autre artisan pour les faire à sa place, à ses frais.

Souscrire une assurance dommage ouvrage

Alors qu'il n'existait d'obligation légale de s'assurer qu'à la charge des architectes, la loi Spinetta du 4 janvier 1978 a créé une obligation légale d'assurance à la charge du maître d'ouvrage : l'assurance dommage ouvrage, la fameuse DO. C'est l'une des conditions de validité du contrat de construction de maison individuelle, avec ou sans plan (voir chapitre 21,

p. 311). C'est aussi l'une des conditions suspensives de signature de l'acte authentique de l'achat du terrain. Si un assureur refuse de vous couvrir, vous pouvez stopper l'achat.

L'assurance dommage ouvrage est précieuse, il s'agit d'une garantie de préfinancement : elle permet au propriétaire d'être indemnisé rapidement, dans le cas où il aurait à faire face à des réparations relevant de la garantie décennale. En clair, il pourra réclamer et théoriquement être indemnisé sans avoir à attendre une décision de justice, forcément longue. Sans dommage ouvrage, aucun fonds ne pourra être versé avant que le juge ait établi les responsabilités de chacun. Même lorsque tout se passe bien, l'absence d'assurance peut se ressentir bien des années plus tard. En cas de revente du bien dans les dix ans qui suivent sa construction, c'est l'ancien propriétaire qui endosse la responsabilité des entreprises et du constructeur en cas de pépin. Enfin, un constructeur de maisons individuelles peut refuser d'exécuter le contrat en arguant d'un défaut d'assurance de son client.

N'OUBLIEZ PAS

Cette garantie assure pendant dix ans le paiement des réparations des désordres dont sont tenus pour responsables les professionnels ayant œuvré sur le chantier ou autour du montage du projet (architecte, entrepreneur, constructeur, maître d'œuvre…) et des malfaçons menaçant la solidité de l'immeuble ou d'équipements indissociables de l'ouvrage.

Elle fonctionne dans trois cas :

- Si l'entrepreneur fait faillite avant la réception de l'ouvrage, ou si le contrat est résilié pour abandon de chantier, l'assurance paie la reprise des malfaçons.
- Si les responsables des désordres refusent de les réparer après une mise en demeure pendant un an après la réception de l'ouvrage, l'assurance dommage ouvrage prend le relais.
- Elle couvre tous les désordres compris dans la garantie décennale pendant dix ans après l'achèvement de la maison.

Elle ne couvre pas :

- les sinistres survenus sur et pendant le chantier qui sont garantis par l'assurance professionnelle des intervenants ;
- le non-achèvement dans les délais prévus, couverts par d'autres assurances.

Cette assurance ne couvre pas le risque de feu pendant le chantier. Mieux vaut vérifier que les professionnels qui interviennent bénéficient bien d'une police d'incendie et à défaut en souscrire une soi-même dès que la maison dispose d'un toit.

L'assurance dommage ouvrage est obligatoire sous peine de sanctions pénales. Mais elle est coûteuse. La prime atteint souvent 4000 euros et parfois plus. Son prix dépend du coût de la construction, de la qualification professionnelle des constructeurs, de l'existence d'un contrôle technique par un contrôleur agréé (prévu avant le début du chantier). Par mesure d'économie, certains préfèrent s'en passer. La réforme du permis de construire aurait pu lier l'obtention de cette autorisation administrative à la souscription de ce type de garantie. C'est ce que réclamait en particulier la Fédération française de constructeurs de maisons individuelles en signalant que près de 50 % des maisons construites en France le sont sans assurance. En fait, les constructeurs qui incluent les assurances dans le prix de leur prestation sont pénalisés par rapport à ceux qui ne le font pas et pratiquent des tarifs plus bas. Il revient aux maîtres d'ouvrage de se renseigner et de souscrire une assurance. Seuls ceux qui construisent eux-mêmes, sans recours à un constructeur ni à une entreprise, peuvent s'en passer. Mais ils doivent être prévenus : en cas de revente de leur logement, ils peuvent être tenus pour responsable de défauts ou de malfaçons et ce pendant dix ans après l'achèvement des travaux. Certains notaires refusent d'entériner la vente de maisons récentes dont le maître d'ouvrage n'est pas assuré.

Il est toujours possible, dans ce cas, de souscrire une assurance après coup, mais la prime sera alors majorée puisque l'assureur n'aura pu estimer le risque avant le début du projet.

Pour trouver une assurance, faites jouer la concurrence et ne signez pas immédiatement la police que vous propose votre constructeur. Ce ne sera pas forcément la meilleure ni la moins chère. Toutefois, certains constructeurs bénéficient de tarifs « de gros » compte tenu de leur volume d'affaire. Pourquoi ne pas en profiter ? À condition que l'assurance soit vraiment souscrite, un point que vous devez absolument vérifier. Notez aussi que certaines compagnies refusent d'accorder la dommage ouvrage à des particuliers. Contactez le Bureau central de tarification des assurances, qui vous indiquera un prestataire.

La réception

La réception de l'ouvrage est l'opération par laquelle le maître d'ouvrage constate que les travaux sont terminés et qu'ils ont été réalisés en conformité avec les plans, dans les délais et sans surcoût. C'est à ce moment que le propriétaire doit vérifier que les surfaces des pièces ont été respectées, ainsi que l'emplacement des portes, le choix des matériaux, même à l'intérieur, le dessin des portes de placard, etc. C'est un acte important car il est définitif. Impossible de revenir en arrière sous prétexte que l'on n'avait pas remarqué un détail, sauf à faire jouer la garantie de parfait achèvement. Seul garde-fou : les réserves. Elles permettent de réceptionner l'ouvrage en signalant des malfaçons ou des défauts qui devront être rapidement corrigés. Armez vous d'un mètre, d'une lampe de poche (votre logement ne sera peut-être pas encore branché à EDF) et de patience. Ouvrez et fermez les robinets, vérifiez le jeu des portes et des fenêtres avec un petit miroir, regardez si les endroits peu accessibles ont bien été peints. Les listes de réserves sont parfois très longues. La réception marque la fin des travaux, la prise de possession du lieu par le propriétaire et le départ des garanties et assurances. C'est pourquoi il vaut mieux ne pas s'installer dans sa maison avant cette étape : si des dégâts étaient causés avant la réception, vous ne pourriez vous retourner que contre vous-même.

Quand réceptionner l'ouvrage ?

À la fin des travaux, à une date proposée par le maître d'œuvre, le constructeur, l'entreprise ou vous-même. Les parties concernées doivent absolument être présentes et peuvent être contraintes par un huissier à venir sur les lieux ou à envoyer un représentant.

Si vous avez signé un contrat de construction de maison individuelle, c'est en compagnie du constructeur que se feront la visite et l'état des lieux.

Si vous avez passé un contrat avec plusieurs entreprises, plusieurs réceptions auront lieu avec les responsables des différents corps d'état : plombier, maçon, menuisier, électricien, chauffagiste…

Si toutes ces interventions ont été coordonnées par une entreprise générale chargée au moins de la mise hors d'eau et hors d'air (les murs et le toit), la réception se fera en présence de l'entrepreneur et, le cas échéant, de l'architecte ou du maître d'œuvre qui aura coordonné l'ensemble.

N'OUBLIEZ PAS

La réception doit faire l'objet d'un document écrit (une poignée de main ou un accord tacite ne suffisent pas) et l'emménagement dans sa maison ne dédouane pas le propriétaire de ce passage obligé.

Le procès-verbal doit être établi en trois exemplaires. Il comprend l'acte de réception, un état des réserves, le délai et les conditions dans lesquelles elles doivent être levées ainsi que le constat de levée des réserves une fois que les petits défauts ont été revus ou réparés.

Les constats négatifs portent sur :

- les vices et défauts apparents ;
- le non-respect des plans ou des cotes contenus dans le devis ;
- le non-fonctionnement des portes, des fenêtres et des équipements ;
- la mauvaise qualité des matériaux utilisés par rapport à celle prévue au contrat.

Si la maison n'est pas terminée, il faut refuser de signer le procès-verbal de réception et faire constater par huissier les travaux prévus non exécutés ou non achevés dans les temps.

Aucune réserve, bon pour habiter...

Si vous êtes satisfait au point de signer le procès-verbal de réception sans réserve, vous pouvez garder les clés et emménager. C'est rare, mais ça arrive. Vous devrez alors payer le solde des travaux et ne pourrez plus réclamer sauf dans deux cas.

Un maître d'ouvrage dispose de huit jours pour émettre ses réserves après la réception et la remise des clés. Il doit alors les formuler par lettre recommandée avec accusé de réception. Il est conseillé de se faire accompagner d'un professionnel de la construction pour être sûr de ne rien laisser passer. Parfois les défauts apparents sont vraiment apparents : une rampe d'escalier qui manque ou une porte trop étroite pour laisser passer des meubles, une fenêtre à la place d'une porte-fenêtre devant une terrasse ou un garage trop étroit pour sortir de sa voiture une fois qu'elle est garée... Parfois, les erreurs sont moins grossières mais peuvent se révéler pénalisantes à l'usage, et alors seul un architecte ou un technicien avisé les repèrera (sol légèrement en pente, aération insuffisante...).

Si vous achetez une maison en l'état futur d'achèvement (à un promoteur), le procès-verbal de réception doit être signé avec le vendeur. Vous disposez ensuite d'un mois pour faire état (toujours par lettre recommandée avec accusé de réception) des vices apparents que vous n'auriez pas notés lors de la première visite.

Le client n'est pas satisfait

C'est le cas le plus fréquent. Même si les réserves tiennent à des détails, il ne faut pas hésiter à les noter. L'entrepreneur ou le constructeur est obligé d'en tenir compte et de procéder aux réparations : vous avez en main un argument de poids, le solde des travaux qui reste à payer. Vous pouvez décider de le consigner (au maximum 5 % du total) auprès d'un organisme financier comme la Caisse des dépôts et consignations.

Avec ou sans réserve, la date du procès-verbal de réception constitue le point de départ des garanties suivantes :

- la garantie de parfait achèvement qui couvre les vices cachés apparus pendant la première année ;
- la garantie biennale qui couvre le fonctionnement des équipements séparés de la maison pendant deux ans ;
- la garantie décennale qui couvre les dommages affectant la solidité de l'ouvrage ou rendant le bien impropre à sa destination.

Cinquième partie

Les crédits immobiliers : du prêt-à-porter au sur-mesure

Dans cette partie...

À moins d'avoir gagné au Loto ou hérité d'un oncle d'Amérique, acheter un logement nécessite un effort financier tel que le recours au crédit est souvent un passage obligé. Quand bien même vous disposeriez de fonds pour régler cash, quel dommage de se priver d'une telle opportunité ! Mieux vaut placer vos économies et vous engager à rembourser chaque mois un petit bout de l'emprunt. Par ce moyen, vous vous constituez une épargne forcée qui va étoffer votre patrimoine.

Face à l'envolée du prix de la pierre, le recours à l'emprunt n'a jamais autant été d'actualité. La raison ? De mémoire de banquier, les taux de crédit n'ont jamais été si bas. Pour continuer à acheter malgré des valeurs élevées, les Français ont trouvé la parade. Ils n'hésitent plus à s'endetter beaucoup et... longtemps. Les durées de prêt avoisinent vingt, vingt-cinq, voire trente ans, histoire d'avoir une mensualité en ligne avec son budget, et surtout pour continuer à vivre sans avoir à trop se serrer la ceinture.

Reste que le choix d'un financement n'est pas simple ! Dans la jungle du crédit, les taux sont fixes, révisables ou les deux. Bref, les formules sont nombreuses. Comment s'y retrouver ? Pas la peine de stresser ! Cette étape du financement est certes cruciale pour votre porte-monnaie, mais elle n'a rien d'insurmontable. Et puis, vous n'êtes pas tout seul à vous débattre dans ce maquis. Rompus aux montages financiers simples comme sophistiqués, bon nombre de professionnels de la finance vous aideront à trouver « la » solution adaptée à vos besoins.

Chapitre 25

Évaluer sa capacité d'endettement

Dans ce chapitre :

- Listez avec méthodes vos revenus et vos dépenses
- Quel est votre apport personnel ?
- Un bon emprunt, c'est celui qui se rembourse !
- La simulation : le moment de vérité

S'endetter beaucoup et longtemps pour s'offrir la maison de ses rêves, quoi de plus tentant ? Mais avant d'en prendre pour dix, vingt ou trente ans de crédit, il faut savoir ce que l'on est capable de payer chaque mois sans s'étrangler financièrement. Le poids des remboursements d'un crédit n'est pas anodin dans les finances d'un ménage. En outre, il ne faut pas oublier que ces charges ne sont pas les seules à prendre en compte. Les dépenses de la vie courante (nourriture, vêtements, loisirs, etc.) sont nombreuses et amputent déjà une grande partie de vos revenus.

Voici quelques pistes pour vous aider à évaluer votre capacité d'endettement.

Faire ses comptes

La banque n'accepte de prêter de l'argent qu'à la condition d'être sûre qu'on le lui rende. Cette lapalissade énoncée, pour savoir combien vous êtes en mesure de lui emprunter, il faut avant tout savoir combien vous pouvez rembourser chaque mois. Comment évaluer vos capacités financières ? La seule méthode efficace consiste à faire le compte précis de vos entrées et de vos sorties régulières d'argent.

Les entrées

Au hit-parade de vos meilleures entrées, il y a évidemment votre salaire net mensuel. Pour les professions libérales, cela correspond à des honoraires, pour les commerçants à des bénéfices. Mais cela n'est pas tout ! N'oubliez pas d'y ajouter d'autres sources de revenus que vous pouvez éventuellement percevoir par ailleurs. C'est le cas des revenus locatifs, des placements (obligations, assurance vie, etc.). N'omettez pas d'y ajouter les éventuelles aides sociales (allocations familiales, allocation logement, etc.), de même qu'une pension alimentaire, invalidité ou retraite.

Les sorties

De façon symétrique, il faut être en mesure de lister toutes les charges mensuelles régulières. Sans jeter l'argent par les fenêtres, vous devez régler les dépenses de la vie de tous les jours et elles sont nombreuses ! Cela va de la nourriture au logement, en passant par la voiture, les assurances, les impôts, l'électricité, le téléphone, etc. Il ne faut pas oublier de compter les éventuels crédits à la consommation en cours, les dépenses de loisirs ou celles relatives à l'éducation des enfants (écoles, activités, etc.). Tout doit être chiffré avec précision.

9 bonnes raisons d'avoir recours au crédit

- Profiter d'un bien tout de suite et le payer plus tard.
- Mieux vaut régler une mensualité de crédit que de payer loyer à fonds perdu.
- S'endetter pour un logement est un bon moyen de se constituer un capital.
- C'est une façon de se construire un patrimoine sans un sou d'économies !
- Payer un crédit équivaut à de l'épargne forcée.
- Malgré des sommes conséquentes, la pierre est le seul investissement que les banques acceptent de financer à 100 %, voire jusqu'à 110 % pour payer les frais de notaires.
- En matière d'investissement locatif, le crédit est en partie payé par les recettes locatives.
- Les crédits immobiliers n'ont jamais été si bon marché depuis trente ans !
- La concurrence entre les banques permet de décrocher de bonnes conditions de crédit.

En faisant la soustraction des entrées et des sorties d'argent, vous saurez ce qu'il vous reste en fin de mois. Et surtout, cela vous permettra de savoir si vos finances peuvent supporter une charge supplémentaire.

Vous n'avez aucune idée de votre train de vie ? Utilisez comme antisèche vos relevés de compte bancaire des trois derniers mois. Ils vous donneront une bonne piste pour évaluer vos dépenses. Pour y voir plus clair et être sûr de ne rien oublier : faites un tableau à deux colonnes en listant d'un côté vos revenus et vos dépenses.

Chiffrer l'apport personnel

En matière de crédit immobilier, on entend par « apport personnel » la somme d'argent que vous êtes capable de mettre tout de suite sur la table pour participer à l'achat du bien immobilier, et cela avant même d'obtenir un prêt bancaire. Même si elles vous font crédit, les banques adorent que vous participiez financièrement à l'opération. En général, plus votre apport personnel est conséquent, meilleur sera le taux.

Les économies personnelles

L'apport personnel peut être constitué de nombreuses façons. Cette somme peut simplement provenir d'économies personnelles issues d'une épargne régulière de fourmi. Ces fonds peuvent avoir été reçus à la suite d'une donation de parents ou de grands-parents, d'un héritage, d'un emprunt familial, de la revente d'un appartement ou de la cession de placements mobiliers (assurance vie, plan d'épargne entreprise, etc.).

Si vous faites partie d'une entreprise de plus de cinquante salariés, votre employeur est tenu de vous faire participer aux résultats de l'entreprise. Vous avez alors la possibilité de demander le déblocage anticipé de cette participation qui servira à gonfler votre apport personnel pour acquérir votre logement.

Les petits prêts

À côté des espèces sonnantes et trébuchantes que vous êtes capables d'engager dans l'opération, les banques assimilent à de l'apport personnel une kyrielle de crédits tels que :

- le prêt à taux 0 % ;
- l'épargne logement ;
- le prêt du 1 % logement ;
- les prêts aux fonctionnaires ;
- les prêts à caractère social accordés par les caisses d'allocations familiales ;
- les prêts des caisses de retraite ;
- le prêt relais, accordé dans l'attente de la revente du logement précédent (pour mémoire, le prêt relais est contracté pour financer une acquisition en attendant la vente du logement précédent, voir chapitre 27, p. 417).

Prenez soin de répertorier ces petits prêts auxquels vous pouvez prétendre, ils permettront de gonfler votre apport personnel. En résumé, l'addition de toutes ces sommes constitue votre apport personnel.

Sachez, en outre, que l'augmentation du prix de la pierre a eu pour conséquence de « diluer » l'apport personnel des acquéreurs, le taux moyen est tombé à 17 % en 2003 contre 20 % en 2000.

Comment le calculer ?

L'apport personnel s'exprime toujours en pourcentage du montant de l'opération. Par exemple, si vous achetez un appartement d'une valeur de 150 000 euros avec un apport personnel de 30 000 euros, on dira que votre apport personnel s'élève à 20 % (30 000/15 000). Vous solliciterez donc un emprunt pour 80 % de la valeur du bien, soit 120 000 euros (150 000 - 30 000).

Ainsi, selon vos disponibilités financières, l'apport personnel peut aller de 0 % à 99 % de la valeur du bien acheté. En pratique, la fourchette est plus réduite, elle évolue entre 0 et 50 %, voire 60 %.

Sachez qu'il n'y a pas d'apport personnel minimum requis par les établissements prêteurs. Pour l'acquisition d'une première résidence principale, les banques préfèrent tout de même que l'emprunteur dispose d'au moins 10 % d'apport personnel sur le prix d'acquisition en plus des frais de notaire et de garantie. Par exemple, si le bien vaut 100 000 euros, un apport personnel de 10 % sera ici de 10 000 euros (100 000 X 10 %). Le crédit accordé par la banque sera de 90 000 euros, hors frais de notaire et de garantie.

Pour un investissement locatif, les banques acceptent plus facilement de prêter sans apport personnel et donc de financer un projet à 100 %, voire 110 % en incluant les frais de notaires. Ce montage permet d'optimiser la fiscalité de l'investissement locatif, les intérêts de l'emprunt étant déductibles des revenus fonciers.

Si vous annoncez à votre banquier que vous disposez d'un apport de 20 %, 30 %, 40 % ou plus, il vous déroulera le tapis rouge. Votre engagement financier dans l'opération constitue un atout de poids dans la négociation du taux d'intérêt du prêt.

La règle de l'apport personnel ?

Pour une banque, l'apport personnel est un moyen d'appréciation du risque qu'elle encourt en prêtant de l'argent. Autrement dit, le candidat à l'emprunt qui dispose d'un bel apport personnel va constituer pour elle un signe de sa capacité à suivre une discipline d'épargne. Cet effort de thésaurisation signifie pour elle qu'il n'est pas cigale et qu'il sera en principe en mesure de rembourser comme une bonne fourmi chaque mois un petit bout du crédit. Résultat, offrant un profil moins risqué, les banques lui font bénéficier d'un taux plus faible, donc meilleur marché.

En revanche, si le candidat à l'emprunt, entré depuis longtemps dans le monde du travail, dispose de revenus réguliers, voire confortables, sans pour autant avoir réussi à mettre un euro de côté, il sera mal vu du banquier. Ce dernier émettra des réserves quant à sa future capacité de remboursement. Il lui accordera peut-être le prêt, mais sûrement pas aux meilleures conditions.

En résumé, le montant de l'apport personnel représente un élément déterminant dans la constitution d'un dossier de crédit. Il n'est pas obligatoire pour demander et décrocher un crédit, mais il est très apprécié par le banquier. Plus la somme apportée au comptant est importante, meilleur sera le taux. Par exemple, pour un prêt sur vingt ans avec un apport de 30 %, la banque affichera un taux de 3,85 %, sans apport le taux sera de 4,20 %.

Un crédit sans apport personnel se paie 0,40 % à 0,60 % plus cher que le même montant de crédit avec un apport de 30 %.

Combien apporter ?

Vous pouvez engager pas mal d'argent dans votre opération immobilière ? Attention de ne pas vider votre bas de laine dans le seul but de muscler votre apport personnel. Il serait dommage de se démunir de liquidités, surtout si c'est pour se retrouver sur la paille, sans matelas de sécurité en cas de dépenses imprévues. Si vous pouvez obtenir de bonnes conditions de crédit sans avoir à « casser » un ou plusieurs produits de placements, c'est toujours bon à prendre. De lui-même, le banquier vous conseillera de ne pas mettre tous vos œufs dans le même panier.

Vous achetez à quelques années de la retraite ? Il est important de bien ajuster votre apport personnel de façon à « caler » un crédit qui s'arrêtera juste au moment où vous quitterez la vie active.

S'endetter, oui mais jusqu'où ?

Le recours au crédit bancaire constitue certes le meilleur moyen de devenir propriétaire. Cette solution permet de jouir tout de suite d'un bien que vous paierez sur plusieurs années. Toutefois, ce type d'endettement doit s'effectuer avec mesure. Emprunter signifie s'engager à rembourser. Le paiement d'une mensualité de prêt immobilier pèse lourd dans un budget. Cette dépense ne doit pas pour autant vous mettre chaque mois sur la paille et vous condamner à manger des patates pendant dix ou quinze ans, jusqu'à la fin du crédit. C'est intenable ! Certes s'endetter peut parfois vous obliger à vous serrer la ceinture, à regarder à la dépense, mais cet acte ne doit en rien chambouler votre train de vie. Avant de s'endetter, il faut être en mesure de répondre à cette question simple : suis-je capable de payer cette mensualité ?

Le repère des 33 %

Les banquiers considèrent qu'un emprunteur ne peut consacrer plus de 33 % de ses revenus nets mensuels au remboursement d'un ou plusieurs prêts (immobilier, consommation, etc.), le reste (soit 67 %) étant nécessaire pour vivre (alimentation, loisirs, impôts, etc.).

Ce chiffre de 33 % est en fait ce que les banquiers appellent dans leur jargon le taux (ou le niveau) d'endettement. Comment calculer ce ratio ? Rien de plus simple : il suffit de faire le rapport entre l'ensemble des crédits à payer (mensualité du prêt immobilier incluse) avec les revenus.

Si un couple gagne 5 000 euros mensuels et que ses remboursements sont de 1 650 euros, son niveau d'endettement est de 33 % (soit 1 650/5 000).

Un ratio théorique

Ce chiffre de 33 % est théorique. D'ailleurs, aucune loi n'évoque ce ratio. On peut certes s'endetter à moins, mais aussi à plus, à 35 %, voire 40 %, tout dépend en fait de combien l'on gagne. S'endetter à 33 % lorsque l'on gagne le SMIC n'a rien de comparable avec le même taux lorsque l'on perçoit un revenu de 6 000 euros. En général, plus le niveau de revenu est élevé, moins le critère du taux d'endettement maximum de 33 % est strictement appliqué par l'établissement prêteur.

Le banquier accepte parfois de dépasser le taux fatidique de 33 % et tolère davantage. C'est par exemple le cas lorsque ce dernier sait qu'un crédit consommation est en passe de se terminer. Quelques mois plus tard, une fois ce prêt soldé, l'emprunteur retrouve un taux d'endettement inférieur, donc supportable.

La notion de « reste à vivre »

En plus des informations données par le niveau d'endettement, les établissements financiers examinent un autre indicateur qu'ils surnomment de façon peu élégante le « reste à vivre ». Ce chiffre correspond à la somme qu'il reste à un ménage une fois payée la mensualité du crédit immobilier. Cette somme doit être suffisante pour payer les dépenses courantes incompressibles pour vivre décemment (alimentation, vêtements, etc.). Si une personne est endettée à 50 % mais dispose encore de 4 000 euros mensuels une fois le crédit payé, elle s'en sort aisément pour vivre ! En revanche, cela devient impossible s'il lui reste moins de 200 euros pour le mois.

Un niveau d'endettement supportable ?

Il n'existe pas de bon ou mauvais ratio d'endettement. D'ailleurs, c'est le banquier qui décidera au bout du compte de vous suivre dans votre projet financement ou d'y mettre le holà. À moins de ne pouvoir faire autrement, un endettement maximal n'est pas idéal car il laisse peu de marge de manœuvre financière pour le futur. Que se passera-t-il si vos revenus chutent ? Si vos dépenses augmentent suite à l'arrivée d'un ou plusieurs enfants ? Plusieurs évènements peuvent survenir et bouleverser votre équilibre budgétaire.

Un taux d'endettement de 25 % paraît prudent et raisonnable. Il permettra de réaliser une acquisition immobilière sans douleur et sans que cette dépense ait de grandes conséquences sur votre niveau de vie. Lors du calcul du taux d'endettement, évitez d'intégrer l'allocation personnalisée au logement (APL) dans vos revenus (voir chapitre 31, p. 462). Cette aide étant temporaire et parfois ponctuelle, il ne faut pas compter trop dessus pour rembourser le prêt. Il faut être sûr de faire face aux échéances une fois qu'elle aura disparu. Pour mémoire, la durée de vie moyenne d'une APL est d'environ cinq ans.

En 2003, 58 % des accédants à la propriété se sont endettés à plus de 25 %, contre 46,9 % en 1989. Pourquoi un telle augmentation du taux d'endettement ? Les ménages ont dû recourir plus largement à l'emprunt pour compenser la flambée des prix de l'immobilier. Ce comportement a été facilité grâce à la baisse historique des taux ces dernières années.

Se prêter au jeu des simulations

Quel budget consacrer à l'achat d'un logement ? Pour répondre à cette question, il faut avant tout savoir combien vous êtes en mesure d'emprunter et par conséquent de rembourser chaque mois. Avant de prendre rendez-vous avec votre banquier, vous pouvez déjà vous faire une idée par vos propres moyens. Pour vous aider à calculer la charge mensuelle supportable par votre budget, plusieurs outils sont à votre disposition. Il existe de nombreux sites Internet dédiés aux crédits immobiliers avec des pages et des pages en ligne consacrées au calcul de la capacité d'endettement, de la mensualité de crédit, etc. Même si le taux d'intérêt, le coût des garanties et des assurances sont des hypothèses, ces outils permettent de réaliser des simulations afin de savoir si une opération immobilière est financièrement réalisable ou non.

Si vous optez pour un prêt révisable à taux « capé » (voir chapitre 27, p 416), envisagez toujours le scénario le pire : soit un taux qui arrive à son plafond dès la deuxième année de crédit et qui n'en bouge plus. Cette simulation cauchemardesque vous donnera des indications sur vos capacités financières à encaisser ce type de situation.

La durée s'allonge, s'allonge…

Face à l'envolée du prix de la pierre, les acheteurs essaient tant bien que mal de préserver leur pouvoir d'achat immobilier. Ainsi, pour continuer à acheter, la parade consiste s'endetter beaucoup mais surtout longtemps. En 2004, la durée moyenne d'un prêt bancaire classique était de 16 ans contre 15,7 ans 2003, 13,5 ans en 1997 et 12,5 ans en 1992.

Rares il y a encore quelques années, les prêts à 25 ans sont presque monnaie courante dans les banques. Quant aux crédits sur 30 ans, ils commencent, ici et là, à faire leur apparition dans les gammes de prêts aux particuliers. Cet endettement à très long terme s'avère une formule intéressante pour les jeunes qui accèdent pour la première fois à la propriété. Disposant d'un apport personnel faible ou nul, ces derniers peuvent s'endetter pour se constituer un patrimoine plutôt que de payer un loyer en pure perte.

Chapitre 26

Faire le plein des prêts pas chers

Dans ce chapitre :

- Le bon usage du prêt réglementé
- PTZ, épargne logement… y a t-il un prêt aidé pour vous ?
- Collectionnez les « petits prêts » à taux cassés
- Demandez un petit prêt… en famille

S'endetter sur plusieurs années est un engagement qui ne doit pas se prendre à la légère et surtout pas dans n'importe quelles conditions. Décrocher un bon financement, c'est certes obtenir le crédit le moins cher. C'est aussi trouver le montage financier adapté à vos besoins et vos capacités de remboursement. Avant de souscrire tête baissée un prêt proposé par la banque du coin, avez-vous pensez à regarder du côté des prêts aidés et complémentaires ? Ne faites pas l'impasse sur ces crédits. Leurs avantages ? Certains affichent des taux d'intérêt imbattables, d'autres offrent des souplesses, des sécurités ou des options gratuites bien précieuses en cours de crédit. Selon l'Observatoire de la production de crédits immobiliers, en 2003, un dossier de financement immobilier sur trois a utilisé au moins deux prêts.

Les prêts réglementés

On les appelle ainsi car les conditions d'accès et les règles de fonctionnement sont définis par les pouvoirs publics. Ces crédits sont partout les mêmes, quelle que soit la banque qui les distribuent. Attention, ces prêts ne bénéficient pas d'un coup de pouce de l'État. Les taux sont ni plus ni moins ceux du marché. En revanche, l'emprunteur peut bénéficier d'une couverture en cas de difficultés de paiement. En 2004, le montant des prêts réglementés distribués aux ménages représentait 28 % du total des crédits immobiliers, soit 154 milliards d'euros.

Le prêt conventionné (PC)

En cette période de taux bas, ce crédit a aujourd'hui peu d'intérêt, ses taux étant identiques à ceux des prêts libres. Son seul avantage : proposer un filet de sécurité en cas de difficultés financières en cours de prêt. L'emprunteur peut bénéficier de l'aide personnalisée au logement (APL) (voir chapitre 31, p. 462). Les banques de réseaux sont peu nombreuses à proposer spontanément le prêt conventionné (PC) à leurs clients. La raison ? Ce prêt étant réglementé par l'État, les frais de gestion sont plus lourds et les démarches administratives plus longues à mettre en place que pour un prêt libre monté en deux temps trois mouvements. N'hésitez pas le demander.

Pour acheter quoi ?

Ce prêt peut servir à financer :

- l'achat d'un terrain à bâtir pour construire une maison ;
- l'acquisition d'un logement neuf ou ancien, avec ou sans travaux ;
- l'agrandissement d'au moins 14 m² d'un logement existant ;
- la transformation en logement d'un local non destiné à l'habitation.

Un PC pour des travaux

Un PC peut financer seulement des travaux à condition que le logement ait plus de dix ans d'âge à la date de signature du prêt. Le montant minimum du crédit est de 4 000 euros TTC.

Quant aux types de travaux concernés ? La liste est longue, cela va de l'isolation thermique aux travaux destinés à générer des économies d'énergie ou à faciliter l'accès à des personnes handicapées, en passant par des modifications des installations de chauffage.

Pendant toute la durée du prêt, le logement ne doit pas être transformé en local commercial, ni faire l'objet d'une location saisonnière ou meublée.

Pour qui ?

Ce prêt est accordé sans conditions de ressources. Le logement concerné doit être occupé à titre de résidence principale, c'est-à-dire au moins huit mois par an.

Le taux

Souscrire un PC ne donne pas accès à un taux préférentiel. Ce dernier est librement fixé par les banques. Pour protéger l'emprunteur en période de hausse des taux, la loi a instauré des taux plafonds. Mais compte tenu du bas niveau actuel du prix de l'argent, ces limites sont hors jeu. Jugez-en vous-même : pour un prêt sur quinze ans, le taux plafond est de 6,40 % en taux fixe alors qu'un crédit immobilier libre avoisine 4 %.

Le montant

Ce crédit peut servir de prêt principal, c'est-à-dire financer jusqu'à 100 % du coût de l'opération immobilière (travaux inclus). Il peut être complété par l'apport personnel, souvent conseillé à hauteur de 10 %.

La durée

Elle est comprise entre cinq et trente ans pour un crédit destiné à l'achat ou à la construction, avec une possibilité de rallonger cette durée jusqu'à trente-cinq ans.

Les avantages ?

Les avantages du PC sont :

- l'ouverture d'un droit à l'allocation personnalisée au logement (APL) ;
- l'exonération du paiement de la taxe de publicité foncière ;
- le cumul possible avec d'autres prêts (1 % logement, prêt à taux zéro, épargne logement, etc.).

À qui s'adresser ?

La demande de prêt s'effectue auprès de l'établissement prêteur de votre choix, à condition que ce dernier ait signé une convention avec le Crédit foncier de France ou avec la Société de gestion du fonds de garantie à l'accession sociale (SGFGAS).

Le prêt d'accession social (PAS)

Le prêt d'accession social (PAS) est le frère jumeau du prêt conventionné. À la différence près qu'il est accordé à l'emprunteur sous conditions de ressources. Il est généralement réservé aux ménages dotés de revenus modestes. Les conditions d'obtention sont précises. Détaillons-les.

Les conditions concernant le bien

Le logement doit être la résidence principale de l'emprunteur, de ses ascendants ou descendants ou de ceux de son conjoint. Il peut être neuf ou à construire, ancien avec ou sans travaux. Dans ce dernier cas, la surface minimale habitable requise est de 9 m^2 pour une personne, 16 m^2 pour deux, augmenté de 9 m^2 par personne supplémentaire. Par exemple, une famille de quatre personnes ne bénéficiera d'un PAS que s'il elle achète une habitation d'au moins 34 m^2 (16 + 9 X 2).

Si le logement a plus de vingt ans, un état des lieux doit être établi par un professionnel indépendant de la transaction (architecte, géomètre expert, etc.) qui vérifiera le respect des normes de confort et des surfaces réglementaires évoquées précédemment. L'établissement prêteur est en mesure de fournir la liste des experts habilités à dresser cet état des lieux.

Le PAS peut également financer des travaux « secs » afin d'améliorer le logement ou la maison individuelle, dans le but de réaliser des économies d'énergie, un agrandissement, une extension ou une surélévation.

Le revenu fiscal de référence

L'obtention ou non d'un PAS dépend des ressources de l'emprunteur. Pour y prétendre, il faut justifier à la banque du niveau de ses revenus. Pour l'établissement prêteur, c'est le « revenu fiscal de référence » qui fait foi. Vous trouvez ce chiffre sur votre avis d'imposition dans la rubrique « revenu fiscal de référence », soit après les abattements de 10 % et 14 %.

La règle est la suivante : pour une demande intervenant entre le 1er avril et le 31 décembre d'une année n, c'est le revenu de l'année précédente, n-1, qui compte ; pour une demande intervenant entre le 1er janvier et le 31 mars d'une année n, c'est le revenu de l'année n-2 qui sert de référence.

Voici quelques exemples :

- pour une offre de prêt émise entre le 1er avril et le 31 décembre 2005, l'année fiscale de référence est 2004 (2005 - 1) ;
- pour une offre de prêt effectuée entre le 1er janvier et le 31 mars 2006, l'année fiscale de référence est 2004 (2006 - 2) ;
- pour une offre émise entre le 1er avril 2006 et le 31 décembre 2006, l'année fiscale de référence est 2005 (2006 - 1).

Les conditions de ressources de l'emprunteur

Pour pouvoir profiter du PAS, les revenus de l'emprunteur doivent être inférieurs à un plafond de ressources. Les critères retenus pour l'obtention de ce crédit sont la composition du ménage, le nombre de personnes à charge et le lieu du logement.

Plafonds de ressources annuelles[1] pour l'obtention du PAS en euros

Nombre de personnes occupant le logement	Île-de-France[2]	Province
1	15 204	12 146
2	22 316	17 764
3	26 800	21 364
4	31 294	24 959
5	35 801	28 570
6	40 299	32 168
Par personne supplémentaire	+ 4 498	+ 3 598

[1] Ces plafonds de ressources sont réévalués chaque année.
[2] Départements 75, 77, 78, 91, 92, 93, 94 et 95.

Source : Ministère du Logement, ANIL

Le montant

Sans limite, le PAS peut financer jusqu'à 100 % du coût total d'une opération immobilière. Les banques généralistes ne proposent pas toujours spontanément le PAS à leurs clients. La raison ? Comme pour le PC, étant réglementé par l'État, les frais de gestion et les démarches administratives sont bien plus contraignants que pour un prêt libre.

En 2004, les PC et PAS ont représenté 7,1 % de la production de crédits contre 8,2 % en 2001 et 10,6 % en 1998 (source : Observatoire de la production de crédits immobiliers).

Le taux

Le PAS peut être proposé en version taux fixe ou révisable. Déterminé librement par les établissements de crédit, les taux d'intérêt affichés sont au même niveau que ceux des prêts libres des banques. Comme pour tous les crédits, le taux dépend du montant de l'apport personnel et de la durée du prêt. Bizarrerie de la législation, ce taux est plafonné par les textes. Mais étant donné le bas niveau des taux actuels (autour de 4 %), ces limites imposées aux banques sont « hors marché » ! Jugez plutôt : le taux fixe plafond pour un PAS de moins de douze ans est de 5,35 %, de 5,55 % entre treize et quinze ans, de 5,70 % entre seize et dix-neuf ans et de 5,80 % pour vingt ans et plus.

La durée

La durée du PAS est comprise entre cinq et trente ans, avec un allongement possible jusqu'à trente-cinq ans. Les remboursements anticipés volontaires ne sont possibles que s'ils atteignent au minimum 10 % du capital emprunté.

Ses atouts

Les atouts du PAS sont nombreux :

- des frais de dossiers limités à 500 euros ;
- pas de frais supplémentaires en cas de prêt modulable ;
- un crédit long pouvant aller jusqu'à trente-cinq ans ;
- une ouverture au droit à l'APL sur toute la durée du prêt (une sécurité non négligeable en cas de diminution des revenus) ;
- en cas de perte d'emploi un an après avoir souscrit le prêt (génération comprise entre le 1er avril 1999 et le 31 décembre 2003), un « filet de sécurité » permettant de reporter gratuitement en fin de crédit une partie des échéances (voir chapitre 31, p. 462) : un premier report égale 50 % des mensualités du PAS pendant douze mois maximum et une seconde période de report, toujours d'une durée de douze mois, est autorisée après huit ans de remboursement ;
- l'inscription hypothécaire prise en garantie d'un tel prêt exonérée du paiement de la taxe de publicité foncière équivalente à 0,60 % du montant du prêt ;
- des frais de notaire réduits ;
- une exonération de la taxe foncière pendant deux ans à condition d'avoir acheté un logement neuf ;
- un prêt PAS cumulable avec d'autres prêts (le prêt d'épargne logement, le 1 % logement, etc.).

La mise en place du prêt

Les garanties exigées pour l'obtention d'un PAS sont :

- une hypothèque de premier rang sur le logement (ou privilège de prêteur de deniers) ;
- une assurance décès invalidité.

Plusieurs document sont à fournir pour constituer votre dossier de demande de prêt PAS :

- un avis d'imposition de l'avant-dernière année précédant celle de la demande de prêt;
- vos bulletins de salaire et ceux de votre conjoint;
- la promesse de vente du logement concerné;
- un état des lieux, obligatoire pour un logement de plus de vingt ans;
- s'il y a des travaux à la clef, les devis descriptifs et estimatifs;
- dans le cas de la construction d'une maison individuelle, la présentation du permis de construire.

Où faire une demande?

La demande de prêt peut être déposée auprès des nombreux établissements de crédit ayant signé une convention avec la Société de gestion du fonds de garantie à l'accession sociale (SGFGAS).

Le prêt fonctionnaire

Distribué par le Crédit foncier, ce prêt réglementé n'est plus utilisé par les fonctionnaires depuis belle lurette car il est trop cher. Les pouvoirs publics n'ayant pas révisé à la baisse leur barème des taux pour suivre l'évolution du marché, les taux affichés ne sont pas intéressants: 4,5 % sur trois ans, puis 7 % les années suivantes. Des tarifs prohibitifs puisque les taux actuels du marché tournent autour de 4 %.

Le prêt locatif social (PLS)

Jusqu'alors utilisé par les bailleurs sociaux, le prêt locatif social (PLS) est depuis peu accessibles aux particuliers. Il reste néanmoins réservés aux seuls investisseurs, c'est-à-dire à ceux qui achètent pour louer. Pour en bénéficier, vous devez vous engager à louer votre bien pendant toute la durée du prêt, à un locataire aux ressources limitées, le tout sans dépasser un plafond de loyer. Ce prêt est «contingenté», c'est-à-dire qu'il est distribué dans la limite d'enveloppes financières attribuées aux établissements prêteurs (voir l'encadré «À qui s'adresser pour obtenir un PLS?»).

Conditions concernant le bien acheté

Le PLS finance les opérations suivantes :

- un terrain à construire ;
- un logement dans le cadre d'une vente en l'état futur d'achèvement (VEFA) ;
- un logement ancien avec ou sans travaux ;
- un local à transformer en habitation ;
- des travaux d'amélioration exécutés sur des immeubles ou des logements de collectivités locales cédés à bail emphytéotique par l'État, des collectivités locales ou leurs groupements ;
- la réalisation de dépendances liées au logements (garages, jardins).

ATTENTION !

Le logement acheté doit respecter des normes minimales d'habitabilité. Quant à l'apport personnel, il doit représenter au moins 10 % du montant de l'opération financée par la banque.

Conditions concernant le locataire

Le locataire doit percevoir des revenus modestes et occuper le logement comme résidence principale. Le jour de l'entrée dans les lieux, ses ressources nettes annuelles ne doivent pas dépasser les plafonds indiqués dans le tableau qui suit.

Plafonds de ressources du locataire pour une entrée dans les lieux en 2004 (en euros)

Catégorie de ménage	Paris	Île-de-France (hors Paris)	Autres régions
1 personne	22 086	22 086	19 202
2 personnes	33 007	33 007	25 641
3 personnes	43 270	39 677	30 837
4 personnes	51 661	47 527	37 226
5 personnes	61 464	56 263	43 792
6 personnes	69 164	63 311	49 351
Personne supplémentaire	7 706	7 054	5 504

Légende : Les montants indiqués sont à comparer avec les ressources annuelles imposables de l'année n - 2. Par exemple, pour une entrée dans les lieux en 2006, le revenu fiscal de référence sera celui figurant sur l'avis d'imposition de l'année 2004 (2006 - 2).

Source : Ministère du Logement, ANIL

Le locataire ne peut être un de vos ascendants, descendants, ni même ceux de votre conjoint.

Conditions concernant les modalités de la location

Le bailleur bénéficiaire du PLS doit signer obligatoirement une convention avec l'État dont la durée doit être au moins égale à la durée du prêt, tout en étant comprise entre quinze et trente ans. Via cette convention, le bénéficiaire du PLS s'engage pendant toute la durée de la location à respecter les plafonds de loyers suivants :

Plafonds de loyers pour un logement acheté avec un PLS

	Zone I bis	Zone I	Zone II	Zone III
Loyer plafond/mois/m² de surface utile[1]	8,25 euros	7,77 euros	6,81 euros	6,33 euros

[1] Surface utile : surface habitable + 50 % des surfaces annexes (cave, balcon, loggia, etc.).

Légende : zone I bis : Paris et les communes limitrophes ; zone I : le reste de l'agglomération de Paris, les zones d'urbanisation et les villes nouvelles de la région Île-de-France ; zone II : région Île-de-France hors zone I, agglomérations et communautés urbaines de plus de 100000 habitants, zones d'urbanisation et villes nouvelles hors régions Île-de-France, îles non reliées au continent, cantons du département de l'Oise (Creil, Nogent-sur-Oise, Creil-Sud, Chantilly, Montataire, Neuilly-en-Thelle, Pont-Saint-Maxence, Senlis, Nanteuil-le-Haudouin) ; zone III : reste du territoire à l'exclusion des départements d'Outre mer.

Source : Ministère du Logement, ANIL

Grâce à la signature de cette convention, le locataire peut bénéficier de l'APL. Le cas échéant, cette aide est versée directement au bailleur. Ce dernier doit s'engager à confier son bien en gestion à une personne ou à un organisme agréé par un arrêté du ministère chargé du Logement (arrêté du 9 mars 1978).

Les avantages fiscaux

Dans le neuf, la TVA fait l'objet d'un taux réduit à 5,5 % contre 19,6 % habituellement. Dans l'ancien, le taux réduit de TVA s'applique aux travaux d'amélioration, de transformation et d'aménagement.

Vous pouvez bénéficier d'une exonération de la taxe foncière sur les propriétés bâties pendant vingt-cinq ans, à condition que l'opération soit financée à plus de 50 % par un PLS.

Cumulable avec du Robien

Les plafonds de loyers et de ressources du locataire imposés par le PLS sont de fait inférieurs à ceux du Robien (voir chapitre 12, p. 188). Résultat, ce prêt peut tout à fait permettre l'achat d'un logement éligible à ce dernier dispositif. Atout de la manœuvre ? Profiter de l'avantage fiscale du Robien. Pour mémoire, il permet de déduire de son revenu imposable 8 % du montant de l'investissement dans la limite de 10700 euros correspondant aux charges liées à l'appartement. Ensuite, cette part déductible passe à 2,5 %.

Les caractéristiques du prêt

Comme tout prêt, le PLS offre quelques particularités, en voici quelques-unes :

- le montant du prêt doit financer au moins 50 % de l'opération immobilière ;
- sa durée ne peut excéder trente ans ;
- le taux d'intérêt est indexé à celui du livret A ;
- les frais de dossier sont plafonnés à 700 euros.

Les démarches préalables

La procédure administrative peut paraître un peu lourde, mais elle ne doit cependant pas vous faire reculer. Le PLS nécessite l'obtention d'une décision favorable d'agrément prise par le préfet. L'instruction du dossier est assurée par la direction départementale de l'équipement (DDE). C'est le préfet qui signe la convention d'APL et la décision d'agrément. Ce n'est qu'ensuite que l'établissement prêteur débloque le crédit. Et la demande de prêt doit être effectuée à la banque dans un délai maximum de six mois après la date de décision favorable.

À qui s'adresser pour obtenir un PLS ?

Le prêt locatif social est distribué par les établissements de crédits ayant signé une convention avec l'État, soit le Crédit foncier de France, le Crédit mutuel et les Caisses d'épargne.

Le prêt locatif intermédiaire (PLI)

Ce prêt est destiné au bailleur qui s'engage à louer à des personnes dotées de revenus moyens. Autrement dit, à celles qui ne sont pas assez pauvres pour se loger en HLM, mais pas assez riches pour se payer un loyer libre. Aujourd'hui, ce prêt présente peu d'intérêt, d'abord parce que son taux est supérieur à 5 %, ce qui est bien trop cher par rapport aux prêts bancaires libres, ensuite parce qu'il ne dispose d'aucun avantage fiscal, contrairement au PLS évoqué précédemment. En outre, le PLI n'ouvre pas droit à l'APL.

Conditions concernant le bien acheté

L'obtention d'un PLI est possible à condition de financer les opérations suivantes :

- un terrain destiné à la construction ;
- la construction de logements à usage locatif ;
- des logements destinés à l'habitation avec éventuellement des travaux à la clé ;
- la transformation en logements de locaux non destinés à l'habitation ;
- la réalisation de dépendances liées au logements (garages, jardins).

Plafonds de ressources annuelles en euros du locataire à la date d'entrée dans le logement

Catégorie de ménage	Zone A	Zone B	Zone C
1 personne	30 580	23 634	20 679
2 personnes	45 702	31 558	27 614
3 personnes	54 938	37 954	33 209
4 personnes	65 806	45 816	40 089
5 personnes	77 902	53 898	47 160
6 personnes	87 662	60 739	53 147
Personne supplémentaire	+ 9 727	+ 6 774	+ 5 928

Légende : zone A : agglomération parisienne, Côte d'Azur, le pays genevois français ; zone B : agglomération de plus de 50 000 habitants et agglomérations chères situées aux franges de l'agglomération parisienne, zones littorales ou frontalières ; zone C : le reste du territoire.

Source : Ministère du Logement, ANIL.

Conditions concernant le locataire

Le jour de l'entrée dans les lieux, ses ressources nettes annuelles ne doivent pas dépasser les plafonds indiqués dans le tableau qui suit. Les revenus pris en compte pour ces plafonds sont ceux perçus par les personnes vivant dans le ménage deux ans avant la signature du bail. Par exemple, si la signature du bail est prévue en 2006, le revenu fiscal de référence est celui indiqué sur l'avis d'imposition 2004.

Conditions concernant les modalités de la location

Le bailleur bénéficiaire doit s'engager sur plusieurs points :

- louer pendant toute la durée du prêt le bien nu (c'est-à-dire non meublé) ;
- louer le logement à titre de résidence principale ;
- faire que le logement réponde à des normes minimales d'habitabilité ;
- louer entre neuf et trente ans ;
- proposer un loyer mensuel inférieur de 2/3 à celui prévu pour le Robien.

Ainsi, sur ce dernier point, le loyer ne peut excéder 12,79 euros par mètre carré de surface utile (surface habitable + 50 % de la surfaces des annexes privatives : garage, balcon, loggia, etc.) en zone A (agglomération parisienne, Côte d'Azur, le pays genevois français), sachant que Paris et ses 29 communes limitrophes peuvent majorer ce plafond de 20 %, ce qui met le loyer à 15,28 euros par mètre carré ; 8,89 euros par mètre carré en zone B (agglomérations de plus de 50 000 habitants et celles situées aux franges de l'agglomération parisienne et zones littorales ou frontalières) ; 6,39 euros par mètre carré en zone C (le reste du territoire).

Les caractéristiques du prêt

Comme tout prêt, le PLI offre quelques particularités, en voici quelques-unes :

- ce prêt peut financer jusqu'à 100 % du montant de l'opération ;
- il est remboursable en trente ans maximum ;
- le cumul avec d'autres prêts (prêt bancaire, 1 % logement) est possible, de même qu'avec une subvention de l'Agence nationale pour l'amélioration de l'habitat (ANAH) ;
- le taux du prêt est indexé sur le taux du livret d'épargne populaire (LEP), il oscille entre 4,19 % et 4,65 %.

Les avantages fiscaux

Il n'existe pas d'avantage fiscal propre au PLI. Toutefois le bailleur peut bénéficier de tous ceux liés à l'investissement locatif.

À qui s'adresser pour obtenir un PLI ?

Comme le PLS, ce prêt est distribué par des établissements de crédits ayant signé une convention avec l'État, soit le Crédit foncier de France, le Crédit agricole, le Crédit mutuel et les Caisses d'épargne.

Le prêt social de location accession (PSLA)

Distribué depuis mars 2004, le prêt social de location accession (PSLA) est méconnu, puisqu'à peine 400 acquisitions ont été financées de la sorte en 2004. Les logements faisant l'objet du dispositif PSLA sont destinés à des ménages dont les ressources, au moment de la signature du prêt, n'excèdent pas les plafonds en vigueur pour le prêt à l'accession sociale (PAS) (voir le tableau des plafonds de ressources pour l'obtention d'un PAS, dans ce chapitre, p. 364).

Fonctionnant en deux phases, ce mécanisme de location accession permet à des ménages sans apport personnel d'acquérir le logement qu'ils occupent comme locataires.

Durant la première phase dite « de location », le ménage acquitte en plus du loyer une redevance composée d'une indemnité d'occupation, des frais de gestion et d'une épargne. Au cours de la deuxième phase dite « d'accession », le ménage lève l'option sur son logement. Il en devient alors propriétaire et commence à rembourser son ou ses emprunt(s). En outre, le locataire accédant peut, y compris en phase locative, bénéficier d'une APL.

Notez que si le locataire renonce à l'acquisition, il ne bénéficie d'aucun droit au maintien dans les lieux mais a droit au remboursement des sommes versées.

Ce nouveau prêt présente un double avantage : il donne droit à une TVA à taux réduit sur le prix de vente et à une exonération de taxe foncière sur les propriétés bâties pendant quinze ans, soit l'équivalent de 15 000 euros d'économie. Le taux du prêt est compris entre 3,74 % et 4,10 % selon les établissements.

Pour bénéficier d'un PSLA, le logement doit être occupé à titre de résidence principale pendant toute la durée de remboursement et ne peut subir aucune transformation en local commercial ou professionnel par exemple. Ce prêt peut être accordé sans apport personnel. En outre, l'emprunteur a la certitude de conserver, en début de période d'accession, un niveau de dépense équivalent à son loyer. Le cumul est possible avec d'autres prêts (1 % logement par exemple).

Les prêts aidés

On les surnomme ainsi car ils bénéficient d'un coup de pouce direct ou indirect de l'État pour inciter les Français à revenus modestes à devenir propriétaires. Les prêts aidés sont aussi des prêts réglementés.

Le nouveau prêt à taux zéro

Créé en 1995, mais récemment revisité par les pouvoirs publics, le nouveau prêt à 0 % est commercialisé par les banques depuis le 1er février 2005. Il s'agit en fait d'une avance gratuite sans intérêt. Le prêt à taux zéro (PTZ) permet de rembourser uniquement les fonds avancés. À vocation sociale et familiale, ce prêt est destiné à aider les personnes à revenus modestes à accéder à la propriété. Il est réservé aux « primo-accédants », c'est-à-dire à ceux qui achètent pour la première fois leur résidence principale. D'ailleurs la loi précise qu'il ne faut pas avoir été propriétaire de sa résidence principale les deux années précédant la demande de prêt.

En avril 2005, soit seulement trois mois après le lancement de sa commercialisation, 50 000 PTZ nouvelle formule avaient été octroyés par les banques. La refonte du PTZ devrait permettre à 200 000 personnes de bénéficier de ce crédit gratuit dont 80 000 dans le neuf et 120 000 dans l'ancien.

Un prêt pour acheter quoi ?

Ce prêt aidé sert à financer l'achat d'une résidence principale, c'est-à-dire occupée au moins huit mois par an.

Dans le neuf, ce prêt permet d'acheter un appartement (annexes et garages compris) occupé pour la première fois ainsi que de construire ou acheter une maison neuve et, le cas échéant, le terrain.

Dans l'ancien, ce prêt permet d'acheter un bien avec ou sans travaux. Il finance également la transformation en logement d'un local non destiné à l'habitation (grange, bureau, boutique, etc.) ou l'acquisition sous forme d'une location accession à la seule condition que la phase de location n'excède pas huit ans.

Des conditions d'attribution limitées

Le PTZ n'est pas accessible à tous, loin de là! Pour en bénéficier, deux conditions sont nécessaires:

- ne pas avoir été propriétaire de son logement durant les deux années précédant l'offre du prêt;
- disposer de revenus ne dépassant pas certains plafonds qui dépendent à la fois du lieu géographique du logement et de la situation familiale (célibataire, marié, enfants, etc.).

Une exception à la règle des «primo-accédants»

En principe, le PTZ n'est accordé que pour financer le premier achat, mais l'emprunteur peut en souscrire pour un second dans les cas suivants: s'il est titulaire d'une carte d'invalidité de deuxième ou troisième rang, s'il bénéficie d'une allocation adulte handicapé ou d'une allocation d'éducation spéciale, s'il a été victime d'une catastrophe naturelle, technologique ou d'une tempête nécessitant un relogement.

Le montant d'un PTZ dépend de trois critères:

- les ressources de toutes les personnes destinées à occuper le logement;
- le nombre de personne composant le ménage et la localisation du bien acheté;
- le montant maximum des ressources ouvrant droit au PTZ, qui est de 38690 euros (voir le tableau qui suit).

Les plafonds de ressources en euros pour obtenir le nouveau PTZ

Nombre de personnes destinées à occuper le logement	Zone A	Zones B ou C
1 personne	22 110	18 950
2 personnes	28 240	25 270
3 personnes	32 390	29 230
4 personnes	35 540	32 390
5 personnes et +	38 690	35 540

Légende : zone A : agglomération parisienne, Côte d'Azur, le pays genevois français ; zone B : les agglomérations de plus de 50 000 habitants et agglomérations chères situées aux franges de l'agglomération parisienne et en zones littorales ou frontalières ; zone C : le reste du territoire. Déterminé par décret, ce découpage par zones est le même que celui en vigueur pour le Robien.

Source : Ministère du Logement, ANIL

Zoom sur quelques spécificités du PTZ

Voici ce quelles sont les spécificités du PTZ :

- un seul PTZ par ménage et par opération ;
- l'emprunteur peut être français ou étranger ;
- pas de frais de dossiers ;
- exonération de la taxe foncière sur les propriétés bâties pour les logements neufs ;
- le PTZ n'est jamais accordé « sec », il doit toujours venir en complément d'un autre prêt pour financer une opération ;
- les sociétés civiles immobilières (SCI) n'ont pas accès au PTZ ;
- exonération du paiement de la taxe de publicité foncière, équivalente à 0,60 % de la valeur du bien ;
- prêt non cumulable avec une subvention de l'ANAH ou un PSLA ;
- utilisation interdite pour financer un autre prêt, même un prêt relais ;
- pas d'indemnités prévues en cas de remboursement anticipé.

Location d'un bien financé par un PTZ

Un logement financé avec un PTZ peut, en cours de remboursement, être mis en location. Quatre cas sont prévus par la loi: le décès de l'emprunteur ou de son conjoint, le relogement pour des raisons professionnelles (trajet de plus de 70 km entre le nouveau lieu de travail et le domicile, chômage de plus d'un an), pour des raisons familiales (divorce, dissolution d'un pacs) et des raisons de santé (invalidité ou d'une incapacité permanente).

Attention: si vous mettez le bien en location sans en racheter un autre, vous conservez le bénéfice du PTZ, mais à l'entrée dans les lieux, le locataire devra disposer de revenus inférieurs aux plafonds requis pour un PTZ. Si vous mettez le bien en location et en achetez un nouveau, il vous faudra rembourser par anticipation le solde du PTZ précédent.

Le montant

Le montant du PTZ ne peut excéder un double plafond:

- 20 % du montant de l'opération (ce chiffre est porté à 30 % dans les zones franches urbaines et les zones urbaines sensibles). Si le bien à financer coûte 100 000 euros, le montant du PTZ n'excèdera pas 20 000 euros, ou 30 000 euros dans une zone franche ou sensible (100 000 X 20 % ou 100 000 X 30 %).
- 50 % du montant des autres prêts immobiliers (d'une durée supérieure à deux ans). Si vous pouvez obtenir un PTZ de 14 400 euros maximum, le total des autres prêts finançant l'opération doit être au moins égal à 28 800 euros. Si ce n'est pas le cas et que ces prêts ne représentent par exemple que 20 000 euros, le PTZ est minoré et le montant autorisé passe à 10 000 euros (20 000 X 50 %).

Comment « croiser » ces deux conditions? Rien de plus facile! Il suffit de prendre le montant de prêt le moins élevé obtenu avec les deux calculs précédents.

Trop compliqué le PTZ? Demandez l'aide d'un professionnel de la finance. Il a sous la main des logiciels capables d'optimiser l'utilisation du PTZ.

Montants maximaux en euros du nouveau PTZ dans l'ancien

Nombre de personnes occupant le logement	Zone A	Zone B	Zone C
1 personne	14400	8800	8250
2 personnes	20250	13200	12375
3 personnes	22500	15200	14250
4 personnes	24750	17200	16125
5 personnes	27000	19200	18000
6 personnes et +	29250	21200	19875

Montants maximaux en euros du nouveau PTZ dans le neuf

Nombre de personnes occupant le logement	Zone A	Zone B et C
1 personne	16000	11000
2 personnes	22500	16500
3 personnes	25000	19000
4 personnes	27500	21500
5 personnes	30000	24000
6 personnes et +	32500	26500

Vous êtes marié et avez deux enfants à charge. Vous achetez un logement neuf en zone B pour 100 000 euros. Vos revenus permettent de bénéficier du PTZ. Le montant maximum de votre prêt à 0 % est de 21 500 euros (voir tableau ci-dessus). Vérifions que cette opération est bien compatible avec le coût de l'opération : 20 % de l'opération = 100 000 X 20 % = 20 000 euros. Le montant du PTZ est donc plafonné à 20 000 euros. Il faut également vérifier que les autres crédits immobiliers représentent moins du double de l'opération, soit dans cet exemple au moins 40 000 euros (20 000 X 2).

Le conseil général des Hauts-de-Seine a récemment annoncé son intention de doubler le montant du PTZ pour les personnes qui achètent dans le département. Un budget d'une dizaine de millions d'euros a été voté dans ce sens au printemps dernier. Ce coup de pouce supplémentaire va permettre aux emprunteurs concernés de bénéficier, en plus des autres prêts, d'un crédit de 20 000 à 50 000 euros selon la taille de leur famille.

Le revenu fiscal de référence

L'obtention ou non d'un PTZ dépend des ressources de l'emprunteur. Pour y prétendre, il faut justifier à la banque du niveau de ses revenus. Pour cette dernière, c'est le revenu fiscal de référence qui fait foi. Vous trouvez ce chiffre sur votre avis d'imposition dans la rubrique « revenu fiscal de référence », c'est votre revenu après les abattements de 10 et 14 %.

Mais pourquoi faire simple lorsque l'on peut faire compliquer ? Le revenu fiscal de référence diffère selon la date d'émission du prêt.

La règle est la suivante :

- pour une demande intervenant entre le 1er avril et le 31 décembre d'une année n, c'est le revenu de l'année précédente n - 1 qui compte (cette demande doit être assortie d'une déclaration sur l'honneur concernant l'exactitude des ressources annoncées) ;
- pour une demande réalisée entre le 1er janvier et le 31 mars d'une annéen, c'est le revenu de l'année n - 2 qui sert de référence.

Exemples : pour une offre de prêt émise entre le 1er avril et le 31 décembre 2005, l'année fiscale de référence est 2004 (2005 - 1) ; pour une offre de prêt effectuée entre le 1er janvier et le 31 mars 2006, l'année fiscale de référence 2004 (2006 - 2) ; pour une offre émise entre le 1er avril 2006 et le 31 décembre 2006, ce sont revenus de l'année 2005 (2006 - 1) qui sont pris en compte.

Le différé de paiement

Des difficultés financières en cours de remboursement du prêt ? Sachez que l'emprunteur d'un PTZ peut bénéficier d'un différé de paiement. La durée de ce différé dépend de son niveau de ressources. En général, plus les revenus sont faibles, plus le remboursement se prolonge dans le temps.

Exposons deux cas pour bien comprendre.

Vous gagnez entre 15 801 et 18 950 euros en 2003 et êtes seul(e) à habiter le logement que vous vous apprêtez à acheter en région parisienne (zone A), vous avez droit au PTZ. Le montant maximum de ce prêt est limité à 14 400 euros dans l'ancien (voir tableau p. 382). Le différé proposé est le suivant : vous rembourserez dans un premier temps une mensualité de 40 euros sur quinze ans puis, dans un second temps, 300 euros sur deux ans (voir graphique, exemple 1).

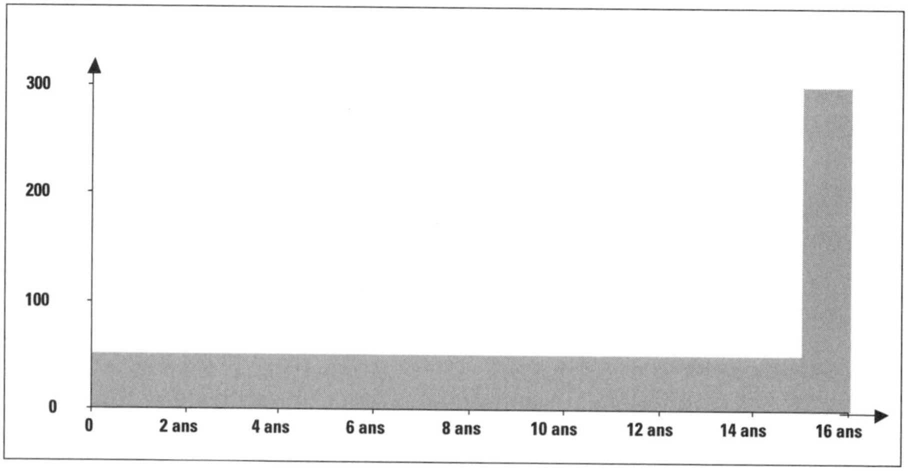

Exemple 1 : Le différé de paiement du PTZ.

Vous gagnez entre 18951 et 22110 euros en 2003 et vous êtes seul(e) à habiter le logement que vous vous apprêtez à acheter en région parisienne (Zone A), vous avez droit au PTZ. Le montant maximum de ce prêt est limité à 14400 euros dans l'ancien. Vous rembourserez 150 euros sur huit ans (voir graphique, exemple 2).

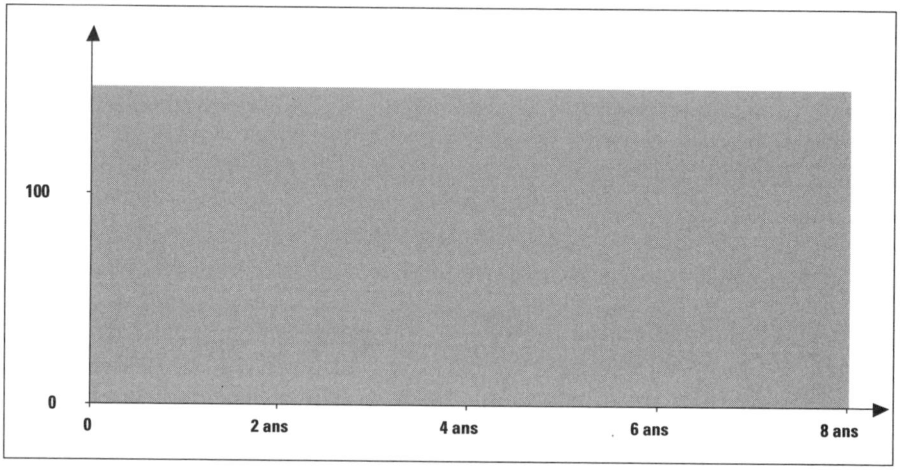

Exemple 2 : Le différé de paiement du PTZ.

Les conditions de remboursement différé du nouveau PTZ

Niveau de ressources	Remboursements (durées maximales)	Mensualité pour 10 000 euros (hors assurance)
Moins de 12 461 euros	Sur 22 ans, dont 18 ans [1] de différé total et 4 ans de remboursement	Pendant 18 ans : 0,00 euro, et pendant 4 ans : 208,33 euros
De 12 641 euros à 15 800 euros	Sur 21 ans, dont ? du prêt remboursé sur 18 ans [1] et 3/4 remboursé sur 3 ans	Pendant 18 ans : 11,57 euros, et pendant 3 ans : 208,33 euros
De 15 801 euros à 18 950 euros	Sur 17 ans, dont ? remboursé sur 15 ans[1] et ? remboursé sur 2 ans	Pendant 15 ans : 27,78 euros, et pendant 2 ans : 208,33 euros
De 18 951 euros à 25 270 euros	Sur 8 ans (1)	104,17 euros
Plus de 25 270 euros	Sur 6 ans (1)	138, 89 euros

[1] Possibilité de diminuer cette période.

Source : Ministère du Logement, ANIL

Comment faire une demande de PTZ ?

À condition d'avoir passé une convention avec l'État, les banques et les établissements financiers peuvent distribuer ce prêt. C'est d'ailleurs le cas pour la plupart d'entre eux. Pour en faire la demande, il suffit de vous adresser à votre banque. Si cette dernière ne le propose pas, ne vous arrêtez pas devant l'obstacle, adressez-vous à une autre banque. Rien n'empêche que le PTZ soit accordé par un établissement différent de celui qui accord le prêt principal.

Le prêt épargne logement

Vous détenez un plan ou un compte épargne logement ? Alors il est possible de bénéficier de façon quasi automatique d'un prêt immobilier à un taux fixé à l'avance. Le montant du prêt consenti par la banque dépend de l'épargne déposée sur votre compte ou plan épargne logement mais aussi de la durée de remboursement choisie. Le compte épargne logement (CEL) ou plan épargne logement (PEL) peuvent être utilisés ensemble ou séparément comme financement principal ou complémentaire pour l'achat d'un bien ou la réalisation de travaux dans la maison.

D'apparence simple, le prêt épargne logement est sophistiqué car il relève d'une mécanique complexe qu'il est bon de comprendre afin d'optimiser cette forme de crédit.

Le prêt est consenti après une période d'épargne obligatoire. Alors si vous envisagez un projet immobilier à moyen ou long terme, mieux vaut prévoir l'ouverture de compte et plan quelques années avant l'achat… et les remplir !

Une phase d'épargne obligatoire

Vous ne pouvez prétendre à un tel prêt immobilier qu'à condition d'avoir ouvert un PEL ou un CEL et d'y avoir versé des fonds pendant une durée respective de dix-huit mois et quatre ans minimum. Après avoir observé cette phase d'épargne obligatoire, l'octroi d'un prêt est un droit que le banquier ne peut vous refuser… à condition bien sûr que vous soyez solvable !

Une rémunération à deux vitesses

La loi précise que 5/7e des intérêts générés par un PEL sont versés par la banque et les 2/7e restant sont versés par l'État, plafonnés à 1 524 euros. Avant le 12 décembre 2002, la prime d'État était versée quoi qu'il advienne. Pour les plans ouverts après cette date, cette prime n'est empochée que si un prêt succède à la phase d'épargne.

PEL et CEL, mode d'emploi

	PEL	CEL
Conditions de souscription	un plan/personne [1]	un compte/personne [1]
Durée minimale d'épargne	4 ans	18 mois
Durée maximale d'épargne	10 ans	aucune
Dépôt initial minimum	225 euros	300 euros
Versement annuel minimum	540 euros [2]	75 euros
Plafond des dépôts	61 200 euros (hors intérêts)	15 300 euros (intérêts inclus)
Disponibilité des fonds pendant la phase d'épargne	Non	Oui
Prime d'État (versée au terme)	1 525 euros + 53 euros/personne à charge	1 144 euros [3]
Taux de rendement de l'épargne	2,5 % [4]/3,5 % [5] depuis le 01-08-03	1,50 % depuis le 01-08-03
	3,27 % [4]/4,50 % [5] du 12-12-02 au 01-08-02	2 % du 01-07-00 au 31-07-03
	4,50 % [4] du 01-07-00 au 31-07-03	1,50 % du 01-08-99 au 30-06-00
	3,60 % [4] du 26-07-99 au 30-06-00	2 % du 16-06-98 au 31-07-99
	4,00 % [4] du 09-06-98 au 25-07-99	2,25 % du 16-02-94 au 15-06-98
	4,25 % [4] du 23-01-97 au 08-06-98	2,75 % du 16-05-86 au 15-02-94
	5,25 % [4] du 07-02-94 au 22-01-97	3,25 % du 01-01-75 au 15-05-86
	4,62 %/6 % [5] du 16-05-86 au 06-02-94	

(1) Personne majeure ou mineure.
(2) Ou minimum 45 euros/mois ; 135 euros/trimestre ; 270 euros/semestre.
(3) Prime exonérée d'impôt sur le revenu mais soumise aux prélèvements sociaux de 11 % depuis le 1er janvier 2005.
(4) Hors prime d'État.
(5) Prime d'État incluse.

Si vous retirez les fonds logés dans un PEL moins de trois ans après la date du premier versement, le droit au prêt et à la prime sont perdus. Si vous « cassez » votre plan entre la troisième et la quatrième année, le droit à prêt est maintenu mais la prime est divisée par deux. Les fonds logés dans un PEL sont indisponibles au cours de la phase d'épargne, sous peine de fermeture du plan.

Le fonctionnement du CEL est plus souple. Les fonds peuvent être retirés mais aussi déposés quand bon vous semble. Même avec des retraits, le compte continue à générer des intérêts, à condition de laisser un solde de 300 euros minimum.

Un prêt pour acheter quoi ?

Strictement définie par la loi, la liste des biens ou travaux immobiliers financés par un prêt épargne logement est la suivante :

- une résidence principale située en France, neuve, récente ou ancienne avec ou sans travaux ;
- une résidence secondaire neuve pour l'habiter ou la louer ;
- un logement locatif (neuf ou ancien) non meublé ;
- un terrain à bâtir ;
- une place de parking ou un garage (situés à proximité de la résidence principale) ;
- la réalisation de travaux d'extension, d'amélioration ou d'agrandissement de la résidence principale ;
- l'achat de parts de société civile de placements immobiliers (SCPI).

Un prêt pour qui ?

Si vous êtes titulaire d'un CEL ou/et d'un PEL de respectivement dix-huit mois et quatre ans d'âge, vous pouvez demander ce prêt immobilier. En effet, au cours de la phase d'épargne, vous avez engrangé des droits à prêt. Il s'agit en quelque sorte de « points » qui s'accumulent au fur est à mesure que votre épargne gonfle et fructifie. Plus ces « points » sont nombreux, plus vos droits à prêt, donc votre prêt, seront importants.

Par ailleurs, ces droits à prêt peuvent être majorés. En effet, vous pouvez les cumuler avec les droits à prêt de vos proches, à condition qu'eux-mêmes soient titulaires de plan et de compte. Dans la liste des heureux élus autorisés à vous céder leurs droits à prêt, on compte :

- votre époux ou épouse (à l'exception du concubin et du partenaire pacsé !) ;
- vos ascendants (parents, grands parents, etc.) ou ceux de votre conjoint ;
- vos descendants (enfants) ou ceux de votre conjoint ;
- vos oncles et tantes ou ceux de votre conjoint ;
- vos frères et sœurs ou ceux de votre conjoint ;
- vos neveux et nièces ou ceux de votre conjoint ;
- vos beaux-frères et belles-sœurs ou ceux de votre conjoint ;
- vos gendres et brus ou ceux de votre conjoint.

Inversement, vous pouvez également céder à ces personnes vos droits à prêt.

ATTENTION !

Céder des droits à prêt ne signifie pas donner son épargne ou les intérêts générés par le placement. Il n'est pas question par ce geste de vous démunir. Faire cadeau de vos droits à prêt à la personne de votre choix lui permet tout simplement d'obtenir un prêt plus conséquent.

Les transferts de droits à prêt entre proches ne peuvent se faire tous azimuts ! Ces « dons » obéissent à des règles strictes. La première obligation paraît évidente, mais elle mérite d'être rappelée : celui qui donne et celui qui reçoit doivent tous deux être titulaires d'un plan ou compte épargne logement. Seconde règle : les PEL et CEL concernés par le transfert doivent avoir une certaine ancienneté ! Enfin, le titulaire d'un CEL ne peut rien recevoir d'un titulaire d'un PEL.

Les règles de cession de droits à prêt entre CEL et PEL

Produit détenu par le bénéficiaire de la cession	Produit cédé		
	CEL de 12 mois minimum	CEL de 18 mois minimum	PEL de 3 ans minimum
CEL 12 mois minimum	NON	OUI	NON
CEL 18 mois minimum	OUI	OUI	NON
PEL 3 ans minimum	OUI	OUI	OUI

Source : ANIL

Le titulaire d'un CEL de dix-huit mois ne peut recevoir les droits à prêt d'un titulaire d'un PEL de trois ans. En revanche, le titulaire d'un PEL de trois ans peut recevoir les droits à prêt d'un titulaire d'un CEL de dix-huit mois.

Les atouts ?

Les avantages d'une telle cession sont :

- l'absence de frais de dossier ;
- en cas de garantie du prêt par une hypothèque, l'exonération de la taxe de publicité foncière est équivalente à 0,60 % du montant du prêt ;
- le prêt épargne logement est comptabilisé dans l'apport personnel (un bon moyen d'obtenir auprès de la banque un prêt principal à un taux attractif).

Transfert des droits à prêt entre proches : pas toujours une bonne affaire !

Attention, le cumul des droits à prêt de différents de PEL issus de vos proches n'est pas toujours une bonne opération financière. Tout dépend des générations de PEL associées. Par exemple, si vous donnez des droits acquis d'un PEL ouvert entre le 7 février 1994 et le 22 janvier 1997 disposant d'un taux de crédit de 5,54 % et que votre fille dispose d'un plan dont le taux de crédit est de 6,32 %, l'opération ne présentera aucun intérêt. À condition que les droits à prêt du cédant et du bénéficiaire soient équivalents, le taux moyen sera de 5,93 % (soit (5,54 + 6,32) ÷ 2), ce qui est trop cher par rapport à ce que l'on trouve actuellement en prêt libre à taux fixe sur le marché.

La prorogation

Si votre plan a plus de quatre ans, vous devez signer un contrat pour demander à la banque sa prorogation d'un an renouvelable. Un PEL ne peut durer plus de dix ans. Au-delà de nouveaux versements sont impossibles, la prime d'État et les droits à prêt sont gelés, mais la rémunération des fonds se poursuit (hors prime d'État).

Le transfert dans un autre établissement

Rien n'empêche de transférer un compte ou un plan d'une banque vers une autre. L'établissement que vous quittez ne doit en aucun cas vous facturer des frais pour cette opération à moins de l'avoir précisé dans le contrat de souscription. L'article 7 du décret du 24 juillet 1984 oblige en effet les établissements de crédit à informer leur clientèle des conditions générales qu'ils pratiquent, faute de quoi ils ne peuvent prétendre à aucun frais.

Le prêt issu d'un PEL

La loi précise que vous êtes autorisé à demander un prêt au bout de trois ans ou quatre ans, mais rien ne vous empêche de le faire beaucoup plus tard. Au-delà de dix ans, l'accès au crédit est toujours possible. Aujourd'hui, les taux des prêts des PEL se font voler la vedette par ceux des prêts libres bien plus attractifs. Ce n'est pas un hasard si le montant des prêts épargne logement n'a représenté que 2,2 % de la production de nouveaux crédits immobiliers en 2004 contre 27,5 % en 1995.

Si vous avez un projet immobilier à moyen ou long terme, ne jetez pas trop vite ce prêt aux orties. Personne ne sait à quel niveau se situera le taux des prêts libres dans quatre ou cinq ans. Si les taux remontent fortement, celui de votre PEL (déjà connu) sera devenu intéressant. Aussi, il est toujours bon de disposer d'un tel produit, d'autant que les banques le comptabilisent dans l'apport personnel.

La durée du crédit

Elle va de deux à quinze ans. En général, plus la durée de remboursement est courte, plus le montant du prêt est élevé. Un exemple pour mieux comprendre : pour un droit à prêt de 1 284 euros, le prêt au taux de 4,20 % peut être de 83 230 euros sur trois ans, de 41 682 euros sur six ans et de 16 226 euros sur quinze ans (voir tableau ci-dessous).

Épargne logement, le couple infernal montant/durée

Durée	Capital emprunté (en euros)	Mensualité de remboursement du prêt (en euros)
2 ans	92 000	4 000,06
3 ans	83 239	2 463,05
4 ans	62 600	1 416,84
5 ans	50 082	925,09
6 ans	41 682	654,42
7 ans	35 654	489,34
8 ans	31 119	381,08
9 ans	27 583	306,12
10 ans	24750	252,01

Épargne logement, le couple infernal montant/durée (suite…)

11 ans	22428	211,61
12 ans	20492	180,62
13 ans	18852	156,3
14 ans	17446	136,84
15 ans	16226	121,01

Le taux

Ce prêt étant réglementé par les pouvoirs publics, son taux d'intérêt est le même dans toutes les banques et donc pour tous les emprunteurs. Fixe, il est garanti dès la souscription, ne peut en aucun cas être négocié. Néanmoins, les taux diffèrent selon les générations de plans (voir tableau ci-dessous).

Quel est le taux de mon PEL ?

Date d'ouverture du PEL	Taux du prêt (hors assurance)
Depuis le 01-08-03	4,20 %
Du 01-07-00 au 31-07-03	4,97 %
Du 26-07-99 au 30-06-00	4,31 %
Du 09-06-98 au 25-07-99	4,60 %
Du 23-01-97 au 08-06-98	4,80 %
Du 07-02-94 au 22-01-97	5,54 %
Du 16-05-86 au 06-02-94	6,32 %
Du 01-07-85 au 15-05-86	6,45 %
Du 16-08-84 au 31-06-85	7 %
Du 15-06-83 au 15-08-84	8 %

Source : ANIL

Une comparaison en trompe-l'œil

ATTENTION !

Compte tenu des taux bas affichés par les banques (les taux fixes avoisinent 4 %), est-il aujourd'hui intéressant de souscrire un prêt épargne logement ? La réponse n'est pas si simple. En fait, tout dépend de la date d'ouverture du plan.

Si le prêt affiche un taux de 5,54 % (par exemple pour les générations de plans ouverts entre le 7 février 1994 et le 22 janvier 1997) alors que les taux actuels tournent à 4 %, il n'y a pas photo : le prêt épargne logement est proposé 1,54 % plus cher que les autres du marché, optez sans hésitation pour un prêt bancaire libre.

Si en revanche, le taux de prêt de votre PEL est de 4,31 % (pour une souscription effectuée entre 26 juillet 1999 et le 30 juin 2000), il ne faut pas snober cette offre même si la banque vous propose du 4 %. N'oubliez pas qu'en souscrivant un prêt épargne logement, vous ne payez pas de frais de dossier. C'est donc entre 450 et 800 euros de moins à payer. Ensuite, ce crédit ouvre droit à des frais d'hypothèque 30 % moins chers que dans un crédit classique. Enfin, il n'existe généralement pas de pénalités financières prévues en cas de remboursements anticipés, qui sont généralement facturés à hauteur de 3 % du capital restant dû.

Exemple : le match prêt épargne logement/prêt bancaire.

Voici quelles sont les hypothèses concernant le prêt épargne logement :

- ouverture d'un PEL en avril 2003 avec un emprunt prévu quatre ans plus tard ;
- pas de frais de dossier ;
- un prêt d'un montant de 42 000 euros sur une durée de six ans à un taux de 4,97 %.

Et celles du prêt bancaire :

- frais de dossier de 1 % du capital emprunté ;
- prêt d'un montant 42 000 euros sur une durée de six ans et trois scénarios de taux.

Coût d'un prêt épargne logement

Taux	**4,97 %**
Mensualité (hors assurance)	673,69 euros
Total des mensualités sur 6 ans (a)	48 505 euros
Frais de dossier	0,00 euro
Prime d'État (après les prélèvements sociaux) (b)	611 euros
Coût net du prêt (a - b)	47 894 euros

Coût d'un prêt bancaire classique

Taux	Scénario n° 1 : 4,50 %	Scénario n° 2 : 4 %	Scénario n° 3 : 3,50 %
Mensualité (hors assurance)	666,71 euros	657,10 euros	647,57 euros
Total des mensualités sur 6 ans (a)	48 003 euros	47 311 euros	46 625 euros
Frais de dossier	420 euros	420 euros	420 euros
Prime d'État (après les prélèvements sociaux) (b)	0,00 euro	0,00 euro	0,00 euro
Coût net du prêt (a - b)	48 423 euros	47 731 euros	47 045 euros

Commentaires selon les scénarios :

- Match prêt bancaire à 4,50 %/prêt épargne logement à 4,97 % : le gagnant est le prêt épargne logement. Malgré un taux moins élevé que celui du prêt épargne logement, le prêt bancaire à 4,50 % coûte 529 euros plus cher. Si ce taux avait été exprimé comme celui du prêt épargne logement, c'est-à-dire frais de dossier inclus, il serait de 4,96 %.
- Match prêt bancaire à 4 %/prêt épargne logement à 4,97 % : le gagnant est le prêt épargne logement. Le prêt bancaire à 4 % coûte 163 euros de moins que le prêt épargne logement, mais la différence est étalée sur six ans. En tenant compte de l'inflation sur cette période, il peut être plus judicieux d'opter pour le prêt d'épargne logement et d'empocher tout de suite la prime d'État.
- Match prêt bancaire à 3,50 %/prêt épargne logement à 4,97 % : le gagnant est le prêt bancaire. La différence est en effet nettement en faveur du prêt bancaire à 3,50 %, qui est 849 euros moins cher que le prêt épargne logement. Mieux vaut donc renoncer à ce dernier et faire une croix sur la prime d'État.

TRUC

Mis à part ces calculs savants, comment savoir si le taux de prêt épargne logement est plus ou moins intéressant que le prêt classique que vous propose la banque ? Pour se faire une idée « à la louche », il suffit d'ôter 0,40 % du taux du prêt épargne logement pour le comparer au taux du prêt bancaire. Par exemple, un prêt épargne logement à 4,97 % sur six ans équivaut à un prêt classique de même durée affiché à 4,57 %.

Pourquoi cette pirouette de calcul qui consiste à minorer le taux de l'épargne logement ? C'est d'abord une façon d'intégrer l'absence de frais de dossier lié à l'épargne logement et que vous payez parfois plein pot avec un prêt lambda. Ensuite parce que le taux annuel du prêt épargne logement est exprimé selon une méthode de calcul différente des autres prêts. Cela conduit notamment à annoncer des taux différents pour des mensualités équivalentes.

Le montant

Quoi qu'il arrive, le montant ne peut jamais excéder 92 000 euros, un plafond rarement atteint. Contrairement à un prêt bancaire classique, vous ne pouvez choisir le montant de votre prêt épargne logement comme bon vous semble. En fait, il est uniquement déterminé sur la base des intérêts acquis au cours de la phase d'épargne. Mais comment savoir combien il est possible d'emprunter ? Il suffit d'utiliser un tableau à la dénomination barbare de « coefficient de conversion » (voir ci-dessous).

Coefficients multiplicateurs des intérêts déterminant le montant du prêt d'un PEL en fonction de sa durée (pour les plans ouverts depuis le 1er août 2003 à 4,20 %)

Durée du prêt	Coefficient
2 ans	96,3352
3 ans	64,8267
4 ans	48,7526
5 ans	39,0041
6 ans	32,4616
7 ans	27,7674
8 ans	24,2354
9 ans	21,4819
10 ans	19,2757
11 ans	17,4672
12 ans	15,9590
13 ans	14,6919
14 ans	13,5866
15 ans	12,6369

Source : ANIL

Malgré son apparence compliquée, l'utilisation de ce tableau est un jeu d'enfant. Pour connaître le montant du prêt selon sa durée, multipliez les droits à prêt (ou les intérêts acquis) par le coefficient correspondant à la durée de remboursement choisie.

Par exemple, si vous avez accumulé 1 500 euros d'intérêts, vous pourrez emprunter :

- 58 506 euros sur cinq ans, soit 1 500 X 39,0041 (voir dans le tableau le coefficient pour cinq ans) ;
- 28 913 euros sur dix ans, soit 1 500 X 19,2757 (voir le coefficient pour dix ans) ;
- 18 955 euros sur quinze ans, soit 1 500 X 12,6369 (voir le coefficient pour quinze ans).

Ce tableau ne concerne que le prêt des plans épargne logement ouverts depuis le 1er août 2003, mais il existe autant de tableaux de ce style que de générations de plans.

C'est une particularité du prêt épargne logement : plus l'emprunt est de courte durée, plus le montant du prêt accordé est élevé… mais plus lourdes aussi sont les mensualités (voir précédemment le tableau « Prêt épargne logement, le couple infernal montant/durée » p. 391). Vous l'aurez compris : pour tirer le meilleur parti de votre plan au moment d'emprunter, il faut l'avoir optimisé au cours de la phase d'épargne. Autant que possible, privilégiez un gros versement à la souscription plutôt que des petits versements étalés sur plusieurs années. Ce mode d'alimentation permettra de faire fructifier vite et plus longtemps l'épargne placée, de gonfler vos intérêts acquis… et donc d'engranger davantage de droits à prêt.

Comparons deux exemples. Premier cas, vous effectuez un versement initial de 5 000 euros, suivi de versements mensuels de 312,50 euros pendant quatre ans. Vous aurez versé au total 20 000 euros, cette épargne ayant produit 1 294 euros de droits à prêt. Deuxième cas, vous versez 15 000 euros à l'ouverture puis 104 euros par mois pendant quatre ans, soit un versement total de 20 000 euros, les droits à prêt atteignent 1 812 euros. Selon ces montants des droits à prêt, il est possible d'emprunter sur dix ans 24 922 euros dans le premier cas et 34 922 euros dans le second.

À qui s'adresser pour obtenir un prêt épargne logement ?

En principe, il faut s'adresser à l'établissement qui gère le compte ou le plan, ou à la banque qui va accorder le crédit principal. Cette dernière peut accorder le prêt sans avoir préalablement recueilli les dépôts dès lors qu'elle dispose des attestations de droits acquis lui permettant de calculer les droits à prêt.

Si l'emprunteur est titulaire de droits en provenance de plusieurs banques, c'est l'établissement auprès duquel a été ouvert le plan qui a produit le plus d'intérêts qui accordera le prêt. Mais les banquiers se font parfois tirer l'oreille pour accorder un tel prêt, surtout aux personnes qui « cumulent » les droits à prêt de plusieurs membres de leur famille et qui ne sont donc pas leurs clients directs. Néanmoins, ce prêt est un droit. Et en aucun cas une banque ne doit consentir ce crédit en échange d'une domiciliation de revenus.

Une autre façon de faire le plein de vos droits à prêt consiste à utiliser ceux de vos enfants à qui vous aurez préalablement ouvert un PEL. Dans une famille de quatre personnes dont deux enfants mineurs, cette stratégie permettra d'emprunter davantage, sans pour autant dépasser le plafond de 92 000 euros.

La demande de prêt

Elle doit s'effectuer au maximum une année après le retrait des fonds du plan et du compte. Pour le PEL, la demande de prêt peut s'effectuer au cours de la troisième année, mais la prime d'État sera réduite de moitié.

Le prêt issu d'un CEL

Frère cadet du plan, le compte épargne logement fonctionne sur le même modèle. Toutefois, il permet d'obtenir plus rapidement un prêt (au bout de dix-huit mois), à un taux bon marché qui tient la dragée haute aux prêts bancaires classiques. En raison de son montant limité (23 000 euros), c'est un outil idéal pour financer des travaux immobiliers ou de grosses réparations. Mieux vaut donc en avoir toujours un ouvert.

La durée

La durée du prêt issu d'un CEL varie de deux à quinze ans.

Le taux

Toutes les banques ont le devoir d'afficher un seul et même taux, décidé par les pouvoirs publics. Fixe, ce taux d'intérêt garanti lors de la souscription diffère selon la date d'ouverture du compte (voir tableau ci-dessous). Toutefois, à part le PTZ et le prêt 1 % logement, aucun autre prêt immobilier ne vous offre un taux aussi attractif. Seule la génération de comptes souscrits entre le 1er janvier 1975 et le 15 mai 1986 est aujourd'hui un peu plus chère que le marché.

Les différents taux de prêt d'un CEL

Date d'ouverture du CEL	Taux du prêt (hors assurance)
Depuis le 01-08-03	3 %
Du 01-07-00 au 31-07-03	3,50 %
Du 01-08-99 au 30-06-00	3 %
Du 16-06-98 au 31-07-99	3,50 %
Du 16-02-94 au 15-06-98	3,75 %
Du 16-05-86 au 15-02-94	4,25 %
Du 01-01-75 au 15-05-86	4,75 %

Source : ANIL

Le montant

ATTENTION !

Le montant de l'emprunt dépend à la fois des droits à prêt accumulés au cours de la phase d'épargne et de la durée de remboursement. Il est plafonné à 23 000 euros. Comme le prêt PEL, ce type de prêt offre la spécificité suivante : plus l'emprunt est de courte durée, plus le montant du prêt accordé est élevé, cela au prix de lourdes mensualités.

Les prêts possibles

Durée	Capital emprunté (en euros)	Mensualité (en euros)
2 ans	23 000	988,16
3 ans	23 000	668,46
4 ans	23 000	508,68
5 ans	19 568	351,26

6 ans	16312	247,54
7 ans	13975	184,4
8 ans	12216	143,06
9 ans	10845	114,5
10 ans	9746	93,92
11 ans	8845	78,59
12 ans	8093	66,84
13 ans	7457	57,64
14 ans	6911	50,29
15 ans	6437	44,33

Par exemple, un CEL ouvert depuis le 1er août 2003 qui dispose de droits à prêt de 500 euros permet d'emprunter à 3 % :

- 23 000 euros sur deux ans moyennant des mensualités de 988,16 euros ;
- 9 747 euros sur dix ans moyennant des mensualités de 93,92 euros ;
- 6 437 euros sur quinze ans moyennant des mensualités de 44,33 euros.

Contrairement au PEL, la mise en place d'un prêt issu d'un CEL n'entraîne pas la fermeture du compte ; vous pouvez le laisser ouvert et demander un autre prêt plus tard. Si vous avez en vue un achat immobilier ou des travaux, n'hésitez par à « charger » votre CEL quelques mois avant pour engranger au plus vite des droits à prêt.

Les « petits prêts »

Ne voyez dans cette appellation de « petit prêt » aucune volonté de dénigrement. On les a baptisés ainsi pour la simple et bonne raison qu'ils ne participent que partiellement au financement d'un bien immobilier. Autrement dit, ils jouent souvent les seconds rôles, voire les troisièmes rôles, dans votre scénario de financement. La raison ? Trop faibles, leurs montants plafonnés ne suffisent pas à financer une opération immobilière. Il n'en reste pas moins que ces crédits offrent un atout majeur dont il serait dommage de se priver : ils sont souvent moins chers qu'un prêt immobilier classique et offrent parfois quelques souplesses. Vous pouvez profiter de ces petits prêts ? Alors ne vous gênez pas, votre porte-monnaie n'en sera que soulagé !

Le 1 % logement

Vous êtes salarié d'une entreprise privée de plus de dix employés ? À condition que cette dernière cotise au fonds de participation des employeurs à l'effort de construction, vous pouvez demander à bénéficier d'un prêt à 1 % (appelé aussi « prêt employeur ») réservé à l'accession à la propriété.

Comme son nom ne l'indique pas, ce crédit immobilier est proposé à 1,5 % (hors assurance). Un taux bien meilleur que les crédits classiques et dont il serait dommage de se priver. Toutefois, en raison de son montant limité, le 1 % logement n'intervient que comme prêt complémentaire dans le plan de financement. Si vous avez droit à ce prêt, ne faites pas l'impasse, surtout que les banques le comptent comme apport personnel.

Sachez que le 1 % logement n'est pas un droit pour le salarié. Sa distribution relève d'une action spontanée de l'employeur. En outre, ce dernier peut très bien préférer d'accorder cette aide à la location plutôt qu'à l'accession à la propriété. Rien n'oblige l'entreprise à accorder ce prêt à tous ses salariés. Selon l'enveloppe disponible et en accord avec le comité d'entreprise, elle peut choisir de le distribuer selon des priorités qui prennent en compte par exemple la situation familiale.

Pour qui ?

Peu importe l'ancienneté dans la société et le niveau de revenus (sauf pour l'achat d'un bien ancien sans travaux), tout salarié peut bénéficier de ce prêt. Sont exclus de ce dispositif les dirigeants d'entreprise et les exploitants individuels (ainsi que leurs conjoints).

Le 1 % logement en chiffres

En 2004, 58 195 dossiers de prêts 1 % logement destinés à l'accession à la propriété ont été distribués, ce qui représente une valeur totale de 524 millions d'euros.

Montant moyen du prêt : 9 000 euros (hors prêt pass-travaux).

Durée moyenne du prêt : 11 ans et 3 mois.

Le prêt 1 % logement intervient à hauteur de 6,8 % dans le financement à 100 % d'une opération. Ce dernier arrive en quatrième position après le prêt bancaire (33,6 %), l'apport personnel (29,9 %) et le prêt d'accession ou conventionné (18,5 %).

49,5 % des acheteurs bénéficiant d'un prêt 1 % logement sont ouvriers ou employés, 31 % exercent des professions intermédiaires et 19,5 % sont des cadres.

(Source : Union d'économie sociale pour le logement.)

Pour quel type de bien ?

Le bien acheté doit être occupé comme une résidence principale, c'est-à-dire être occupé au moins huit mois dans l'année. Ce bien doit être la première acquisition immobilière du propriétaire (on dit alors qu'il est primo-accédant) ou être acheté pour des raisons de mobilité professionnelle (une mutation par exemple).

Le prêt 1 % logement peut financer les opérations suivantes :

- l'achat d'un terrain à bâtir (à condition de la construction se réalise au cours des quatre années qui suivent l'acquisition) ;
- la construction d'une maison individuelle ;
- l'achat d'un logement neuf ;
- la transformation de locaux en habitation ;
- l'achat d'un logement ancien sans travaux seulement si l'acquéreur dispose de revenus n'excédant pas les plafonds de ressources PAS s'il fait l'acquisition d'un logement dans le cadre du droit de préemption (achat par le locataire occupant), de la vente de logements HLM ou d'un contrat de location accession ;
- l'achat d'un logement ancien avec travaux (le logement doit avoir plus de vingt ans et les travaux représenter au moins 20 % du prix de vente) ;
- certains travaux : la liste des travaux autorisés (mise aux normes, économie d'énergie, accessibilité aux personnes handicapées, etc.) est précisée par un texte officiel, l'arrêté du 30 décembre 1987, et ces travaux doivent être effectués au plus tard vingt-quatre mois après l'achat du logement.

Les frais de dossier

Il n'existe pas de réglementation juridique concernant la facturation des frais dossiers. Dans certains organismes, ils sont nuls, dans d'autres ils sont exigés, mais il est toujours possible de les négocier.

Le taux

L'atout n° 1 du 1 % logement est bien sûr son taux imbattable. Ce dernier est de 1,5 % hors assurance. L'écart entre ce taux et celui d'un prêt bancaire classique à 4,5 % permet d'économiser près de 1 700 euros d'intérêts, ce qui n'est pas neutre. Malgré la baisse générale des taux qui réduit cet écart, le prêt 1 % conserve encore l'avantage.

La durée

Elle est libre et varie de un à vingt ans selon les organismes prêteurs. En cas remboursement anticipé, l'indemnité à verser est la même que pour tous les prêts, à savoir 3 % du capital restant dû dans la limite de six mois d'intérêts.

Le prêt pass-travaux

Vous êtes salarié d'une entreprise de plus ou moins de dix salariés ? Peu importe la nature de votre contrat de travail (CDI, CDD, temps partiel, contrat de qualification, etc.), vous pouvez demander un prêt pass-travaux. Comme son nom l'indique, il finance les dépenses d'amélioration du logement acheté (mise aux normes minimales d'habitabilité, travaux d'économie d'énergie, etc.).

Le montant du prêt ne peut excéder 8000 euros, dans la limite de 100 % des travaux, mais peut monter jusqu'à 9600 euros lorsque le revenu net de l'emprunteur est égal ou inférieur à 60 % des plafonds de ressources pour l'obtention d'un prêt à taux zéro. Un prêt d'un montant de 18000 euros peut être accordé si le logement se trouve dans une copropriété dégradée. D'une durée de dix ans, le pass-travaux est accordé au taux de 1,5 % (hors assurance). Peu importe la date d'achat du bien en question, le dépôt de la demande peut se faire à tout moment. Une fois complet, le dossier est examiné dans un délai d'un mois.

Le montant

Comme tout prêt complémentaire, son montant est strictement limité. Il varie selon la zone géographique où se trouve le logement (voir tableau suivant). Cependant, ce montant ne doit jamais excéder 50 % du coût total de l'opération, voire 60 % dans le cas d'amélioration d'un logement ancien ou de travaux d'agrandissement, à condition que les ressources du propriétaire ne dépassent pas celles fixées pour l'obtention d'un PAS.

Les montants du 1 % logement

Montant par logement en euros	Zone I	Zone II	Zone III
Montant minimum	9600	8000	6400
Montant maximum	17600	14400	11200

Légende : zone I : agglomération de Paris, zones d'urbanisation et villes nouvelles de la région Île-de-France ; zone II : région Île-de-France hors zone I, agglomérations et communautés urbaines de plus de 100000 habitants, zones d'urbanisation et villes nouvelles hors régions Île-de-France, îles non reliées au continent, cantons du département de l'Oise (Creil, Nogent-sur-Oise, Creil-Sud, Chantilly, Montataire, Neuilly-en-Thelle, Pont-Saint-Maxence, Senlis, Nanteuil-le-Haudouin) ; zone III : le reste du territoire à l'exclusion des départements d'outre-mer.

Source : UESL

Ce montant peut être majoré dans trois cas :

- un premier achat immobilier dans un logement neuf ;
- si le ménage emprunteur a au moins deux enfants ;
- si cela concerne un changement de lieu de travail pour des raisons de mobilité professionnelle.

Ce complément dépend du niveau de ressources de l'emprunteur. Il est de :

- 4800 euros si les revenus sont inférieurs à ceux exigés par les plafonds PAS ;
- 3200 euros si ces revenus sont compris entre 100 % et 170 % des plafonds PAS ;
- 1600 euros si ces revenus sont supérieurs à 170 % des plafonds PAS.

Vous quittez l'entreprise alors que vous n'avez pas fini de payer votre prêt 1 % logement ? Pas de stress, vous n'êtes pas obligé de le solder. Ce crédit n'est en aucun cas remis en cause. Il n'y a aucune obligation de le rembourser par anticipation.

En cas de difficultés financières au cours du remboursement du prêt 1 % logement et des autres prêts finançant votre bien, vous pouvez demander à bénéficier du prêt sécuri-pass distribué par les entreprises.

La règle des cumuls

En raison de son montant limité, le 1 % logement joue le rôle de prêt complémentaire dans le financement d'un projet immobilier. D'ailleurs, il peut être associé à n'importe quels autres prêts.

En 2002, 26 % des bénéficiaires d'un prêt 1 % logement ont sollicité un PTZ ; 19 % ont souscrit un PAS et 15 % un PC.

À qui s'adresser pour obtenir un prêt 1 % logement ?

Pour en savoir plus, contactez votre employeur (le service des ressources humaines ou le comité d'entreprise). C'est dans votre entreprise qu'il est constitué. Dans la plupart des cas, le prêt est consenti par un des 111 comités interprofessionnels du logement (CIL) de France ou une des 21 chambres de commerce et d'industrie. L'adresse de l'établissement auprès duquel vous pouvez vous adresser est communiquée par l'employeur.

L'épargne logement

Pour ce prêt, voir les prêts réglementés au début de ce chapitre, p. 382.

Le prêt Paris logement 0 % (PPL 0 %)

Afin d'aider les jeunes à financer leur logement dans la capitale, dont les prix atteignent des sommets, la Ville de Paris a mis en place mi-2004 un crédit immobilier gratuit, un peu dans le même esprit que le prêt à taux zéro. Près de 2 000 Parisiens en ont déjà profité, pourquoi pas vous ?

Les conditions d'obtention

Vous pouvez bénéficier du prêt Paris logement 0 % (PPL 0 %) à quatre conditions :

Premièrement, le bien doit être situé dans Paris *intra-muros*.

Deuxièmement, il faut se trouver dans une des situations suivantes :

- être célibataire de moins de 35 ans, ou un ménage dont au moins l'un des membres est âgé de moins de 35 ans, habiter Paris depuis au moins trois ans ;
- être locataire habitant depuis au moins trois ans à Paris et quittant un logement social pour accéder à la propriété ;
- être locataire du parc privé habitant depuis au moins trois ans à Paris et ayant reçu un congé pour vendre de son propriétaire ;
- être acquéreur d'un logement adapté pour loger une personne handicapée physique qui peut être l'acquéreur lui-même ou une autre personne vivant avec lui ;
- être agent de la Ville de Paris et du Centre d'action social de la Ville de Paris (CASVP) ;
- être policier de la préfecture de police, sapeur pompier de Paris, personnel soignant de la fonction publique hospitalière dans les hôpitaux parisiens de l'Assistance publique-Hôpitaux de Paris (AP-HP).

Troisièmement, il ne faut pas être propriétaire de sa résidence principale au moment de l'achat, ni l'avoir été au cours de l'année civile en cours et des deux années précédente.

Quatrièmement, il ne faut pas disposer de revenus supérieurs aux plafonds de ressources (voir tableau p. 405).

Après quelques mois de commercialisation, les services de la Mairie de Paris indiquent que ce prêt est surtout demandé par les jeunes Parisiens.

Les plafonds de ressources applicables depuis le 1er janvier 2005

Nombre de personnes du ménage	Montant maximum du revenu fiscal de référence (en euros)(1)
1	23396
2	33008
3	43270
4	51661
5 et plus	61464

(1) Barème pour un prêt demandé en 2005. Le revenu fiscal de référence est celui de l'année 2003. En général, le revenu fiscal de référence est celui de l'année n -2, lorsque le prêt est demandé une année n.

Source : Mairie de Paris, ANIL

Le taux

Un prêt sans intérêt, difficile de faire mieux en matière de crédit. Autrement dit, ce prêt au taux de 0 % ne vous coûte pas un euro !

Le montant du prêt

Le montant du prêt débloqué par la Ville de Paris est de 22 000 euros pour une personne seule et de 36 000 euros pour un ménage composé de deux personnes ou plus. À noter que ce montant est le même, dans le neuf ou dans l'ancien, avec ou sans travaux. Ce prêt peut compléter un prêt immobilier classique ou/et un PTZ.

La durée

Constantes, les mensualités de ce prêt sont remboursables sur quinze ans maximum.

Comme Paris, la ville de Toulouse a aussi mis en place un dispositif de soutien au PTZ.

Où se renseigner ?

Signataires d'une convention avec la Ville de Paris, 11 établissements distribuent ce prêt : BNP Paribas, Caisse d'épargne Île-de-France Paris, Crédit agricole, Compagnie de financement foncier, Crédit coopératif, Crédit foncier, Crédit lyonnais, Crédit mutuel, Crédit du Nord, Société générale et la Société financière pour l'accession à la propriété (SOFIAP).

La liste mise à jour de ces banques est disponible sur le site Internet de la ville (`www.paris.fr`, rubrique « Urbanisme », puis « L'habitat à Paris ») ou en appelant Paris Info Mairie (0,30 euro la minute) au 08 2000 75 75 ou 39 75.

Le prêt des caisses d'allocations familiales (CAF)

Vous êtes propriétaire ou locataire et souhaitez améliorer le confort de votre maison ? Votre caisse d'allocation familiale pour vous aider à financer vos projets grâce à l'attribution d'un prêt à 1 %.

Les conditions

Pour bénéficier de ce prêt à taux cadeau, deux conditions majeures sont à remplir :

- percevoir au moins une des prestations familiales suivantes : PAJE, APJE, ALF, CF, APE, AAD, ASF, APP, AES (en revanche, vous ne pouvez demander ce prêt si vous touchez déjà l'ALS, l'APL, l'AAH, le RMI, l'AGED ou l'AFEAMA) ;
- réaliser dans sa résidence principale des travaux de grosses réparations, d'installation de sanitaires, d'amélioration du chauffage, d'isolation thermique, etc. (sont exclus : les travaux d'entretien et ceux relatifs à la simple décoration, papiers peints, peinture, équipement de cuisine, etc.).

Le montant

Le montant du prêt couvre jusqu'à 80 % des dépenses prévues, dans la limite de 1 067,14 euros.

Le taux

Fixe, le taux d'intérêt est de 1 % hors assurance.

À qui s'adresser pour obtenir un prêt CAF?

Demandez à votre caisse d'allocation familiale un formulaire de demande de prêt à l'amélioration de l'habitat. Vous pouvez également les télécharger à partir du site Internet www.caf.fr. Joignez à ce document, les devis estimatifs établis par les entreprises que vous avez sollicitées.

La durée

Ce crédit est remboursable sur trente-six mensualités, soit sur trois ans. Le premier remboursement commence six mois après le premier versement du prêt.

Le déblocage des fonds

La moitié du prêt est versé au moment de la signature du contrat sur présentation du devis. La seconde moitié à la fin des travaux, sur présentation de la facture.

Les prêts des caisses de retraite et mutuelles

Un certain nombre d'organismes auxquels vous versez des cotisations, comme les caisses de retraite, les mutuelles, les organismes professionnels, accordent des prêts pour l'achat d'un logement ou pour y faire des travaux. D'un montant souvent inférieur à 15 000 euros, ces prêts sont proposés à des taux attractifs. Reste que la durée de remboursement est souvent un peu courte.

Les conditions de crédits varient d'un organisme à l'autre, alors renseignez-vous sur ce que vous propose (nt) le(s) vôtre(s).

Les prêts des collectivités locales

Les trois quarts des départements accordent des subventions ou des prêts destinés à aider l'accession à la propriété ou l'amélioration du logement (travaux, agrandissement, etc.). Presque toujours réservé aux emprunteurs dotés de revenus modestes, ce coup de pouce financier est destiné à favoriser un achat immobilier dans le département.

Les conditions de taux sont avantageuses, mais les montants généralement assez faibles. D'ailleurs, ces crédits ne peuvent jouer qu'un rôle de complément dans le financement du bien acheté.

Soulignons l'initiative récente du conseil général des Hauts-de-Seine qui a décidé de doubler les plafonds des prêts à taux zéro auxquels ont droit ses habitants

N'hésitez pas à contactez les PACT-ARIM (organismes locaux d'aide au financement de l'habitat) et les agences départementales d'information sur le logement (ADIL). Ils connaissent ces offres de crédits sur le bout des doigts et sauront vous orienter.

Le prêt en famille

Facile et pas cher

Obtenir un crédit à un taux canon sans passer par sa banque ? C'est possible en empruntant auprès de ses proches (famille ou amis). Atout de cette formule ? Une somme prêtée avec peu ou pas d'intérêts constitue un sérieux soutien financier pour se construire un patrimoine immobilier. Mais attention, pour éviter que ce geste généreux ne se transforme en cadeau empoisonné ou ne sème la zizanie dans la famille, mieux vaut prendre quelques précautions.

Emprunteur et prêteur doivent rédiger ensemble un acte appelé reconnaissance de dette. Manuscrit, daté et signé par l'emprunteur, ce document détaille le montant de la somme prêtée (en lettres et en chiffres), la date et les modalités de remboursement, le montant des intérêts. Il faut penser à envisager le scénario en cas de décès de l'emprunteur et prévoir si ses héritiers seront tenus de rembourser la dette ou pas. Il faut aussi prévoir le cas du non-remboursement du prêt.

Des conditions à préciser à l'avance

Les conditions du prêt sont totalement libres, tous les cas de figures sont donc envisageables. Le crédit peut par exemple être réalisé sans intérêt ou être indexé à l'inflation. D'une façon générale, la rédaction de ce document doit être la plus précise possible afin d'éviter d'éventuelles contestations ultérieures. L'acte écrit du prêt peut s'effectuer sous seing privé ou chez un notaire. Chaque partie doit disposer d'un exemplaire original. Cette trace écrite est indispensable pour prouver l'existence du prêt. Dans la foulée, il est recommandé de faire enregistrer cet acte auprès de l'administration fiscale. Coût de l'opération ? Entre 45 et 75 euros. Cette précaution est nécessaire afin que l'administration fiscale n'assimile pas ce transfert d'espèces sonnantes et trébuchantes à une donation déguisée ou à des revenus occultes.

Un abandon de créance possible

Au cours ou à l'issue du crédit, le prêteur peut décider d'abandonner sa créance au profit de l'emprunteur. Pour officialiser cette décision, le passage chez le notaire est nécessaire. Le coût d'une donation n'est pas élevé et certaines dispositions en vigueur sont tellement avantageuses qu'il est dommage de se priver d'une telle solution. Pour encourager la transmission intergénérations, les donations en pleine propriété bénéficient d'une réduction de droits de 50 % quel que soit l'âge du donateur (mesure temporaire valable jusqu'au 31 décembre 2005). Chaque parent, grand-parent ou arrière-grand-parent peut donner en franchise d'impôt jusqu'à 20 000 euros, sous forme d'argent, à chacun de ses enfants, petits-enfants ou arrière-petits-enfants majeurs ; cette possibilité s'applique également aux neveux et nièces en l'absence de descendants.

Chapitre 27

Des prêts à géométrie variable

Dans ce chapitre :

- Le bon usage du prêt bancaire
- Sachez sélectionner un crédit *in fine*
- Le crédit relais, une bonne parade pour acheter avant de vendre
- Évitez d'empiler les prêts : pensez au crédit lissé !
- Utilisez les ficelles peu connues du crédit hypothécaire

Vous avez fait le plein des prêts complémentaires à des taux bonifiés (voir chapitre 26), mais il reste encore le gros de la somme à financer pour réaliser votre projet. C'est à ce moment qu'entre en scène le prêt immobilier classique. Ce crédit joue le premier rôle dans votre scénario de financement. Par opposition aux prêts réglementés et aidés dont les conditions sont imposées aux banques par les pouvoirs publics, ce prêt bancaire principal est dit « libre ». En 2004, sur l'ensemble des nouveaux financements immobiliers distribués aux particuliers, ces emprunts se sont taillés la part du lion, représentant près de 90 % des prêts immobiliers octroyés. Il faut dire que, dans ce domaine, les banques ne manquent pas d'imagination. C'est normal, cela constitue une partie de leur fonds de commerce. Pour chaque demande ou besoin, elles ont en magasin le prêt correspondant. Vous y trouverez votre compte si vous achetez pour vous loger ou si vous achetez pour louer. Et si vous empilez les prêts, la technique du lissage sera la bienvenue pour ne pas faire exploser votre niveau d'endettement.

Le prêt bancaire

Le prêt bancaire principal est donc « libre », ce qui veut dire que le niveau du taux mais aussi les conditions d'obtention relèvent de la seule volonté de l'établissement prêteur. Comment s'informer sur les offres de crédit du moment ? Rien de plus simple, les établissements se livrent à une concurrence telle qu'il est impossible d'échapper à leurs offres promotionnelles. Mais pour mieux les décrypter, voici déjà quelques notions de base.

Le taux

Ce n'est un secret pour personne : les crédits immobiliers n'ont jamais été aussi bon marché depuis trente ans. Voici quelques repères pour vous en convaincre : en 2004, le taux d'intérêt moyen était de 4,3 % contre 4,4 % en 2003, 5,3 % en 2002, 6,6 % en 1997 et 10,9 % en 1992 ! Autrement dit, pour celui qui souhaite emprunter, c'est vraiment le moment idéal.

Dans la famille des prêts immobiliers, il existe deux types de crédits : ceux dit à taux d'intérêt fixe et ceux à taux d'intérêt révisable (ou variable). Pourquoi choisir l'un plutôt que l'autre ? Quels sont les atouts et les inconvénients de chacune de ces formules ? Peut-on zapper de l'une à l'autre en cours de route ?

Le taux fixe

Le taux fixe est la formule la plus simple, c'est d'ailleurs elle qui remporte le plus grand succès en France. En 2004, les prêts à taux fixe ont représenté 77 % de la production de nouveaux crédits. Opter pour un tel taux, c'est jouer la carte de la sécurité.

Le taux d'intérêt, la mensualité et le coût total du crédit sont connus une fois pour toute, le jour de la souscription du prêt. Ainsi, tous ces paramètres ne varient plus jusqu'à la fin des remboursements. Cette formule est idéale si vous ne voulez avoir aucune surprise. Votre budget logement ne varie pas d'un centime, il est « bordé ». Dès le début du prêt, la banque vous édite un échéancier (voir encadré p. 414, « Le tableau de bord du crédit ») où sont programmées toutes les mensualités du crédit, de la première à la dernière année. Chaque mois, l'échéance remboursée comprend à la fois une fraction du capital emprunté et une partie des intérêts.

En début de prêt, vous payez davantage d'intérêts que de capital. À mi-parcours, la mensualité se répartit de façon égale entre les deux. Au fur est à mesure que vous vous approchez de la fin du prêt, la part de capital remboursé devient plus importante que celle des intérêts.

Gros atout du taux fixe : vous n'êtes pas exposé aux évolutions imprévisibles et saccadées des taux d'intérêt sur les marchés financiers. Que le prix de l'argent s'envole ou soit en recul, le taux de votre crédit reste inchangé, « figé » en quelque sorte.

La règle du taux

En général, plus la durée d'un emprunt est courte, plus le taux proposé est bas. Si vous empruntez 80 000 euros sur dix ans, le taux sera de 3,80 %, mais il passera à 4 % si vous remboursez sur quinze ans et montera à 4,20 % sur vingt ans. Ces taux ne sont bien sûr qu'indicatifs, votre banque peut vous faire une autre proposition, mais cet exemple reflète la manière dont sont construits les barèmes de taux des banques. Revers de la médaille, plus la durée est courte, plus les échéances sont salées.

Sachez aussi que le coût du crédit augmente avec sa durée. Prenons l'exemple d'un prêt de 80 000 euros contracté au taux 4,20 %. Sur une durée de douze ans, la mensualité à acquitter sera de 708 euros, ce qui représente un coût total du prêt de 21 983 euros. Sur une durée de vingt ans, l'effort financier mensuel est bien moindre : 483 euros (soit 33 % inférieur au cas précédant). En revanche, le coût total s'élève à 38 382 euros. Soit une note de 42 % plus chère que celle d'un crédit sur douze ans.

Cette solution est avantageuse dans un scénario où les taux de marché augmentent. Pourquoi ? Parce que le taux de votre crédit reste inchangé, du coup il devient peu cher par rapport aux conditions élevées de prêt du moment. En revanche, cette option est moins intéressante en période de baisse des taux. Dans ce cas, impossible de profiter de la baisse du prix de l'argent, vous vous retrouvez coincé avec votre taux. Vous trouverez rageant de devoir payer votre crédit au prix fort, alors que le marché propose des conditions meilleur marché. Si cette situation se prolonge, tentez de renégocier à la baisse votre taux fixe auprès de la banque (voir chapitre 31, p. 461). Autre solution : remboursez au plus vite le crédit par anticipation, afin d'en souscrire un autre moins cher ailleurs.

Particularité des taux fixes, tous prévoient le paiement de pénalités financières au cas où vous rembourseriez le prêt avant son terme. Dans le jargon bancaire, cela s'appelle l'indemnité en cas de remboursement anticipé (IRA). Ces pénalités représentent 3 % du capital restant dû dans la limite de six semestres d'intérêts.

Sachez que les meilleurs taux fixes sont presque toujours proposés par les banques généralistes, imbattables sur ce terrain. Ensuite, les différences entre les établissements se jouent sur les options comme par exemple la modulation.

Le taux révisable (ou variable)

Contrairement au taux fixe qui reste invariable du début à la fin de l'emprunt, le taux révisable, lui, bouge en permanence. Révisé à date fixe (tous les trois, six ou douze mois) par la banque, il « colle » aux évolutions des taux d'intérêt sur les marchés. Ce n'est donc qu'en fin de crédit que vous aurez toutes les cartes en jeu et que vous serez en mesure de calculer *a posteriori* le coût total de votre prêt. Pas la peine de vous creuser les méninges le jour de la souscription pour en savoir plus. C'est une équation impossible, il y a trop d'inconnues à la clé. Certains banquiers vous expliqueront que le taux révisable est composé d'une succession de taux fixes, connus chaque début d'année. C'est une façon optimiste de voir les choses. Car en taux fixe, on sait exactement où l'on va, avec un taux révisable, c'est un peu l'aventure. Souscrire un taux révisable comporte donc une bonne dose de risque. Sauf à lire dans une boule de cristal. Personne ne sait aujourd'hui quels seront les niveaux des taux d'intérêt dans trois mois, encore moins dans cinq ans, dix ans ou vingt ans. En contrepartie du risque que vous acceptez de supporter, le taux révisable est généralement de 0,5 à 1 point moins cher qu'un taux fixe.

Le tableau de bord du crédit

La souscription d'un crédit à taux fixe donne toujours lieu à l'émission par la banque d'un tableau d'amortissements appelés aussi échéancier. Toutes les données (taux, durée, échéances, assurance) étant connues d'avance, les banques éditent la programmation des remboursements pour toute la durée du prêt. Ce document s'apparente à une sorte de tableau de bord. Il permet à tout moment de faire le point sur les remboursements passés, en cours ou à venir. Ce document comporte autant de lignes que d'échéances. Autrement dit, un crédit sur quinze ans (180 mois) sera détaillé en 180 lignes représentant les 180 échéances du prêt.

La répartition entre les intérêts et le capital est précisée pour chaque mensualité. En général, on paie en début de prêt davantage d'intérêts que de capital. Ensuite à mi-parcours la tendance s'inverse, c'est le capital qui se taille la part du lion.

Ces données permettent de visualiser mois par mois l'évolution du coût de l'assurance, le capital restant dû et le cumul des intérêts déjà payés. Conserver précieusement ce document car il est demandé par la banque lors d'un remboursement anticipé ou pour tout autre intervention en cours de prêt.

Comprendre son fonctionnement

Souscrire un taux révisable comporte des avantages et des inconvénients. Si les taux du marché restent stables ou reculent, c'est une bonne opération puisque le taux de votre crédit va rester inchangé ou reculer. En revanche, si les taux s'envolent, c'est le coup de bambou. Le taux va être majoré. La hausse se répercutera de deux façons possibles : une majoration des mensualités ou un allongement de la durée, voire les deux en même temps. Au bout du compte, c'est le coût du prêt qui va s'alourdir dangereusement.

Évidemment, le fonctionnement d'un tel prêt n'est pas simple. L'évolution des taux n'est pas un long fleuve tranquille. Sur une longue période, les hausses succèdent aux baisses et *vice versa*. Quant aux amplitudes de variations, elles ont de grandes chances d'être différentes d'une année à l'autre. Ce n'est qu'à la fin du crédit, une fois cumulés les différents taux appliqués chaque année, que vous serez en mesure de connaître le coût total de votre emprunt.

La formule du taux révisable n'est payante que si, en bout de course, les baisses de taux l'ont emporté sur les hausses. Ainsi, le choix du taux révisable s'est révélé judicieux au cours des dix dernières années, les taux ayant fortement baissé pour atteindre aujourd'hui des niveaux historiquement bas.

Sachez que l'impact des révisions de taux sur le coût total du prêt est surtout crucial en début de crédit, car c'est la période où l'on rembourse en majorité des intérêts. Ainsi, les variations de taux au cours des trois ou quatre premières années sont déterminantes pour un crédit sur dix ans.

Soit un crédit de 100 000 euros sur quinze ans contracté au taux révisable de 2,80 %. Si au terme de la première année de révision, le taux passe à 4 %, c'est le crédit qui s'allonge de dix-neuf mois (à mensualité constante). En revanche, si la même variation intervient la sixième année, la durée n'augmente que de neuf mois.

Décrypter son mode de révision

Le taux d'un prêt à taux variable est, en général, indexé sur le coût de l'argent à court terme, reflété par un indice de référence, l'Euribor (*Euro Interbank Offered Rate*) prévu dans le contrat. Selon l'évolution de cet indice, le taux de votre crédit sera ajusté à la hausse ou à la baisse. Autrement dit, si cet indice a progressé sur une certaine période, il en ira de même du taux de votre crédit. Inversement, s'il a baissé, votre taux sera diminué.

La variation de votre taux se répercute soit sur la mensualité (qui augmente ou diminue), soit sur la durée du crédit (qui s'allonge ou se réduit). Parfois, les deux mécanismes se combinent.

Contrairement aux anglo-saxons qui n'empruntent qu'à taux révisable, les Français ne sont pas de gros consommateurs de ce type de prêts. Néanmoins, ces crédits enregistrent ces dernières années une percée non négligeable. En 2004, ils représentaient près de 33 % de la production nouvelle de prêts contre 22 % en 2003. Produits vedettes des banques spécialisées, ces crédits (adossés au marché monétaire) sont au départ toujours moins chers que ceux à taux fixes. Il existe deux types de taux révisables : le taux « pur » et le « capé ».

Le taux révisable « pur »

C'est un peu la roulette russe. Vous ne savez pas comment va évoluer le taux de votre crédit dans les années qui viennent. Néanmoins une chose est sûre : les hausses et les baisses de taux sur le marché vont se répercuter sans limite sur le taux du prêt, et ce pendant toute la durée de vie du crédit. Certes, cette formule permet de profiter pleinement de toutes les baisses de taux. Mais, revers de la médaille, vous risquez d'encaisser aussi toutes les augmentations.

En général, la hausse des taux s'effectue en deux temps. D'abord, elle se répercute sur la durée du prêt. Si l'indice de référence progresse, le montant des mensualités reste identique et la durée du prêt s'allonge dans la limite de cinq ans. Puis, lorsque l'ajustement sur la durée n'est plus suffisant, c'est le montant de la mensualité qui est majoré. Attention, parfois c'est le contraire qui se passe : la hausse du taux se répercute d'abord sur la mensualité (le plus souvent dans la limite de l'inflation) puis, si cela n'est pas suffisant, sur la durée du crédit. Une solution qui peut s'avérer économique ou ruineuse, réservée aux emprunteurs avertis et dotés de nerfs solides. Compte tenu du risque encouru, ce type de crédit affiche toujours les taux les moins chers.

Le taux révisable « capé »

Davantage sécurisée que celle du taux pur, cette formule a l'avantage de garantir, dès la souscription du crédit, la variation maximale du taux grâce à un « cap » (ou un butoir) qui fait office de taux plafond.

Si le taux de départ de 3 % est capé à 2 points, cela signifie qu'il ne pourra jamais excéder 5 % (3 % + 2 %) tout au long de sa vie. Et cela même si les taux du marché s'envolent à 8 % ou 10 %. Avantage notable : on connaît, dès le départ le coût maximal du crédit. Les banques commercialisent des formules de crédits à taux révisables capés à 1, 2 ou 3 points. Plus cette sécurité est forte (autrement dit plus le cap est faible), plus le coût du crédit est cher. Inconvénient ? Cette protection, avec un apport personnel équivalent, se paie entre 0,5 % et 1 % plus cher qu'un taux pur, mais toujours moins cher qu'un taux fixe.

Pour attirer les clients, certaines banques annoncent un taux révisable canon, défiant toute concurrence. Prudence ! Sachez que ce dernier correspond presque toujours à un taux d'appel, c'est-à-dire à un taux de départ sans aucune marge à la clé. Très vite, au bout que quelques mois, ce taux « cadeau » s'apprécie, la banque réintégrant très vite sa marge. Renseignez-vous !

Alors que choisir, taux fixe ou révisable ? Tout dépend en fait de votre goût ou non pour le risque et de votre anticipation sur l'évolution future des taux.

L'arnaque du passage en taux fixe

La plupart des formules de crédit à taux révisable donnent la possibilité de repasser en taux fixe en cours de prêt. Cette solution sécurise ceux qui craignent un renchérissement du coût de leur crédit, notamment lorsque les taux du marché s'envolent. Mais si l'on y regarde de plus près ce « filet de sécurité » n'est pas du tout une bonne affaire ! En fait, pour déterminer le nouveau taux fixe du crédit, la banque utilisera une formule de calcul complexe qui vous fera payer un taux fixe bien plus cher que celui du marché. Pourquoi ? Le nouveau taux proposé n'est pas celui du prêt en cours, mais un taux fixé à partir d'autres données comme le taux moyen des emprunts d'État (TME) ou le taux moyen des obligations (TMO), majorés d'une marge allant de 1 à 2 points, selon les banques.

Par exemple, Gilbert D. a souscrit il y a 5 ans un crédit à un taux révisable de 3,5 %, il souhaite aujourd'hui passer en taux fixe. Compte tenu de l'indice de référence TME du moment et de la marge appliquée par la banque, le nouveau taux fixe qui lui sera appliqué va s'élever grosso modo à 5,80 %. Cela fait cher le taux fixe, alors que le marché en propose autour de 4 %.

Une seule fois en trente ans, le passage du taux variable en fixe a été intéressant pour l'emprunteur ! C'était au début des années 1990, lorsque les taux courts (référence pour les taux révisables) étaient supérieurs aux taux longs (référence pour les taux fixes). Mais cette situation était exceptionnelle. La plupart du temps, c'est la situation inverse qui est normale, à savoir des taux courts moins chers que des taux longs.

Les arguments qui plaident en faveur des taux fixes reposent sur le bas niveau des taux actuels et sur le potentiel de baisse assez réduit dans les années qui viennent. Mieux vaut profiter aujourd'hui d'un bon taux fixe pas cher. Si les taux remontent, au moins, on aura pris date.

En faveur des taux révisables, les motifs sont tout autres. Le potentiel de baisse des taux est certes faible (on a atteint des niveaux historiques), toutefois cela fait deux ans que l'on annonce une remontée des taux qui se ne réalise pas. Il faut peut-être donc profiter de cette situation de relative stabilité pour opter pour du taux révisable, car c'est au cours des premières années du crédit que l'on rembourse le plus d'intérêts. Or, aujourd'hui, ils ne sont pas chers du tout, oscillant autour de 3 %. Ce type de crédit est envisageable pour des prêts de courte durée, soit de moins de dix ans. En effet, l'économie par rapport à un taux fixe n'est pas neutre (1 point environ) et si cette différence se maintient les premières années du crédit, vous êtes gagnant.

Coupez la poire en deux !

Fixe ou révisable, vous n'arrivez pas vous décider ? Alors optez pour un crédit qui mêle les deux. Vous n'avez que l'embarras du choix. Les banques rivalisent d'imagination dans ce domaine. D'ailleurs, les formules sont nombreuses et variées.

La première solution, la plus simple, consiste à superposer deux prêts, l'un à taux fixe l'autre à taux révisable. La seconde solution, plus sophistiquée, combine les deux taux au sein d'un même prêt, grâce à un jeu de pondération. À savoir 30 % du crédit en taux fixe et 70 % en variable, 50 et 50 % sur les deux, ou 70 % de fixe et 30 % de révisable. Ce panachage permet d'amortir les soubresauts du marché. On profite un peu des baisses de taux, mais surtout, on « encaisse » moins les hausses. Quant à la troisième formule possible, elle prévoit d'appliquer un taux fixe révisé tous les trois ou cinq ans. Enfin, dernière variante en date, la première période du prêt se déroule en taux fixe, puis la seconde avec un taux révisable capé à 2 ou 3 points.

Taux fixe ou taux variable, lequel des deux est financièrement le plus intéressant ? Impossible de le savoir à l'avance. Le taux fixe est déterminé à un instant « t » pour toute la durée du crédit, le variable est figé au même instant « t » mais pour quelques mois seulement. Ensuite, il ne cesse de varier. Reste que l'écart entre ces deux taux constitue un repère fiable. S'il est de moins d'un point, optez sans hésiter pour le taux fixe !

La durée : la variable d'ajustement

Aussi étonnant que cela puisse paraître, la flambée des prix de l'immobilier enregistrée au cours de ces huit dernières années n'a pas provoqué un coup d'arrêt des achats. C'est même le contraire qui s'est passé. Alors comment les acheteurs s'y sont-ils pris pour ne pas renoncer à leurs projets immobiliers alors que leurs revenus n'ont pas augmenté dans les mêmes proportions ? Pour continuer à acheter, ils ont tout simplement profité des taux bas pour s'endetter sur de très longues périodes. En l'espace de six ans, la durée moyenne d'un crédit immobilier a fait un bond de près de quatre ans. Elle était de 16 ans en 2004 contre 13,5 ans en 1997.

Les crédits d'une durée de vingt ans, voire vingt-cinq ans sont devenus monnaie courante dans toutes les banques. Certains établissements proposent même des emprunts à trente ans. Cette souplesse est effectivement devenue très précieuse pour payer des mensualités compatibles avec ses revenus et rendre possible un projet.

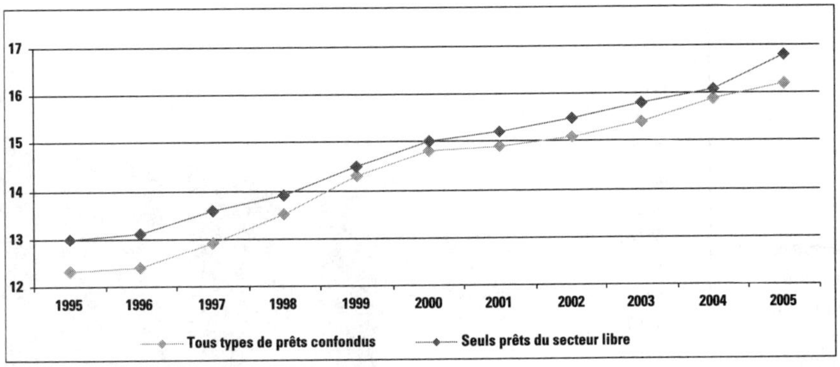

Évolution de la durée des prêts immobiliers aux ménages

Source : FNAIM

Prenons un exemple : un célibataire qui gagne 3 000 euros par mois désire emprunter 100 000 euros. S'il emprunte au taux fixe de 3,96 % sur dix ans, il devra payer 1 024 euros par mois, ce qui représente plus du tiers de ses revenus, soit une trop lourde charge mensuelle. En revanche, s'il emprunte sur quinze ans, l'opération sera plus facilement réalisable. Malgré un taux fixe plus élevé, fixé par exemple à 4,3 %, il n'aura à débourser par mois que 754 euros. Avec un niveau d'endettement plus raisonnable (de 25 %, soit 754/3 000), la banque acceptera bien volontiers de lui accorder le prêt.

Si l'on regarde le problème de l'autre bout de la lorgnette, s'endetter sur une longue durée permet aussi d'augmenter sa capacité d'endettement. Ainsi si vous êtes capable de consacrer 750 euros par mois au remboursement d'un crédit, vous pourrez emprunter, au taux de 3,96 %, 74 217 euros sur dix ans, 101 669 euros sur quinze ans, 124 198 sur vingt ans, 142 686 euros sur vingt-cinq ans ou encore 157 857 euros sur trente ans.

Évidemment, les banques ne sont pas philanthropes ! Plus elle vous prêtent d'argent sur une longue durée, plus les intérêts à payer seront élevés et donc, mécaniquement, plus cher est le crédit. En cette période de taux bas, l'addition est encore acceptable, mais dans l'hypothèse où les taux viendraient à grimper, la note sera affreusement salée.

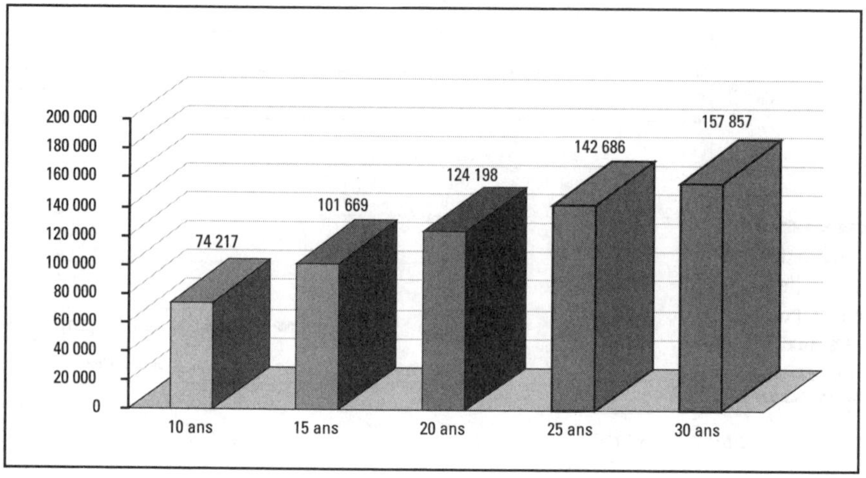

Capacité d'emprunt pour un crédit à 3,96 % et 750 € de mensualité

Source : Crédit foncier

En prendre pour trente ans : la bonne affaire ?

Ces crédits de très longue durée sont parfaits si vous êtes un locataire de moins de 35 ans et que vous désirez accéder à la propriété, au lieu de payer un loyer en pure perte. C'est une façon de commencer à vous constituer une épargne, même s'il y a peu de chances pour que vous alliez au bout de votre crédit. En outre, ce prêt permet, dans les grandes villes où les valeurs locatives se sont envolées, d'acheter un bien pour quasiment le prix d'un loyer. Reste que ces crédits sont coûteux, car ils n'amortissent que très lentement le capital emprunté. Exemple : si vous faites un crédit de 120 000 euros, remboursé sur quinze ans au taux de 4,50 %, à mi-parcours, il restera à payer 60 % du capital emprunté. Pour un même montant emprunté sur trente ans au taux de 5,20 %, il restera, à mi-parcours, à rembourser 88 % de la dette. Il n'en reste pas moins que si vous n'avez pas d'autre choix, le jeu en vaut la chandelle.

Le prêt relais : pour acheter avant de vendre

Vous comptez sur la vente de votre logement actuel pour financer une partie de votre prochain achat immobilier ? Il n'y a jusqu'ici rien de plus normal, c'est même d'une logique financière implacable. Mais, évidemment, rien ne se passe comme prévu. Vous craquez pour un appartement que vous vous empressez d'acheter alors que vous avez encore le vôtre sur les bras. Un problème de trésorerie se pose : comment payer la nouvelle opération alors que vous ne disposez pas encore de votre apport personnel ? Le crédit relais, appelé aussi prêt achat-revente, s'avère une réponse possible à votre besoin ponctuel de trésorerie.

Le montant

Déterminé par la banque, ce montant est toujours proportionnel à la valeur estimée du bien que vous avez à vendre. Selon les établissements, ce dernier varie entre 50 et 80 % de la valeur bien à vendre.

Par exemple, si le bien a été estimé à 200 000 euros, la banque accordera un crédit relais à hauteur de 70 %, soit de 140 000 euros (200 000 X 70 %). Le montant du crédit relais est assimilé à des fonds propres, il est considéré comme de l'apport personnel (voir chapitre 25, p. 358).

La durée

Elle est, par définition, assez courte n'excédant généralement pas deux ans.

Le taux

Autrefois hors de prix, les prêts relais affichent aujourd'hui des taux abordables souvent proches de ceux des crédits traditionnels. C'est surtout le cas si l'établissement qui accorde ce prêt « d'attente » vous octroie le prêt principal. Deux formules de prêt relais existent :

- Le prêt relais « sec » : en pratique, vous ne payez que les intérêts du crédit relais. Ces « petites » mensualités vous permettent ainsi de régler en même temps les échéances du nouveau prêt immobilier qui démarre. Ce n'est qu'une fois la vente de l'ancien logement effective que le prêt relais est soldé au moyen d'une grosse mensualité, sans payer de pénalités de remboursement anticipé.
- Le prêt relais couplé au prêt principal : cette solution, qui affiche généralement le même taux pour les phases du financement, permet de s'acquitter de mensualités plus supportable que dans le crédit sec.
- Ne perdez pas de vue que, s'il vous rend un sacré service, ce crédit reste néanmoins coûteux. C'est normal, puisque vous payez les intérêts d'un capital que vous toucherez plus tard. En outre, ces intérêts sont payés au prix fort. En effet, ils sont calculés sur la totalité du capital emprunté et non pas sur le capital restant dû.

Pas toujours nécessaire

Le crédit relais est une solution utile si vous n'arrivez pas à faire coïncider les opérations de vente et d'achat. Mais cette étape n'est pas obligatoire. L'utilisation d'un prêt relais peut être évitée en négociant par exemple avec votre vendeur un délai de signature de l'acte chez le notaire suffisamment long pour vous laisser le temps de revendre votre bien dans de bonnes conditions. Cette parade permettra de ne pas avoir recourir à un crédit supplémentaire. Ce sera toujours ça de moins à payer !

Un exemple pour mieux comprendre

Carole et Robert sont propriétaires d'un appartement d'une valeur de 75 000 euros qu'ils viennent de terminer de payer. Ils ont un coup de cœur pour une maison qu'ils achètent 148 737 euros (dont 3 737 euros de frais de notaire) alors qu'ils n'ont pas encore vendu leur bien. Pour que l'opération financière se réalise, ils ont donc besoin d'un crédit relais.

Un crédit relais sec et un prêt classique

Pour acheter leur maison, ils souscrivent un crédit relais sec de 60 000 euros (80 % X 75 000 euros) au taux de 5 %. Ils doivent donc payer les seuls intérêts du crédit soit 273 euros (assurance incluse) par mois pendant vingt-quatre mois maximum. Dans le même temps, ils contractent un prêt de 88 737 euros (148 737 - 60 000) au taux de 4,30 % sur quinze ans, ce qui représente une mensualité de 706 euros.

Au cours des neuf premiers mois de crédit, Carole et François vont donc rembourser à la fois leur crédit relais et le prêt principal, soit un total de 979 euros par mois (706 + 273). Au bout de neuf mois, lorsqu'ils revendent leur appartement 75 000 euros, ils soldent le crédit relais en cours. Ce dernier leur aura coûté 2 460 euros (273,36 X 9) d'interêts.

Un crédit relais couplé avec un crédit classique

S'ils optent pour un prêt principal qui intègre le crédit relais, la banque va leur prêter la totalité de la somme, soit 148 737 euros à deux conditions : qu'ils acquittent 700,63 euros par mois pendant quinze ans (avec un taux effectif global de 4,29 %) et qu'ils remboursent dans un délai de deux ans 80 % du produit estimé de la vente de leur appartement soit ici 60 000 euros (75 000 X 80 %).

Au bout de neuf mois, Carole et François réussissent à vendre leur bien au prix de 75 000 euros. Deux solutions s'offrent à eux : soit ils remboursent comme prévu 60 000 euros et gardent la différence (soit 15 000 euros) pour effectuer des travaux complémentaires, un placement ou autre chose, soit ils remboursent 75 000 euros (au lieu de 60 000 euros demandés), ce qui permettra de réduire la durée de leur crédit de trois ans et six mois.

Pensez aux prêts relais du 1 % logement

Si vous déménagez pour cause de mutation ou de nouvel emploi, vous pouvez obtenir un prêt relais dans le cadre du 1 % logement baptisé prêt relais mobilité. Ce crédit est accessible, sans condition de ressources, à tous les salariés du secteur privé non agricole, travaillant dans une entreprise de plus de dix salariés. Avantageux, son taux est de 1 % (hors assurance et garantie) la première année. Sa durée est d'un an renouvelable une fois. Au cours de la deuxième année, le taux peut être plus cher mais jamais il ne excédera 1,5 %. Le montant du prêt est limité à 70 % de la valeur estimée de votre logement. Selon les zones géographiques, ce crédit est plafonné à 67 200, 86 400 euros ou 105 600 euros (à Paris notamment). Le 1 % logement propose aussi un prêt relais financement temporaire. Pour en savoir plus, renseignez-vous auprès de votre employeur ou de l'organisme collecteur du 1 % logement auquel cotise votre entreprise.

Le prêt « *in fine* »

En matière d'investissement locatif, les intérêts d'emprunt sont déductibles des revenus fonciers (voir chapitre 10, p. 143 et chapitre 12, p. 182). Aussi, les banquiers ont imaginé le crédit « *in fine* ». Pendant la durée du crédit, l'emprunteur ne paie que les intérêts, puis il rembourse le capital emprunté en une seule fois, en fin de crédit, lors de la dernière mensualité.

Pour être sûre de récupérer sa créance à l'issue du crédit, la banque demande souvent un apport personnel à l'emprunteur. Non affectée à l'achat du logement, cette somme est investie dans un placement en valeurs mobilières, souvent un contrat d'assurance vie ou un bon de capitalisation. Ce produit financier doit en principe fructifier à un rendement garanti, qui pourra, au terme du crédit, régler la dernière échéance. De toutes les formules de crédit, celle de l'*in fine* est la plus coûteuse en intérêts. La raison ? Calculés sur la base du capital restant dû, les intérêts se paient ici au prix fort puisque la dette reste intacte toute la durée du crédit.

Les atouts du montage

C'est un montage financier qui permet d'équilibrer plus facilement mensualités de remboursement et les loyers encaissés. Autrement dit, avec l'*in fine*, les sorties de trésorerie sont plus faibles qu'avec d'autres crédits.

Autre atout : cela permet de faire jouer à plein l'« effet de levier » du crédit. Par exemple, si vous pouvez consacrer 195 euros par mois pendant dix ans à votre opération d'acquisition, vous emprunterez près de 18 300 euros avec un crédit classique mais 46 576 euros avec un crédit *in fine*. Votre mise étant 2,5 fois plus forte, les gains (revenus et plus-value) que vous pouvez espérer devraient, en principe, être majorés dans la même proportion.

Les limites de l'exercice

Les promoteurs immobiliers, friands de ce type de montage, notamment pour l'investissement locatif Robien (voir chapitre 11, p. 148) précisent que, les intérêts étant déductibles des loyers imposables, il permet de réaliser une économie d'impôt. Cela est certes vrai, mais à condition d'être fortement imposé et de disposer déjà de revenus fonciers. Reste que l'économie d'impôt sera forcément inférieure au surcroît d'intérêts, puisque le taux marginal d'imposition (TMI) n'atteint jamais 100 %.

Un emprunteur taxé à 48,09 % (la tranche d'imposition la plus élevée du barème), avec un montant total d'intérêts de 5 000 euros, parviendra, au mieux, à imputer 2 405 euros (5 000 X 48,09 %) de ses loyers imposables. Cela lui permettra donc de réaliser une économie d'au maximum 2 595 euros (5 000 - 2 404).

À la revente du logement, vous soldez votre crédit relais sans pénalités de remboursement anticipé.

Des risques réels

Quelle que soit la formule de crédit utilisée, financer un investissement locatif comporte des risques, notamment lorsque les recettes locatives escomptées ne sont pas au rendez-vous. Un bien sans locataire pendant plusieurs mois ou des locataires mauvais payeurs suffisent à rompre l'équilibre financier d'une opération calculée au plus juste. Résultat ? Une chute brutale des recettes locatives, qui réduit les revenus fonciers et perturbe le remboursement du prêt, obligeant à fournir un effort financier non prévu.

C'est ce qui est arrivé à Hubert S. qui achetait des biens immobiliers à crédit pour les louer. Une succession malheureuse d'impayés de loyers et de logements non loués ont réduit ses revenus. Un jour, il s'est retrouvé incapable de faire face à ses échéances. Dans l'urgence, il a cédé ses biens, mais le produit de la vente n'a pas suffit à éponger ses dettes. Le reliquat des échéances restantes absorbait chaque mois la quasi-totalité de ses revenus disponibles, le faisant basculer dans le surendettement. Évidemment, tous les investissements locatifs ne se terminent pas ainsi, mais il convient de préparer son opération de crédit et de mesurer les risques avant de se lancer (voir deuxième partie « La pierre comme placement »).

Le prêt lissé

Dénicher les petits crédits pas chers est certes une façon astucieuse d'emprunter à moindre coût, mais lorsque les mensualités des différents prêts (PTZ, épargne logement, etc.) s'empilent les unes aux autres et que les durées de remboursement se juxtaposent, la charge mensuelle peut vite devenir intenable pour un budget.

Le graphique 1 indique que les mensualités de remboursement peuvent être pénalisantes car très lourdes les quatre premières années, pour diminuer au bout de la septième année.

Alors que faire dans ce cas de figure ? La technique du prêt lissé a été conçue pour éviter ces à-coups de trésoreries (voir graphique 1). Élaboré grâce à des logiciels de calculs, ce crédit est spécialement fabriqué pour s'adapter aux remboursements des autres prêts. Cette méthode permet de maintenir une mensualité fixe et unique pendant toute la durée du prêt (voir graphique 2).

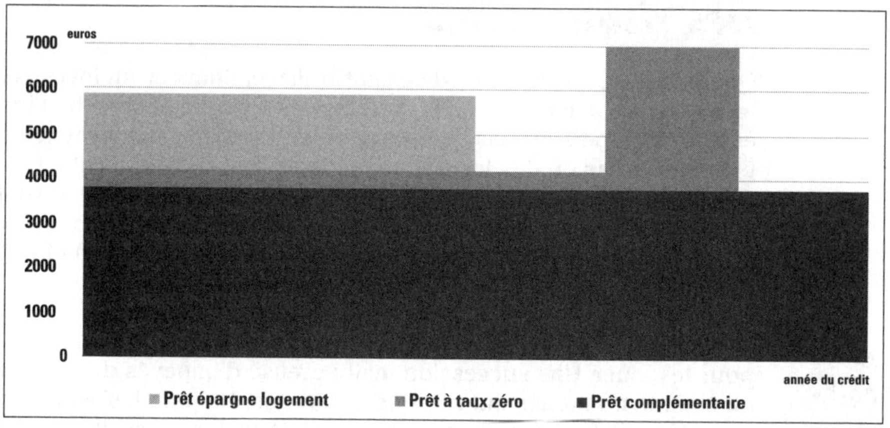

Graphique 1 : Photographie des mensualités avant lissage.

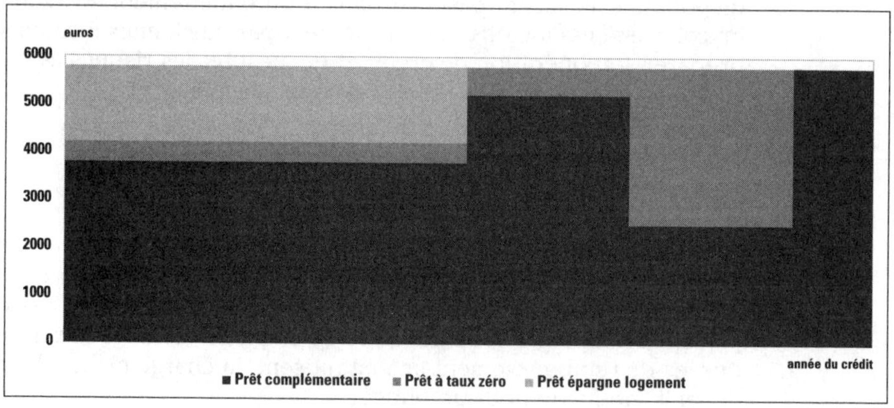

Graphique 2 : Photographie des mensualités après lissage.

Source : UCB

Les avantages ?

Ce lissage des mensualités accroît l'enveloppe financière disponible et rend parfois une opération de financement possible qui, sans le recours à ce calcul, n'aurait pu se réaliser, tout du moins dans de bonnes conditions. En raison d'une mensualité minorée, il existe donc une certaine aisance de trésorerie. Et cela permet donc d'emprunter alors qu'un plan de financement classique intègrerait des mensualités trop élevées.

Catherine et Thomas gagnent 3000 euros de revenus mensuels. Ils désirent financer l'achat d'une maison d'une valeur de 150000 euros. Compte tenu de leurs revenus, ils ont accès au nouveau prêt à taux zéro à hauteur de 21500 euros sur six ans. Ne disposant pas d'apport personnel, le solde, soit 128500 euros (150000 - 21500) est financé par un prêt complémentaire.

Photographie du financement avant lissage

	Prêt à taux 0 %	Prêt complémentaire	Total
Prêt	21500 euros	128500 euros	150000 euros
Taux	0 %	3,90 %	3,72 %
Durée totale	6 ans	20 ans	20 ans
Mensualités (hors assurances) remboursées les 6 premières années	298,80 euros	777,93 euros	1076,54 euros
Mensualités (hors assurances) remboursées les 14 années suivantes	0 euro	777,93 euros	777,93 euros

Source : ADIL 77

Photographie du même financement après lissage

	Prêt à taux 0 %	Prêt complémentaire	Total
Prêt	21500 euros	128500 euros	150000 euros
Taux	0 %	3,90 %	3,72 %
Durée totale	6 ans	20 ans	20 ans
Mensualités remboursées (hors assurances) remboursées les 6 premières années	298,61 euros	588,31 euros	886,92 euros
Mensualités remboursées (hors assurances) les 14 années suivantes	0 euro	886,72 euros	886,72 euros

Source : ADIL 77

On constate dans cet exemple qu'au cours des six premières années du crédit, ce ménage doit rembourser 1 076 euros par mois, ce qui constitue une charge financière trop lourde à supporter compte tenu de leurs revenus. Leur niveau d'endettement atteint 36 % (1 076/3 000 euros). Cette formule n'est donc difficilement envisageable, sauf à renoncer au prêt à taux zéro ou à réduire le montant de l'opération.

Grâce à la « magie » du lissage (mais surtout aux logiciels), la charge mensuelle a été nivelée et ramenée à 886,92 euros pas mois pendant toute la durée du prêt. Avec cette nouvelle charge de remboursement supportable (29 % d'entettement soit 886,52/3 000 euros), le ménage peut s'endetter.

Si on compare les deux opérations, on s'aperçoit que le recours au lissage a un coût qui n'est pas neutre. Dans cet exemple, le coût total du crédit « avec lissage » ressort à 62 861 euros contre 56 763 euros pour le financement sans lissage. Même s'il est payé sur vingt ans, ce surcoût de 6 098 euros représente tout de même une somme, qui aurait pu servir à financer des travaux d'installation ! C'est en tous cas le prix à payer pour s'offrir la maison de ses rêves sans s'étrangler financièrement. (Simulations effectuées par le Crédit foncier de France.)

Des prêts adaptés en vue de la retraite

Pour que la proximité de la retraite et la baisse programmée des revenus ne constituent pas des freins au financement d'un projet immobilier des seniors, certaines banques ont conçu un prêt immobilier à paliers capable d'intégrer à l'avance la chute prévisible des revenus. Ainsi, pendant les quelques années de vie active qu'il reste, les mensualités vont être « chargées » pour amortir au maximum le prêt. Ensuite, une fois à la retraite arrivée, ces dernières vont considérablement s'alléger pour s'adapter à la nouvelle situation financière de l'emprunteur qui sera moins confortable.

Équipées de logiciels de calcul performants, les banques peuvent lisser jusqu'à six prêts en même temps avec des durées et des taux différents.

Le prêt hypothécaire

Couramment utilisé depuis des années par les ménages américains et anglais, le crédit hypothécaire est assez confidentiel en France. Proposé par Abbey National, le Crédit municipal de Paris et le Crédit foncier d'Alsace-Loraine, ce type de crédit permet d'emprunter de l'argent en contrepartie de l'hypothèque d'un bien déjà payé. Le montant du prêt n'excède souvent pas 50 % de la valeur du logement, les taux sont compris entre 5 et 7,5 %.

Deux établissements anglo-saxons (Abbey National, GE Money Bank) proposent aussi des crédits de refinancement. L'idée consiste à dégager une nouvelle enveloppe de crédit à partir d'un prêt immobilier en cours, en se basant sur la valeur estimée du bien à un instant donné. Un bien acheté 150 000 euros en 1997, dont il reste 110 000 euros de crédit à rembourser, est estimé aujourd'hui à 200 000 euros. Pour calculer un nouveau prêt, la banque va se baser sur 70 % (GE Money bank) ou 80 % (Abbey National) de la valeur du bien, soit dans l'exemple 160 000 euros (80 % X 200 000). Résultat ? Vous disposez alors d'une nouvelle capacité d'emprunt de 50 000 euros (soit 160 000 - 110 000).

Ce genre de prêt vous permet de disposer de liquidités nouvelles pour continuer à diversifier votre patrimoine ou à financer d'autres projets (travaux, etc.). Particularité de ce genre de montage ? Il ne fonctionne évidemment qu'en période de progression des prix de l'immobilier. Revers de la médaille, il peut accroître dangereusement le poids de l'endettement et allonge sensiblement la durée du prêt avec, à la clé, un taux révisable.

Chapitre 28

Faire jouer la concurrence

Dans ce chapitre :

- Sachez décrocher un taux canon
- Faites le tour des banques
- Offrez-vous les services d'un courtier
- Présentez votre meilleur profil

C'est une illusion de penser que les meilleures conditions de crédit vous arriveront sur un plateau. Que ce soit en taux fixe ou en taux révisable, il faut toujours mettre en concurrence les établissements prêteurs. À vous de prendre votre bâton de pèlerin et de démarcher les banques. Inconvénient de cette initiative ? Il faut se présenter sous son meilleur profil et surtout ne pas être économe de son temps. Les plus pressés auront recours aux services d'un courtier en financements immobiliers.

Profitez des taux à prix cassés

Ce n'est un secret pour personne, les crédits immobiliers n'ont jamais été aussi bon marché depuis trente ans. Les emprunts à taux fixe tournent autour de 4 % contre 9 % en 1995. Une aubaine pour les candidats à l'emprunt. Un ménage qui dispose aujourd'hui de 15 000 euros de revenus annuels peut ainsi emprunter 20 000 euros de plus qu'en 2000. C'est tant mieux vu la flambée du prix de la pierre.

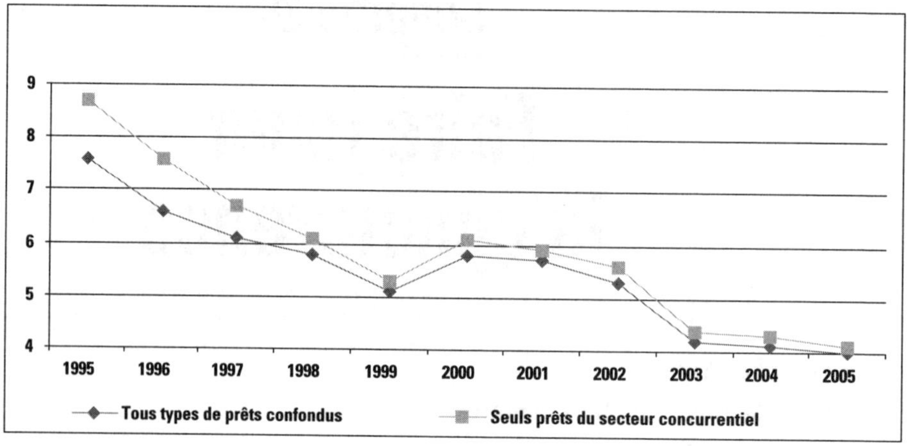

Évolution du taux des crédits immobiliers de 1995 à 2005

Source : FNAIM

Malgré des taux immobiliers pas chers, la concurrence entre banques reste plus vive que jamais. Il faut dire que l'enjeu est de taille. Il s'agit pour elles d'attirer de nouveaux clients qui deviendront captifs pour de longues années. Pour convaincre les clients hésitants, les banques utilisent un argument en vogue en ce moment : « Empruntez vite maintenant, car les taux vont bientôt remonter. » Info ou intox ? Intox. Malgré des tensions enregistrées ici et là, il n'y a pas de risque de flambée des taux à court terme, il convient donc de ne pas aller plus vite que la musique. Ne vous précipitez pas et prenez le temps de sélectionner le crédit qui vous convient le mieux.

Les acteurs du marché

Les banques généralistes

On appelle banques généralistes les grands réseaux bancaires français (Bnp Paribas, Crédit lyonnais, Société générale, Crédit agricole, Caisse d'épargne, etc.) auprès desquels vous avez la possibilité d'ouvrir un compte courant. En plus de proposer des placements et des services financiers en tous genres, ces établissements distribuent des crédits, dont une panoplie de financements destinés à l'habitat. Pour demander ce genre de crédit, pas besoin d'être client de la banque. En revanche, pour octroyer les financements, cette dernière exigera l'ouverture d'un compte courant avec une domiciliation obligatoire des revenus. Afin de gagner de nouveaux clients, les banques de dépôt n'hésitent pas casser les prix des crédits immobiliers, quitte à rogner sur leur marge et vendre à perte. Elles utilisent le crédit immobilier comme un produit d'appel destiné à attirer le client. Une fois que ce dernier a domicilié son salaire, elles se rattrapent sur le reste. Le client devient un consommateur de services bancaires payants et de produits de placements générant de confortables marges pour la banque. Pour être en mesure de distribuer des millions d'euros de crédits immobiliers aux particuliers, les banques généralistes ont à leur disposition deux ressources financières. Elles peuvent utiliser les sommes laissées en dépôt par leurs clients ou choisir d'emprunter de l'argent sur les marchés financiers. La première solution, qui est de loin la plus économique, lui permet de proposer des crédits à taux fixe à des prix imbattables.

En 2004, les banques généralistes et celles à caractère mutualiste ou coopératif (Crédit agricole, Caisse d'épargne, Crédit mutuel, etc.) détenaient près de 83 % des parts de marché de la production de crédits immobiliers. Le reste, soit 17,1 %, a été réalisé par les banques spécialisées. (Source : Observatoire de la production de crédits immobiliers.)

Les banques spécialisées

Ces établissements financiers ont pour particularité de ne commercialiser que du crédit immobilier. Comme tous les spécialistes qui se respectent, ces prêteurs offrent une large gamme de prêts, capables de répondre à tous les besoins de financements immobiliers. Ces enseignes (Crédit foncier, Crédit immobilier de France, UCB, Entenial, etc.) sont en mesure de concocter des prêts sur mesure, allant du montage le plus simple au plus sophistiqué.

Contrairement aux banques de dépôt qui utilisent le crédit immobilier comme produit d'appel avec une faible marge ou nulle à la clé, les banques spécialisées doivent, elles, gagner de l'argent avec cette activité de financements immobiliers. Elles n'ont d'ailleurs pas d'autres choix car c'est leur seul fonds de commerce.

Pour rester dans la course face aux banques de dépôts qui cassent les prix, ces banques se démarquent par des innovations. Ainsi, ce sont elles qui ont été les premières décliner les formules de taux révisables. Ce sont également elles qui ont inauguré les prêts de très longue durée (vingt-cinq et trente ans) qui, aujourd'hui, fleurissent dans toutes les enseignes. Moyennant des taux d'intérêt parfois plus élevés, ces établissements acceptent souvent de financer des ménages modestes ou fragiles qui se font refouler par les banques de dépôt.

Si vous faites affaire avec une banque spécialisée, la domiciliation de salaire n'est jamais nécessaire. Vous restez donc dans votre banque, il suffira de mettre en place un prélèvement automatique sur votre compte courant pour régler les mensualités du crédit.

Ne disposant d'aucunes ressources en interne, ces banques se financent en achetant sur les marchés financiers de l'argent à court et long terme. Résultat, elles sont compétitives en taux révisables, mais beaucoup moins en taux fixes.

Les clés d'une négociation réussie

En matière de crédit immobilier, il y a un côté scène avec des conditions officielles de prêt affichées par les banques. Toutefois, c'est en coulisses, dans le bureau du banquier, que tout se décide vraiment. À ce moment précis, tout est négociable. À vous d'user de votre capacité de persuasion face à votre banquier. Le célèbre adage « on ne prête qu'aux riches » n'est pas complètement faux. Frileuses, les banques n'aiment pas le risque. Ainsi, avant de prêter, elles passent au crible votre situation financière et patrimoniale. Avant de vous présenter à elles, soignez donc votre profil ! N'hésitez pas à consacrer du temps à « bétonner » votre dossier de demande de prêt et mettre tous les atouts de votre côté.

Les avoirs bancaires

Les banques aiment savoir que vous êtes plutôt fourmi que cigale. La détention d'un compte de titres, de produits d'épargne ou d'un contrat d'assurance vie constituent pour elles des signes de vos dispositions à épargner. Selon elles, si vous pouvez mettre de l'argent de côté, alors il y a de grandes chances que vous soyez en mesure de payer votre prêt rubis sur l'ongle. En outre, le volume de votre patrimoine financier et de vos placements reflète l'aisance de votre situation financière.

L'évolution professionnelle

L'examen de votre carrière professionnelle passée et de vos évolutions possibles va donner à la banque des indications sur le potentiel de progression de vos revenus. Vous êtes un jeune diplômé d'une grande école ? Sauf accident de parcours, votre évolution de carrière devrait être prometteuse. La banque sera très motivée pour vous gagner comme client, en espérant bien vous conserver lorsque vos revenus se seront étoffés. Vous êtes fonctionnaire ? En ces temps de chômage, la sécurité de l'emploi est un bon point pour vous. Si en revanche, vous êtes à la veille de la retraite, avec une perspectives de baisse de revenu, ou bien si vous galérez de CDD en CDD, la banque sera plus regardante avant d'avancer des fonds.

L'apport personnel

Pour mémoire, l'apport personnel représente la somme que vous pouvez avancer vous-même avant même d'obtenir un crédit (voir chapitre 25, p. 353). Plus cet apport pèse lourd dans le financement du bien, plus le taux proposé sera avantageux. Pour un même montant emprunté, les taux proposés ont 0,30 à 0,40 % d'écart selon le montant de l'apport.

Le courtier immobilier : il négocie pour vous !

À moins d'être un « bon » client, l'ancienneté dans une banque n'aide pas à décrocher le meilleur taux de crédit. Pour dénicher le taux le moins cher, il convient de mettre les banques en concurrence, la sienne comprise. On peut effectuer soi-même la tournée des établissements, comparer les offres et négocier pied à pied. Pour ceux qui manquent de temps, cette mission peut être confiée à un courtier en prêts immobiliers. Selon des statistiques récentes, sur les 100 milliards de prêts immobiliers accordés en 2004 par les banques, 12 % ont été réalisés par des courtiers immobiliers. Cette part du gâteau pourrait même grossir et atteindre 30 % d'ici trois ans. C'est dire si c'est l'intermédiaire qui monte, qui monte !

Passer par ce genre de professionnel permet souvent de trouver de meilleures conditions de crédit qu'en négociant seul. Le mode de fonctionnement du courtier est le suivant : il collecte les demandes, monte les dossiers pour les diffuser aux différents établissements avec qui il a passé des accords commerciaux.

Certains courtiers n'ont de contact avec leurs clients que par Internet, d'autres proposent des entretiens téléphoniques. Quelques enseignes ont choisi de recevoir la clientèle en agence, comme dans une banque.

Comment parviennent-ils à proposer des taux si compétitifs ? Plus ces courtiers génèrent un volume important de crédits, plus ils parviennent à prénégocier des conditions avantageuses (taux compétitifs, suppression de l'indemnité de remboursement anticipé, délégation d'assurance, etc.) avec la banque. En tant que professionnel, cet intermédiaire dispose d'une marge de manœuvre plus importante et d'une force de frappe plus dissuasive qu'un particulier isolé qui souhaite négocier. Quant aux banques, elles jouent le jeu car il en vaut la chandelle. Ces dernières sont prêtes à faire un effort sur leur taux pour capter un nouveau client qui lui sera fidèle pendant la durée du crédit et consommera ses produits et services.

En principe, le coût du service du courtier est neutre pour l'emprunteur. Ce dernier lui règle (et non à la banque) des frais de dossier proches de 1 % du montant du crédit, mais ces dépenses sont souvent plafonnés entre 400 et 750 euros.

Attention, ne payez pas cet intermédiaire avant de prendre connaissance de ses propositions. Comme l'agent immobilier, le courtier n'encaisse une commission que si l'affaire se réalise, autrement dit, si l'offre de prêt est acceptée. Le courtier se rémunère également auprès de l'établissement à qui il a apporté le dossier.

Chapitre 29

N'oubliez pas de négocier les frais annexes

Dans ce chapitre :

- De discutables frais de dossier
- Optez pour une garantie financière adaptée à votre opération
- Les coûts cachés des assurances
- Faites baisser l'indemnité de remboursement anticipé
- Le TEG : votre arme pour comparer

Obtenir un bon crédit ne se résume pas à faire baisser le taux d'intérêt. Certes, ce critère est important, mais il ne doit pas être le seul à être pris en considération. N'oubliez pas de passer en revue les frais annexes. Ils n'ont d'annexes que le nom car ils pèsent lourd sur le coût total du financement. Pour réduire ces dépenses obligatoires, il convient de les négocier une à une, avant de signer le contrat de prêt. Additionnés les uns aux autres, ces à-côtés sont nombreux. Cela va des frais de dossier, aux assurances en passant par la garantie financière.

Les frais de dossier

Officiellement, ces frais correspondent à la rémunération empochée la banque pour monter le dossier de crédit. Ces frais intègrent pêle-mêle les compétences du conseiller de clientèle sollicité, le temps qu'il passe à vous recevoir et à mettre en place le dossier. Les frais de dossier sont souvent équivalents à 1 % du capital emprunté. Certaines banques plafonnent cette dépense entre 600 et 800 euros, mais la loi ne prévoie aucune limite.

Méfiez-vous des chiffres : certaines banques affichent des frais de dossier imbattables… mais les montants sont hors taxes ! Faites-vous préciser ce point. Le montant des frais de dossier paraît astronomique pour une banque rompue au montage de dossiers de crédit. Et puis, vous facturer près de 800 euros pour vous recevoir une ou deux fois dans le bureau du conseiller de clientèle, l'équivalent de 400 euros l'heure, cela fait cher le conseil !

Par exemple, pour un crédit de 150 000 euros, il faudra payer, en plus du coût du crédit, entre 600 et 1 500 euros de frais de dossier, en pure perte. Ne ratez donc pas les campagnes crédits des banques. En plus de proposer des taux à prix cassés, elles font parfois cadeau des frais de dossier. Mais même hors de ces périodes de soldes, ces frais sont toujours négociables. S'il essaie de vous gagner comme client, le banquier n'hésitera pas à faire ce geste commercial en allégeant ces frais ou en les supprimant.

Payés à la souscription du crédit, les frais de dossier ont relativement peu d'impact sur le taux effectif global (TEG). Le prêt épargne logement comme le prêt à taux zéro sont exemptés de frais de dossier. La Poste ne facture pas de frais de dossier à condition que le crédit immobilier principal accordé soit couplé à un prêt épargne logement.

Ne vous épuisez pas à faire baisser les frais dossier, surtout si le banquier reste de marbre. Payés en une seule fois, ces frais sont certes douloureux la première année, mais ensuite on n'en parle plus. En revanche, mieux vaut essayer de réduire le coût de l'assurance décès qui est payée chaque mois pendant toute la durée du prêt.

Les garanties financières

Lorsqu'elle prête de l'argent, la banque exige toujours une garantie financière. Il s'agit en fait d'un filet de sécurité qui la protège en cas de non-paiement du crédit par l'emprunteur. En faisant jouer cette garantie, prise à la souscription du crédit, elle est sûre de se faire rembourser quoi qu'il advienne ! Obligatoire, cette garantie est à la charge de l'emprunteur. Bien que cette couverture soit souscrite au profit de la banque, l'emprunteur a le choix entre trois formules : l'hypothèque classique, le privilège de prêteur de deniers et la caution mutuelle. Si le coût de chacune d'elle demeure le critère de sélection principal, il existe des cas où l'une ou l'autre de ces solutions s'imposent.

L'hypothèque classique (ou conventionnelle)

Quelle garantie ?

La garantie prise par la banque porte sur un bien immobilier. Ce dernier est généralement celui qui est financé, mais la prise d'hypothèque peut porter sur un autre logement. En vous faisant payer une hypothèque d'environ 2 % sur la valeur du bien, le banquier est sûr, en cas d'impayés, de saisir l'habitation hypothéquée, de la vendre aux enchères judiciaires pour se faire rembourser du crédit restant à payer. Ce n'est pas parce qu'une hypothèque est prise sur votre logement que vous ne pouvez plus le vendre. Il vous suffit de rembourser le prêt en cours, grâce à l'argent de la vente (ou de la banque en cas de rachat de crédit). C'est au notaire de procéder à la mainlevée de l'hypothèque.

Une réforme en cours sur l'hypothèque

Depuis quelques mois déjà, le gouvernement planche sur la réforme de l'hypothèque. L'idée est de proposer une batterie de mesures destinées à constituer des hypothèques « rechargeables ». La philosophie de la réforme est la suivante : une fois que l'emprunteur a commencé à rembourser son prêt, il peut réutiliser sa garantie pour d'autres prêts sans avoir à inscrire de nouvelles hypothèques. Une affaire à suivre.

L'intervention du notaire

JARGON

La constitution de l'hypothèque fait l'objet d'un acte authentique rédigé par un notaire. Ce document doit toujours être déposé et inscrit à la conservation des hypothèques (ou bureau des hypothèques) dont dépend le bien. Le notaire dispose d'un délai de deux mois pour effectuer cette dernière démarche. La banque veillera à ce que le notaire réalise cette opération le plus vite possible car c'est la date d'inscription qui détermine son rang de paiement face aux éventuels autres créanciers. La prise d'hypothèque peut concerner un prêt destiné à financer un bien immobilier existant, la construction d'une maison mais aussi des travaux d'aménagement ou d'agrandissement.

Les frais

Les frais d'inscription de l'acte notarié sont déterminés par des barèmes officiels, ils se décomposent ainsi :

- le salaire du conservateur des hypothèques, calculé sur la base de 0,05 % du montant du prêt ;
- les honoraires du notaire, dégressifs selon le montant du bien, allant de 3,33 à 0,55 % hors taxes, selon le montant du prêt ;
- la taxe de publicité foncière, équivalente à 0,60 % du montant du crédit.

ATTENTION !

Transférer l'hypothèque sur un nouveau crédit ?

Lorsque vous vendez un bien pour en acheter un autre et que vous restez dans la même banque, cette dernière peut parfois accepter de transférer le crédit immobilier en cours (négocié à un bon taux) pour financer un nouveau bien. Cet exercice est aussi possible pour l'hypothèque attachée à ce crédit. C'est un moyen astucieux de minorer les frais de garantie. Dans ce cas, vous n'aurez pas à payer les frais de mainlevée d'hypothèque et à régler les frais d'une nouvelle prise de garantie. Le transfert d'hypothèque coûte en général autour de 500 euros.

Le privilège de prêteur de deniers (PPD)

Variante de l'hypothèque, le privilège de prêteur de deniers (PPD) donne lieu comme elle à la rédaction d'un acte notarié enregistré au bureau des hypothèques dans les deux mois qui suivent la vente. Comme dans l'hypothèque, en cas de non-paiement des mensualités de crédit, le bien est saisi et vendu par la banque, prioritaire face aux autres créanciers. Elle se rembourse alors sur le prix de vente.

La nature de bien

Cette garantie ne fonctionne que pour l'acquisition d'un terrain ou d'un logement existant. Elle n'est donc pas valable pour la construction d'une maison individuelle, le financements de travaux immobiliers ou encore l'acquisition d'un logement neuf sur plans. Lorsque le financement comprend à la fois le prix du bien et des travaux à réaliser, la banque va demander, en plus du PPD, une hypothèque complémentaire pour garantir les sommes prêtées pour payer les travaux.

Le coût

Le PPD est moins onéreux que l'hypothèque. Tous les frais sont les mêmes que ceux facturés lors d'une hypothèque à l'exception de la taxe de publicité foncière. Même si elle n'est pas astronomique, 0,60 % du montant du crédit, c'est toujours ça de moins à sortir.

Par exemple, pour un prêt de 200 000 euros, la taxe de publicité foncière se chiffre à 1 200 euros. Cette dépense n'est pas neutre devant l'ensemble des frais annexes générés par une acquisition. Le PPD est dispensé de la taxe de publicité foncière, ainsi que quelques crédits réglementés tels que le prêt épargne logement, le prêt à taux zéro, le prêt conventionne et le prêt d'accession social.

La note salée des frais de mainlevée

L'inconvénient majeur de l'hypothèque et du PPD, c'est qu'ils manquent de souplesse. En cas de revente du bien avant l'échéance du prêt ou moins de deux ans après la fin des remboursements, le vendeur devra payer entre 0,5 et 1 % du montant du prêt en frais de mainlevée de l'hypothèque. Ce n'est seulement que deux ans après l'extinction de la dette que ces frais disparaissent.

La caution mutuelle

C'est aujourd'hui la garantie financière la plus souvent proposée par les banques. En contrepartie d'une somme comprise entre 2 et 3 % du montant emprunté, des organismes financiers spécialisés se portent caution vis-à-vis de la banque, au cas où l'emprunteur ne paierait plus son crédit. Autrement dit, c'est l'organisme de caution qui s'engage à payer la dette à la place de l'emprunteur défaillant. Contrairement à l'hypothèque, il ne suffit pas de choisir la solution de la caution pour l'obtenir. Ce serait trop simple ! Une fois que la banque a accepté le dossier de crédit, elle le transmet à l'organisme de cautionnement mutuel. Ce dernier procède à son tour, et selon ses propres critères, à une seconde lecture de la demande de prêt. Il peut la rejeter ou l'accepter.

Selon les sociétés de cautionnement, les tarifications prennent en compte divers facteurs comme les caractéristiques du prêt (durée, montant, etc.), la solvabilité de l'emprunteur, le type de bien financé, etc.

Un faible coût

L'avantage de la caution sur l'hypothèque et le PPD tient à son faible coût. On fait ici l'économie des formalités, des frais d'enregistrement de l'acte notarié et des frais de mainlevée d'hypothèque.

Le prix d'une caution comprend généralement une commission et le versement à un fonds mutuel de garantie (FMG). La commission, versée à fonds perdu, est calculée sur la base d'un pourcentage de la somme empruntée. Elle est parfois plus faible pour un prêt épargne logement que pour d'autres crédits. Le paiement du FMG représente entre 1 et 2 % du montant du prêt. Parfois, cette commission est partiellement restituée à l'extinction du prêt à hauteur de 75 % du montant déboursé.

Cette garantie est généralement réservée aux emprunteurs disposant d'un confortable apport personnel.

Des cautions gratuites pour certaines professions

Plusieurs mutuelles de fonctionnaires et d'agents de l'État garantissent gratuitement ou à des tarifs très compétitifs les prêts contractés par leurs adhérents. Ces organismes cautionnent aussi bien les prêts pour l'achat de la résidence principale que ceux pour une résidence secondaire. Renseignez-vous !

Que se passe-t-il en cas de non-paiement du prêt en cours ?

Une fois payé à la banque ce que lui doit l'emprunteur défaillant, l'organisme de caution se retourne contre ce dernier. L'organisme de caution va tenter de trouver une solution à l'amiable ou encourager la revente du bien.

Faire son choix entre les trois formules

La caution s'avère généralement la meilleure solution car la moins coûteuse. Pour une acquisition de logements anciens, PPD et caution sont des solutions moins coûteuses. Enfin, pour un prêt de courte durée (moins de dix ans) avec une revente probable avant terme, c'est la caution qui a l'avantage.

Souple, souple… la caution

En cas de cession du logement, la caution peut aussi être cédée à l'acheteur.

En cas de revente, sous certaines conditions et si sa banque a donné le feu vert, l'emprunteur peut conserver sa caution pour garantir un nouvel achat à crédit.

Comparatif

Pour comparer efficacement les différentes solutions possibles, il faut prendre en compte le coût de la garantie payée en début de crédit, mais aussi les éventuelles dépenses au moment de l'arrêt du crédit, à savoir les frais de mainlevée pour l'hypothèque et les éventuels fonds restitués pour la caution. C'est ce que nous avons effectué dans le tableau ci-dessous.

Coûts comparés des trois garanties pour un prêt de 150 000 euros sur quinze ans (en euros)

	Coût initial à l'échéance (A)	Montant restitué (B) en fin de prêt	Frais de mainlevée d'hypothèque (C) [1]	Frais réels A - B + C
Hypothèque	2 951	0	945	3 895
PPD	1 844	0	945	2 789
Caution [2]	2 956	1 079 [3]	0	1 879

[1] Les frais de mainlevée ne sont pas systématiques. Ils sont à payer en cas de revente du bien avant l'échéance du prêt ou dans les deux années qui suivent la fin du remboursement du crédit.
[2] D'après le barème du Crédit logement.
[3] Sur la base d'un remboursement de la participation au FMG à hauteur de 75 %.

Ainsi, pour un prêt de 150 000 euros sur quinze ans, l'hypothèque oblige à débourser 3 895 euros en tenant compte des frais de mainlevée, le PPD engendre une dépense de 2 789 euros. Quant à la caution, elle coûte, en fin de crédit, 1 829 euros. La caution s'avère ici la solution la plus économique. Mais son obtention n'est pas systématique, le dossier doit être accepté par l'organisme de caution. En cas de refus, il faut choisir entre les deux autres formules qui nécessitent un acte notarié.

Le nantissement comme joker

Le nantissement constitue une forme moins connue de garantie d'un crédit immobilier. Ici, l'emprunteur donne en garantie à la banque prêteuse un placement financier (contrat d'assurance vie, portefeuille de titres, etc.) ou un bien immobilier qu'il détient. Au lieu de disposer d'une hypothèque ou d'une caution, l'établissement prend ainsi un gage sur une partie du patrimoine de l'emprunteur. L'acte de nantissement se signe entre la banque et l'emprunteur puis est annexé au contrat de prêt.

Toutefois, avant d'accepter ce montage juridique, le banquier s'assure que la valeur du placement en question soit égale au montant du crédit. D'ailleurs, pour se protéger en cas de perte de valeur des placements nantis (actions, obligations, etc.), l'établissement exige un nantissement d'une valeur supérieure à celle du prêt.

Par exemple, il n'est pas rare qu'un portefeuille d'actions nanti représente au moins 120 % du crédit. Ce qui signifie que pour un prêt de 90 000 euros, le compte de titres nantis doit avoir une valeur d'au moins 108 000 euros. C'est un filet de sécurité imposé par la banque pour se protéger notamment en cas de chute de la bourse. En revanche, un contrat d'assurance vie en euros pourra avoisiner 90 % du montant de l'emprunt, la banque étant sûre de récupérer à terme les 10 % restant avec les intérêts générés par ce placement.

Autre particularité du nantissement : les fonds gagés sont évidemment indisponibles. Autrement dit, pas question pour l'emprunteur de toucher à ces placements pendant toute la durée du prêt. D'ailleurs, les valeurs mobilières (actions, obligations, parts de fonds commun de placement (FCP) ou de Sicav, etc.) sont transférées sur un compte spécial appelé « compte des instruments financiers », « gelé » pendant toute la durée du prêt. Pour les autres biens nantis (assurance vie, plan d'épargne en actions, part de société civile de placements immobiliers), la banque fait enregistrer officiellement l'acte. Le nantissement est signifié par voie d'huissier à l'émetteur du placement concerné (SCPI, assureur, etc.). Cette formalité coûte environ 230 euros. Parfois, certaines banques facturent en plus des frais de dossiers. Généralement, la durée du nantissement est calée sur celle du crédit.

Le recours au nantissement concerne surtout les personnes à la tête d'un coquet patrimoine financier. Elle est également souvent employée pour le montage de crédits « *in fine* » (voir chapitre 27, p. 420).

Les assurances

Souscrire un prêt immobilier sans assurance crédit relève de la mission impossible. Même s'il n'y aucune obligation légale, la souscription d'une garantie conditionne l'obtention des fonds.

Bien souvent, l'établissement prêteur vous propose des contrats d'assurance déjà négociés auprès d'une compagnie tels qu'il les propose à tous ses clients. Omnubilé par le taux de crédit, vous acceptez de payer les yeux fermés une assurance chère et superflue. 3 euros par mois par ici, 5 euros par mois par là, le coût d'une assurance est en apparence indolore. Mais payer chaque mois cette somme pendant dix, quinze, voire vingt ans, cela représente une coquette somme et fait gonfler la note. Ne laissez pas le banquier vous imposer telle ou telle garantie. Le produit maison proposé sur un plateau par votre banque n'est pas forcément le meilleur, ni le plus économique. Avant de signer, définissez vos besoins réels et faites jouer la concurrence !

L'assurance décès invalidité

Il relève du miracle d'emprunter à une banque sans souscrire une assurance décès invalidité. Non obligatoire, cette assurance est pourtant exigée par les établissements prêteurs qui ne se gênent pas pour refuser le prêt si vous n'en avez pas.

À quoi sert-elle ?

Elle permet au banquier de récupérer sa mise quoi qu'il arrive. Autrement dit, en cas de décès ou d'invalidité de l'emprunteur, cette couverture garantit le remboursement par anticipation du crédit restant à payer, dans la limite du capital assuré. Mais l'utilité d'un tel produit ne s'arrête pas là ! Elle prend toute sa dimension pour les héritiers de l'emprunteur défunt. Imaginons que vous empruntez en couple pour acheter votre résidence principale. Si l'un des deux décède, celui (celle) qui reste pourra-t-il (elle) faire face seul(e) au remboursement de l'emprunt ? Pas si sûr. Grâce à cette garantie, la dette s'éteint. C'est un souci financier en moins car, après une disparition, c'est tout l'équilibre du budget familial qui est ébranlé.

Le principe est le même si l'emprunteur est reconnu en invalidité permanente et définitive et s'il nécessite les soins d'une tierce personne pour les actes de la vie quotidienne. Dans ce cas l'assurance prend en charge le remboursement du prêt.

Les exclusions

En terme d'assurance, la liste des exclusions est longue. Par exemple, dans la plupart des contrats, la garantie décès ne joue pas dans les cas suivants :

- le suicide de l'assuré au cours des deux premières années d'assurance ;
- le décès de l'assuré à l'occasion de la pratique d'un sport dangereux comme le parachutisme, la course automobile ou la plongée sous-marine.

Certains contrats excluent les suites d'une maladie contractée avant la souscription de l'assurance. D'autres ne veulent pas garantir les maladies psychiatriques, les dépressions nerveuses, etc. Il existe chez certains assureurs (Solly Azar, AIG, etc.) des assurances « risques spéciaux ». Certes plus chères, ces dernières couvriront l'exercice d'un sport risqué ou telle pathologie.

Pour qui ?

Elle concerne tous les emprunteurs de crédit immobilier. Si vous empruntez à deux, les combinaisons sont nombreuses. L'assurance peut être répartie, en fonction de la participation financière de chacun aux remboursements ou selon le montant de leurs revenus. Par exemple, cette assurance peut porter au choix sur les deux têtes (madame et monsieur) ou sur l'une des deux têtes (madame ou monsieur). L'assurance peut couvrir de 0 à 100 % chacune des têtes.

Expliquons-nous : si l'assurance souscrite couvre à 50 % monsieur et à 50 % madame, cela signifie qu'en cas de décès de l'un, l'autre (coemprunteur) n'aura à payer que 50 % des échéances du prêt en cours, le reste étant pris en charge par l'assurance. Ici, ce partage égal convient aux personnes qui ont des revenus équivalents. C'est à vous d'adapter ce pourcentage à la répartition des revenus au sein de votre ménage. Il faudra parfois opter pour 60-40 % ou 70-30 %, si l'un gagne plus l'autre. En revanche, si un seul travaille, une assurance à 100 % sur une tête reste le meilleur choix. Sachant que la prime d'une assurance décès souscrite à 100 % pèse sur le coût total du crédit.

Par exemple, pour un prêt de 200 000 euros sur vingt ans dont l'assurance décès invalidité est facturée sur la base 0,35 % du capital emprunté, le prix d'une couverture à 100 % sur deux têtes est de 28 080 euros contre 13 020 euros pour une couverture à 50 % sur chaque tête.

Les établissement prêteurs proposent d'office à leurs emprunteurs un contrat « groupe » – conçu pour la grande majorité de leur clients – négocié avec une compagnie d'assurance. Si cette couverture est intéressante pour la tranche d'âge 35/60 ans, elle est prohibitive pour les plus jeunes. Aujourd'hui, seuls quelques établissement (BRED, CCF, Crédit du Nord, Crédit lyonnais, etc.) proposent des assurances groupe avec des tarifications différenciées par classe d'âges, mais ce n'est pas la majorité.

La convention Belorgey du 19 septembre 2001 permet désormais aux personnes présentant des risques de santé aggravés d'obtenir un prêt d'un montant n'excédant pas 200 000 euros sur une durée maximale de douze ans et à un tarif d'assurance décès non prohibitif, comme c'était le cas auparavant. Condition de l'obtention de cette assurance : l'emprunteur ne doit pas être âgé de plus de 60 ans.

Le coût

Le coût de l'assurance décès invalidité varie selon les compagnies et selon le type de contrat souscrit. Le montant de l'assurance perçue n'est malheureusement pas calculé de la même façon dans tous les établissements, ce qui ne facilite pas la comparaison. Payable chaque mois, cette somme s'ajoute à la mensualité du crédit.

Très souvent, les primes d'assurance sont exprimées de deux façons :

- soit sur la base du capital initial (autrement dit le capital emprunté) : la cotisation est identique pendant toute la durée du crédit et les prix varient de 0,18 % à 0,45 % du montant du prêt suivant les établissements ;
- soit sur le capital restant dû : la cotisation est proportionnelle au montant du prêt qu'il reste à payer, ce qui veut dire qu'au fil des remboursements, la cotisation évolue à la baisse (son coût : entre 0,5 % et 0,7 % du montant du prêt suivant les établissements).

Si vous avez le choix entre ces deux solutions, préférez la seconde, de loin la plus économique. La raison ? Dans le premier cas, le coût de l'assurance est fixe tout au long de la durée du prêt. Dans le second cas, au fur et à mesure que vous remboursez votre dette. Le capital restant dû diminue. Ainsi, au fil des ans, le coût de l'assurance s'allège. Méfiez-vous des assurances qui cassent les prix. Ce sont celles qui recèlent souvent le plus d'exclusions.

Les limites d'âge

En général, il faut être âgé de moins de 60 ans à la date de la souscription d'un prêt et avoir moins de 70 ans au remboursement définitif du crédit. Prenant de plus en plus en compte l'allongement de la durée de la vie, de nombreux établissements ont repoussé ces limites d'âge. Emprunter âgé reste néanmoins possible à condition de payer des surprimes salées. Le tarif peut parfois être six, huit voire quinze fois supérieur à la prime ordinaire.

La délégation d'assurance

Contrairement à ce que l'on essaie de vous faire croire, rien ne vous oblige à souscrire l'assurance proposée par votre banque. D'ailleurs, ne vous laissez pas imposer l'assurance maison sans avoir fait le tour du marché. Le jeu en vaut parfois la chandelle. Même si cela vous prend un peu de temps, vous aurez parfois la bonne surprise de dénicher des garanties meilleures ou équivalentes à un prix plus compétitif. Cela est surtout vrai pour les jeunes emprunteurs, notamment les moins de 40 ans. Ces derniers ont intérêt à recourir à la délégation d'assurance, c'est-à-dire à souscrire individuellement une assurance décès incapicité de travail (DIT).

ATTENTION !

Emprunter après 65 ans… coûte cher

Emprunter après 65 ans devient de plus en plus banal. Selon la Caisse nationale de prévoyance (CNP), leader dans le secteur des assurances liées au crédit immobilier, les seniors représentent aujourd'hui plus de 20 % de la population d'assurés emprunteurs contre 9 % en 1996.

Pourtant, passé 65 ans, l'assurance décès s'achète au prix fort. La prime peut être huit fois plus chère que celle d'une assurance standard. L'étape la plus délicate à franchir dans la recherche d'un financement constitue la souscription. Les contrats groupe des banques couvre les emprunteurs jusqu'à 65 ans. Après, tout bascule. La souscription de l'assurance décès fait l'objet d'un contrat individuel et donc d'une tarification au cas par cas qui tient à la fois compte de l'âge, de la durée du prêt, etc. Quant aux formalités de demande de souscription, elles deviennent plus lourdes. Il faut répondre par écrit à une série de questions sur son état de santé et, le cas échéant, réaliser, à la demande de l'assureur, des examens médicaux complémentaires. Une fois le dossier complet, la demande est loin d'être automatiquement acceptée. La compagnie peut très bien refuser d'accorder la garantie à une personne qui, compte tenu de ses antécédents, présente des risques particuliers.

Toutefois, les refus catégoriques sont rares. La compagnie accepte en général d'assurer en contrepartie d'une surprime ou énonçant des exclusions.

En cherchant un peu, l'écart entre deux assurances avoisine parfois 30 %. Pour les moins de 30 ans non-fumeurs, le coût peut même être divisé par quatre ! L'économie totale est loin d'être neutre, faisant baisser de 0,1 à 0,2 point le TEG. Reste que la délégation d'assurance n'est pas un droit, certaines banques peuvent la refuser.

Attention aux délais de carence et de franchise

Signer son contrat d'adhésion ne signifie pas être couvert sur le champs. Loin de là ! Lisez les petites lignes de votre contrat, vous y découvrirez une mine d'informations. Si vous êtes en phase de recherche d'une couverture, ces « points de détails » du contrat peuvent être un critère de sélection.

Certains contrats prévoient par exemple, à compter de la souscription du prêt, un délai de carence, c'est-à-dire une période où l'assurance ne court pas. Autrement dit, la garantie ne se met en route que quelques mois après la signature du contrat. Bref, s'il vous arrive un pépin au cours de cette période, vous n'êtes pas couvert ! Variable selon les compagnies d'assurances, ce délai peut aller de deux à douze mois.

On trouve aussi souvent dans les assurances d'incapacité de travail et d'invalidité un délai de franchise. La franchise signifie que vous êtes garanti pour ce risque au-delà de X mois d'incapacité ou d'invalidité. Une pilule dure à avaler lorsque l'on se retrouve dans une situation physique critique qui empêche de gagner sa vie.

L'incapacité temporaire et totale de travail

Moyennant une surprime, cette assurance vous protège et vous aide face à des difficultés financières en cas de perte brutale de revenus à la suite d'une incapacité ou d'une invalidité. Les garanties invalidité permanente et incapacité de travail sont celles qui entraînent le plus de litiges lors de leur mise en jeu. Leur définition peut être différente en fonction du contrat. Examinez attentivement cette partie du contrat.

L'incapacité de travail peut être constatée lorsque vous êtes inapte à exercer toute activité procurant gain ou profit et non seulement inapte à exercer votre activité professionnelle comme vous pourriez le penser. Si vous exercez une activité professionnelle particulière et que vous auriez du mal à exercer une autre activité sans perte importante de revenus (c'est le cas d'un chirurgien par exemple), pensez à vous assurer contre l'incapacité de travail qui vise votre profession. Nous vous invitons à consulter très attentivement cette partie du contrat afin de vérifier si vous êtes concernés.

L'assurance chômage

Facultative, l'assurance chômage a pour vocation de prendre en charge tout ou partiellement les mensualités de crédit dès lors que l'assuré perd son emploi. Cette garantie peut prévoir de reporter les échéances de la période de chômage en fin de crédit.

Si vous êtes salarié, elle vous sera systématiquement proposée par la banque. En revanche, les professions libérales, les commerçants, les exploitants agricoles, les travailleurs indépendants ou les chefs d'entreprise n'y ont pas accès. Proposée par les banques depuis les années 1980, cette couverture est certes séduisante mais les inconvénients sont nombreux.

Le coût

Il a sensiblement augmenté ces dernières années. Il varie, selon les options, entre 0,3 et 0,7 % du capital emprunté. Il faut par exemple compter 5 % de la mensualité soit 75 euros par mois pour un remboursement de 1 500 euros.

Des restrictions multiples

Bien évidemment, vos droits ne sont pas ouverts si le chômage résulte d'une démission, d'un licenciement pour faute grave ou d'un départ volontaire en préretraite. Avant que l'assurance prenne le relais des mensualités, il faut parfois patienter longtemps, trop longtemps. D'abord, le délai de carence est fixé entre six et douze mois selon les établissements. Ensuite, il faut attendre l'expiration du délai de franchise, souvent proche de quatre-vingt-dix jours (trois mois). Dans le meilleur des cas, on peut être couvert par l'assurance dans les neuf mois après l'avoir souscrite et, dans le pire des cas, seulement seize mois après. Et ce délai de franchise ne commence à courir qu'à partir du moment où vous touchez les indemnités des Assedic, qui elles-mêmes pratiquent un délai de franchise ! Une fois ces conditions remplies, l'indemnisation de la garantie n'est pas mirobolante. La majorité des assureurs couvrent entre 35 et 80 % des échéances du prêt. Généralement, pendant les trois, voire les six premiers mois de chômage, vous ne percevez rien. Ensuite et jusqu'au terme de la première année, l'aide financière équivaut de 20 à 40 % des mensualités de remboursement. La prise en charge augmente quand la durée du chômage s'allonge. Toutefois, ce filet de sécurité est limité dans le temps : entre dix-huit et quarante-huit mois, parfois davantage selon les options.

L'indemnité en cas de remboursement anticipé (IRA)

Valable généralement pour les prêts à taux fixe, l'indemnité en cas de remboursement anticipé (IRA) est prévue par la banque mais payable si le crédit n'est pas payé jusqu'au bout. Autrement dit, vous ne l'acquitterez que si vous décidez, pour diverses raisons (vente, rachat du prêt par une autre banque, etc.), de solder le prêt avant son terme. C'est par exemple le cas si vous avez souscrit un crédit d'une durée de quinze ans que vous souhaitez solder au bout dix ans. Reste que ce cas de figure n'a rien d'exceptionnel, d'ailleurs les statistiques démontrent qu'un prêt sur deux n'arrive pas à son terme. La négociation de l'IRA est importante. Si cela ne vous coûte rien à la souscription, la discuter pourra vous éviter de la payer quelques années plus tard lorsque vous stopperez le crédit en cours de route. Si vous n'abordez pas le sujet avec la banque lors de la négociation des conditions du prêt, cette dernière les mentionnera au prix fort dans le contrat de prêt. En guise de « cadeau de départ », elle exigera le règlement d'une pénalité financière équivalente à six mois d'intérêts plafonnée à 3 % maximum du capital restant dû (article 12 de la loi Scrivener). Mais même limitée, cette pénalité peut représenter pas mal d'argent pour retrouver sa liberté, surtout s'il reste encore beaucoup d'années de crédit à payer. Par exemple, s'il vous reste 50 000 euros à payer sur votre prêt, la pénalité sera 1 500 euros (soit 50 000 X 3 %), l'équivalent du prix d'un déménagement.

Marchandez la baisse ou la suppression de l'IRA si vous savez qu'il y a de fortes de chances pour que vous n'alliez au bout du crédit. Sinon, concentrez vos efforts de négociation sur d'autres postes !

Le remboursement d'un prêt par anticipation est un droit prévu par l'article L312-21 du code de la consommation : « L'emprunteur peut toujours, à son initiative, rembourser par anticipation, en partie ou en totalité le crédit. [...] Le contrat de prêt peut interdire les remboursements égaux ou inférieurs à 10 % du montant initial du prêt, sauf s'il s'agit de son solde. [...] Le prêteur est en droit d'exiger une indemnité [...] fixée suivant un barème déterminé par décret. » Aucune indemnité n'est réclamée pour les prêts immobiliers souscrits depuis le 30 juin 1999 à condition que la vente anticipée du bien survienne dans trois cas précis : la mutation professionnelle de l'emprunteur, la perte (forcée) de son emploi et le décès. Ces exonérations sont aussi valables pour le conjoint.

Pour emporter le morceau et vous convaincre d'emprunter chez lui, le banquier, bon prince, peut accepter de minorer ces IRA, voire de les supprimer. Dans ce cas, ces indemnités sont modifiées dans le contrat de prêt. Exigez de la banque une trace écrite de sa décision, sinon cette négociation menée avec succès ne vaudra rien ! La rédaction des conditions de règlement de l'IRA comporte parfois des nuances, sachez les décrypter. Ainsi, certains établissements acceptent la suppression des IRA à condition que vous souscriviez chez eux un crédit immobilier. D'autres exonèrent du paiement de l'IRA sauf si le prêt est racheté par une banque concurrente. Aucune indemnité de remboursement anticipé n'est prévue pour les prêts épargne logement, le prêt à taux zéro et le prêt 1 % logement.

Comparer à l'aide du taux effectif global (TEG)

Non le sigle TEG n'est pas celui d'un train à grande vitesse étranger, ni même celui d'une unité de mesure thaïlandaise ! Cette abréviation signifie littéralement taux effectif global. Il s'agit en fait d'un taux qui reflète le coût global du crédit. Ainsi le TEG intègre bien sûr le taux d'intérêt (dit taux de base), mais aussi les frais de dossier, l'assurance décès invalidité et les garanties (hypothèque, PPD ou caution). À noter que les charges qui ne peuvent être évaluées avec précision avant l'acceptation de l'offre par l'emprunteur peuvent être exclues du calcul du TEG. C'est par exemple le cas des garanties financières ou des honoraires du notaire. Le TEG doit toujours être exprimé en pourcentage sous forme d'un taux annuel. En quelques années, le TEG s'est imposé comme un outil de référence pour comparer différentes offres de prêts pour un même projet immobilier. D'ailleurs depuis 1999, la loi oblige les établissements prêteurs à indiquer le TEG dans leurs offres de crédit. C'est une façon de s'y retrouver dans le maquis des taux.

Le TEG surtout pour le taux fixe

Si le TEG est aisément calculable pour un prêt à taux fixe dont tous les paramètres sont connus à la souscription, cela est beaucoup moins vrai pour les prêts à taux révisable. Ces derniers, par définition, varient plusieurs fois au cours de la vie du prêt. Pour les taux révisables, le TEG ne peut être donc calculé que la première année grâce au taux de départ. Pour les années suivantes, il est impossible de le connaître à l'avance et donc de le calculer.

Le TEG n'est pas seulement dû au seul taux d'intérêt du crédit. Dans le tableau ci-dessous, nous avons décidé de ne pas faire bouger le taux fixé à 3,90 %, mais de faire varier le coût des frais de dossier et de l'assurance décès. Voici l'impact de ces coûts sur le TEG :

Exemple n° 1 : prêt de 150 000 euros sur dix ans

Taux d'intérêt (en %)	Frais de dossier (en euros)	Assurance décès (en % du capital emprunté)	TEG (en %)
3,90	0	0	3,90
3,90	1 500	0	4,11
3,90	750	0	4,01
3,90	1 500	0,28 %	4,61
3,90	750	0,28 %	4,50
3,90	1 500	0,35 %	4,73
3,90	750	0,35 %	4,62
3,90	750	0,40 %	4,70

Source : ADIL 77

Exemple n° 2 : prêt de 150 000 euros sur vingt ans

Taux d'intérêt (en %)	Frais de dossier (en euros)	Assurance décès (en % du capital emprunté)	TEG (en %)
3,90	0	0	3,90
3,90	1 500	0	4,02
3,90	750	0	3,96
3,90	750	0,28 %	4,40
3,90	750	0,35 %	4,51
3,90	750	0,40 %	4,58

Source : ADIL 77

Chapitre 30

La mise en place du crédit

Dans ce chapitre :

- Une offre de prêt dans les formes
- La condition suspensive : une planche de salut en cas de refus de prêt
- Chronique annoncé du déblocage des fonds

Une fois que vous avez obtenu satisfaction et sélectionné la banque avec qui vous allez traiter, rien n'est joué. Il faut que l'offre de prêt soit émise dans des conditions strictement définies par la loi (très protectrice envers l'emprunteur) et que le crédit soit accepté. Cette dernière étape est cruciale pour que s'effectue le déblocage des fonds. Il faut absolument en disposer le jour J, c'est-à-dire lors de la signature chez le notaire.

L'offre de prêt

La loi Scrivener du 13 juillet 1979 (modifiée par la loi du 31 décembre 1989) protège l'emprunteur en matière de crédit immobilier. Ce texte de loi oblige notamment les banques à fournir une information minimum telle que la nature du prêt et son taux d'intérêt. Grâce à des délais imposés, ce texte prévoit de laisser un temps de réflexion à l'emprunteur avant de s'engager fermement et définitivement.

La forme

Le contenu de l'offre est strictement encadré par la loi. Soumise au code de la consommation, cette proposition doit vous être envoyée en double exemplaire par la banque, gratuitement et par voie postale (article 5 de la loi du 13 juillet 1979). Votre banquier ne peut donc vous la remettre en main propre.

L'offre de prêt doit au moins contenir les informations suivantes :

- les coordonnées de la banque, les vôtres, et le cas échéant, celles des cautions ;
- l'objet du prêt (appartement neuf ou ancien, maison, etc.) ;
- la nature et les modalités du prêt (date, conditions de mise à disposition des fonds) ;
- pour les prêt à taux fixe, un échéancier comportant, pour chaque échéance, le montant du capital remboursé et celui des intérêts ;
- le montant total du crédit et, s'il accordé par fraction (dans le cadre d'une construction ou d'un achat en VEFA par exempl), le montant de chacune de ces fractions ;
- le coût total du crédit avec l'indication du taux effectif global (TEG, voir chapitre 29, p. 447) et, pour les prêts à taux variables, les conditions et les modalités de variation du taux avec l'indication de l'indice de référence ;
- l'évaluation des garanties financières exigées par la banque pour l'obtention du prêt comme l'hypothèque, le privilège de prêteur de deniers ou la caution ;
- les frais d'assurances obligatoires (décès, incapacité de travail) et facultative (perte d'emploi) ;
- les frais de dossier ;
- les modalités de transfert du prêt à une autre personne ;
- le montant des frais d'études dus à la banque au cas où le prêt ne serait pas conclu ;
- le rappel des délais de réflexion et d'acceptation dont dispose l'acheteur ;
- la durée de validité de l'offre.

En cas d'infraction à ces règles (oubli de la date, etc.), le juge peut décider que le prêteur soit déchu partiellement ou en totalité du droit aux intérêts.

Le respect des délais

Vous êtes pressé d'obtenir les fonds pour vite signer chez le notaire. Pas la peine de vouloir aller plus vite que la musique : vous ne pouvez accepter l'offre de prêt avant l'expiration d'un délai de réflexion obligatoire de dix jours à compter de la date de réception de l'offre. Ce délai expiré, soit à compter du onzième jour, vous devez faire connaître votre réponse par courrier, le cachet de la poste faisant foi. L'envoi de l'offre a pour effet d'obliger la banque à maintenir son offre pendant un délai minimal de trente jours à compter de sa réception (article 7 de la loi).

Tant que vous n'avez pas dit oui à cette offre, aucune somme d'argent ne peut vous être réclamée, ni même être débitée de votre compte.

Si vous refusez l'offre de prêt (l'offre de prêt a été émise, mais finalement vous n'y souscrivez pas), sachez que vous n'avez rien payer à la banque qui a fait l'offre.

Si vous acceptez l'offre de prêt (envoyé par courrier, ce document doit être daté et signé de votre main), elle ne devient définitive que si la transaction se réalise dans un délai de quatre mois à compter de la date d'acceptation. Passé ce délai, le prêt est annulé et vous devrez, éventuellement, verser les sommes que la banque vous aura déjà avancées.

La durée de validité de l'offre

L'offre de crédit est valable pendant trente jours à compter de sa réception par l'emprunteur. Cela signifie que la banque doit s'engager à maintenir les conditions de l'offre pendant au moins trente jours. Toutefois, rien ne lui interdit de les maintenir au-delà de ce délai.

Si vous n'achetez plus pour une raison ou pour une autre, vous n'êtes pas obligé d'emprunter.

Toute modification des conditions de prêt inscrite sur l'offre doit donner lieu à l'émission d'une nouvelle offre.

La condition suspensive

Un contrat de construction ou un acte de vente sont souvent conclu sous la condition suspensive de l'obtention du financement par l'acheteur. Traduction simple de ce terme juridico-bancaro-financier : si la banque refuse le prêt à l'acheteur, la promesse de vente est annulée. Résultat : sans argent, la personne n'est plus obligée d'acheter, donc la transaction tombe à l'eau !

Dans ce cas de figure, toutes les sommes versées d'avance, comme les 10 % du prix payés à la signature de la promesse de vente, sont remboursables à l'acheteur. À partir du quinzième jour qui suit la demande de remboursement, la somme réclamée produira des intérêts au taux légal majoré de moitié.

Le délai de la condition suspensive peut être au minimum valable un mois, ce qui signifie que l'acquéreur dispose d'un mois pour obtenir ses crédits. En pratique, ce délai est heureusement plus long, de l'ordre de deux à trois mois. À charge pour l'acheteur d'accomplir en temps et en heure les démarches nécessaires pour obtenir dans les délais une réponse de sa banque.

Vous l'aurez compris, la condition suspensive ne vaut bien sûr que si l'on paie à crédit, pas si l'on achète comptant. Cette condition salvatrice en cas de refus de prêt doit être absolument mentionnée dans l'avant-contrat. Si vous y renoncez, il faudra l'écrire de votre main. Ce document sera alors annexé à l'avant-contrat.

En cas de litige, les juges considèrent que le prêt est obtenu lorsque la banque présente dans les temps une offre conforme aux caractéristiques mentionnées dans la promesse, mêmes si elles ne conviennent plus à l'acheteur. Et le prêt est aussi considéré comme obtenu si c'est l'acheteur qui s'est opposé la réalisation de la condition, par exemple en ne déposant pas son dossier de prêt.

Mais si réellement vous n'obtenez pas votre financement dans ce délai, le vendeur doit vous rembourser toute somme que vous lui avez versée, sans retenue ni indemnité.

Le déblocage des fonds

Une fois le prêt accepté, le déblocage des fonds s'effectue soit à la signature de l'acte notarié pour une vente clés en main (dans le cas d'un logement ancien par exemple), soit au fur et à mesure de l'avancée des travaux pour un logement à construire.

À noter que le déblocage progressif des fonds donne lieu au paiement d'intérêts supplémentaires appelés intérêts intercalaires. Aussi avez-vous intérêt à faire d'abord débloquer les prêts les moins coûteux.

Le remboursement du prêt

Le remboursement du prêt doit être effectué aux dates prévues dans le contrat. En cas de prélèvement direct sur le compte, vérifiez que celui-ci est bien approvisionné, car votre contrat peut prévoir des pénalités s'il y a un retard de paiement.

Chapitre 31

Modifier un crédit en cours

Dans ce chapitre :

- Pourquoi changer les règles du jeu ?
- Modulez, modulez !
- La bouée de sauvetage du PAS
- Penser aux aides au logement
- Sécuri-pass : l'offre du 1 % logement
- Les clefs d'une renégociation réussie

Que vous soyez endetté sur dix ans, quinze ans ou vingt-cinq ans, un crédit en cours n'est pas figé dans le marbre. Selon l'état de vos finances (chômage, promotion, héritage, divorce, etc.), cette mécanique bien huilée des mensualités payées à date fixe offre heureusement des souplesses, voire des portes de sorties dont vous ne soupçonnez pas l'existence. Bref, cette chronique annoncée de vos remboursements peut s'aménager, voire être remise en cause... à condition que le banquier soit d'accord ! Interrogez-le ou plongez-vous dans la lecture des petites lignes de votre contrat de prêt qui peuvent cacher de bonnes surprises.

Changer les règles du jeu

Personne ne sait de combien sera son revenu l'année prochaine, ni encore moins dans cinq, dix, quinze ou vingt ans ! Pourtant, malgré cette inconnue de taille, la souscription d'un crédit est un engagement qui suppose des finances régulières pendant plusieurs années. C'est sur cette hypothèse raisonnablement optimiste que sont calculés les remboursements. Or, au cours d'une vie professionnelle et familiale, l'évolution des finances est loin d'être un long fleuve tranquille. Personne n'est à l'abri de moments fastes comme de périodes de vaches maigres.

Quatre raisons de modifier un crédit en cours

- Depuis la souscription du crédit, vos revenus se sont étoffés. Cette aisance de trésorerie offre la possibilité de payer davantage chaque mois en remboursements, afin d'écourter la durée du prêt.
- Vous traversez une passe financière difficile ? Un allègement des remboursements mensuels permettrait de sortir la tête de l'eau et de vous remettre à flot.
- Une rentrée d'argent imprévue (participation aux bénéfices, prime d'intéressement, héritage, donation) peut éventuellement servir à solder partiellement ou totalement la dette contractée auprès de la banque.
- Le taux du crédit en cours est devenu très cher par rapport aux taux des prêts actuels. Vous souhaitez le renégocier à la baisse.

Que faire en cas de revers de fortune ou d'enrichissement inattendu ? Pour ceux qui n'arrivent plus à joindre les deux bouts, il faudra, en désespoir de cause, se séparer du bien et solder le crédit avec le produit de la vente. Pour ceux qui ne savent plus où mettre leur argent, ce sera l'occasion de stopper le crédit en soldant une fois pour toutes l'ensemble des mensualités en un gros versement unique. Face à ces deux solutions radicales, il existe des solutions intermédiaires qui permettent d'adapter les remboursements de son crédit à ses moyens.

En cas de divorce, de perte d'emploi, de maladie, si vous avez des problèmes d'argent qui rendent difficile le paiement du crédit immobilier, mieux vaut en parler rapidement à votre banquier. Plusieurs remèdes peu onéreux et faciles à mettre en place peuvent vous aider à traverser cette mauvaise passe. Afin de vous aider à boucler ces fins de mois difficiles, le banquier peut accorder des délais de paiement et même étudier avec vous le réaménagement du crédit. Dans ce dernier cas, un avenant au contrat de prêt doit être établi.

En cas de licenciement ou d'invalidité, faites jouer au plus vite les assurances éventuellement souscrites en début de crédit. En principe, la garantie prend en charge les remboursements du ou des prêt(s) en cours.

Vous pouvez également avoir recours aux modulations prévues dans les contrats de prêts. Profitez à fond de cette souplesse et faites baisser autant que possible le montant de la mensualité.

Jouer la carte de la modulation

Encore rare il y a quatre ans, la modulation de la mensualité est devenue aujourd'hui monnaie courante. Presque toutes les banques proposent aux emprunteurs de faire varier quand ils le souhaitent le montant de la mensualité de leur crédit, soit à la hausse, soit à la baisse. Cette option est utile car elle permet d'ajuster ses remboursements aux revenus du moment. Ainsi, si votre salaire augmente, vous pouvez « charger » les remboursements pour finir de payer le crédit plus tôt. En revanche, si vos revenus baissent, vous pouvez les alléger. Reste que l'exercice de cette souplesse varie d'un établissement à l'autre. L'option peut être gratuite ou payante. Parfois, la modulation est facturée au forfait (une quarantaine d'euros environ par modulation) ou calculée sur la base d'un pourcentage du capital restant dû (par exemple, 0,5 % de ce capital).

Attention, pas question de faire varier la mensualité quatre ou cinq fois au cours d'une même année. La banque pose des conditions.

La fréquence d'utilisation

L'usage de la modulation est souvent limité à une fois par an, le plus souvent à la date anniversaire du crédit. Certaines banques demandent même douze à vingt-quatre mois d'intervalle entre deux modulations.

Le montant de la modulation

La modulation est autorisée à la hausse et à la baisse, quelquefois dans les deux sens, mais cette variation est plafonnée par rapport à la mensualité initiale ou à la mensualité précédente. Cette nuance est importante. Prenons un exemple pour bien comprendre.

Si la mensualité de départ est de 1 000 euros avec une possibilité de modulation de + ou - 15 % de la mensualité initiale, la première modulation permet d'alléger la mensualité en la faisant passer à 850 euros (1 000 - 1 000 X 15/100) et la seconde modulation (toujours à la baisse) la fait passer à 700 euros (850 - 15/100 X 1 000). En revanche, si la seconde modulation avait été limitée à 15 % de la mensualité précédente, les remboursements auraient été de 722,50 euros (850 - 15/100 X 850).

Lorsque la modulation s'effectue à la baisse pour alléger la mensualité, elle implique un allongement de la durée du crédit limité à deux ou cinq ans selon les établissements.

La bouée de sauvetage du PAS

À condition d'avoir souscrit un prêt d'accession social (PAS) (voir chapitre 26, p. 366) dont l'offre a été émise entre le 1er avril 1999 et le 31 décembre 2003, vous pouvez bénéficier d'une aide gratuite en cas de perte d'emploi. Financée par le 1 % logement, cette aide permet un allègement des mensualités. Les traites du crédit (et le cas échéant du prêt à taux zéro) sont divisées par deux pendant un an au maximum. Une deuxième période de douze mois de différé de paiement est possible au-delà de la huitième année de remboursement du prêt. Quant aux mensualités non payées, elles sont reportées en fin de crédit. Cette aide est mise en place à condition de se retrouver au chômage au moins un an après la signature du prêt. Par exemple, vous ne pouvez bénéficier de cet avantage en cas de perte d'emploi six mois après vous être endetté.

L'aide personnalisée au logement (APL)

Si vous avez souscrit un prêt conventionné ou un prêt d'accession social, vous bénéficiez alors automatiquement de l'aide personnalisée au logement (APL). Cette aide financière permet d'alléger pendant un temps les mensualités d'un emprunteur subissant un revers de fortune.

L'APL est octroyée à de nombreuses conditions mais, pour faire simple, disons qu'elle dépend des revenus, du nombre d'enfants à charge, du montant du prêt et du lieu où se situe le logement. Pour déterminer le montant auquel vous avez droit et éventuellement faire une demande, adressez-vous à la caisse d'allocations familiales de votre domicile (site Internet : `www.caf.fr`, rubrique « Calculez votre aide au logement » ou 36 15 CAF, 0,17 euros puis 0,14 euros/minute).

Le barème de calcul de l'APL est réévalué le 1er juillet de chaque année. Une fois obtenue, l'APL est chaque mois directement versée à la banque. De votre côté, vous n'avez plus qu'à acquitter le solde, soit la différence entre votre mensualité de crédit et le montant de l'APL. Par exemple, si le remboursement mensuel est de 500 euros et que l'APL est de 100 euros, vous n'aurez à payer chaque mois que 400 euros (500 - 100).

L'allocation logement familiale (ALF)

Accordée par la Caisse d'allocations familiales, l'allocation logement familiale (ALF) est destinée à aider un propriétaire à payer son emprunt immobilier lorsqu'il ne peut bénéficier de l'APL.

Bien que les barèmes de cette aide soient moins généreux que ceux de l'APL, cette allocation est accessible à n'importe quel emprunteur, peu importe la nature de son crédit immobilier (prêt libre, épargne logement, etc.). Condition obligatoire : il faut déjà percevoir des prestations familiales comme par exemple les allocations familiales, l'allocation pour jeune enfant, l'allocation de soutien de famille, l'allocation d'éducation spéciale, etc.

Le prêt « sécuri-pass » : le filet de sécurité du 1 % logement

Vous êtes salarié d'une entreprise du secteur privé assujettie au 1 % logement ou votre dernier employeur l'était ? Alors vous pouvez demander à bénéficier du prêt « sécuri-pass », qui est une aide au remboursement de vos prêts immobiliers (achat construction, amélioration).

Le principe

Il s'agit d'une avance remboursable accordée lorsque le salarié emprunteur rencontre de sérieuses difficultés financières. Une période de chômage, un passage contraint à temps partiel, une maladie, une invalidité, l'éclatement de la cellule familiale (un divorce par exemple) peuvent être à l'origine de cette situation délicate. Cette aide est versée quelle que soit la nature du prêt immobilier (prêt bancaire classique, épargne logement, etc.).

Les conditions d'obtention

Pour bénéficier de cette aide, il faut remplir une des conditions suivantes :

- disposer d'un revenu imposable inférieur au plafond fixé par le prêt à taux zéro (voir chapitre 26, p. 374) ;

- être au chômage ;
- accuser une baisse non prévisible d'au moins 30 % de ses revenus ou avoir des dépenses liées au logement pesant plus de 40 % des revenus.

ATTENTION !

Notez toutefois qu'il n'y a pas de cumul possible avec le report d'échéances prévu dans le cadre d'un PAS (voir précédemment dans ce chapitre).

Les modalités de l'aide

Les particularités du prêt sécuri-pass sont les modalités suivantes :

- une aide qui s'apparente à un prêt sans intérêt ;
- une durée limitée à douze mois ;
- un montant ne pouvant excéder 50 % des mensualités de l'emprunt nettes d'APL dans la limite de 400 euros par mois, soit 4800 euros par an ;
- une avance remboursable sur une durée maximum de dix ans, avec éventuellement un différé de remboursement.

Pour plus d'informations, consulter le site `www.uesl.fr`.

Une coordination possible avec d'autres aides

Ce dispositif du sécuri-pass peut se coordonner avec des fonds départementaux d'aide aux accédants en difficulté. Un rachat des crédits immobiliers est envisageable dans la limite de 40000 euros pour les situations les plus difficiles.

Les refus possibles

Le prêt sécuri-pass peut vous être refusé si :

- le dossier fait l'objet d'un examen en commission de surendettement ;
- il y a eu un impayé préalable ;
- l'établissement prêteur n'a pas respecté des critères d'endettement raisonnables lors de l'octroi du prêt ;
- le « reste à vivre » (voir chapitre 25, p. 357) est inférieur au revenu minimum d'insertion (RMI).

Saisir le tribunal d'instance

Aucune solution à l'amiable n'est trouvée avec les créanciers ? Vous pouvez, en dernier recours – mais aussi pour gagner du temps – saisir la justice. Dans certains cas (licenciement notamment), vos obligations de remboursement peuvent être suspendues pour une période de deux ans maximum sans pénalités. Adressez-vous au tribunal d'instance dont vous dépendez.

Vous devrez exposer au juge d'instance votre demande et l'appuyer par la remise de documents prouvant vos difficultés, vos ressources, vos charges et vos remboursements en cours. Après examen de votre dossier, le juge peut, compte tenu de votre situation, décider de reporter ou d'échelonner vos dettes. Cette décision a pour effet de suspendre les poursuites engagées contre vous.

Vous êtes en situation d'impayé ?

En cas de surendettement, la suspension des mensualités pendant deux ans peut se révéler insuffisante. Adressez-vous dans ce cas la commission de surendettement de votre département (elle siège dans les succursales de la Banque de France) pour obtenir un plan de redressement de votre situation financière.

Renégocier avec succès un crédit en cours

Ce n'est un secret pour personne, les crédits n'ont jamais été aussi bon marché depuis trente ans. Toutefois ces derniers mois, les taux ont à nouveau atteint des niveaux historiquement bas. Résultat : les banques proposent des conditions de crédit encore meilleur marché qu'il y a deux, cinq ou six ans.

Désormais, un emprunt à taux fixe sur quinze ans se situe en dessous de 4 %. Pour mémoire, il était de 4,5 % en 2002 et proche de 5,5 % en 1997. Autant dire que si vous remboursez un crédit à taux fixe de plus deux ans d'âge, dont la durée est encore importante, il serait judicieux de vous demander si une révision à la baisse du taux n'est pas possible. Le but de la manœuvre est évident : décrocher un taux moins cher, qui permettra de payer moins d'intérêts et donc de réduire le coût total de l'emprunt.

Évidemment, seuls les titulaires de prêts à taux fixes sont concernés par un éventuel réexamen des conditions de leur crédit car, contrairement aux emprunteurs à taux révisables, ils ont figé leur taux à un instant « t » et n'ont donc pas bénéficié depuis de la baisse des taux sur les marchés. Reste qu'une opération de renégociation n'est pas gagnante à tous les coups. Le jeu n'en vaut parfois pas la chandelle. Avant de se lancer dans ce genre de démarche, mieux vaut donc mettre tous les atouts de son côté.

Rester dans sa banque

Le premier réflexe consiste à demander à sa banque une révision du taux concédé quelques années plutôt. À coup sûr, cette dernière ne va guère apprécier cette requête. C'est même souvent un sujet qui fâche. Au premier rendez-vous, le chargé de clientèle se gardera de faire une offre, au mieux il proposera de revenir le voir, avec en mains une offre concurrente. Pour couper court à toute tentative de renégociation, le banquier va expliquer que c'est impossible car, lorsque l'établissement a consenti le prêt, il a dû lui-même emprunter le capital aux conditions de marché du moment. C'est vrai, mais pas tout à fait. En fait, les banques de réseau financent en partie les crédits accordés en piochant dans leurs fonds propres, à savoir à partir des dépôts de leurs clients. Elles ont donc tout pouvoir de réviser les conditions de crédit.

Vous revenez voir votre banque avec une offre concurrente ? Là encore, rien n'est gagné. La banque peut rester sourde à toute sollicitation, et d'ailleurs rien ne l'oblige à une attitude contraire. Sa réaction dépend également de la qualité du dossier et de la relation globale qu'elle entretient avec vous.

Avant de faire toute proposition, le banquier va examiner votre cas et passer au crible votre situation financière. Il va regarder si, depuis la souscription du crédit, vous avez toujours vos revenus domiciliés chez lui, s'il y a eu des incidents de paiement, si vous avez réalisé d'autres placements, etc. L'évolution de votre salaire constitue aussi une donnée importante qui peut déterminer l'ampleur de son geste commercial.

Si la banque accepte la renégociation, la révision des conditions de crédit ne signifie pas pour autant que vous décrochez un taux canon. Le nouveau taux s'apparente davantage à un taux intermédiaire, à mi-chemin entre le taux initial et le taux d'appel. Il n'en reste pas moins que rester dans sa banque s'avère être la situation la plus simple et surtout la plus économique. Il faudra seulement s'acquitter des frais de dossier. Mais là encore, tout est une question de négociation.

Aller voir ailleurs

Votre banque refuse la renégociation? L'autre solution consiste à s'adresser à un autre établissement afin qu'il rachète votre prêt en cours et vous en propose un autre moins cher dans la foulée. Pour décrocher des propositions de rachat, il convient de faire jouer la concurrence en faisant soi-même le tour des banques ou en confiant cette mission à un courtier immobilier.

Mais la renégociation n'est envisageable qu'à deux conditions. D'abord, la différence de taux entre celui du prêt initial et celui du nouveau doit d'être au moins de 1 à 1,5 %. Ensuite, le prêt en cours doit être « jeune ». Autrement dit, il ne doit pas avoir dépassé le premier tiers de sa durée de vie. Ainsi, un prêt sur douze ans ne doit pas avoir plus de quatre ans d'âge. Pourquoi cette condition sur l'ancienneté du crédit? Les mensualités payées les premières années sont largement consacrées aux remboursements des intérêts, c'est donc en début de prêt que le gain est appréciable.

ATTENTION !

Attention, réduire le seul taux du crédit ne suffit pas! Pour générer une économie significative, mieux vaut disposer de nombreuses années de remboursements devant soi. Par exemple, réduire de 100 euros une mensualité de remboursement d'un crédit dont il reste trois ans à courir fait économiser 3600 euros (100 X 36 mois). En revanche s'il reste quinze ans à payer, le gain se monte à 18000 euros (100 X 180 mois).

Ces conditions réunies, le rachat devient une solution vraiment intéressante. L'obtention d'un taux moins élevé permet en général d'alléger les mensualités en conservant la même échéance ou de raccourcir la durée du crédit sans toucher aux remboursements mensuels ou, mieux encore, de combiner les deux. Pour que la renégociation soit vraiment payante, le gain engendré doit au moins couvrir l'ensemble frais générés par la mise en place du nouveau prêt. Et ils sont nombreux!

Attention aux frais annexes

L'indemnité en cas de remboursement anticipé

Impossible d'échapper au paiement des indemnités en cas de remboursement anticipé (IRA, voir chapitre 29, p. 446) qui représentent six mois d'intérêts plafonnés à 3 % maximum du capital restant dû.

Le coût d'un changement de garantie financière

Un changement de banque obligera toujours à interrompre la garantie financière (hypothèque, privilège de prêteur de deniers, caution) de l'ancien prêt pour en souscrire une autre liée au crédit qui démarre.

Ainsi, dans le cas d'une hypothèque ou d'un privilège de prêteur de deniers (PPD), les frais de mainlevée oscillent entre 0,5 et 1 % du montant du prêt, auxquels s'ajoute une nouvelle prise d'hypothèque qui coûte environ 2 % du montant du prêt. Le prix à payer est moindre pour une caution, mais cette dépense consécutive au rachat d'un prêt mérite d'être prise en considération.

Les frais de dossier

Il faut presque toujours s'acquitter de frais de dossier facturés par la nouvelle banque ou par le courtier immobilier. Négociables, ces derniers alourdissent le coût total du crédit.

Sixième partie

La partie des dix

Dans cette partie...

Ces chapitres courts sont remplis d'idées, de conseils et d'avertissements qui vous aideront à réussir votre opération immobilière. Que vous soyez locataire, propriétaire ou en passe de le devenir, lisez cette partie dès que vous avez une minute ou deux devant vous. En appliquant ces conseils à la lettre, vous éviterez les erreurs du débutant et chasserez par la même occasion les fausses idées qui circulent sur l'immobilier. Enfin, nous avons recensé dix solutions pour vous aider à loger vos enfants ou vos proches.

Chapitre 32

Dix fausses idées sur l'immobilier

Dans ce chapitre :

- S'endetter pour acheter n'est pas la meilleure solution
- Non, un agent immobilier ne contribue pas toujours à monter les prix
- Comme son nom ne l'indique pas, l'immobilier de rapport ne rapporte pas toujours
- Défiscalisation : tous les coups ne sont pas gagnants

Boom ou krach du marché immobilier, le logement est un sujet qui revient sans cesse dans les discussions en famille, entre amis ou relations professionnelles. Qui n'a pas son mot à dire sur la façon de faire une bonne affaire, de dénicher un crédit pas cher ou de réaliser un investissement locatif qui rapporte ? Mais au fil du temps, de fausses idées circulent et s'affirment parfois comme des évidences. Pour éviter de faire fausse route, voici dix fausses idées revues et corrigées.

Mieux vaut acheter que louer

Cette affirmation n'est pas toujours vraie. Tout dépend de votre budget et de votre capacité d'endettement (si vous achetez à crédit). La comparaison entre ces deux formules dépend d'abord du niveau de prix enregistré sur le marché de la transaction et de la location. En effet, à défaut d'acheter la maison de vos rêves bien au-dessus de vos moyens, vous pourrez au moins la louer. Pourquoi se mettre des charges sur le dos, alors que la solution de la location est plus souple et plus sage pour vos finances ? La location a pour elle l'avantage de la souplesse. Si elle devient trop chère, vous prenez un logement meilleur marché. La location est une bonne formule pour ceux qui disposent de revenus modestes ou aléatoires (CDD, intérim), mais aussi pour les futurs retraités. Si quelques années seulement vous séparent de la fin de votre vie active, une acquisition à crédit n'est peut être pas une solution judicieuse. Vous aller en prendre pour au moins cinq ans alors que vos revenus vont chuter pour toujours.

S'endetter, c'est s'enrichir

Pas si sûr. L'inflation galopante des années 1970 a permis à des générations d'emprunteurs de rembourser leur prêt immobilier en monnaie de singe, les intérêts du crédit étant gommés par la hausse des prix. Mais cette époque est révolue. Même si les taux sont bas, le coût d'un crédit se situe 2 à 3 points au-dessus d'une inflation jalousement surveillée par la Banque centrale européenne. Pas question donc de compter sur une hausse des prix pour réaliser une culbute financière. Grâce au crédit, vous pouvez néanmoins vous construire un patrimoine au fil de l'eau sur plusieurs années. Quant à s'enrichir grâce à une plus-value hypothétique (voir point n° 7), c'est une autre histoire !

J'achète parce que les taux sont bas

Non, ce n'est sûrement pas comme cela qu'il faut raisonner. Certes, les taux d'intérêt des crédits immobiliers sont bon marché, mais vous devez acheter avant tout lorsque vous en avez besoin et quand vous êtes en mesure d'assumer la charge financière que constitue le remboursement d'un crédit. Peu importe le niveau des taux d'intérêt à ce moment-là. S'ils sont bas, c'est la cerise sur le gâteau, votre crédit ne sera pas payé cher et/ou vous pourrez emprunter un peu plus. S'ils sont hauts, vous bouclerez votre montage quoi qu'il advienne. De toute façon, ce n'est pas le jour de l'acquisition que l'on peut savoir si un taux est cher payé ou non, mais en fin de crédit. Et là, il est trop tard pour remonter le temps.

Acheter aux enchères rime avec bonne affaire

L'affaire du siècle lors d'une vente aux enchères est réalisable… à condition d'être tout seul le jour de la vente ! Cette boutade résume assez bien dans quel esprit vous devez aborder les ventes aux enchères immobilières. Si autrefois ce filon permettait de réaliser des affaires en or, il est aujourd'hui connu de tous. Or, en matière d'enchères, plus il y a du monde sur le coup, plus le bien mis en vente à des chances de s'arracher.

Qu'il soit vendu au plus offrant par les notaires, l'État ou le tribunal, un bien immobilier bénéficie d'une mise à prix très alléchante, souvent bien en dessous du prix du marché. Mais cela ne veut pas dire qu'il partira à ce prix-là, bien au contraire. La plupart des adjudications sont faites à des prix équivalents voire supérieurs à ceux pratiqués sur le marché de gré à gré (entre particuliers ou via des agences immobilières). Pire, en vous laissant griser par le jeu des enchères et la volonté de l'emporter au final, vous risquez même de surpayer le bien.

Le filon qui reste encore payant est celui des ventes à la barre des tribunaux de grande instance. Ce n'est d'ailleurs pas un hasard si les professionnels (en majorité des marchands de biens) s'y bousculent. Pour participer à ces ventes, l'aide d'un avocat est obligatoire. Méfiez-vous des lots achetés squattés ou encore occupés par leurs propriétaires, car une procédure d'expulsion peut être longue et onéreuse.

Passer par un agent immobilier coûte plus cher que de traiter en direct avec un particulier

Pas toujours. Lorsqu'il vend sont propre bien, le particulier a toujours tendance à mélanger l'affectif et les affaires. Son logement est presque toujours sans défauts et pourvu de nombreuses qualités. Résultat, le prix demandé est abusif, parfois bien au-dessus de ceux pratiqués sur le marché. C'est de bonne guerre, à condition de tomber sur le pigeon qui achètera sans comparer. Il suffit parfois de confronter les annonces des particuliers avec celles publiées par les agences immobilières pour se rendre compte que les premiers majorent leur prix. L'agent immobilier a un rôle plus modérateur dans ce domaine. Ayant de nombreuses références de transactions, il est mesure de fixer une valeur en phase avec le marché. Son rôle est parfois précieux lors des négociations entre acheteur et vendeur et surtout lorsqu'il y a blocage. Il fait tampon et essaie de trouver un terrain d'entente entre les deux parties. Il tente de limiter l'appétit du vendeur parfois trop gourmand et essaie de motiver l'acheteur à se lancer.

Des plus-values toujours au rendez-vous

Il est impossible de savoir le jour de l'acquisition si l'on fera une plus-value ou non sur son logement et c'est d'autant plus délicat en cette période de prix élevés. Comme tous les marchés, l'immobilier obéit à des cycles. Tout dépend donc du prix d'achat et surtout de revente. Si entre ces deux moments, les prix ont flambé comme cela a été le cas ces dernières années, le vendeur empoche une coquette somme, qui lui augmente son budget pour une nouvelle acquisition. En revanche, si au cours de ce laps de temps les prix ont stagné, voire chuté, le capital récupéré se limitera au mieux à la partie remboursée de l'emprunt, avec même une éventuelle moins-value à la clé. Acheter aujourd'hui et espérer dégager de la plus-value demain relève d'un grand optimisme. Toutefois, pour être certain que le logement ne se dévalorise pas, ce dernier devra être bien situé et de bonne facture. Tout cela pour dire qu'il ne faut pas croire qu'avec le temps les biens immobiliers prennent de la valeur à tous les coups. Alors prudence si vous achetez aujourd'hui. Ne comptez pas dès le départ sur une plus-value à la revente pour rentabiliser votre opération. Au contraire, cette dernière doit tenir la route toute seule. Si le bien vaut plus que sa valeur d'achat à la fin, ce sera tant mieux. S'il n'a pas pris de valeur, au moins, vous ne serez pas déçu.

Le loyer de mon locataire me paie le crédit immobilier

C'est de moins en moins le cas. La raison ? Les prix de la pierre ont atteint de tels niveaux qu'une opération d'investissement locatif ne parvient plus à s'autofinancer. Autrement dit, le loyer d'un locataire ne suffit plus à payer la mensualité d'un crédit immobilier. Vous, le bailleur, êtes presque toujours obligé de mettre la main à la poche et de compléter le remboursement. Bref, si vous vous lancer dans l'immobilier, prévoyez toujours un budget… et une assurance loyers impayés !

L'immobilier défiscalisant, c'est toujours gagnant

Hélas, à tous les coups on ne gagne pas ! Selon les flatteuses simulations des promoteurs et des vendeurs d'immobilier défiscalisant (Malraux, Robien, DOM-TOM, etc.), les économies d'impôts sont tellement importantes que l'on en vient à occulter le principal, c'est-à-dire les caractéristiques du bien lui-même. Et pourtant, ne perdez jamais de vue que, en immobilier, vous n'êtes pas propriétaire d'un placement immatériel mais d'un bien réel, dans lequel des personnes vont vivre. Pour être plaisant et se louer facilement, ce bien doit donc offrir un maximum d'atouts. Premier conseil, n'achetez pas n'importe où, et surtout pas à distance, sans rien connaître de l'emplacement du bien. Déplacez-vous, pour vous rendre compte par vous-même des mérites du site. Ensuite, menez une contre-enquête sur les loyers que le « conseiller » vous annonce. S'il s'avère qu'ils sont en phase avec le marché local, rien à dire. Si en revanche ils sont supérieurs, vous vous rendrez bien compte que l'opération que l'on vous propose se fonde sur des hypothèses trop optimistes. C'est tout l'équilibre financier de votre opération qui est alors ébranlé et vous pouvez faire une croix sur vos belles économies d'impôts.

Ne vous laissez pas hypnotiser par l'avantage fiscal. Les règles de la fiscalité ne sont pas immuables, loin de là. Les lois sont modifiées en permanence et votre situation fiscale peut évoluer avec le temps. Vous pouvez être fortement taxé certaines années, puis après l'être beaucoup moins pour diverses raisons (divorce, chômage, enfant qui quitte le foyer familial et fiscal, etc.) et c'est à ce moment-là que l'opération perdra tout son charme.

Dernier avertissement : le fisc n'apprécie guère les particuliers qui défiscalisent à tour de bras. La moindre erreur de procédure ou de non-respect des obligations légales et vous êtes dans son collimateur, avec un redressement fiscal salé. Tout ça pour ça, quel dommage !

L'investissement locatif, ça rapporte

Ne vous bercez pas d'illusions. Les loyers issus d'une location ne restent pas complètement dans votre poche. D'abord, vous devez en reverser une partie au fisc sous forme d'impôts et de taxes. Ensuite, vous payez des charges en pagaille et vous supportez les traditionnelles dépenses d'entretien pour conserver le bien en l'état. La somme de ces dépenses a vite fait de « manger » votre loyer pour peu que vous ayez un gestionnaire et un crédit à payer. Le rendement devient alors riquiqui, à peine celui un simple livret A avec les soucis de gestion en plus. Pour faire court : pierre qui roule n'amasse pas (toujours) mousse.

Faire des travaux, ça coûte cher

Pas toujours. Parfois, la vraie facture n'est pas celle que vous payez à l'entrepreneur. Expliquons-nous. Pour vous inciter à améliorer le confort de votre logement, la fiscalité immobilière a prévu de nombreuses déductions en matière de travaux immobiliers. La liste est longue. Renseignez-vous pour ne pas passer à côté de ces avantages fiscaux, qui, au bout du compte, allègeront la note finale. Ainsi, les dépenses réalisées dans une résidence principale et destinées à favoriser le développement durable (installation de chaudière à basse température, d'équipements à production d'énergie renouvelable) bénéficient de crédits d'impôt valables pour la période allant du 1er janvier 2005 au 31 décembre 2009. Autre exemple, les dépenses d'installation et de remplacement d'équipements spécialement conçus pour les personnes âgées ou handicapées (logements neufs ou anciens) donnent aussi droit à un crédit d'impôt de 25 %. Si vous êtes propriétaire bailleur, le remplacement d'une chaudière, la rénovation d'une salle de bains ou d'une cuisine sont par exemple déductibles.

Chapitre 33

Dix règles d'or pour réussir son achat immobilier

Dans ce chapitre :

- Le budget, il n'y a que ça de vrai
- Mener une recherche efficace et sélective
- Un bien à vos goûts et à vos mesures
- Un investissement pour plusieurs années

Que vous engagiez votre première ou troisième acquisition, une opération immobilière doit toujours être menée avec doigté et méthode. Avec des sommes importantes en jeu, vous n'avez pas droit à l'erreur. Des démarches bâclées, un métrage faux ou un financement mal ficelé suffisent à faire capoter une vente, regretter un achat ou pire à se ruiner. Résultat, le « rêve d'une vie » peut virer au cauchemar pour de longues années. Voici dix règles d'or pour éviter les faux pas.

Se fixer un budget et s'y tenir

Avant de vous lancer sur la piste de votre « *home sweet home* », mieux vaut faire un tour chez votre banquier pour savoir combien vous êtes en mesure d'emprunter. Comment va-t-il déterminer votre pouvoir d'achat immobilier ? Rien de plus simple, à partir de trois informations : vos revenus mensuels, votre niveau d'endettement et l'apport personnel dont vous disposez. Avec ces trois données personnelles, le banquier fait mouliner son logiciel de prêt et vous dit exactement ce que vous pouvez rembourser au maximum par mois, donc ce que vous pouvez acheter en vous endettant sur dix, quinze, vingt ou vingt-cinq ans. En général, les banques acceptent un endettement maximum de 33 % de vos revenus mensuels. Une chose est sûre, si vous aviez commencé à tirer des plans sur la comète ou à rêver de votre logement idéal, vous ressortirez de l'agence bancaire les idées en place et les pieds sur terre. Cette première estimation « à froid » vous donne une bonne base de départ pour commencer à prospecter et à regarder les biens qui entrent dans votre budget. Si vous avez le coup de cœur pour un appartement ou une maison moins cher que ce que vous pouvez mettre, c'est tant mieux. Vous vous endetterez moins, ou moins longtemps, ou bien les deux. Si en revanche vous craquez pour un bien au-dessus de vos moyens, vous avez intérêt à « border » votre opération financière. À vous de négocier votre prêt au plus bas et de bien revendre un bien qui vous servira à financer l'autre. Toutefois, si vous dépassez le fameux 33 % de revenus, vous n'êtes pas à l'abri d'un refus de prêt de la banque. Certes, la condition suspensive qui doit figurer dans la promesse de vente vous protège : faute de crédit, vous ne serez pas obligé d'acheter le bien et la vente sera annulée. Mais quelle déception, quelle perte de temps et d'énergie !

Savoir ce que l'on veut ou l'on ne veut pas

Pour être efficace et sélectif dans vos recherches, mieux vaut savoir ce que vous voulez : un appartement ou une maison ? Un grand séjour ? Une terrasse ? Un quartier précis ? Cerner votre besoin permettra de faire le tri parmi les nombreuses offres du marché. Pour y voir plus clair et affiner votre demande, le mieux est de hiérarchiser vos priorités. Attention, mener ce petit jeu à l'excès peut vous mener droit dans une impasse. Si vous êtes trop exigent, vous réduisez l'offre de biens correspondant à vos souhaits. Si vous souhaitez collectionner tous les bons critères (emplacement, surface, lumière, calme, terrasse, etc.) pour une bouchée de pain, vous pourrez chercher longtemps. Le mouton à cinq pattes n'existe pas, cela se saurait. Mieux vaut faire la part des choses entre les critères obligatoires (ou prioritaires) et ceux facultatifs, et les hiérarchiser. De toute façon, quel que soit le budget, il y aura toujours un ou plusieurs paramètres sur lesquels il faudra céder.

Il se peut qu'en début de recherche, vous ne soyez pas en mesure d'affiner votre demande, ce n'est pas plus mal. Peut-être serez-vous ainsi emballé par un bien auquel vous n'auriez pas pensé ? Si vous ne savez pas précisément quel type de bien vous désirez acheter, posez-vous la question à l'envers : quels sont les critères éliminatoires ? Un quartier, de l'ancien à refaire, un rez-de-chaussée, pas d'ascenseur, etc. Cela permet déjà d'éliminer un certain nombre d'offres et donc de gagner du temps.

Sonner aux bonnes portes

Pour trouver un logement à votre goût, n'hésitez pas à ratisser l'offre de long en large. Ne faites évidemment pas l'impasse sur les pages immobilières des journaux généralistes et spécialisés, et pensez à surfer sur les sites Internet spécialisés dans l'immobilier. Pensez à contacter les notaires, les administrateurs de biens et parfois les syndics. Ces derniers sont au courant très tôt de la mise en vente ou en location de tel ou tel bien et glanent souvent leurs informations directement auprès des propriétaires.

Plus simplement, promenez-vous le nez en l'air pour ne pas rater un éventuel panneau « À vendre ». Les commerçants mais aussi les concierges peuvent parfois donner de bons tuyaux. L'offre étant faible, ne négligez aucune piste. Avez-vous pensez aux ventes aux enchères immobilières des notaires, de la justice et de l'État ? Il y a de fortes chances pour que vous n'y fassiez pas une bonne affaire (voir chapitre 32, p. 472) mais cela élargit le spectre de votre recherche.

Se renseigner partout et sur tout

Réussir son opération immobilière, c'est aussi ne pas surpayer un logement. Le jour de la revente, vous risqueriez de vous en mordre les doigts. Certes, si le marché continue de progresser, cela ne sera pas trop douloureux, mais si les valeurs baissent, vous ne pourrez jamais récupérer cette erreur de jugement. Alors, comment savoir si vous n'achetez pas trop cher ? Se renseigner sur les prix pratiqués dans le quartier reste la meilleure méthode. Si vous cherchez depuis un moment et que vous avez déjà effectué ici et là des visites, vous disposez de références qui vous permettent de vous faire une petite idée sur la question. Si en revanche vous êtes au début de vos prospections et que le premier bien visité fait tilt, menez une enquête expresse. Cela sera à la fois utile pour savoir comment se situe le prix de ce logement par rapport à ceux des biens analogues dans le quartier et pour vous donner une indication sur votre marge de manœuvre dans la négociation du prix à la baisse, ou à la hausse si vous n'êtes pas seul sur le coup.

Un bien à votre goût

Après une ou deux visites, vous savez, en principe, si le bien vous convient ou non. Pour éviter de vous emballer et de céder à un coup de cœur, la méthode rationnelle consiste à faire la part entre les atouts et les inconvénients (en cherchant bien, il y a en a toujours). Faites un tableau à deux colonnes et notez d'un côté les points positifs et de l'autre les aspects négatifs. Si c'est ce que vous recherchez, faites une offre. La concurrence est rude et mieux vaut réagir le plus vite possible sous peine de voir le bien vous passer sous le nez. S'il y a plus de points négatifs que de points positifs, abandonnez, ou alors faites une proposition au prix que vous seriez prêt à mettre malgré votre insatisfaction.

Outre les qualités propres du bien, la situation fait aussi le prix. Promenez-vous dans le quartier pour vous faire une idée de la proximité des commerces et des transports en commun, mais aussi de la fréquentation des écoles.

Imaginer la revente

En tout acheteur sommeille un vendeur. Avant même de signer, imaginez la revente. Posez-vous la question suivante : ce bien plaira-t-il au plus grand nombre quand je voudrai m'en séparer ? Aborder les choses de cette manière vous évitera peut-être de faire une erreur et d'acheter un bien avec un gros défaut ou de piètre qualité. Pas d'ascenseur pour un sixième étage passe encore – l'installation d'un tel équipement peut toujours se décider – mais des pièces en triangles, trop sombres ou avec un vis-à-vis trop envahissant nuiront toujours au prix d'un bien. La valeur est certes une donnée majeure dans votre décision, mais il ne faut pas acheter n'importe quoi. En 2005, le marché de la pierre est porteur, tout se vend, ou presque, à des prix fous, mais que se passera-t-il si les valeurs baissent ? Les biens de qualité trouveront toujours preneur, mais les « nanards » seront remisés au placard.

Signer une promesse de vente dans les règles

Signer une promesse de vente est une étape qui vous rapproche un peu plus de la vente ferme et définitive. Ce document a valeur d'engagement (voir chapitre 6, p. 69). Vous devez donc être vigilant avant de parapher le document. Si vous achetez de l'ancien, préférez la promesse unilatérale de vente au compromis signé chez le notaire. Pour résumer, le premier contrat est plus favorable à l'acheteur qui souhaite se rétracter alors que le second protège davantage le vendeur.

Outre la description du bien acheté, ces documents doivent préciser le montant de l'indemnisation (environ 10 % du prix total du bien), la durée de l'option (généralement fixée à trois mois) de même que les éventuelles servitudes. Pour assurer vos arrières, mieux vaut faire figurer dans la promesse ou le compromis une ou plusieurs conditions suspensives. Avec l'accord du vendeur, vous pouvez par exemple préciser que la vente tombe à l'eau. Autre sécurité, la condition suspensive en cas de refus du prêt par la banque. Dans ce scénario, vous n'êtes pas tenu d'acheter. Sachez enfin que si vous avez signé une promesse de vente ou un compromis, vous avez un délai de réflexion de sept jours qui vous permet de vous désister.

Boucler son financement à moindre coût

Une fois la promesse de vente signée, le compte à rebours de la recherche des fonds est enclenché. Fini le stade des simulations et des hypothèses avec le banquier. Maintenant commencent les vraies négociations. Avec votre promesse de vente en main, vous allez pouvoir entrer dans le vif du sujet et discuter du taux (voir chapitre 29, p. 430). Vous disposez de quelques semaines pour le faire baisser. Pour y parvenir, faites jouer la concurrence : allez voir votre banque, bien sûr, mais aussi les concurrentes, quitte à revenir vers la vôtre après. Si vous ne disposez pas d'assez de temps pour faire cela vous-même, confiez cette mission à un courtier.

La recette pour obtenir un prêt à de bonnes conditions est simple : meilleur est votre dossier, meilleur sera le taux. Au yeux du banquier, tout compte : vos revenus certes, mais aussi vos avoirs financiers, l'évolution de votre salaire, votre endettement, votre capacité d'épargne, etc. Alors soignez votre profil.

Le coût d'un prêt ne se limite pas au seul taux. Les frais liés au crédit tels que les frais de dossier, l'assurance décès invalidité et les garanties (caution, hypothèque) font gonfler la note. N'oubliez pas des les négocier eux aussi.

Être prêt à assumer des charges en plus

Ne faites pas l'autruche, soyez réaliste : être propriétaire coûte cher. En plus du remboursement du crédit, on considère que les charges d'un propriétaire sont aisément 25 à 30 % supérieures à celles d'un locataire, à appartement équivalent. Il faut ausi compter les impôts locaux. Ne vous endettez donc pas au maximum, laissez-vous une marge de manœuvre pour faire face si ces dépenses venaient à s'alourdir (réfection de toiture, ravalement, changement de chaudière, etc.).

Une opération à long terme

Le logement est un investissement à long terme. Essayez de ne pas le revendre avant cinq ou sept ans, car les frais annexes à l'achat sont importants, aux alentours de 10 %. Avec une faible inflation (1,5 %), ce ticket s'amortit en sept ans au minimum. Si vous revendez avant la fin de ce délai, vous ne retrouverez pas votre mise initiale. Et si le marché arrête de monter ou chute, ce sera pire.

Chapitre 34

Dix conseils pour une location sans souci

Dans ce chapitre :

- Pour bien commencer, louer un logement en bon état
- Un bail en règle : une bonne base pour démarrer une relation à deux
- Un litige ? Rester zen et tenter de négocier jusqu'au bout

Démarrer une relation – locative – à deux sans se connaître suscite toujours des inquiétudes et des interrogations. Pour le bailleur, les craintes portent sur le non-paiement du loyer et des charges mais aussi sur la dégradation de son patrimoine. Quant au locataire, il s'interroge sur l'aptitude de son propriétaire à réaliser, en temps et en heure, les travaux qui s'imposent et sur la pérennité de la location. Pour calmer les esprits, voici dix conseils à suivre à la lettre pour vivre une location sans souci.

Louer un logement décent

Cela paraît évident, mais ce n'est pas toujours le cas. Alors, avant de louer, faites donc le tour du logement et regardez s'il est décent aux yeux de la loi (voir chapitre 4, p. 56 et chapitre 11, p. 152). En principe, le bailleur doit offrir un logement assurant au locataire le « clos et le couvert ». Mais cela n'est pas tout. Un système électrique défaillant, pas d'eau chaude, des ouvertures qui ne permettent pas un renouvellement d'air suffisent à mettre l'habitation hors la loi. Si vous êtes propriétaire, à vous de faire le nécessaire pour que logement devienne rapidement décent. Si le bail est en cours, le locataire en place est en droit de demander les travaux nécessaires pour la mise en conformité aux critères de décence. Si vous (bailleur) traînez les pieds, l'affaire peut être portée en justice à vos frais. Si vous refusez encore, le juge peut décider de réduire le loyer. Dans le même temps, les organismes sociaux stopperont le versement des aides au logement du locataire (aides personnalisées au logement, etc.) qui allaient directement sur votre compte en banque.

Soigner le bail

Le bail constitue la pièce maîtresse de toute location, c'est lui qui régit les relations entre locataire et propriétaire. C'est dire si sa rédaction est cruciale. Un certain nombre d'informations obligatoires doivent y figurer comme la désignation du bien loué, la durée de la location, le montant du loyer, les conditions du congé, le montant des charges, etc. Outre ces informations, il est possible d'y ajouter des clauses dites « facultatives », histoire de se bâtir un contrat sur-mesure (avance sur charges, remise sur loyer moyennant travaux, etc.). La loi n'exige aucun formalisme autre que la présence de ces clauses. En revanche, la durée du bail est réglementée de façon très précise (voir chapitre 18, p. 267). Établi en deux exemplaires, ce contrat doit être signé par les deux parties. Il peut être rédigé sur papier libre ou à partir d'un modèle-type que vous obtenez dans le commerce ou auprès d'associations (de locataires ou de propriétaires).

Un dépôt de garantie

À la signature du contrat de location, une somme est généralement demandée par le bailleur au locataire afin de se couvrir en cas de non-paiement des charges, petites réparations, etc. Le montant du dépôt de garantie est toujours limité à deux mois de loyer hors charges. Cette somme ne produit jamais d'intérêts et n'est jamais révisée au cours de la location, ni même à l'occasion d'un renouvellement. Attention, le dépôt doit être restitué au plus tard deux mois après la remise des clés. Le bailleur ne peut pas demander ce dépôt lorsque le loyer est payable d'avance par période de trois mois.

Ne pas sous-estimer l'état des lieux

En début comme en fin de location, le logement est passé au crible. Cette visite permet de dresser un état des lieux d'entrée et de sortie. Réalisés en présence du locataire et du propriétaire (ou de son représentant comme un administrateur de biens), ces deux examens détaillés sont importants car ils permettent de vérifier si le logement n'a pas été abîmé le temps de la location. État des murs, des sols, des équipements (étagères, volets, etc.), rien n'échappe à cette revue de détail. Ne sous-estimez pas cette formalité et soyez aussi précis que possible dans le compte-rendu écrit. Ne vous contentez pas de termes passe-partout du genre « médiocre », « passable » ou « bien ». Pour chaque élément dégradé ou abîmé, employez de préférence des mots précis comme « taché », « déchiré », « rouillé », « entartré », « humide », etc. N'hésitez pas à sortir votre mètre pour mesurer le diamètre d'une tache ou la longueur d'une rayure et mentionnez cette information dans le compte-rendu de la visite. Plus l'état des lieux est précis, moins il sera sujet à discussion à la sortie. C'est en effet la comparaison de ces deux « photographies » des lieux qui permettra de déterminer avec précision les responsabilités de chacun, une désignation nécessaire pour répartir le paiement des éventuels réparations et travaux. L'état des lieux doit toujours être annexé au contrat de location.

Se répartir les rôles

Une claire répartition des rôles devrait éviter que les rapports entre bailleur et locataire ne tournent au vinaigre. Le bailleur a le devoir de proposer un logement décent, en bon état, avec des équipements qui fonctionnent. C'est à lui d'entretenir le bien, de payer « ses » charges et, si besoin, de régler les dépenses dues à la vétusté, à un vice de construction ou à un cas de force majeure. Impossible pour lui de s'opposer aux aménagements du locataire à partir du moment où celui-ci ne transforme pas l'agencement du logement. Les devoirs du locataire ? Il lui incombe de payer en temps et en heure le loyer et les charges locatives prévus dans le bail, de vivre dans le bien sans le dégrader mais aussi de s'acquitter des réparations locatives. Il lui est interdit de sous-louer le logement ou même d'effectuer des transformations importantes sans avoir le feu vert du propriétaire.

Se partager les charges

Au premier abord, c'est un véritable casse-tête ! Les textes, les arrêtés et les décrets sur le sujet sont fastidieux et parfois complexes. En matière de répartition de charges, la règle de base est la suivante : le bailleur ne paie pas la totalité des charges du logement qu'il loue. Certes, il s'acquitte des grosses réparations (ravalement, réfection de toiture, remplacement de la chaudière de l'immeuble, etc.), de l'installation d'un digicode, de la pose de double-vitrage ou de l'aménagement des combles mais il avance seulement certaines dépenses qu'il récupère en partie auprès du locataire. Pour bien fixer les choses, disons que les charges récupérables correspondent aux dépenses liées à l'usage du logement et à la jouissance de la copropriété. En résumé, ce sont les dépenses de fonctionnement, celles correspondant à l'entretien courant, aux petites réparations et aux services rendus. C'est par exemple le cas de la consommation d'eau, d'électricité des ascenseurs et des parties communes, des dépenses liées au nettoyage de ces parties communes, à l'entretien des espaces verts de la copropriété ou encore la taxe d'enlèvement des ordures ménagères.

S'assurer contre les impayés de loyers

Le cauchemar de tout bailleur ? Ne pas toucher son loyer en fin de mois. Pour peu que cette somme serve à payer un autre loyer ou à rembourser un crédit immobilier, c'est la tuile assurée. Vous avez beau avoir pris toutes les précautions possibles pour sélectionner un locataire solvable, le risque d'impayé n'est jamais nul. Mieux vaut donc assurer ses arrières contre ce genre de gros pépin. La meilleure parade ? Souscrire une assurance loyers impayés. Moyennant une prime équivalente à 2 ou 3 % du loyer, cette couverture vous indemnise en cas de défaillance du locataire. Certains contrats prévoient même une extension de garantie aux détériorations et aux éventuels frais de contentieux judiciaires. Bien évidemment, la prise en charge de vos loyers manquants n'est pas instantanée, c'est le moins qu'on puisse dire. Il faut généralement patienter un bon trimestre pour que l'assurance se mette en route, et avec des limites. Les garanties couvrent deux ans de sinistre maximum et le loyer assuré est généralement plafonné à 2 500 euros pas mois. En outre, l'assureur peut demander à agréer le locataire ou exiger des justificatifs de revenus. Si vous pouvez souscrire ces assurances en direct, les meilleures conditions sont réservées aux professionnels gestionnaires de biens.

Faire gérer, c'est plus simple

Gérer un ou plusieurs biens locatifs n'est pas une sinécure. Il y a toujours un décompte de charges à établir, des devis à faire chiffrer, des travaux à payer, etc. Le temps vous manque ou la tâche vous barbe ? Faites appel à une agence immobilière ou à un administrateur de biens, ils se chargeront pour vous de veiller au bon déroulement de la location (voir chapitre 13, p. 212). Moyennant finance, c'est une solution efficace pour s'acheter une tranquillité d'esprit.

Mieux vaut négocier qu'attaquer

Un problème, un litige ou un désaccord avec votre propriétaire ou votre locataire ? N'hésitez pas à le contacter au plus vite pour tirer l'affaire au clair. Un conflit provient souvent d'une méconnaissance des devoirs de chacun ou de l'ignorance des textes législatifs. Si la divergence persiste, tenez bon, ne rompez surtout pas le fil du dialogue. Sachez qu'une solution à l'amiable est toujours préférable à une action en justice. Savez-vous qu'il est possible de rencontrer en mairie des conciliateurs bénévoles ou de solliciter des associations de consommateurs ou de propriétaires ? Pensez aussi à saisir les commissions de conciliation qui, depuis la loi solidarité et renouvellement urbains du 13 décembre 2000, disposent de compétences élargies. En plus des désaccords concernant le loyer, elles interviennent sur certains litiges comme les états des lieux, les dépôts de garantie et les charges locatives.

En début de conflit, pensez à envoyer un courrier pour expliquer la teneur du désaccord. En cas de non-réponse et d'échec de vos discussions, envoyez une seconde lettre recommandée, dont le contenu est analogue à la première, avec cette fois-ci une mise en demeure, préalable obligé à l'ouverture d'hostilités plus officielles. Attention : trop de locataires, face à un litige, décident par mesure de rétorsion de ne plus payer le loyer. C'est une très mauvaise idée qui peut entraîner la résiliation du bail pour défaut de paiement de loyers. Seul un recours devant les tribunaux d'instance permet au locataire d'obtenir légalement gain de cause.

Dire bye-bye au bail dans les règles

Une location peut s'interrompre à la demande du locataire ou du propriétaire. Le premier doit informer le second par lettre recommandée de son intention de partir. Il doit néanmoins respecter un préavis de trois mois qui peut être réduit à un mois dans certains cas (mutation professionnelle, perte d'emploi, passage au RMI, etc.). Sa décision peut intervenir à tout moment de la location.

La procédure est plus stricte concernant le bailleur. Il doit prévenir le locataire au moins six mois avant l'échéance du bail. S'il rate ce créneau, le bail est reconduit tacitement et c'est reparti pour un tour, de trois ans au moins. Et ce n'est pas tout ! Le propriétaire ne peut récupérer son bien loué que dans trois cas précis (voir chapitre 20, p. 292) : pour vendre, pour y habiter (ou y loger un membre de sa famille), pour un motif « légitime et sérieux » (sous-location non autorisée, nuisance dans l'immeuble, etc.).

Chapitre 35

Dix idées pour aider son enfant à se loger

Dans ce chapitre :

- Vous êtes bailleur ? C'est l'occasion de le loger (gratis ou pas)
- S'il loue ? Mettez le bailleur dans votre poche
- S'il achète ? Prêtez-lui de l'argent à un taux cadeau

Aider son enfant à voler de ses propres ailes, c'est l'aider à se trouver un toit. Acheter, louer ou donner, de nombreuses solutions sont possibles pour lui mettre le pied à l'étrier. Voici dix idées à mettre en pratique. Les six premières l'aideront à devenir locataire et les suivantes à devenir propriétaire. À vous de piocher et de sélectionner celle qui correspond à vos besoins et à vos moyens.

Se porter caution

Votre enfant dispose de revenus insuffisants pour rassurer un propriétaire et décrocher une location, pourquoi ne pas vous porter caution ? C'est une façon efficace de convaincre un bailleur réticent. En cas de pépin (du genre non-paiement du loyer et des charges), vous êtes là pour assurer… donc payer. Mais il ne suffit pas de vouloir se porter caution pour l'être. Avant d'accepter, le propriétaire peut vous demander à vous aussi des justificatifs de revenus, histoire de vérifier que vous êtes solvable. Prenez soin de signer avec le bailleur un acte manuscrit, appelé contrat de caution, dans lequel vous vous engagez à être la « roue de secours » en cas d'incident de paiement. N'oubliez pas d'y inscrire le montant du loyer et les modalités de la révision. Le mieux est de limiter votre rôle de caution dans le temps et de le « caler » sur la durée du bail, quitte à renouveler le contrat en cas de reconduction.

Devenir cotitulaire du bail

En inscrivant votre nom à côté de celui de votre enfant sur le contrat de location, vous vous engagez complètement dans la location. Pas la peine ici de vous porter caution, puisque vous êtes un locataire à part entière. En tant qu'occupant, vous êtes tenu de payer le loyer tous les mois, que votre enfant soit en mesure de le faire ou pas.

Acheter en Robien et louer à votre enfant

Acheter dans le neuf ou l'ancien avec le dispositif Robien permet de faire d'une pierre trois coups : se constituer un patrimoine (à crédit de préférence), faire des économies d'impôts et loger vos proches. En effet, la loi vous autorise – en tant que bailleur – à choisir comme locataires des membres de votre famille (petits-enfants, parents, grands-parents, neveux, nièces, cousins, etc.) et de surcroît votre enfant. Pour peu que ce dernier choisisse avec vous son futur appartement, il aura un toit à son goût et à ses mesures.

Toutefois, pour que ce dispositif soit accepté par l'administration fiscale, votre progéniture doit satisfaire à trois conditions : ne pas être rattaché à votre foyer fiscal, occuper l'appartement ou la maison loué(e) comme résidence principale (c'est-à-dire au moins huit mois par an) et vous payer un vrai loyer (correspondant à celui du marché et ne dépassant pas les plafonds fixés par la loi).

Ces obligations satisfaites, rien ne vous empêche de régler vos affaires financières ensemble et, par exemple, de lui verser une pension alimentaire pour l'aider à payer son loyer. Ainsi, vous cumulez l'avantage fiscal de l'amortissement Robien avec la déduction de la pension alimentaire de votre revenu global. Attention, ce scénario n'est accepté par le fisc que si vous êtes en mesure de justifier le versement de la pension alimentaire. Si votre enfant dispose de revenus, l'argument de la pension alimentaire ne tiendra pas la route et vous serez à coup sûr redressé.

Donner congé à votre locataire pour l'installer dans vos murs

Vous disposez d'un bien immobilier actuellement en location et souhaitez y installer votre enfant ? Même si la loi est protectrice envers les locataires en place, vous avez tout à fait le droit de récupérer votre logement pour y loger vos proches (conjoint, partenaire pacsé, concubin depuis au moins un an, ascendants et descendants). C'est ce que l'on appelle dans le vocabulaire immobilier le congé de reprise pour habiter. Mais la démarche pour libérer votre logement est assez formelle. D'abord, le congé ne peut être donné qu'à l'expiration du bail. Six mois au moins avant cette date, vous devez avertir (par lettre recommandée avec accusé de réception) le locataire de vos intentions. Prenez soin de préciser dans votre courrier l'identité et l'adresse du futur bénéficiaire des lieux. Attention, si vous ne respectez pas cette procédure, le bail est reconduit et il faudra ronger votre frein jusqu'à la prochaine échéance, soit trois ans minimum.

Une fois le locataire parti, vous ne disposez d'aucun délai légal pour emménager dans vos murs. Mais attention, une reprise frauduleuse engage votre responsabilité. Votre ex-occupant pourra vous réclamer des dommages et intérêts.

Mettre à gratuitement à sa disposition un bien

Et si une fois installé dans vos murs, votre enfant ne payait pas de loyer ? C'est tout à fait possible et, pour cela, la rédaction d'un bail n'est pas nécessaire. Vous pouvez très bien vous arranger pour que votre enfant participe ou paie la totalité des charges (frais de copropriété, l'eau, la taxe foncière, l'électricité, le téléphone etc.). Attention, dans ce cas de figure, vous ne pouvez pas déduire de vos impôts les travaux ni les charges puisque, aux yeux de la loi, vous n'êtes pas un vrai bailleur (vous n'encaissez pas de loyers).

Et si, en revanche, vous décidez de rédiger un bail, la prudence s'impose. Il faut absolument que le loyer soit réaliste, en phase avec les valeurs constatées dans le quartier. Si ce n'est pas le cas, le fisc vous demandera des comptes. La raison ? Il vous soupçonnera d'avoir utilisé un bail fictif pour seulement bénéficier des déductions fiscales liées à l'investissement locatif et payer moins d'impôts.

Un accès prioritaire à la résidence étudiante

Si vous êtes propriétaire d'un studio dans une résidence étudiante de Strasbourg et que votre fils part faire ces études à Toulouse, c'est rageant mais il faudra partir en quête d'un toit dans la Ville rose. Avant de vous lancer dans la bataille, demandez à la société gestionnaire de votre studio si elle n'a pas une solution à vous proposer. Certaines d'entre elles accordent aux enfants des investisseurs une priorité dans les résidences qu'elles gèrent. Ce tuyau est intéressant lorsque ces sociétés disposent de résidences dans toutes les grandes villes de France.

Faire une donation

En bénéficiant de la donation d'un appartement ou d'une maison, votre enfant devient l'unique propriétaire des lieux. Il est donc libre, d'en faire ce qu'il veut : l'habiter, le louer et même le revendre. Une donation s'effectue devant un notaire avec, au passage, le paiement de droits à l'État. Toutefois, avant de réaliser cet acte définitif, prenez garde de ne pas vous dépouiller. Le fait d'ôter ce bien votre patrimoine ne doit en aucun cas fragiliser votre situation financière, ni même changer votre train de vie actuel et futur. La revente de ce bien ou sa location ne vous seront-elles pas utiles dans quelques années pour vous payer une maison de retraite ou même des frais de dépendance ? Ce n'est pas gai d'envisager ces situations, mais il faut y penser !

Une solution moins radicale et tout aussi utile consiste à effectuer une « donation temporaire d'usufruit ». Traduction de ce terme juridique ? Vous donnez pendant une période limitée la jouissance du bien à votre enfant. Ce dernier peut y loger ou percevoir des revenus (s'il décide de le louer). La durée de cette donation temporaire peut aller jusqu'à dix ans, c'est dire si votre enfant a le temps de faire de longues études et d'en profiter avant de voler de ses propres ailes. Au terme de cette parenthèse de quelques années, vous récupérez la pleine propriété de votre bien et vous êtes libre d'en faire ce que vous voulez. Ce genre de donation est intéressante lorsque vous (celui qui donne) êtes fortement imposé et/ou payez l'impôt de solidarité sur la fortune (ISF). La valeur de l'usufruit sort de votre patrimoine taxable qui diminue d'autant. L'assiette de l'impôt étant fixe, vous paierez moins.

Prêter de l'argent

Pour ménager les finances de votre enfant, rien ne vous empêche de lui prêter de l'argent pas cher pour acheter son logement en contrepartie d'un remboursement. Mais prudence, pour que ce geste généreux ne se transforme pas en cadeau empoisonné et ne sème la zizanie dans la famille, mieux vaut s'entourer de quelques précautions. Vous (le prêteur) et votre enfant (l'emprunteur) devez rédiger ensemble un acte appelé « reconnaissance de dette ». Manuscrit, daté et signé par vous deux, ce document précise les conditions du prêt : le montant (inscrit en lettres et en chiffres), la date et les modalités de remboursement, le montant des intérêts s'il y en a. N'oubliez pas d'envisager la situation en cas de décès (de l'emprunteur ou du prêteur) et de prévoir si les héritiers seront tenus de rembourser la dette ou pas. Il faut aussi envisager le scénario en cas de non-remboursement du prêt. La reconnaissance de dette peut être rédigée entre vous sur papier libre ou être réalisée chez un notaire. Chacun doit disposer d'un exemplaire original du document, car c'est la seule trace qui prouve l'existence du prêt. Dans la foulée, il est recommandé de faire enregistrer cet acte auprès de l'administration fiscale. Coût de l'opération ? Entre 45 et 75 euros. Une précaution nécessaire, afin que l'administration fiscale n'assimile pas ce transfert d'espèces sonnantes et trébuchantes à une donation déguisée ou à des revenus occultes !

Céder les droits à prêt de votre épargne logement

Vous disposez d'un compte ou plan épargne logement arrivé à échéance ? Savez-vous que vous pouvez céder tout ou partie de vos droits à prêt à un groupe restreint d'heureux élus dont votre progéniture fait partie ? Pas d'angoisse : céder vos droits à prêt ne signifie pas donner vos économies ou les intérêts générés par ce placement. Il n'est pas question par ce geste de vous démunir. Faire cadeau de vos droits à prêt permet à celui qui en bénéficie d'obtenir un prêt plus conséquent. Attention : les transferts de droits à prêt entre proches ne peuvent pas se faire n'importe comment. Ces « dons » obéissent à des règles strictes.

La première condition semble évidente, mais elle mérite d'être rappelée : celui qui donne et celui qui reçoit doivent tous deux être titulaires d'un plan ou compte épargne logement. Seconde condition : les plans d'épargne logement et comptes d'épargne logement concernés par le transfert doivent avoir chacun une certaine ancienneté (voir chapitre 26, p. 385). Dernier point à vérifier avant d'aller plus loin : chiffrer l'intérêt financier de l'opération. En fonction du niveau des taux, ce genre cession n'est pas toujours une bonne affaire. En effet, les taux des prêts bancaires sont depuis 2003 meilleur marché que ceux des plans épargne logement qui arrivent à échéance. Le jeu n'en vaut parfois pas la chandelle. À vous de vérifier de quelle génération de plan ou compte vous êtes titulaire et à quel taux de crédit vous avez droit (voir chapitre 26, p. 388 et 394). Quoi qu'il en soit, cette solution retrouvera tout son intérêt dès que les taux des crédits augmenteront. En effet, les taux des placements d'épargne logement ont l'avantage d'être garantis et donc de ne pas bouger.

Lui revendre votre logement

Au lieu de céder votre bien à un acheteur lambda, pourquoi ne pas le vendre à un de vos enfants qui l'apprécie et souhaite y vivre ? Cette transaction n'a rien d'interdit, mais elle doit être la plus transparente possible pour ne pas s'attirer les foudres de l'administration fiscale. Une règle à ne jamais transgresser : ne pas vendre à un prix cadeau mais à la valeur du marché. Si le montant de la transaction est manifestement sous-évalué, les services fiscaux ne vous rateront pas et vous accuseront de donation déguisée. Ils ont dix ans pour vous tomber dessus et la note à payer (par l'acheteur) est salée.

Annexe A

Adresses et liens utiles

Agence de l'environnement et de la maîtrise de l'énergie (ADEME)

27, rue Louis-Vicat, 75015 Paris
Tél. : 01 47 65 20 00 ; site : www.ademe.fr

Agence nationale pour l'amélioration de l'habitat (ANAH)

8, avenue de l'Opéra, 75001 Paris
Tél. : 01 44 77 39 39 ; site : www.anah.fr

Agence nationale pour l'information sur le logement (ANIL)

2, boulevard Saint-Martin, 75010 Paris
Tél. : 01 42 02 05 50 ; site : www.anil.org

Agence nationale pour la participation des employeurs à l'effort de construction (ANPEEC)

10, rue Desaix, 75015 Paris
Tél. : 01 45 66 23 00 ; site : www.anpeec.fr

Agence pour le développement du logement étudiant (ADELE)

8, rue de Berri, 75008 Paris
Tél. : 0 892 350 370 (0,34 € TTC/minute) ; site : www.adele.org

Association départementale pour le logement (ADIL 75)

46 *bis*, rue Edgar-Quinet, 75014 Paris
Tél. : 01 42 79 50 50 ; site : www.adil75.fr
(les Adils existent aussi dans d'autres département - cf. site www.anil.org)

Association Haute qualité environnementale (Association HQE)

4, avenue du Recteur Poincaré, 75016 Paris
Tél. : 01 40 47 02 82 ; site : www.assohqe.org

Association Maison de qualité

8, rue Louis d'Or, 35000 Rennes
Tél. : 02 99 65 18 22 ; site : www.maison.qualité. com

Bureau Central de tarification des assurances

11, rue de la Rochefoucault 75009 Paris
Tél. : 01 53 20 32 24 80

Caisse allocations familiales (CAF)

Site : www.caf.fr

Chambre des notaires de Paris

12, avenue Victoria, 75001 Paris
Tél. : 01 44 82 24 00 ; site : www.paris-notaires.fr

Confédération de l'artisanat et des petites entreprises du bâtiment (Capeb)

2, rue Béranger, 75003 Paris
Tél. : 01 53 60 50 00 ; site : www.capeb.fr

Confédération de la consommation, du logement et du cadre de vie (CLCV)

17, rue Monsieur, 75017 Paris
Tél. : 01 56 54 32 10 ; site : www.clcv.org

Confédération générale du logement (CGL)

6-8, villa Gagliardini, 75020 Paris
Tél. : 01 40 31 90 22

Confédération nationale des administrateurs de biens (CNAB)

53, rue du Rocher, 75008 Paris
Tél. : 01 42 93 60 55 ; site : www.cnab.fr

Confédération nationale du logement (CNL)

8 rue Mériel, BP 119, 93516 Montreuil Cedex
Tél. : 01 48 57 04 64 ; site : www.lacnl.com

Conseil supérieur de l'administration de biens (CSAB)

35, rue de Washington, 75008 Paris
Tél. : 0 45 62 89 00 ; site : www.csab.fr

Conseil supérieur du notariat (CSN)

31, rue du Général-Foy, 75008 Paris
Tél. : 01 44 90 30 00 ; site : www.notaires.fr

Direction générale de la concurrence de la consommation et de la répression des fraudes (DGCCRF)

Site : www.finances.gouv.fr/dgccrf ; rubrique « Infos pratiques » puis « Contacts utiles »

Fédération bancaire française (FBF)

18, rue Lafayette, 75009 Paris
Tél. : 01 48 00 52 52 ; site : www.fbf.fr

Fédération française du bâtiment

33, avenue Kléber, 75784 Paris Cedex 16
Tél. : 01 40 69 51 00 ; site : www.ffbatiment.fr

Fédération française des constructeurs de maisons individuelles (FFCMI)

10-12, quai Ivan-Tourgueniev, 78380 Bougival
Tél. : 01 30 80 21 90 ; site : www.ffcmi.com

Fédération nationale des conseils d'Architecture d'Urbanisme et d'Environnement

(Des conseils existent dans 88 départements.)
20-22, rue du Commandeur 75014 Paris
Tél. : 01 43 22 07 82 ; site : www.fncaue.asso.fr

Fédération nationale de l'immobilier (FNAIM)

27, *bis*, avenue de Villiers, 75017 Paris
Tél. : 01 40 53 73 50 ; site : www.fnaim.fr

Fédération nationale des Pact-Arim

27, rue de La-Rochefoucauld, 75009 Paris
Tél. : 01 42 81 97 70 ; site : www.pact-arim.org

Fédération des promoteurs constructeurs (FPC)

106, rue de l'Université, 75007 Paris
Tél. : 01 47 05 44 36 ; site : www.fnpc.fr

Fédération nationale des SAFER (Fnsafer)

91, rue du Faubourg Saint Honoré 75008 Paris
Tél. : 01 44 69 86 00 ; site : www.safer.fr

Ministère de l'Équipement, des Transports, du Tourisme et du Logement

Site : www.logement.equipement.gouv.fr

Ministère délégué à la Ville et à la Rénovation urbaine

Site : www.ville.gouv.fr

Observatoire des loyers de l'agglomération parisienne (OLAP)

21, rue Miollis, 75015 Paris
Tél. : 01 40 56 01 47 ; site : www.olap.asso.fr

Ordre des architectes

9, rue Borromée, 75015 Paris
Tél. : 01 56 58 67 00 ; site : www.architectes.org

Ordre des géomètres-experts

40, avenue Hoche, 75008 Paris
Tél. : 01 53 83 88 00 ; site : www.geometres-expert.fr

Organisation du Timeshare en europe (OTE)

Oak House Cours St Miche 100/3
B - 1040 Bruxelles, Belgique
Tél. : 32 2533 3061 ; site : www.ote-info.com

Qualitel

136, boulevard Saint-Germain, 75006 Paris
Tél. : 01 42 34 53 29 ; site : www.qualitel.org

Renov

11, rue Sarette 75014 Paris
Tél. : 0820 821 908 (0,76 €/minute) ; email : renov@renov.com

Syndicat national des aménageurs (SNAL)

179, boulevard Haussmann, 75008 Paris
Tél. : 01 44 20 09 10 ; site : www.snal.fr

Syndicat national des rénovateurs de l'habitat (SYNARH)

4, rue du Général Lanrezac, 75017 Paris
Tél. : 01 44 09 99 40 ; site : www.snrt.fr

Syndicat national des résidences de tourisme (CSNTR)

177, avenue Achille Peretti, 92200 Neuilly
Tél. : 01 47 38 35 60 ; site : www.snrt.fr

Union d'économie sociale pour le logement – 1 % logement (UESL)

110, rue Lemercier, 75848 Paris Cedex 17
Tél. : 01 44 85 81 00 ; site : www.uesl.fr

Union nationale de la propriété immobilière (UNPI)

11, quai Anatole-France, 75007 Paris
Tél. : 01 44 11 32 42 ; site : www.unpi.org

Union nationale des constructeurs de maisons individuelles (UNCMI)

3, avenue du Président-Wilson, 75016 Paris
Tél. : 01 47 20 82 08 ; site : www.uncmi.org

Union nationale des responsables de copropriété (UNARC)

29, rue Joseph-Python, 75020 Paris
Tél. : 01 40 30 12 82 ; site : www.unarc.asso.fr

Union sociale pour l'habitat (USL)

14, rue Lord-Byron, 75008 Paris
Tél. : 01 40 75 78 00 ; site : www.union-habitat.org

Annexe B

Travaux immobiliers bénéficiant de déductions fiscales et de crédits d'impôts

Les dépenses réalisées dans une résidence principale et destinées à favoriser le développement durable ou à aider certaines personnes (âgées ou handicapées) bénéficient de deux nouveaux crédits d'impôt valables pour la période allant du 1er janvier 2005 au 31 décembre 2009. Les équipements de confort (saunas, inserts de cheminées) sont exclus du nouveau dispositif.

Crédit d'impôt en faveur du développement durable

Ce crédit d'impôt concerne les dépenses d'équipements en faveur du développement durable et des économies d'énergie. Le taux du crédit est de :

- 15 % pour l'achat de chaudières à basse température (pour les logements achevés depuis plus de deux ans) ;
- 25 % pour les chaudières à condensation (pour les logements achevés depuis plus de deux ans), les matériaux d'isolation thermique (pour les logements neufs ou anciens) et les appareils de régulation de chauffage (pour les logements achevés depuis plus de deux ans) ;
- 40 % pour les équipements de production d'énergie renouvelable, ainsi que les pompes à chaleur (pour les logements neufs ou anciens).

Le plafond des dépenses ouvrant droit à ce crédit d'impôt est fixé à 8000 euros pour une personne seule et 16000 euros pour un couple marié (ou pacsé) soumis à imposition commune. Selon le nombre de personnes rattachées au foyer fiscal, ce plafond est majoré de 400 euros pour le premier enfant, de 500 euros pour le deuxième et de 600 euros à partir du troisième enfant.

Attention : seul est pris en compte le prix d'acquisition des équipements toutes taxes comprises. La pose d'équipements et de matériaux effectuée par une entreprise, le montant de la main-d'œuvre ainsi que les matériaux et les fournitures destinés par exemple au raccordement de la chaudière n'entrent pas dans le crédit d'impôt.

Crédit d'impôt pour les aides à la personne

Les dépenses d'installation et de remplacement d'équipements spécialement conçus pour les personnes âgées ou handicapées (logements neufs ou anciens) donnent droit à un crédit d'impôt de 25 %. Pour l'acquisition de certains ascenseurs (pour les logements achevés depuis plus de deux ans) et pour les travaux de prévention contre les risques technologiques (logements neufs ou anciens situés dans un périmètre couvert par le plan de prévention des risques), le crédit d'impôt est de 15 %.

Ces mesures concernent les dépenses effectuées dans une habitation occupée à titre de résidence principale. Ces dispositions s'appliquent aux travaux payés ou réalisés sur la période allant du 1er janvier 2005 au 31 décembre 2009. Le montant des dépenses sur cette période est plafonné à 5000 euros pour une personne seule et à 10000 euros pour un couple. Cette somme est majorée de 400 euros pour le premier enfant, de 500 euros pour le second enfant et de 600 euros à compter du troisième enfant. Un arrêté ministériel devrait d'ici peu établir la liste des équipements éligibles à ce crédit d'impôt. Cette dernière devrait notamment reprendre la liste des travaux éligibles au précédent crédit d'impôt en faveur des personnes âgées et handicapées et fixée par l'arrêté du 24 mars 2004.

Le crédit d'impôt s'applique au prix d'achat des matériaux toutes taxes comprises, plus les frais de main-d'œuvre correspondant à ces travaux (à l'exception des ascenseurs).

Annexe C

Liste des charges récupérables

Publication au JORF du 30 août 1987

Décret n° 87-713 du 26 août 1987
Décret pris en application de l'article 18 de la loi n° 86-1290 du 23 décembre 1986 tendant à favoriser l'investissement locatif, l'accession à la propriété de logements sociaux et le développement de l'offre foncière et fixant la liste des charges récupérables
NOR : EQUC8700582D

version consolidée au 1er août 1999 — version JO initiale
Liste des charges récupérables.

Annexe

I. - Ascenseurs et monte-charge.

1. Dépenses d'électricité.

2. Dépenses d'exploitation, d'entretien courant, de menues réparations :
a) Exploitation :
- visite périodique, nettoyage et graissage des organes mécaniques ;
- examen semestriel des câbles et vérification annuelle des parachutes ;
- nettoyage annuel de la cuvette, du dessus de la cabine et de la machinerie ;
- dépannage ne nécessitant pas de réparations ou fournitures de pièces ;
- tenue d'un dossier par l'entreprise d'entretien mentionnant les visites techniques, incidents et faits importants touchant l'appareil.
b) Fournitures relatives à des produits ou à du petit matériel d'entretien (chiffons, graisses et huiles nécessaires) et aux lampes d'éclairage de la cabine.
c) Menues réparations :
- de la cabine (boutons d'envoi, paumelles de portes, contacts de portes, ferme-portes automatiques, coulisseaux de cabine, dispositif de sécurité de seuil et cellule photo-électrique) ;
- des paliers (ferme-portes mécaniques, électriques ou pneumatiques, serrures électromécaniques, contacts de porte et boutons d'appel) ;
- des balais du moteur et fusibles.

II. — Eau froide, eau chaude et chauffage collectif des locaux privatifs et des parties communes.

1. Dépenses relatives :
A l'eau froide et chaude des locataires ou occupants du bâtiment ou de l'ensemble des bâtiments d'habitation concernés ;
A l'eau nécessaire à l'entretien courant des parties communes du ou desdits bâtiments, y compris la station d'épuration ;
A l'eau nécessaire à l'entretien courant des espaces extérieurs ;
Les dépenses relatives à la consommation d'eau incluent l'ensemble des taxes et redevances ainsi que les sommes dues au titre de la redevance d'assainissement, à l'exclusion de celles auxquelles le propriétaire est astreint en application de l'article L. 35-5 du code de la santé publique ;
Aux produits nécessaires à l'exploitation, à l'entretien et au traitement de l'eau ;
A l'électricité ;
Au combustible ou à la fourniture d'énergie, quelle que soit sa nature.

2. Dépenses d'exploitation, d'entretien courant et de menues réparations :
a) Exploitation et entretien courant :
- nettoyage des gicleurs, électrodes, filtres et clapets des brûleurs ;
- entretien courant et graissage des pompes de relais, jauges, contrôleurs de niveau ainsi que des groupes moto-pompes et pompes de puisards ;
- graissage des vannes et robinets et réfection des presse-étoupes ;
- remplacement des ampoules des voyants lumineux et ampoules de chaufferie ;

- entretien et réglage des appareils de régulation automatique et de leurs annexes;
- vérification et entretien des régulateurs de tirage;
- réglage des vannes, robinets et tés ne comprenant pas l'équilibrage;
- purge des points de chauffage;
- frais de contrôles de combustion;
- entretien des épurateurs de fumée;
- opérations de mise en repos en fin de saison de chauffage, rinçage des corps de chauffe et tuyauteries, nettoyage de chaufferies, y compris leurs puisards et siphons, ramonage des chaudières, carneaux et cheminées;
- conduite de chauffage;
- frais de location d'entretien et de relevé des compteurs généraux et individuels;
- entretien de l'adoucisseur, du détartreur d'eau, du surpresseur et du détendeur;
- contrôles périodiques visant à éviter les fuites de fluide frigorigène des pompes à chaleur;
- vérification, nettoyage et graissage des organes des pompes à chaleur;
- nettoyage périodique de la face extérieure des capteurs solaires;
- vérification, nettoyage et graissage des organes des capteurs solaires.

b) Menues réparations dans les parties communes ou sur des éléments d'usage commun:
- réparation de fuites sur raccords et joints;
- remplacement des joints, clapets et presse-étoupes;
- rodage des sièges de clapets;
- menues réparations visant à remédier aux fuites de fluide frigorigène des pompes à chaleur;
- recharge en fluide frigorigène des pompes à chaleur.

III. — Installations individuelles.

Chauffage et production d'eau chaude, distribution d'eau dans les parties privatives:

1. Dépenses d'alimentation commune de combustible;

2. Exploitation et entretien courant, menues réparations:

a) Exploitation et entretien courant:
- réglage de débit et température de l'eau chaude sanitaire;
- vérification et réglage des appareils de commande, d'asservissement, de sécurité d'aquastat et de pompe;
- dépannage;
- contrôle des raccordements et de l'alimentation des chauffe-eau électriques, contrôle de l'intensité absorbée;
- vérification de l'état des résistances, des thermostats, nettoyage;
- réglage des thermostats et contrôle de la température d'eau;
- contrôle et réfection d'étanchéité des raccordements eau froide — eau chaude;
- contrôle des groupes de sécurité;
- rodage des sièges de clapets des robinets;
- réglage des mécanismes de chasses d'eau.

b) Menues réparations:
- remplacement des bilames, pistons, membranes, boîtes à eau, allumage piézo-électrique, clapets et joints des appareils à gaz;
- rinçage et nettoyage des corps de chauffe et tuyauteries;
- remplacement des joints, clapets et presse-étoupes des robinets;
- remplacement des joints, flotteurs et joints cloches des chasses d'eau.

IV. — Parties communes intérieures au bâtiment ou à l'ensemble des bâtiments d'habitation.

1. Dépenses relatives:

A l'électricité;

Aux fournitures consommables, notamment produits d'entretien, balais et petit matériel assimilé nécessaires à l'entretien de propreté, sel.

2. Exploitation et entretien courant, menues réparations:

a) Entretien de la minuterie, pose, dépose et entretien des tapis;

b) Menues réparations des appareils d'entretien de propreté tels qu'aspirateur.

3. Entretien de propreté (frais de personnel).

V. - Espaces extérieurs au bâtiment ou à l'ensemble de bâtiments d'habitation (voies de circulation, aires de stationnement, abords et espaces verts, aires et équipements de jeux).

1. Dépenses relatives:

A l'électricité;

A l'essence et huile;

Aux fournitures consommables utilisées dans l'entretien courant:

ampoules ou tubes d'éclairage, engrais, produits bactéricides et insecticides, produits tels que graines, fleurs, plants, plantes de remplacement, à l'exclusion de celles utilisées pour la réfection de massifs, plates-bandes ou haies.

2. a) Exploitation et entretien courant :
Opérations de coupe, désherbage, sarclage, ratissage, nettoyage et arrosage concernant :
- les allées, aires de stationnement et abords ;
- les espaces verts (pelouses, massifs, arbustes, haies vives, plates-bandes) ;
- les aires de jeux ;
- les bassins, fontaines, caniveaux, canalisations d'évacuation des eaux pluviales ;
- entretien du matériel horticole ;
- remplacement du sable des bacs et du petit matériel de jeux.
b) Peinture et menues réparations des bancs de jardins et des équipements de jeux et grillages.

VI. — Hygiène.

1. Dépenses de fournitures consommables :
Sacs en plastique et en papier nécessaires à l'élimination des rejets ;
Produits relatifs à la désinsectisation et à la désinfection, y compris des colonnes sèches de vide-ordures.
2. Exploitation et entretien courant :
Entretien et vidange des fosses d'aisances ;
Entretien des appareils de conditionnement des ordures.

3. Elimination des rejets (frais de personnel).

VII. — Equipements divers du bâtiment ou de l'ensemble de bâtiments d'habitation.

1. La fourniture d'énergie nécessaire à la ventilation mécanique.

2. Exploitation et entretien courant :
Ramonage des conduits de ventilation ;
Entretien de la ventilation mécanique ;
Entretien des dispositifs d'ouverture automatique ou codée et des interphones ;
Visites périodiques à l'exception des contrôles réglementaires de sécurité, nettoyage et graissage de l'appareillage fixe de manutention des nacelles de nettoyage des façades vitrées.

3. Divers :
Abonnement des postes de téléphone à la disposition des locataires.

VIII. — Impositions et redevances.

Droit de bail.

Taxe ou redevance d'enlèvement des ordures ménagères.
Taxe de balayage.

Le Premier ministre,
Sur le rapport du ministre d'Etat, ministre de l'économie, des finances et de la privatisation, du garde des sceaux, ministre de la justice, et du ministre de l'équipement, du logement, de l'aménagement du territoire et des transports,
Vu la loi n° 86-1290 du 23 décembre 1986 tendant à favoriser l'investissement locatif, l'accession à la propriété de logements sociaux et le développement de l'offre foncière, et notamment son article 18 ;
Le Conseil d'Etat (section des travaux publics) entendu,

Article 1
La liste des charges récupérables prévue à l'article 18 de la loi du 23 décembre 1986 susvisée figure en annexe au présent décret.

Article 2
Pour l'application du présent décret :
a) Il n'y a pas lieu de distinguer entre les services assurés par le bailleur en régie et les services assurés dans le cadre d'un contrat d'entreprise. Le coût des services assurés en régie inclut les dépenses de personnel d'encadrement technique. Lorsqu'il existe un contrat d'entreprise, le bailleur doit s'assurer que ce contrat distingue les dépenses récupérables et les autres dépenses ;
b) Les dépenses de personnel récupérables correspondent à la rémunération et aux charges sociales et fiscales ;
c) Lorsque l'entretien des parties communes et l'élimination des rejets sont assurés par un gardien ou un concierge, les dépenses correspondant à sa rémunération, à l'exclusion du salaire en nature, sont exigibles au titre des charges récupérables à concurrence des trois quarts de leur montant ;
d) Lorsque l'entretien des parties communes et l'élimination des rejets sont assurés par un employé d'immeuble, les dépenses correspondant à sa rémunération et aux charges sociales et fiscales y afférent sont exigibles, en totalité, au titre des charges récupérables.
e) Le remplacement d'éléments d'équipement n'est considéré comme assimilable aux menues réparations que si son coût est au plus égal au coût de celles-ci.

Article 3
Pour l'application du présent décret, les dépenses afférentes à l'entretien courant et aux menues

réparations d'installations individuelles, qui figurent au III du tableau annexé, sont récupérables lorsqu'elles sont effectuées par le bailleur au lieu et place du locataire.

Article 3 bis

Créé par Décret n° 99-667 du 26 juillet 1999 art. 2 (JORF 1er août 1999).
Le présent décret est applicable en Polynésie française pour la mise en oeuvre des dispositions de l'article 23 de la loi n° 89-462 du 6 juillet 1989.

Article 4

Le ministre d'Etat, ministre de l'économie, des finances et de la privatisation, le garde des sceaux, ministre de la justice, et le ministre de l'équipement, du logement, de l'aménagement du territoire et des transports sont chargés, chacun en ce qui le concerne, de l'exécution du présent décret, qui sera publié au Journal officiel de la République française.

Par le Premier ministre :
JACQUES CHIRAC.
Le ministre de l'équipement, du logement, de l'aménagement du territoire et des transports,
PIERRE MÉHAIGNERIE.
Le ministre d'Etat, ministre de l'économie, des finances et de la privatisation,
ÉDOUARD BALLADUR.
Le garde des sceaux, ministre de la justice,
ALBIN CHALANDON.

Annexe D

Tableaux des coefficients des prêts épargne logement (selon les générations de plans)

Comment utiliser ce tableau de coefficient ?

Pour calculer le montant du prêt auquel vous avez droit, il faut multiplier les droits à prêt acquis sur les sommes épargnées par le coefficient correspondant à la durée effective du prêt. La méthode et l'explication se situent chapitre 26, p. 395.

Cas des plans souscrits entre le 1er juillet 2000 et le 31 juillet 2003 : prêt à 4,97 %

DURÉE En années	COEFFICIENTS	DURÉE En années	COEFFICIENTS
2	73,7303	9	16,3058
3	49,5548	10	14,6142
4	37,2225	11	13,2287
5	29,7440	12	12,0731
6	24,7256	13	11,0949
7	21,1253	14	10,2561
8	18,4169	15	9,5291

Cas des plans souscrits entre le 26 juillet 1999 et le 30 juin 2000 : prêt à 4,31 %

DURÉE En années	COEFFICIENTS	DURÉE En années	COEFFICIENTS
2	92,2893	9	20,5551
3	62,0933	10	18,4406
4	46,6888	11	16,7082
5	37,3465	12	15,2631
6	31,0768	13	14,0394
7	26,5783	14	12,9900
8	23,1937	15	12,0802

Cas des plans souscrits entre le 9 juin 1998 et le 25 juillet 1999 : prêt à 4,60 %

DURÉE En années	COEFFICIENTS	DURÉE En années	COEFFICIENTS
2	83,0942	9	18,4494
3	55,8809	10	16,5444
4	41,9985	11	14,9838
5	33,5796	12	13,6821
6	27,9298	13	12,5800
7	23,8763	14	11,6349
8	20,8267	15	10,8156

Cas des plans souscrits entre le 23 janvier 1997 et le 8 juin 1998 : prêt à 4,80 %

DURÉE En années	COEFFICIENTS	DURÉE En années	COEFFICIENTS
2	71,8727	9	16,8873
3	49,5084	10	15,1662
4	37,6704	11	13,7517
5	30,3437	12	12,5689
6	25,3629	13	11,5651
7	21,7572	14	10,7028
8	19,0266	14	9,9541

Cas des plans souscrits entre le 7 février 1994 et le 22 janvier 1997 : prêt à 5,54 %

DURÉE En années	COEFFICIENTS	DURÉE En années	COEFFICIENTS
2	58,0591	9	13,5353
3	39,9467	10	12,1430
4	30,3602	11	10,9990
5	24,4277	12	10,0426
6	20,3951	13	9,2312
7	17,4764	14	8,5344
8	15,2664	15	7,9296

Cas des plans souscrits entre le 16 mai 1986 et le 6 février 1994 : prêt à 6,32 %

DURÉE En années	COEFFICIENTS	DURÉE En années	COEFFICIENTS
2	48,2895	9	11,1673
3	33,1848	10	10,0077
4	25,1911	11	9,0553
5	20,2448	12	8,2594
6	16,8833	13	7,5844
7	14,4508	14	7,0049
8	12,6093	15	6,5021

Cas des plans souscrits entre le 1er juillet 1985 et le 15 mai 1986 : prêt à 6,45 %

DURÉE En années	COEFFICIENTS	DURÉE En années	COEFFICIENTS
2	46,9732	9	10,8485
3	32,2738	10	9,7203
4	24,4947	11	8,7938
5	19,6814	12	8,0194
5	16,4103	13	7,3628
7	14,0433	14	6,7992
8	12,2516	15	6,3101

Cas des plans souscrits entre le 16 août 1984 et le 30 juin 1985, des plans souscrits entre le 1er janvier 1981 et le 15 juin 1983 et des plans souscrits avant le 1er janvier 1981 dont la durée a été portée à cinq ans par avenant: prêt à 7 %

DURÉE En années	COEFFICIENTS	DURÉE En années	COEFFICIENTS
2	42,1188	9	9,6735
3	28,9142	10	8,6612
4	21,9268	11	7,8300
5	17,6038	12	7,1355
6	14,6664	13	6,5468
7	12,5412	14	6,0416
8	10,9327	15	5,6035

Cas des plans souscrits entre le 16 juin 1983 et le 15 août 1984: prêt à 8 %

DURÉE En années	COEFFICIENTS	DURÉE En années	COEFFICIENTS
2	35,4643	9	8,0651
3	34,3093	10	7,2120
4	18,4075	11	6,5117
5	14,7571	12	5,9270
6	12,2774	13	5,4317
7	10,4839	14	5,0068
8	9,1270	15	4,6385

Source: ANIL à partir de sources CENCEP et CNE

Annexe E

Tableau d'estimation des frais de garantie

Tableau d'estimation des frais de garantie

Montant du prêt en euros	Privilège de prêteur (PPD)	Si hypothèque, ajouter ce montant de frais au PPD	Montant du prêt en euros	Privilège de prêteur (PPD)	Si hypothèque, ajouter ce montant de frais au PPD
18000	896,11	132,84	90000	1412,92	664,20
21000	917,64	154,98	93000	1434,46	686,34
24000	939,18	177,12	96000	1455,99	708,48
27000	960,71	199,26	99000	1477,53	730,62
30000	982,25	221,40	102000	1499,06	752,76
33000	1003,78	243,54	105000	1520,59	774,90
36000	1025,31	265,68	108000	1542,13	797,04
39000	1046, 85	287,82	111000	1563,66	819,18
42000	1068,38	309,96	114000	1585,20	841,32
45000	1089,91	332,10	117000	1606,73	863,46
48000	1111,45	354,24	120000	1628,26	885,60
51000	1132,98	376,38	123000	1649,80	907,74
54000	1154,52	398,52	126000	1671,33	929,88
57000	1176,05	420,66	129000	1692,87	952,02
60000	1197,58	442,80	132000	1714,40	974,16
63000	1219,12	464,94	135000	1735,93	996,30
66000	1240,65	487,08	138000	1757,47	1018,44
69000	1262,19	509,22	141000	1779,00	1040,58
72000	1283,72	531,36	144000	1800,54	1062,72
75000	1305,25	553,50	147000	1822,07	1084,86
78000	1326,79	575,64	150000	1843,60	1107,00
81000	1348,32	597,78	157500	1897,44	1162,35
84000	1369,86	619,92	165000	1951,27	1217,70
87000	1391,39	642,06	172500	2005,11	1273,05

Tableau d'estimation des frais de garantie (suite)

Montant du prêt en euros	Privilège de prêteur (PPD)	Si hypothèque, ajouter ce montant de frais au PPD	Montant du prêt en euros	Privilège de prêteur (PPD)	Si hypothèque, ajouter ce montant de frais au PPD
180 000	2 058,94	1 328,40	405 000	3 673,99	2 988,90
187 500	2 112,78	1 383,75	420 000	3 781,66	3 099,60
195 000	2 166,61	1 439,10	435 000	3 889,33	3 210,30
202 500	2 220,45	1 494,45	450 000	3 997,00	3 321,00
210 000	2 274,28	1 549,80	465 000	4 104,67	3 431,70
217 500	2 328,12	1 605,15	480 000	4 212,34	3 542,40
225 000	2 381,95	1 660,50	495 000	4 320,01	3 653,10
232 500	2 435,79	1 715,85	510 000	4 427,68	3 763,80
240 000	2 489,62	1 771,20	525 000	4 535,35	3 874,50
247 500	2 543,46	1 819,00	540 000	4 643,02	3 985,20
255 000	2 597,29	1 826,55	555 000	4 750,69	4 095,90
262 500	2 651,13	1 937,25	570 000	4 858,36	4 206,60
270 000	2 704,96	1 992,60	585 000	4 966,03	4 317,30
277 500	2 758,80	2 047,95	600 000	5 073,70	4 428,00
285 000	2 812,63	2 103,30	615 000	5 181,37	4 538,70
292 500	2 866,47	2 158,65	630 000	5 289,04	4 649,40
300 000	2 920,30	2 214,00	645 000	5 396,71	4 760,10
315 000	3 027,97	2 347,00	660 000	5 438,00	4 870,80
330 000	3 135,64	2 435,40	675 000	5 612,05	4 981,50
345 000	3 243,31	2 546,10	690 000	5 719,72	5 092,20
360 000	3 350,98	2 656,80	705 000	5 827,39	5 202,90
375 000	3 458,65	2 767,50	720 000	5 935,06	5 313,60
390 000	3 566,32	2 878,20	735 000	6 042,73	5 424,30
			750 000	6 150,40	5 535,00

* Le montant de caution comprend la commission de caution et la participation au FMG (Fonds Mutuel de Garantie).

Source : UCB

Annexe F

Liste des travaux finançables par le prêt 1 % logement

TRAVAUX FINANÇABLES

Dépenses d'amélioration visées à l'arrêté du 30 décembre 1987 (PALULOS) annexe 1 (A et B) II et III (A et B)

• Annexe I :

A — NORMES MINIMALES D'HABITABILITE

1. Normes générales relatives à la sécurité, à la salubrité et à l'équipement de l'immeuble.

1.1 Etanchéité
1.2 Parties communes
1.3 Canalisations

2. Normes relatives à la sécurité, à la salubrité et à l'équipement des logements ou des pièces isolées

2.1 Normes dimensionnelles
2.2 Ouvertures et ventilation
2.3 Installation de la cuisine ou du coin cuisine
2.4 Installation du gaz et de l'électricité
2.5 Equipement sanitaire
2.6 Chauffage

B — TRAVAUX PRIORITAIRES SUR LE BÂTIMENT

- Reprise des malfaçons flagrantes, amélioration de l'étanchéité des toitures et des façades.
- Restructuration de logements.
- Modification des volumes bâtis (création d'ouvertures, balcons, loggias, addition de constructions).

• Annexe II :

TRAVAUX DESTINES A ECONOMISER L'ENERGIE DANS LES LOGEMENTS

- Amélioration du rendement de chauffage.
- Comptage et équilibrage de chauffage.
- Régulation du chauffage.
- Recours aux énergies nouvelles ou insuffisamment exploitées et aux techniques nouvelles.
- Amélioration de l'isolation thermique du bâtiment.

• Annexe III :

A : TRAVAUX D'AMELIORATION DE L'HABITAT ET DE LA VIE QUOTIDIENNE

- Travaux et installations visant à réduire les dépenses de consommation d'énergie et d'eau y compris les matériels de comptage, et ceux visant à réduire les dépenses d'entretien et d'exploitation des différents éléments d'usage commun des immeubles.
- Travaux destinés au renforcement de la sécurité des biens et des personnes dans les immeubles et leurs parties communes intérieures et extérieures, notamment ceux relatifs aux accès, à la protection des parties inférieures des immeubles, à la sécurité des ascenseurs et à la sécurité dans les parties d'immeubles en sous-sol.
- Travaux et aménagements nécessaires à l'amélioration de la vie quotidienne dans les ensembles immobiliers, notamment :

- Décoration et amélioration des parties communes intérieures et extérieures des immeubles, de leurs façades et halls d'entrée, installation de panneaux signalétiques.
- Aménagements nécessaires aux télécommunications.
- Création ou aménagement d'espaces verts ou minéraux, d'aires de jeux, d'espaces semi-collectifs.
- Aménagement de la circulation piétonne ou automobile et des aires de stationnement.
- Création ou aménagement de locaux collectifs résidentiels.

- Travaux de renforcement des portes d'entrée des

logements.
• Travaux destinés à l'amélioration du confort dans les logements, notamment :
- Création de chauffage central individuel ou collectif et d'installations de distribution d'eau chaude.
- Amélioration ou complément des équipements de confort.
- Amélioration du confort acoustique dans les logements.

B : PRINCIPAUX TRAVAUX D'ACCESSIBILITE ET D'ADAPTATION DU LOGEMENT AUX PERSONNES HANDICAPEES PHYSIQUES, AUX PERSONNES AGEES OU A MOBILITE REDUITE

Compte tenu de l'intérêt porté à cette catégorie de personnes et des aménagements spécifiques qui peuvent être nécessaires à tel ou tel type de personnes handicapées, cette liste ne doit pas être considérée comme limitative.
La plus grande attention doit être portée aux aménagements demandés par les personnes handicapées physiques, personnes âgées ou à mobilité réduite.
• Travaux d'accessibilité et d'adaptation du logement :
- Elargissement de la porte d'entrée, des portes intérieures du logement, des portes d'accès aux balcons, terrasses, loggias et jardins.
- Construction d'une rampe.
- Suppression de marches, de seuils et de ressauts.
- Suppression ou modification de murs, cloisons et placards.
- Modification de l'aménagement et de l'équipement des pièces d'eau (cuisine, WC, bains, douche, buanderie, etc.) : évier, lavabo, baignoire, douche, WC, placards, etc.
- Amélioration des revêtements de sol.
- Installation de mains courantes, barres d'appui, poignées de rappel de portes, protection de murs et de portes.
- Modification de la robinetterie, des divers systèmes de fermeture, d'ouverture ou des systèmes de commande des installations électriques, d'eau, de gaz et de chauffage.
- Modification des volets et fenêtres.
- Alerte à distance (équipement et branchement).

Source : UESL

Annexe G

Liste des travaux finançables par le prêt pass-travaux

TRAVAUX FINANÇABLES

Dépenses d'amélioration visées à l'arrêté du 30 décembre 1987 (PALULOS) annexe 1 (A et B) II et III (A et B)

• Annexe I :

A — NORMES MINIMALES D'HABITABILITE

1. Normes générales relatives à la sécurité, à la salubrité et à l'équipement de l'immeuble.

1.1 Etanchéité
1.2 Parties communes
1.3 Canalisations

2. Normes relatives à la sécurité, à la salubrité et à l'équipement des logements ou des pièces isolées

2.1 Normes dimensionnelles
2.2 Ouvertures et ventilation
2.3 Installation de la cuisine ou du coin cuisine
2.4 Installation du gaz et de l'électricité
2.5 Equipement sanitaire
2.6 Chauffage

B — TRAVAUX PRIORITAIRES SUR LE BÂTIMENT

- Reprise des malfaçons flagrantes, amélioration de l'étanchéité des toitures et des façades.
- Restructuration de logements.
- Modification des volumes bâtis (création d'ouvertures, balcons, loggias, addition de constructions).

• Annexe II :

TRAVAUX DESTINES A ECONOMISER L'ENERGIE DANS LES LOGEMENTS

- Amélioration du rendement de chauffage.
- Comptage et équilibrage de chauffage.
- Régulation du chauffage.
- Recours aux énergies nouvelles ou insuffisamment exploitées et aux techniques nouvelles.
- Amélioration de l'isolation thermique du bâtiment.

• Annexe III :

A : TRAVAUX D'AMELIORATION DE L'HABITAT ET DE LA VIE QUOTIDIENNE

- Travaux et installations visant à réduire les dépenses de consommation d'énergie et d'eau y compris les matériels de comptage, et ceux visant à réduire les dépenses d'entretien et d'exploitation des différents éléments d'usage commun des immeubles.
- Travaux destinés au renforcement de la sécurité des biens et des personnes dans les immeubles et leurs parties communes intérieures et extérieures, notamment ceux relatifs aux accès, à la protection des parties inférieures des immeubles, à la sécurité des ascenseurs et à la sécurité dans les parties d'immeubles en sous-sol.
- Travaux et aménagements nécessaires à l'amélioration de la vie quotidienne dans les ensembles immobiliers, notamment :

- Décoration et amélioration des parties communes intérieures et extérieures des immeubles, de leurs façades et halls d'entrée, installation de panneaux signalétiques.
- Aménagements nécessaires aux télécommunications.
- Création ou aménagement d'espaces verts ou minéraux, d'aires de jeux, d'espaces semi-collectifs.
- Aménagement de la circulation piétonne ou automobile et des aires de stationnement.
- Création ou aménagement de locaux collectifs résidentiels.

- Travaux de renforcement des portes d'entrée des

logements.

• Travaux destinés à l'amélioration du confort dans les logements, notamment :

- Création de chauffage central individuel ou collectif et d'installations de distribution d'eau chaude.
- Amélioration ou complément des équipements de confort.
- Amélioration du confort acoustique dans les logements.

B : PRINCIPAUX TRAVAUX D'ACCESSIBILITE ET D'ADAPTATION DU LOGEMENT AUX PERSONNES HANDICAPEES PHYSIQUES, AUX PERSONNES AGEES OU A MOBILITE REDUITE

Compte tenu de l'intérêt porté à cette catégorie de personnes et des aménagements spécifiques qui peuvent être nécessaires à tel ou tel type de personnes handicapées, cette liste ne doit pas être considérée comme limitative.

La plus grande attention doit être portée aux aménagements demandés par les personnes handicapées physiques, personnes âgées ou à mobilité réduite.

• **Travaux d'accessibilité et d'adaptation du logement :**

- Elargissement de la porte d'entrée, des portes intérieures du logement, des portes d'accès aux balcons, terrasses, loggias et jardins.
- Construction d'une rampe.
- Suppression de marches, de seuils et de ressauts.
- Suppression ou modification de murs, cloisons et placards.
- Modification de l'aménagement et de l'équipement des pièces d'eau (cuisine, WC, bains, douche, buanderie, etc.) : évier, lavabo, baignoire, douche, WC, placards, etc.
- Amélioration des revêtements de sol.
- Installation de mains courantes, barres d'appui, poignées de rappel de portes, protection de murs et de portes.
- Modification de la robinetterie, des divers systèmes de fermeture, d'ouverture ou des systèmes de commande des installations électriques, d'eau, de gaz et de chauffage.
- Modification des volets et fenêtres.
- Alerte à distance (équipement et branchement).

Dépenses d'entretien et de revêtement des surfaces visées par l'instruction fiscale du 8 juin 1998

• **Dépenses d'entretien éligibles**

• Le remplacement isolé des portes, fenêtres, volets ou persiennes du logement.
• Le remplacement d'éléments isolés de l'installation sanitaire (lavabo, baignoire, douche, évier, robinet...) ou d'une installation de chauffage (radiateurs notamment).
• La réfection partielle de l'installation électrique ou de gaz.
• Le simple grattage des façades pour faire disparaître des graffitis.
• Les opérations de recherche et d'analyse de nocivité de l'amiante ou du plomb.
• Les opérations de diagnostic thermique ou acoustique.

• **Dépenses de revêtement de surfaces**

• Il s'agit des dépenses consécutives à la réalisation de travaux de dépose et de pose de revêtements muraux, de plafonds ou de sols (peintures, papiers peints, carreaux, crépis, lambris, moquettes, parquets, carrelages,...).

• **Travaux de finition dans les logements neufs** :

• Dépenses de raccordement aux réseaux uniquement pour les maisons individuelles en secteur diffus.

• **Dépenses de revêtement de surfaces.**

Source : UESL

Index

A

Abattement forfaitaire, 130
Accession sociale, 118
Acte authentique, 87
Administrateur de biens, 246
Agence nationale pour l'amélioration de l'habitat (ANAH), 153, 211, 221
Agent immobilier, 36, 37, 246
Aide à la personne, 502
Aide personnalisée au logement (APL), 462
Allocation logement familiale (ALF), 463
Amiante, 54
Ancien, 18, 19, 65, 89, 148, 151
Annonces, 32, 34, 36, 135
Appartement, 19, 156
Apport personnel, 357, 435
Ascenseurs, 27,100, 286
Atelier, 23
Amiante, 54
Architectes, 338
Ascenseur, 27, 100, 286
Assemblée générale des copropriétaires, 77, 102, 203
Association syndicale libre, 331
Assurance décès invalidité, 445
Assurance incapacité temporaire de travail et totale de travail, 449
Assurance loyers impayés, 206
Assurance chômage, 449
Assurance dommage ouvrages, 347
Autorisation de la copropriété, 75
Avant-contrat, 69

B

Bail, 265, 292
Banque généraliste, 413, 432
Banque spécialisée, 433
Besson (loi), 192
Bornage d'un terrain, 326
Boutique, 23
Bruit, 27

C

Capacité d'endettement, 360
Carence locative, 208
Carnet d'entretien, 58
Carrez (loi), 51
Caution 251, 259
Caution mutuelle, 441
Certificat d'urbanisme, 59, 324
Cession de droits à prêt épargne logement, 388, 390
Chambre de service, 109
Charges de copropriété, 21, 77, 98, 181, 204
Charges récupérables, 204, 285, 503
Clauses obligatoires, 266
Clauses interdites, 268
Clauses abusives, 269
Coefficient multiplicateur des intérêts d'un plan épargne logement (PEL), 395, 507
Colocation, 249
Commandement de payer, 279
Commercialité, 24
Commission de conciliation, 275
Compromis de vente, 70
Compte épargne logement (CEL), 397, 399
Condition suspensive d'un crédit, 457
Congé, 47, 205, 294
Congé pour vente, 108, 293
Congé pour reprise, 293
Conseil syndical, 101
Convention Belorgey, 446
Contrat d'architecte, 315
Contrat d'entreprise, 315
Contrat de construction de maison individuelle (CCMI), 311
Contrat de promotion immobilière, 317
Contribution sur les revenus locatifs (CRL), 219
Constructibilité du terrain, 59, 75, 311, 324, 330
Copropriété, 75
Courtier immobilier, 436
Crédit (voir Prêt)
Crédit d'impôt, 502

D

Débirentier (voir Viager)
Déblocage des fonds, 458
Déclaration des revenus fonciers, 183
Déclaration de travaux, 336
Décote, 46, 154, 156
Déduction fiscale, 164, 501
Déduction forfaitaire, 180
Déficit foncier, 182
Défiscalisation, 191, 474
Délai de carence, 448
Délai de franchise, 449
Délai de réflexion, 71, 317
Délégation d'assurance décès, 447
Demessine (loi) 197
Dépôt de garantie, 261, 300
Dessous de table, 66, 73
Diagnostic technique, 16, 58, 75
Différé de paiement, 383
Droit à prêts, 388
Droit de préemption du locataire, 46, 86, 118
Droit de préemption urbain, 85

E

Eau, 100
Echange de logement, 115
Emprunteur âgé, 448
Etat des lieux, 299
Etude géologique, 324
Expertise du prix, 15
Expulsion, 282

F

Frais de dossier, 437
Frais de garantie, 511
Frais de mainlevée d'hypothèque, 441
Frais de notaire, 88, 148
Frais de raccordement, 323

G

Garantie biennale, 347
Garantie de bon fonctionnement, 77
Garantie de livraison, 347
Garantie de parfait achèvement, 76
Garantie décennale, 77, 346
Garantie financière, 438
Gestion locative, 212
Géomètre expert, 306
Girardin (loi), 200

H

Haute qualité environnementale (HQE), 19
Habitation à loyer modéré (HLM), 232, 253, 255, 297, 375
Hoguet (loi), 37
Hypothèque, 439

I

Impôt locaux, 78, 93
Impôt de solidarité sur la fortune (ISF), 218
Indemnité en cas de remboursement anticipé (IRA), 413, 450, 467
Indivision, 78, 79, 116
Intérêts d'emprunt, 143, 182
Investisseurs institutionnels 46, 106, 158, 234, 250

L

Labels, 312
Litige location, 133
Locataire âgé, 108, 155
Location, 202
Location accession, 108, 155
Location saisonnière, 133
Location meublée, 161, 270
Loca Pass, 251
Loge de gardien, 110
Loi du 6 juillet 1989, 46, 230, 236, 291
Loi du 10 juillet 1965, 21
Loi du 23 décembre 1986, 46
Loi 1948, 156
Logement décent, 56, 152, 237
Logement étudiant, 248
Logement de fonction, 252
Logement occupé, 91, 105, 154
Louer en meublé professionnel (LMP), 199
Louer en meublé non professionnel (LMNP), 198
Loyer, 267, 270

M

Maison, 19, 156
Maître d'œuvre, 306
Maître d'ouvrage, 306
Majorité, 102, 103
Malfaçons, 344
Malraux (loi), 164, 194
Mandat, 37
Mandat de gestion, 213
Marchand de biens, 45
Marchand de listes, 247
Meubles, 163
Microfoncier, 183
Modulation des échéances d'un prêt, 461
Monument historique, 164, 195

N

Nantissement, 444
Neuf, 18, 90
Notaire, 44, 87, 246

O

Offre de prêt, 455

P

Pacs, 78, 108, 277, 293, 381, 389
Particulier, 32, 133, 250
Permis de construire, 23, 333
Permis de démolir, 335
Périssol (loi), 179, 209
Petits prêts, 357, 399
Petites annonces (voir Annonces)
Payer au noir, 66
Plan épargne logement (PEL), 386, 388, 391
Plan local d'urbanisme (PLU), 58, 328
Plomb, 54
Plus-value, 130, 222
Prélèvements sociaux, 219
Prêt aidé, 378
Prêt à taux zéro (PTZ), 378
Prêt conventionné (PC), 366
Prêt conventionné pour travaux, 366
Prêt d'accession social (PAS), 367, 462
Plan épargne logement (PEL), 386
Prêt d'une mutuelle, 407
Prêt d'une caisse de retraite, 407
Prêt des caisses d'allocations familiales, 406
Prêt des collectivités locales, 407
Prêt de la famille, 408
Prêt bancaire du secteur libre, 411
Prêt employeur (1 % logement), 250, 400, 513
Prêt « in fine », 424, 444
Prêt lissé, 425
Prêt hypothécaire, 429
Prêt Paris logement (PPL), 404
Prêt Pass travaux, 402, 415
Prêt fonctionnaire, 371
Prêt locatif intermédiaire (PLI), 375
Prêt locatif social (PLS), 371
Prêt social de location accession (PSLA), 377
Prêt réglementé, 365
Prêt relais, 251, 358, 421, 423
Prêt Sécuri-Pass, 463
Prime d'État, 386
Primo-accédant, 378, 379
Privilège de prêteur de deniers (PPD), 440
Prix moyen, 62
Promesse de vente, 69
Promesse d'achat, 70
Promesse unilatérale de vente, 70, 82
Promoteur, 40

R

Rachat de prêt, 467
Réception des travaux, 350
Recours, 341
Réduction d'impôts, 501
Refus de permis de construire, 341
Régime classique, 184
Rendement, 223, 225
Renégocier un crédit en cours, 465
Remboursement du prêt, 458
Rente viagère (voir Viager)
Réseau d'agences immobilières, 39
Reste à vivre, 361
Résidence avec services, 171
Résidence étudiante, 171
Résidence de tourisme, 124, 168, 196
Résidence principale, 366
Résidence secondaire, 121, 128
Revenu foncier, 182, 205
Robien (loi), 186

S

Servitudes, 329
Signature, 81
Simulation d'un prêt, 362
Scrivener (loi), 450, 455
Société civile immobilière (SCI), 80, 117
Société civile de placement immobilier (SCPI), 150, 175, 184
SRU (loi), 16, 56, 311
Sous location, 248
Surface habitable, 52
Syndic de copropriété, 57, 101

T

Taux effectif global (TEG), 451
Taux fixe, 412
Taux révisable, 413, 416
Taxe d'enlèvement des ordures ménagères, 289
Taxe d'habitation, 95
Taxe foncière, 94, 218
Taxe sur les logements vacants, 96, 220, 301
Termites, 56
Time share, 131
Tontine, 80
Transformation de bureau en logement, 23, 334
Travaux, 65, 152, 210, 476

U

Unanimité, 104

V

Vacance locative, 208
Valeur locative, 208
Vente à la découpe, 46, 106, 294, 295
Vente en l'état futur d'achèvement (VEFA), 18, 83
Ventes aux enchères, 42
Viager, 111
Vice caché, 76, 237
Voisins, 23, 75

Z

Zone d'aménagement concerté (ZAC), 50
Zone de revitalisation rurale (ZRR), 168

Disponibles dans la collection Pour les Nuls

Pour être informé en permanence sur notre catalogue et sur les dernières nouveautés publiées dans cette collection, consultez notre site internet www.efirst.com

Pour les Nuls **Business**

ISBN	Code Article	Titre	Auteur
2-87691-644-4	65 3210 5	CV pour les Nuls (Le)	J.-L. Kennedy, A. Dumesnil
2-87691-652-5	65 3261 8	Lettres d'accompagnement pour les Nuls (Les)	J.-L. Kennedy, A. Dumesnil
2-87691-651-7	65 3260 0	Entretiens de Recrutement pour les Nuls (Les)	J.-L. Kennedy, A. Dumesnil
2-87691-670-3	65 3280 8	Vente pour les Nuls (La)	T. Hopkins
2-87691-712-2	65 3439 0	Business Plans pour les Nuls	P. Tifany
2-87691-729-7	65 3486 1	Management pour les Nuls (Le)	B. Nelson
2-87691-770-X	65 3583 5	Le Marketing pour les Nuls	A. Hiam

Pour les Nuls **Pratique**

ISBN	Code Article	Titre	Auteur
2-87691-597-9	65 3059 6	Astrologie pour les Nuls (L')	R. Orion
2-87691-610-X	65 3104 0	Maigrir pour les Nuls	J. Kirby
2-87691-604-5	65 3066 1	Asthme et allergies pour les Nuls	W. E. Berger
2-87691-615-0	65 3116 4	Sexe pour les Nuls (Le)	Dr Ruth
2-87691-616-9	65 3117 2	Relancez votre couple pour les Nuls	Dr Ruth
2-87691-617-7	65 3118 0	Santé au féminin pour les Nuls (La)	Dr P. Maraldo
2-87691-618-5	65 3119 8	Se soigner par les plantes pour les Nuls	C. Hobbs
2-87691-640-1	65 3188 3	Français correct pour les Nuls (Le)	J.-J. Julaud
2-87691-634-7	65 3180 0	Astronomie pour les Nuls (L')	S. Maran
2-87691-637-1	65 3185 9	Vin pour les Nuls (Le)	Y.-P. Cassetari
2-87691-641-X	65 3189 1	Rêves pour les Nuls (Les)	P. Pierce
2-87691-661-4	65 3279 0	Gérez votre stress pour les Nuls	Dr A. Elking
2-87691-657-6	65 3267 5	Zen ! La méditation pour les Nuls	S. Bodian
2-87691-646-0	65 3226 1	Anglais correct pour les Nuls (L')	C. Raimond
2-87691-681-9	65 3348 3	Jardinage pour les Nuls (Le)	M. MacCaskey
2-87691-683-5	65 3364 0	Cuisine pour les Nuls (La)	B. Miller, A. Le Courtois
2-87691-687-8	65 3367 3	Feng Shui pour les Nuls (Le)	D. Kennedy
2-87691-702-5	65 3428 3	Bricolage pour les Nuls (Le)	G. Hamilton
2-87691-705-X	65 3431 7	Tricot pour les Nuls (Le)	P. Allen
2-87691-769-6	65 3582 7	Sagesse et Spiritualité pour les Nuls	S. Janis

Disponibles dans la collection Pour les Nuls

Pour être informé en permanence sur notre catalogue et sur les dernières nouveautés publiées dans cette collection, consultez notre site internet www.efirst.com

Pour les Nuls **Pratique**

ISBN	Code Article	Titre	Auteur
2-87691-748-3	65 3534 8	Cuisine Minceur pour les Nuls (La)	L. Fischer, C. Bach
2-87691-752-1	65 3527 2	Yoga pour les Nuls (Le)	G. Feuerstein
2-87691-767-X	65 3580 1	Méthode Pilates pour les Nuls (La)	H. Herman
2-87691-768-8	65 3581 9	Chat pour les Nuls (Un)	G. Spadafori
2-87691-801-3	65 3682 5	Chien pour les Nuls (Un)	G. Spadafori
2-87691-824-2	65 3728 6	Échecs pour les Nuls (Les)	J. Eade
2-87691-823-4	65 3727 8	Guitare pour les Nuls (La)	M. Phillips, J. Chappell
2-87691-800-5	65 3681 7	Bible pour les Nuls (La)	E. Denimal
2-87691-868-4	65 3853 2	S'arrêter de fumer pour les Nuls	Dr Brizer, Pr Dautzenberg
2-87691-802-1	65 3684 1	Psychologie pour les Nuls (La)	Dr A. Cash
2-87691-869-2	65 3854 0	Diabète pour les Nuls (Le)	Dr A. Rubin, Dr M. André
2-87691-897-8	65 3870 6	Bien s'alimenter pour les Nuls	C. A. Rinzler, C. Bach
2-87691-893-5	65 3866 4	Guérir l'anxiété pour les Nuls	Dr Ch. Eliott, Dr M. André
2-87691-915-X	65 3876 3	Grossesse pour les Nuls (La)	Dr J. Stone
2-87691-943-5	65 3887 0	Vin pour les Nuls (Le)	Ed. Mcarthy, M. Ewing
2-87691-941-9	65 3885 4	Histoire de France pour les Nuls (L')	J.-J. Julaud
2-87691-984-2	65 0953 3	Généalogie pour les Nuls (La)	F. Christian
2-87691-983-4	65 0952 5	Guitare électrique pour les Nuls (La)	J. Chappell
2-87691-973-7	65 0943 4	Anglais pour les Nuls (L')	G. Brenner
2-87691-974-5	65 0944 2	Espagnol pour les Nuls (L')	S. Wald
2-75400-025-9	65 4151 0	Mythologie pour les Nuls (La)	Ch. et A. Blackwell
2-75400-037-2	65 4161 9	Léonard de Vinci pour les Nuls	J. Teisch, T. Barr
2-75400-060-7	65 4170 0	Massages pour les Nuls (Les)	S. Capellini, M. Van Welden
2-75400-059-3	65 4169 2	Voile pour les Nuls (La)	JJ et Peter Isler
2-75400-062-3	65 4172 6	Bouddhisme pour les Nuls (Le)	J. Landaw, S. Bodian
2-75400-061-5	65 4171 8	Littérature française pour les Nuls (La)	J.-J. Julaud

Avec les Nuls,
apprenez à mieux vivre
au quotidien !